# 역사교육 강의

# 역사 교육 강의

김한종 지음

책과함께

들어가며

# 역사교육의 이해와 연구의
# 발판이 되기를 기대하며

'역사교육'이라는, 말은 너무도 익숙하지만 무엇을 다루는지 약간은 생소한 전공을 선택해서 공부를 하고 대학에서 강의를 하면서 수십 년을 보냈다. 이런 대학 생활을 일단 마무리하면서 자신이 해온 공부를 어떻게든 정리하고 싶은 마음은 누구에게나 있을 것이다. 이 책은 그러한 생각의 산물이다.

20여 년 전 다른 3명의 연구자와 함께 《역사교육의 이해》라는 역사교육 개설서를 간행한 바 있다. 당시 역사교사 양성과정에서 역사교육 강의가 막 활성화되고 있었지만, 그때까지 역사교육 연구가 초기 단계이고 마땅한 개설서가 없었다. 이런 상황에 그 책은 생각 이상으로 호응을 받아서 적잖은 기간 동안 역사교육을 공부하는 사람들에게 널리 읽혔다. 그러나 이후 시간이 흐르면서 역사교육에 대한 사회와 학계의 관심이 높아지고, 역사교육 연구도 양적·질적으로 축적되었다. 국내에서도 역사교육 연구자 수가 상당히 많아지고 이론적·실천적 연구들이 나왔다. 교육과정이나 교과서를 비롯한 외국 역사교육의 현황과 학자들의 연구 성과도 소개되었다. 현장 교사들의 실행 연구도 활성화되고 있다. 학술 DB가 구축되고 인터넷이 발달하면서 이런 연구 성과에 접하기도 훨씬 쉬워졌다. 이와 같은 변화에 맞춰 그동안의 연구 성과를 반영한 새로운 역사교육 개설서가 나왔으면 하는 바람은 역사교육을 공부하는 사람이라면 흔히 갖고 있을 것이다. 그런 사람 중에는 나도 포함되었다.

그렇지만 역사교육에 대한 인식과 개인적 여건의 차이 등으로 기존 개설서의 개정판이나 새로운 개설서를 내지 못한 채 그대로 적잖은 시간이 흘러갔다. 그 사이 하나의 대안으로 기존 역사교육 개설서 내용 중 이론 부분을 보완한《역사교육의 이론》과 수업 실천 내용을 구체화한《역사교육의 내용과 방법》을 다른 저자들과 함께 냈지만, 이 책들은 역사교육론을 전체적으로 정리한 개설서와는 성격이 조금 달랐다. 그래서 대학에서 퇴임하는 시기에 맞춰, 그동안의 생활을 정리하는 마음으로 개인적으로 역사교육 개설서를 새로 내야겠다는 생각을 6~7년 전부터 했다.

대학이나 대학원의 역사교사 양성 과정에는 학교에 따라서 명칭은 약간씩 다르지만 역사교육론 강좌가 있다. 역사교육의 개념과 성격이나 기본적인 역사교육 이론을 이해함으로써 앞으로 역사교육을 깊이 있게 공부하고 수업실천에 적용할 수 있는 역량을 기른다는 취지로 개설되는 강좌이다. 이 책의 내용도 그런 성격을 가진다. 그래서 이 책에는 역사교육론의 성격과 역사교육을 둘러싼 사회적·교육적 문제, 역사교육의 이론으로 기본적으로 알거나 생각해야 할 전반적인 내용을 포함하고자 했다. 그렇지만 대학에서 같은 성격이나 제목의 강좌가 있더라도 강의 내용이 반드시 같은 것은 아니다. 나 자신도 역사교육론을 강의하면서 매년 그 내용을 조금씩 바꿨다. 그래서 일정 기간이 지난 다음 강의 내용을 비교하면 적잖이 달라졌음을 알게 된다. 그런 의미에서 보면, 이 책의 내용은 현재 시점에서 내가 역사교육론이 다루어야 한다고 생각하는 주제들을 반영한다고 할 수 있다.

이 때문에 이 책은 역사교육 개설서이지만, 흔히 생각하는 전형적인 개론서의 형식 및 체제와는 조금 다르다. 책의 내용 및 장절 구성은 물론 문체에서도 내가 강의실에서 하는 이야기를 반영하고자 했다. 필요한 부분에서는 내가 역사교육론 강의에서 하는 설명 방식이나 사례도 그대로 담았다. 그러다 보니 절이나 항에 따라서 역사교육 이론 및 실천의 성격과 구체성, 사례 제시 방식에서도 차이가 있다. 이론을 강의하다 보면 사례를 들어 설명하기도 하지만 구태여 그럴 필요를 느끼지 못하는 경우도 있다. 주제가 달라도 반복해서 나오는 내용들도 가끔은 생긴다. 이 책에도 장절에 따라서 이런 문제들이 존재한다.


이 책은 다음 7개 장으로 구성되어 있다.
1장 역사교육의 성격
2장 역사인식과 역사적 사고
3장 역사교육 내용의 선정과 조직
4장 역사수업과 교사 지식
5장 역사의 사회적 기억과 역사 읽기
6장 역사교육의 변화와 학교 역사교육
7장 역사교육의 과제와 전망

1장에서는 역사교육과 역사교육론의 개념 및 성격을 다루었다. 역사교육 연구의 성격과 대상, 방법을 둘러싼 논의를 검토하고, 이를 통해 역사교육 연구의 학문적 가능성을 생각해보았다. 역사교육을 주제로 하는 책들이 다수 나오고 연구가 적잖이 발표되고 있지만, 역사교육 연구가 하나의 학문으로 자리를 잡았다고 생각하는 사람들은 여전히 많지 않은 듯하다. 여기에는 역사교육은 하나의 실천이며, 이런 실천은 역사교육 자체를 독립적으로 연구하기보다는 다른 학문의 연구 결과를 교육 현장에 적용하면 된다는 생각이 깔려 있다. 이 장에서는 역사교육 연구의 학문적 가능성을 모색하고자 역사교육의 이론과 실천, 내용과 방법을 통합적으로 이해해야 할 필요성을 제기했다.

2장은 역사교육 이론의 핵심 문제인 역사인식과 역사적 사고를 다루었다. 역사인식의 성격, 역사적 설명과 이해, 내러티브 등 역사교육 이론의 주요 개념을 정리하고 그 연구 동향을 살펴보는 데 주안점을 두었다. 이 장에서 다루는 개념들은 역사교육뿐 아니라 철학이나 역사이론, 나아가서는 해석학이나 인식론과도 얽혀 있다. 이들 학문의 개념을 둘러싼 논의는 추상적이며, 그 이론은 학교교육의 현장에 초점을 맞추는 입장에서는 공허하다고 느낄 수도 있다. 그래서 역사교육을 처음 공부하는 사람들이 이해하기 어려워하는 분야이기도 하다. 그렇지만 이는 한편으로 역사교육 이론이 실천에 주는 의미를 생각하지 않은 채 그저 '이론'으로만 이해하려고 했기 때문이다. 이 장에서는 역사교육 이론을 역사적 사실의 사례를 통해 설명함으로써, 이론 자체의 이해를 돕고, 또 이런 이론들이 학교교육은 물론 학교 밖에서 역사교육을 실천하는 데 어떤 의미가 있는지 생각하게 했다.

3장과 4장의 내용은 역사교육 이론의 수업 적용과 관련된 문제들이다. 3장 역사교육 내용의 선정과 조직은 국가교육과정의 개발은 물론 교사들이 수업을 계획할 때도 가장 많이 논의되는 영역이다. 3장에서는 내용선정과 조직의 원리와 방법을 소개하고, 학교교육에서 이를 논의할 때 일어나는 문제들을 짚어보았다. 4장은 이를 실제 역사수업에 적용할 때 고려해야 할 문제인데, 특히 교사와 학생의 역할에 관심을 두었다. 무엇을 가르칠 것인지에 중점을 두다 보니 우리는 역사교육의 문제를 논할 때 주로 3장의 주제인 교육과정이나 교과서에 집중한다. 그래서 교육과정과 교과서에 따라 학교 역사교육이 기계적으로 진행되고 있는 것처럼 여긴다. 그렇지만 교사와 학생은 역사교육을 실천하는 주체이다. 같은 교과서로 가르치더라도 수업 내용과 학습 방법의 설계는 교사의 역사인식과 역사교육관, 그리고 교실 수업의 여건에 따라 달라진다. 또한 같은 교실에서 같은 시간에 같은 교사와 함께 공부하더라도 학생에 따라 받아들이는 역사는 달라진다. 교사와 학생을 교육 주체로 인식하고 이들의 의지에 따라 교육이 달라진다는 행위주체성의 개념은 여기에서 나왔다. 이 장에서는 이와 관련한 이론들도 함께 살펴보았다.

5장에서는 근래 학교 역사교육은 물론 사회에서도 관심이 높은 기억의 문제를 살펴보았다. 다른 교과보다도 역사교육에서 기억의 문제에 대해 논의가 활발한 것은 근래 학교교육뿐 아니라 학교 밖 사회의 역사교육에 대한 영향력이 커지고 있는 상황을 반영한다. 체험학습이 학교교육의 한 형식으로 자리잡으면서 학생들이 역사적 사건의 현장이나 박물관 또는 기념관과 같은 역사기억의 현장을 방문하는 일이 늘어났다. 지난날 영광스러운 일이 일어났거나 찬란함을 간직한 장소를 주로 방문하던 이전 체험학습과는 달리 어두운 역사를 안고 있는 장소에서 역사를 생각하는 다크투어리즘이 관심을 끌고 있으며, 공공역사에 대한 논의가 활발해지는 것도 이런 영향이다. 이 장에서는 이런 문제들을 통해 기억과 역사의 관계, 역사기억에 대한 관심의 증가가 학교 역사교육에 미치는 영향을 검토했다.

6장은 한국 역사교육의 변화를 다루는 역사교육사에 해당한다. 전근대 역사교육의 성격을 간단히 다루었지만, 근현대 역사교육의 변화가 주된 내용이다. 근대 국민국가에서는 국가가 교육과정을 만들어 공교육을 통해 이를 실행하는 시스템을 확립했다. 이에 따라 국가교육과정이 학교교육에 절대적 영향을 미쳤다. 이런 점을 감안하여 이 장에서도 역사과 국가교육과정이 어떤 변화를 겪었는지 추적했다. 그렇지만 국가교육과정 내용의 소개와 검토에 한정하지는 않았다. 역사교육은 다른 교과에 비해 정치적·사회적 영향을 크게 받는다. 그래서 이 장에서는 역사교육이 정치나 사회 변화에 어떤 영향을 받았는지에 대해서도 주목했다. 마지막 절에서는 북한의 역사교육이 해방 이후 어떻게 달라졌는지를 확인함으로써 그 성격과 현황을 이해하고자 했다. 이는 언젠가 시행해야 할 남북한 역사교육의 통합을 위한 기초 작업이기도 하다.

마지막 7장에서는 현행 역사교육의 과제와 이를 둘러싼 교육적·사회적 논의를 검토하고 앞으로의 방향을 전망하고자 했다. 시민교육으로서의 역사교육을 어떻게 볼 것인가, 역사관과 역사인식의 차이로 인한 국내외 갈등, 지식 중심의 역사교육 대안으로 강조되는 비판적 사고와 역사교육의 실천성 문제, 국가사와 지역사의 관계, 역사교육의 행위주체성 등 근래 역사교육에서 논의되는 여러 문제를 검토했다. 이는 역사교육이 무엇이고, 현재 어떤 문제를 가지고 있는지 이해하고, 앞으로 나아갈 방향을 생각하는 데 밑바탕이 될 것이다.

이 책은 역사교육의 연구 성과를 반영하고 역사교육론을 둘러싼 논의를 가급적 폭넓게 다루고자 했다. 그렇지만 한 권의 책이 역사교육 연구와 역사교육을 둘러싼 문제를 모두 소화할 수 있는 것은 아니다. 이는 나의 능력 밖이기도 하다. 자연히 이 책의 내용은 내가 역사교육 공부에 필요하다고 생각하는 이론과 역사교육 연구나 실천을 위한 과제에 한정될 수밖에 없다. 그렇기 때문에 이 책에서는 내가 기존에 이야기하거나 썼던 글의 내용을 반복하기도 했다. 그럼에도 이 책을 선뜻 내는 것은, 이를 계기로 학문적·교육적으로 더 완성되고 체계적인 역사교육론 책이 나왔으면 하는 마음 때문이다. 이 책이 이를 위한 하나의 발판이자 중간 과정이 될 수 있다면, 그리고 딱딱하고 지루하다는 이야기를 듣는 역사교육론을 조금이나마 쉽게 이해하고 흥미를 갖는 데 도움이 될 수 있다면, 책을 쓰는 목적은 충분히 달성하는 셈이다. 개론서의 성격상 일일이 소개하지는 못했지만, 이 책의 내용은 그동안의 역사교육 연구에 힘입은 것이다. 그 연구들을 해준 분들에게 지면을 빌려 고마움을 전한다. 그리고 앞으로 더 많은 연구들이 나오기를 기대한다.

이 책은 원래 2023년 말쯤 퇴임을 스스로 기념하는 뜻으로 《역사적 상상과 역사교육》과 함께 간행할 예정이었다. 그러나 원고 집필이 늦어져 이제 내게 되었다. 그래도 너무 늦지 않게 마무리할 수 있어서 무척이나 다행이다. 그 사이 많은 사람이 나의 퇴임을 축하하고, 이 책을 내는 일에 관심을 가지고 격려를 해주었다. 구경남, 방지원, 류현종, 김수미, 이해영 교수는 책의 목차를 검토하고 전체적 구성에 대한 의견을 주었다. 역사교육을 전공하는 한국교원대학교 박사과정 졸업생 및 재학생들과는 적지 않은 기간 세미나 등을 통해 함께 공부하면서 생각을 나누었다. 이들과의 공부는 나에게 자극제도 되고 아이디어도 제공했다. 이들 모두에게 고마운 마음을 전하는 동시에, 앞으로 역사교육을 공부하면서 의미 있는 성과를 거두고 사회생활에서도 즐거움이 함께 하기를 바란다.

퇴임을 맞이하니까 새삼 대학과 대학원의 은사님들을 떠올리게 된다. 지도교수인 윤세철 선생님은 공부를 하는 사람으로 별로 주목을 받지 못하던 내게 끊임없이 관심을 가지고 학문적 격려는 물론 사회생활에 필요한 조언을 해주셨다. 이원순 선생님은 학문이나 사회적 성향의 차이와는 상관없이 항상 따뜻한 마음으로 필요할 때 도움을 아끼지 않으셨다. 지금은 고인이 되신 두 분께 생전에 감사의 뜻조차 제대로 전하지 못한 것은 나의 성격을 넘어서는 문제일 것이다. 연구자로서, 그리고 교사로서 나보다 훨씬 열정적 삶을 살았던 대학 친구들과 선후배들에게 받은 격려도 잊지 못한다.

무엇보다도 학교 현장에서 학생들을 대상으로 역사를 가르치는 신 선생님께는 언제나 마음의 빚을 가지고 있다. 이름을 기억하지 못해도 많은 중·고등학교 역사 선생님, 그리고 역사에 관심이 많은 초등학교 선생님들은 나의 삶과 연구에 힘이 되는 말들을 끊임없이 전해주었다. 특히 전국역사교사모임 회원들이 오랜 기간 보내준 지지와 도움은 잊지 못할 것이다. 역사교육론이 이론인지 실천인지를 떠나서, 역사교육 연구는 결국 교육적·사회적 실천으로 마무리된다. 그런 점에서 이들이 보여주었고, 지금도 보여주고 있는 사회적 고민과 실천은 나의 공부에도 커다란 활력소였다. 역사를 아끼고 열정적으로 학생들에게 가르치는 교사들은 모두 역사교육의 밝은 앞날을 위해 노력하는 동료이다. 이들이 한국의 역사교육을 한층 더 발전시킬 것임을 믿는다.

한국교원대 역사교육과에서 인연을 맺은 학생들도 교수와 학생의 관계를 넘어서는 마음의 동료들이다. 학생들이 있었기에 자칫하면 단순한 반복이 될 수 있었던 나의 대학 생활이 더 활력을 얻고 즐거울 수 있었다. 그중에서도 여러 차례의 만남을 통해 교육과 삶의 이야기를 해준 93학번, 06학번, 13학번 졸업생들과의 인연도 나에게 윤활유가 되었다. 일일이 이름을 들 수는 없지만, 함께 또는 개인적으로 퇴임을 축하해준 졸업생과 재학생들에게도 고마운 마음을 전한다. 현재 역사교사이건, 역사교사를 꿈꾸며 공부하는 예비 역사교사이건, 아니면 다른 진로를 선택하건 간에 이들의 삶이 앞으로 더 풍요했으면 하는 마음이다. 학부 학생으로 책을 마무리하는 과정에서 원고를 읽고 독자로서 의견을 준 유지원, 김종현에게도 별도로 고맙다는 말을 전한다.

책과함께와는 2000년대 초에 시작해서 벌써 20여 년이나 인연을 맺었다. 그 사이 역사교육뿐 아니라 어린이나 청소년 역사책 등 여러 종의 책을 책과함께에서 낼 수 있었다. 이 책들을 간행해준 책과함께 류종필 대표와 직원들에게는 언제나 고맙기만 하다. 류종필 대표는 나의 요청을 언제나 긍정적으로 받아들여주었다. 퇴임을 스스로 기념하면서 역사교육론 개설서와 역사교육 이론서 두 권을 냈으면 한다는 나의 제안도 흔쾌히 들어주었다. 앞으로도 글을 쓸 수 있는 동안 더 신세를 져야 할지 모르겠다. 그리고 어색한 문장부터 내용까지 꼼꼼하게 검토하여 바로잡거나 의견을 주고 예쁘게 편집해준 권준, 오효순 편집자도 책을 내는 데 큰 도움을 주었다. 이들 덕분에 여러 오류를 바로잡을 수 있었다.

오랜 기간 나를 지켜봐주면서 지속적으로 협력하고 끊임없이 격려해준 동반자인 아내 임란, 그리고 딸 예지와도 이 책을 함께하고 싶다. 아내의 생활이 앞으로 더 편안하고 행복했으면 한다. 분야는 전혀 다르지만, 또 한 사람의 연구자로서 길을 걷는 딸 예지가 앞으로 기대하는 연구 성과를 거두면서도 즐거운 마음으로 공부하고 행복한 생활을 할 수 있었으면 좋겠다.

2024년 11월, 천안아산역 연구실 '인간과 역사 너머'에서

김한종

# 차례

1장

역사교육의 성격

## 1. 역사교육론인가, 역사교육학인가? – 담론과 학문 사이

### 1) '역사교육론'과 '역사교육학'이라는 말

역사교육을 연구하고 공부한다고 할 때, 역사교육의 의미는 무엇일까? 대학의 사범대나 교직과정, (교육)대학원에서 중등 교사 자격증을 획득하려면 교과교육 강좌를 일정 학점 이상 이수해야 한다. 교과교육론, 교재연구 및 지도법, 교과논술 등이 여기에 해당한다. 역사교사 자격도 마찬가지이다. 대학에 따라 명칭은 조금씩 다르지만, 역사교육론, 역사교재론이나 역사 교수방법, 그리고 역사과 논술과목을 수강해야 한다. 이 중 많은 대학에서 역사교육의 전반적 이해와 기초적인 이론을 다루는 강좌명은 '역사교육론'이다. 일부 대학에서는 '역사교육학개론'과 같은 강좌명을 사용하기도 한다. 두 용어의 차이는 무엇일까?

'역사교육론'이라고 하면 역사교육에 관한 이야기, '역사교육학'이라고 하면 역사교육 연구라는 느낌이 든다. '역사교육론'이라는 말을 쓸 때는 역사교육이 사회적으로나 교육적으로 논의할 만한 분야라는 것

이고, '역사교육학'은 역사교육 연구가 하나의 학문 영역이라는 의미
를 담고 있다. 그렇게 볼 때 역사교육론은 역사교육에 대한 논의를 하
나의 담론으로 보는 것이고, 역사교육학은 이를 학문으로 보는 것이
다. 두 용어가 내포하는 의미는 차이가 있지만, 실제로는 구분하지 않
고 사용하는 경우도 많다. 그런데 이 영역이 교육적으로 얼마나 중요
한지에 대한 판단과는 별개로, '역사교육론'이라는 말은 역사교육에 관
한 연구나 논의가 아직 학문적 체계를 완전히 갖추지 못했다는 뉘앙스
를 풍긴다.

## 2) 담론으로서의 역사교육

담론이라고 하면 일종의 이야기이다. 일반적으로 '현실에 대해 설명하
는 일련의 진술이나 규칙'을 담론이라고 한다. 담론은 따로따로 떨어져
있는 말이라든지 한 문장이 아니라 공통된 의미를 가지는 일련의 말이
나 문장이다. 그래서 담론이라고 할 때는 사회나 사람들에게 어떤 영
향을 미치고자 하는 의도가 들어 있는 이야기를 말한다.

그렇다면 역사교육 담론은 어떤 주제를 대상으로 할까? '역사교육
은 무엇인가?', '역사를 왜 알아야 하는가?', '역사를 잘 가르치는 방법
은 무엇인가?', '현재 역사교육은 위기인가, 아닌가?' 등이 자주 나오
는 역사교육 담론이다.

그런데 이런 역사교육 담론은 요즘에 처음 나온 것이 아니다. 오래
전부터 역사교육을 이야기할 때면 으레 이런 담론이 오갔다. 역사교육
담론은 시대나 사회적 배경을 반영하는 것이었다. 이 중 가장 오래된
담론은 '왜 역사를 알아야 하는가?'였다.

전근대 사회에서 역사교육의 목적은 교훈이었다. 고려 때 김부식은 《삼국사기》를 완성하여 인종에게 올리면서 다음과 같이 썼다.

> 임금 된 이의 선함과 악함, 신하 된 이의 충성과 사특함, 나라의 평안과 위기, 백성들의 다스려짐과 혼란스러움 등을 모두 밝혀 경계로 삼는 데 있습니다.
>
> ─〈진삼국사표〉

임금, 신하, 국가나 백성 통치의 옳고 그름을 따져 경계로 삼고자 함이 《삼국사기》를 쓴 목적이라는 것이다. 교훈을 얻는 것이 역사교육의 목적임을 말하고 있다. 중국 송나라의 《자치통감》이나 《자치통감강목》, 조선의 《동국통감》처럼 역사책 제목에 '통감(通鑑)'이라는 이름을 붙인 것도 이 때문이다. 역사는 하나의 거울로, 역사책을 읽는 것은 거울을 통해서 지난날을 되돌아보는 것이라는 의미이다. 교훈을 남기는 것이 목적이었기 때문에 역사서술은 포폄(褒貶)을 기본으로 한다. 어떤 사실은 높이 평가하여 서술하는 반면, 어떤 사실은 비판하면서 낮춰 서술하는 것이다.

근대 국민국가는 교육의 목적을 '국민', 즉 국가에 충성하고 국가가 필요로 하는 인간의 육성에 두었다. 역사교육이 그 핵심 중 하나였다. 1895년에 공포된 '소학교교칙대강'은 한국사 교육의 성격을 다음과 같이 규정하고 있다.

> 향토에 관하여 사담(史談)으로부터 시작하여 점점 건국의 체제와 현군(賢君)의 성업(盛業)과 충량현철(忠良賢哲)의 사적(事蹟)과 개국 유래의 편개(梗槪)

를 수(授)하여 국초로부터 현시에 이르기까지 사력(事歷)의 대요(大要)를 지(知)케 함.

— 소학교교칙대강(1895), '본국역사'

그렇지만 일본을 비롯한 제국주의 국가들의 침탈이 본격화하면서 국권을 점차 잃어가게 되자, 사회 한편에서는 국권을 지키고 민족 이념을 고취시키기 위한 방법으로 역사를 가르쳤다. 근대의 역사교육 담론은 이처럼 주로 국민정신이나 민족정신과 같은 정신 함양을 강조했다.

1945년 일제의 식민지배에서 벗어나 독립을 맞이한 이후에도 역사교육의 담론은 주로 민족정신에 집중되었다. 이는 일제 말 사실상 시행되지 못했던 한국사 교육의 부활과 밀접한 관련이 있었다. 국사교육 재건과 민족을 주체로 하는 역사가 제기되었다. 신민족주의 사학자인 손진태는 해방 직후 역사교육의 과제를 다음과 같이 제시했다.

우리 같은 약소민족은 민족자수(民族自守)의 정신을 굳게 파지하여야 할 것이다. (…) 결코 배타적이나 문호폐쇄적인 민족국가는 아니오 (…) 국내적으로는 계급투쟁이 있는 국가를 원치 않는다. 전 민족은 정치적으로 경제적으로 완전히 평등하여야 할 것이다.

— 손진태(1947), 〈국사교육의 기본적 제 문제〉

역사교육의 이념이나 목적에 초점을 맞추던 담론이 "역사교육은 무엇인가"라는 교육적 논의로 전환되기 시작한 것은 1950년대였다. 이는 교육학 이론과 교수방법론이 도입되고 학교교육이 크게 확대되던 것과 맥을 같이한다. 학교 역사교육이 소기의 효과를 거두기 위해서는 어떻게 하면 역사를 잘 가르칠 수 있는지에 대한 고민이 필요하다는 인식이었다. 1955년 사범대학의 역사 전공 교수와 역사교사를 중심으로 역사교육연구회라는 학회가 만들어졌다. 역사교육연구회는 이듬해부터 《역사교육》이라는 학술지를 펴냈다. 창간호 서문에서는 역사교육연구회의 창립 취지를 다음과 같이 말하고 있다.

> 교육은 필경 교실과 교사를 통한 하나의 실천이다. 교육에 이념과 이론의 수립이 긴요치 않은 바는 아니나 실천을 도외시하고 현장에 맞지 않는 이념이나 이론은 한낱 공염불에 불과한 것이다. 한때 논의된 사회과 통합의 문제라던가 신커리큘럼 제정 등 중요한 문제에 관하여도 기이하리만치 일선 교사들로부터는 하등의 반향을 들을 수 없었던 것이다. (…) 일선 교사들의 동지적인 결합인 역사교육연구회의 발회의 이유가 여기 있는 줄 안다.
>
> — 김성근(1956), 〈창간사〉

여기에서 역사교육연구회는 현장 실천을 강조하고 있다. 현장에 적용할 수 있는 역사교육 이론만이 의미가 있다는 것이다. 역사교육론을 역사를 가르치기 위한 수단 또는 방법을 연구하는 분야로 보고 있다. 이 같은 역사교육론은 상당히 오랫동안 통용되었다. 그런데 1990년대 들어 이에 대한 비판이 본격화되었다. 한편은 역사학자들에게서 나온 비판이고, 다른 한편은 역사교육 전공자들의 비판이다.

일부 역사학 전공자들은 이제까지의 역사교육 연구나 논의가 교육학에 기반을 두고 있다고 하면서, 역사교육은 역사학의 전통과 연구를 토대로 해야 한다고 주장한다. 역사교육의 전통을 역사학에서 찾아야 한다는 것이다. 교과를 가르치는 이론 및 방법을 알 필요가 있지만, 그 자체가 교과 성립의 근거가 되지 않으며, 이는 교육학과 각 교과의 교수법을 동일시하는 것이라는 관점이다. 일례로 사범대학 교과교육 강좌의 문제점을 지적하는 다음과 같은 서술을 보자.

사범대학에서 각과 교수에 관한 방법 및 이론 계열의 강좌 자체는 존재의 당연성이 있다. 그리고 이 당연성은 어느 것이든 각과 강좌의 범위 내의 한 부분이다. 그러나 이 당연성이 사범대학의 존부·당부 논전(存否·當否論戰)에서 그 당위를 설명하는 근거는 더욱 되지 않는다. 이것을 사범대학 내지 각과의 유일의 타당성, 명분성, 나아가 학문성으로 자처하는 이상 그 순간 이미 교육학과 동렬의 학문 분야임을 주장하는 것이다. 더이상 사범대학으로서의 실체 내에 있을 필요성은 없는 것이다. 사범대학은 전공 학문의 내용·체계로 연구와 교수의 측면에서 학술을 연마하고 교육을 구상하며 그 방향을 설명하는데 사범으로서의 교사를 양성하는 대학이다.
— 이경식(2001), 〈한국에서 역사학과 역사교육의 격원(隔遠)문제〉, 109쪽

여기에서는 역사교육론을 역사를 가르치는 교수이론 및 방법으로 본다. 이런 강좌가 필요하지만 역사학 강좌의 한 부분이어야 한다는 것이다. 역사교육의 내용과 방법을 나누고, 방법을 제공하는 교육학이 아닌 내용을 제공하는 역사학이 역사교육의 토대가 되어야 한다고 본다.

반면에 역사교육 전공자들은 역사교육의 내용과 방법을 이런 식으

로 분리해서는 안 된다고 주장한다. 역사를 가르치는 방법은 역사인식과 밀접하게 관련되며, 역사적 사고력도 역사를 보는 관점에 긴밀한 영향을 받는다는 것이었다. 이들의 주장은 '역사교육학'의 개념으로 이어진다.

### 3) 학문으로서의 역사교육

'역사교육론' 대신에 '역사학'과 마찬가지로 '역사교육학'이라는 말을 쓴다면, 역사교육 연구를 하나의 학문 영역으로 생각하고 싶은 마음일 것이다. 역사교육을 독립적인 학문 영역으로 보아야 한다고 주장하는 쪽은 역사학자로서 역사교육에 관심을 가지거나 이를 연구하는 사람들보다는, 역사교육 연구 자체를 연구하는 역사교육 전공자들이었다. 1980년대 중반 사범대학 대학원에 교과교육 전공 박사과정이 생기면서, 교과교육을 전공으로 삼는 연구자들이 생겨났다. 이들은 교과교육을 하나의 학문으로 정착시키고자 했다.

학문의 성립 조건이 무엇인지에 대해 정리된 견해는 없다. 그동안 대표적인 역사교육 개설서로 많은 사람이 읽고 역사교육론 강의 교재로 사용되었던 《역사교육의 이해》(2001)는 학문의 성립 조건으로 다음과 같이 세 가지를 제시한다. 첫째, 탐구하는 대상이 있어야 한다. 둘째, 탐구하는 데 이용되는 독자 개념과 논리적 형식이 존재해야 한다. 셋째, 대상을 탐구하는 방법적 원리를 갖춰야 한다. 이 책에서는 역사교육학의 탐구 대상은 목적, 내용, 방법인데, 역사교육은 이런 대상을 가졌다고 본다. 탐구에 사용하는 개념으로는 시간, 변화, 계속성, 인과관계 등을 제시한다. 이런 개념들이 역사교육 연구에서 특별히 적용되는 개념과 논리적 형식이라는 것이다. 탐구의 방법적 원리로는 역사학의 방법과 교육학을 비롯한 사회과학의 연구방법을 제시한다. 탐구에 이용되는 개념으로 제시한 것들은 대체로 역사학 개념이다. 방법적 원리로는 역사학 외에 교육학, 그리고 사회과학의 방법론을 포괄한다. 역사학의 내용이 인문사회과학의 각 영역을 포괄한다는 점에서 보면, 이것이 역사교육학의 학문적 싱립 기준인지, 역사학의 학문적 조건인지 애매하다. 그리고 역사교육론의 기준이 역사학과 같은 것인지도 의문이다.

다음으로 역사교육학과 같은 특정 교과의 교과교육론이 아니라 교과교육학 전체의 기준을 제시하는 견해도 있다. 교과교육학이 학문으로 성립하면, 거기에다가 내용을 더하는 각 교과의 교과교육학도 학문으로 성립할 수 있다는 논리이다. 이 견해에서는 교과교육학이 성립하려면 세 가지 조건을 충족해야 한다고 말한다. 첫째는 교과의 이해에 관한 지식, 둘째는 정당화에 대한 논의, 셋째는 교과의 운영에 관한 원리이다. 이를 그대로 역사교육에 적용하면, 첫째는 '역사'라는 교과의 성격과 내용 및 가치, 둘째는 역사가 왜 교과가 될 수 있으며, 역사교과의 성격은 무엇인가 하는 문제, 셋째는 역사교과의 내용 선정 기준, 이를 학습하기 위한 방법적 원리라고 할 수 있다. 그런데 이런 기준은 굉장히 추상적이다. 교과에 적용할 수 있는 일반적 기준인지, 교육학에서 내세우는 조건인지도 애매하다. 또 이런 기준으로 하면 역사교육학은 교과교육학의 하위 분야에 편제된다.

한때 일부 교과교육 전공자들은 '교과학'이라는 개념을 도입하고자 했다. '교과'라는 학교교육에서 사용하는 개념을 도입하여, 교과를 가르치는 것과 관련된 문제들을 총체적으로 다루는 분야를 교과학으로 봄으로써, 교과교육학의 위상을 세우고자 한 것이었다. '역사교과학'이라는 용어도 제시되었다. 이들이 말하는 역사교과학이 성립하기 위한 조건은 네 가지이다. 첫째는 학교 현장에서 효율적으로 역사수업을 하기 위한 교육이론과 교수-학습방법이다. 둘째는 역사교과의 가치를 정당화해야 한다는 것이다. 셋째는 일상생활에서 역사의 역할과 위상이다. 넷째는 역사의식을 학습구조와 과정으로 개념화하는 것이다. 그렇지만 이 정도의 조건으로 역사교육 연구를 독자적 학문으로 자리매김할 수 있을지는 의문이다. 또한 역사교육은 학교뿐 아니라 사회에서도 이루어지며 학교 밖의 역사교육이 갈수록 중요해지고 있는 현실에서, 역사교과학이라는 말은 역사교육을 학교의 교과로 한정시킨다는 인상을 준다. 이 때문인지 실제로 역사교과학뿐 아니라 다른 교과에서도 교과학이라는 개념의 사용은 흐지부지된 채 사라졌다.

역사교육 연구의 학문적 조건에 대한 이런 논의를 종합할 때, 역사교육이 학문으로 자리매김하기 위해서는 두 가지 조건이 필수적이라고 할 수 있다. 첫째는 역사교육을 교과나 교육의 한 분야로 정당화하는 것이고, 둘째는 역사교육의 연구 성과가 학문적 체계를 갖추도록 하는 것이다. 그동안 역사교육 연구는 교수법이나 심리학적 문제 등에 집중되었다. 그래서 역사교육의 학문적 체계를 논의한 글들이 종종 있었지만, 아직 명확한 성과를 거둔 것은 아니다. 즉 역사교육학의 가능성을 탐색하는 단계에 머물고 있다.

이와 관련해 역사교육학의 성립을 위해서는 역사교육 담론을 이론화해야 한다는 주장도 나온다. 이론화해야 할 역사교육 담론은 다음과 같다. 첫째, 역사교육의 목적, 역사적 사실과 역사인식, 역사교과의 내용, 교재 등에 대한 논의의 정리이다. 둘째, 역사수업에서 나타나는 현상을 이론적으로 체계화하자는 것이다. 지금까지 역사수업 연구는 어떤 모델을 만들어 이를 어떻게 수업에 적용할 것인가에 초점이 맞춰져 있었다. 그렇지만 어떤 수업 모델이 제시되건 간에, 이와는 다른 수업들도 전개된다. 모델과 다른 수업이 진행된다는 것은, 그 수업이 나름의 장점이 있다는 의미이다. 그러므로 교실 역사수업에서 일어나는 현상을 분석하고 해석하여 이론화하자는 의미이다. 셋째, 역사교육 내용이 생산되는 원리나 절차이다. 역사적 사실이 곧 역사수업의 내용은 아니다. 교사는 수업내용을 잘 가르치기 위해 변형을 한다. 사례를 들기도 하고, 유추나 비교를 하기도 한다. 이를 '수업내용'이라고 할 수 있다. 실제 교실 수업에서 역사수업이 어떻게 생산되는가 하는 원리나 방법을 역사교육학에서 연구해야 한다는 것이다. 마지막으로 넷째, 역사인식과 역사수업 방법 간의 관계를 체계화하는 것이다. 역사인식에 따라 역사를 배우고 가르치는 방법도 달라지기 때문이다.


## 2. '역사'를 공부하는가, 역사를 '공부'하는가? – 역사교육의 내용과 방법 논쟁

### 1) 내용과 방법의 갈등

역사교육학이나 역사교육론을 둘러싼 논의의 밑바탕에 깔린 것은 내용과 방법의 문제이다. 역사를 잘 가르치기 위해서는 '내용'을 잘 아는 게 중요한가, '방법'을 잘 아는 게 중요한가? 이 점이 교과를 가르치는 데 오랫동안 논란이 되어왔다. 이는 역사교육에서 다음과 같은 문제 제기로 바꿀 수 있다. 역사교육은 '역사'를 교육하는 것인가, 역사를 '교육'하는 것인가? 바꿔 말하면, 자주 언급되는 '역사를 교육한다'와 '역사로서 교육한다'의 문제이다. '역사를 교육한다'는 것은 역사적 사실을 아는 것을 역사교육의 목적으로 보는 것이고, '역사로서 교육한다'는 말은 역사적 사실을 아는 것을 역사교육의 수단으로 보는 것이다.

전통적인 역사교육론에서는 역사교육을 교육적 수단이나 방법으로 보았다. 다음은 1990년대까지 역사교육론 개설서로 널리 사용되던 《역사교육론》의 처음에 나오는 내용이다.

> 역사교육은 하나의 학문 분야도 지식 체계도 아니다. 이는 교과교육의 한 분야로서 역사학과 교육학의 응용분야인 셈이다. 따라서 초, 중, 고등학교에서 역사를 가르친다는 것은 '역사를 가르친다'는 입장보다는 '역사로서 가르친다'는 입장인 셈이다. 즉, 일반 교육으로서의 역사는 역사학자에게 기대되는 연구 이론과 그 방법을 반복하는 형태가 아니고 일반적 교육 목표에 명시된 내용을 충실하게 달성할 수 있는 필요한 한 부분으로 더욱 유의(有義)한 것이다.
>
> — 이원순·윤세철·허승일(1980),《역사교육론》

여기에서 앞의 '역사를 가르친다'와 '역사로서 가르친다'라는 말이 나오는데, 역사교육은 역사로서 가르치는 것이 되어야 한다는 주장이다. 이런 주장에는 다음과 같은 관점이 깔려 있다. '역사를 연구하는 것뿐 아니라 보급, 즉 가르치는 것도 중요하다.' '역사를 아는 것과 가르치는 것은 다르다.' '역사를 잘 가르치려면 가르치는 방법을 고민해야 한다.'

이러한 내용과 방법의 문제는 역사를 잘 가르치는 데는 이 중 무엇이 더 중요한가의 문제로 바꿀 수 있다. 역사를 잘 가르치려면 무엇을 살 알아야 할까? 한편에는 역사를 잘 가르치려면 내용을 잘 알아야 한다는 입장이 있다. 대부분의 역사학자는 이런 입장에 서 있다. 이들은 기본적으로 역사적 사실을 많이 알수록 잘 가르칠 수 있다고 생각한다. 그래야 어떤 역사적 사실을 폭넓게 이해하고 역사적 맥락에서 사실을 가르칠 수 있다고 본다. 사례를 들어 학생들의 이해를 돕거나 어떤 역사적 사실을 다른 사실과 비교하는 것도 역사 지식이 많아야 가능하다. 다만 이들이 말하는 역사 지식이 반드시 역사적 사실을 아는 데 한정되지는 않는다. 사료를 읽는다든지, 이를 해석하는 능력까지도 포함한다. 역사학자들이 보기에 학교나 교실 수업은 그 현장에 따라 상황과 조건이 제각각 다르므로, 어떤 수업모형과 같은 가르치는 방법을 그대로 적용하기는 어렵다. 따라서 가르치는 방법은 이론이라기보다는 실제 수업에서 필요한 기술이라고 생각한다. 이에 반해 일반 교육학 전공자들은 교과를 잘 가르치려면 방법을 잘 알아야 한다고 주장한다. 이들은 효율적인 학습지도에 필요한 수업모형을 개발하는 데 힘을 기울였으며, 그 결과로 개발한 수업모형을 모든 교과에 적용시키려고 한다. 어떤 교과이건 간에 내용과 관련된 지식은 폭발적으로 증가했다. 그래서 이들이 보기에 교사는 무수히 많은 교과내용을 일일이 알 수도 없으며, 그럴 필요도 없다. 교사에게 필요한 것은 내용지식을 머릿속에 일일이 기억하는 것이 아니라 학생들이 알아야 할 중요한 내용과 그렇지 않은 내용을 구분하는 것, 필요한 내용을 자료에서 어떻게 찾을 수 있는지를 아는 것이다. 이들은 역사도 마찬가지라고 본다.

이럴 때 우리가 쉽게 해결하는 방법은 '이것도 중요하고, 저것도 중요하다'고 말하는 것이다. 즉 역사내용도 잘 알고, 가르치는 방법도 잘 알아야 한다는 식이다. 아마도 대부분의 교사가 그렇게 생각할 것이다. 역사교육이 그 목적에 부합하고 학생들에게 역사를 적절히 잘 가르치려면, 역사적 사실과 교수방법을 모두 잘 알아야 한다는 것이다. 그렇지만 두 입장의 차이는 단순히 교과내용과 교수방법이 모두 중요하다는 말 한 마디로 정리될 만큼 단순하지 않다. 양자의 관계를 보는 시각은 교육과 관련된 구성원의 입장에 따라 서로 다르며, 시기별 교육 사조에 따라서도 바뀔 수 있다. 나아가 여기에는 교육관이나 교수관이 반영되기 마련이다. 그러기에 두 입장 사이의 갈등을 '내용과 방법은 적'이라고까지 일컬을 정도이다.

이 두 가지에 더해 '목적'을 추가하는 경우도 있다. 즉 역사교육은 '왜'라는 목적, '무엇'이라는 내용, '어떻게'라는 방법으로 구성된다는 것이다. 교원양성대학의 교육과정이 교과내용학, 교육학, 교과교육학으로 구성된 것은 이런 생각을 반영한다. 여기에서 교과교육학은 교과를 가르치는 것과 관련된 문제를 종합적으로 다루는 응용학문이라고 말하는 경우를 자주 찾아볼 수 있다. 교과교육학은 어떤 교과를 가르치는 목적인 '왜', 교과의 내용인 '무엇', 가르치는 방법인 '어떻게'를 체계적으로 설명하는 학문으로 규정된다. 이런 주장을 하는 사람들은 대체로 역사교육이나 다른 교과교육에서 중요한 것은 '목적'이라고 본다.

목적에 따라 역사교육의 내용이나 방법도 달라진다는 것이다. 여기에서 '목적'은 교실 수업에서 나오는 구체적인 목표와는 다른, 학교뿐 아니라 사회에서 생각하는 어떤 교과에 대한 포괄적인 목적을 말한다. 그래서 목적이라는 말의 뜻을 엄밀하게 생각하지 않고 사용한다. '목적'이란 말을 들을 때 사람들은 막연히 '역사관'이나 '역사인식', '역사의식' 같은 의미를 떠올릴 수 있다. 그렇지만 목표, 내용, 방법 중 목표를 중심으로 역사교육의 내용을 구성할 수 있는지는 의문이다. 실제로 이런 식으로 구성되어 학교 역사교육에 적용된 역사교육 내용 체계도 찾아볼 수 없다. 사범대학의 교육과정에서도 교과내용과 교육학적 방법은 유기적인 관련 없이 그저 병렬적으로 취급되는 경우가 대부분이다.

## 2) 교육방법 중심적 교과교육과 교육 내용 중심적 교과교육

교과교육에서 내용과 방법을 둘러싼 관점의 차이는 교과교육관의 차이로도 나타난다. 전통적으로 교육 종사자들은 교과교육을 교과의 내용을 수업하고 학습하는 과정의 방법적 원리 또는 기술에 관한 학문이라고 생각했다. 이러한 교과교육학을 교육방법 중심적 교과교육학이라고 할 수 있다. 교육방법 중심적 교과교육학은 그 연구 대상이 교육의 내용이 아니라 교육의 방법에 관한 것으로, 교육의 목적을 실현하기 위한 교과의 교수방법 원리를 개발하고 이를 체계화하는 데 일차적인 관심을 둔다. 교과교육에 관한 많은 초기 논의들은 이러한 입장에 선 것이었다. 교과교육을 논할 때 대부분의 학자는 내용과 방법 사이에 밀접한 관련이 있다고 강조한다. 그러나 어떻게 하면 교과를 잘 가르칠 수 있는가의 문제에 관해서는 방법의 측면에서 접근하는 경우가 많다.

교육 내용 중심적 교과교육학은 교육의 목적을 실현하기 위해 그 내용을 포괄적으로 이해하고 이와 더불어 교육의 방법적 원리를 개발하고 정당화하는 데 관심을 둔다. 교육 내용 중심적 교과교육학에서는 교육방법을 내용과 논리적으로 관련지어 개발하고 정당화해야 한다고 본다. 이에 따르면 역사를 잘 가르치기 위한 방법적 원리는 역사학의 학문적 성격과 내용에 대한 체계적 이해를 바탕으로 개발될 수 있다. 따라서 역사를 잘 가르치는 교사가 되기 위해서는 역사적 사실을 체계적으로 이해하고, 이에 바탕을 둔 방법적 원리를 습득해야 할 것이다.

교육 내용 중심적 교과교육을 주장하는 사람들이 교과를 가르치는 데 내용만이 중요하다고 말하는 것은 아니다. 내용과 방법이 하나가 된 역사교육 이론을 개발하는 것이 주된 관심사이다. 이를 위해서는 역사적 사실에 바탕을 둔 역사교육관이 정립되고 교수–학습방법이나 평가의 원리가 개발되어야 한다고 주장한다. 그런 의미에서 가르치는 방법을 중시하는 듯한 어감을 주는 '교과교육학'이라는 용어보다, 학교에서 가르치는 교과와 관련된 연구라는 의미의 '교과학'이라는 말을 쓰기도 했다. 그렇지만 여기에서 말하는 '교과'의 개념과, 각 교과가 포괄하는 범주를 어떻게 보느냐에 따라 교과교육학을 보는 관점도 크게 달라질 수밖에 없다. 즉 '교과학'이라는 말을 사용하더라도 교과교육학을 보는 관점이 일치할 수는 없다는 것이다.

### 3) 교과내용과 수업내용

역사수업의 내용은 역사적 사실 그 자체는 아니다. 교과내용은 많은 역사적 사실 중 학교교육의 목적과 편제, 교과의 성격, 학생 수준에 맞취 선택하여 재구성한 것이다. 교과내용이라고 하면 일반적으로 교과서 내용을 떠올리기도 한다. 교사는 수업에서 역사적 사실이나 교과서 내용을 그대로 가르치지는 않는다. 교과서만을 자료로 사용하고 교사의 설명으로 수업을 진행하는 경우라도 마찬가지이다. 고려의 토지제도에 대한 다음과 같은 교사의 설명을 생각해보자.

경종과 목종, 문종, 세 왕 때 전시과가 실시돼요. 그러니까 처음으로 실시되었다, 바꾸었다 해서 시정전시과, 개정전시과, 다시 바꾸었다 해서 경정전시과 이렇게 불러요. 그런데 전이라는게 뭐죠? 밭 '전(田)' 자예요. 밭이니까 농사를 지을 수 있는 땅을 주는 거죠. 그다음에 시지의 '시'는 땔나무 '시(柴)' 자예요. 그래서 땔감이 나는 산이나 임야를 주었어요. 이처럼 전지와 시지를 주었다고 해서 전시과라고 불러요.

여기에서 역사적 사실은 '전시과는 처음 만들어진 다음, 한 번 바뀌었으며, 또 한 번 바뀌었다', '전시과는 관리의 등급에 따라 식량과 연료를 얻을 수 있는 땅을 차등 있게 지급한 토지제도'라는 것이다. 그러나 교사는 학생들에게 이 사실을 설명하기 위해 '시정', '개정', '경정'이라는 단어와, '田' 자와 '柴' 자의 의미를 설명했다. 이 글자들의 뜻은 한문 시간에 배움직한 것으로, 역사적 사실과 직접적으로 상관이 있는 것은 아니다. 그렇지만 '田' 자와 '柴' 자의 뜻은 분명히 이 역사수업 시간에 다룬 내용이다. 수업내용은 교과내용을 기반으로 하지만, 교과내용 자체는 아니다. 수업내용은 수업의 여러 조건이나 목적을 고려해 교과내용을 수업에 맞게 변형한 것이다.

이 수업에서 교과내용을 수업내용으로 변형한 것은 교사이다. 교사는 역사적 사실이 아닌 한자의 뜻을 왜 수업내용에 포함시켰을까? 여기에는 역사적 사실에 대한 교사의 지식, 역사적 개념이나 용어에 대한 교사의 이해, 역사적 개념을 가르치는 방법에 대한 교사 나름의 신념, 학생들의 수준이나 경험에 대한 교사의 파악 등이 복합적으로 작용했을 것이다.

이 수업에서 교사는 전시과 제도라는 역사적 사실에 대한 지식을 가지고 있다. 다음으로 교사는 한국사의 개념이나 사실을 가리키는 많은 용어가 한자어로 되어 있어서 글자의 뜻에 따라 이름을 붙였다는 점을 이해하고 있을 것이다. 또한 개념이나 제도 등의 명칭을 기억하는 것이 학생들의 역사 이해에 큰 도움이 된다고 믿고 있다. 거기에 더해 자신이 설명한 한자어의 의미를 학생들이 이해할 수 있을 것이라고 판단했어야 한다. 이러한 요인들이 복합적으로 작용하여 교사는 '田' 자와 '柴' 자의 의미를 통해 전시과를 설명했다고 할 수 있다. 이렇게 해서 만들어진 위의 설명이 바로 전시과에 대한 수업내용이다. 따라서 교사가 내용을 잘 알아야 잘 가르칠 수 있다고 주장할 때 그 내용은 역사적 사실이나 교과내용보다는 수업내용일 수 있다. 바꿔 말하면 교과내용을 수업내용으로 변형하는 능력을 갖고 있다면, 그 교사는 잘 가르칠 수 있다고 말할 것이다. 이러한 능력은 역사적 사실에 대한 지식을 바탕으로 하지만, 많이 알고 있다고 해서 저절로 갖게 되는 것은 아니다. 일반적인 교수 기법을 잘 알고 있다고 해서 역사적 사실이나 교과내용을 수업내용으로 곧바로 바꿀 수 있는 것은 아니다. 역사적 사실에 대한 지식과 신념, 교과내용의 이해, 수업 기법, 학생에 대한 이해, 수업

환경에 대한 고려 등 실제 수업에 영향을 줄 수 있는 여러 요인을 종합 적으로 고려해야 한다. 그런 의미에서 수업내용에는 교과를 가르치는 교사의 전문성이 들어가 있다고 할 수 있다.


## 3. 역사교육은 과거 일어난 일을 공부하는 것인가? - 역사적 사실과 역사해석

### 1) '사실로서의 역사'와 '기록으로서의 역사'

역사교육은 역사적 사실을 교육 내용으로 한다. 그런데 문제는 역사 적 사실의 성격을 보는 관점이 하나가 아니라는 점이다. 역사적 사실 의 성격이 무엇인지는 역사학계에서 오랫동안 논란이 되어왔으며, 시 기에 따라서도 달라지곤 했다. 역사적 사실의 성격을 어떻게 보는지에 따라 역사교육을 보는 시각이나 접근방법도 바뀔 수 있다.

역사적 사실의 성격이 무엇인가에 대한 논의는 보통 '역사란 무엇인 가?'라는 질문으로 표현되었다. 다음은 한 역사교과서에 서술된 '역사' 라는 말의 의미이다.

> 역사는 '사실로서의 역사(history as past)'와 '기록으로서의 역사(history as historiography)'라는 두 측면이 있는 것이다. 전자가 객관적 의미의 역사라 면, 후자는 주관적 의미의 역사라고 할 수 있다.
> 사실로서의 역사는 객관적 사실, 즉 시간적으로 현재에 이르기까지 일어났 던 모든 과거 사건을 의미한다. (…)
> 기록으로서의 역사는 과거의 사실을 토대로 역사가가 이를 조사하고 연구

하여 주관적으로 재구성한 것이다.

― 국사편찬위원회 국정도서편찬위원회(2002), 《고등학교 국사》, 10쪽

이미 20년이 지난 제7차 교육과정 당시 교과서 내용이지만, 지금도 거의 모든 역사교과서에서 역사의 의미를 서술할 때면 으레 '사실로서의 역사'와 '기록으로서의 역사'라는 두 측면이 있다고 말한다. 그리고 '사실로서의 역사'는 과거에 일어난 일이므로 객관적인 사실이고, '기록으로서의 역사'는 역사가가 연구를 통해 재구성한 것으로 역사가의 관점과 해석이 들어가므로 주관적이라고 구분한다. 그런데 이런 설명을 찬찬히 되짚어보면 여러 가지 문제점이 떠오른다.

먼저 '사실로서의 역사'라고 할 때 '사실'의 의미가 무엇인가 하는 점이다. '사실로서의 역사'라는 말을 들으면 실제로 일어난 일이라는 느낌이 든다. 그렇지만 과거에 실제로 일어난 일을 알 수 있을까? 타임머신이 있다면 그것을 타고 지난날 사건의 현장으로 날아가면 되겠지만, 아직 인간은 그런 기계를 만들지 못했다. 우리가 '사실로서의 역사'를 알 수 있는 통로는 기록밖에 없다. '기록으로서의 역사'야 당연히 기록된 것이니까, '사실로서의 역사'건 '기록으로서의 역사'건 간에 실제로는 모두 기록을 통해서 알게 된다. 그러니까 기록 중에서 사실이라고 인정되는 것은 '사실로서의 역사'이고, 관점이나 해석이 들어갔다고 판단되는 것은 '기록으로서의 역사'가 된다. 예컨대 "고려는 918년에 왕건이 건국했다"라는 기록을 통해 알게 된 것이지만 '사실로서의 역사'이고, "고려 전기는 문벌귀족 중심의 사회였다"라는 기록을 해석한 것이므로 '기록으로서의 역사'인 것이다.

그렇지만 양자의 구분이 언제나 명확한 것은 아니다. '사실로서의 역사'가 역사 기록 중 사실이라고 인정되는 것이라면, 원래는 '기록으로서의 역사'였다고 하더라도 대부분의 사람이 인정한다면 '사실로서의 역사'가 되어야 하지 않을까? "조선 사회는 성리학적 이념을 기반으로 운영되었다"는 말을 생각해보자. 이 진술은 대부분의 사람이 인정하는 조선 사회의 성격일 것이다. 그렇다면 이는 '사실로서의 역사'일까, '기록으로서의 역사'일까? 아마도 '기록으로서의 역사'라고 대답할 것이다. 여기에서 '사실로서의 역사'와 '기록으로서의 역사'는 구분이 애매해지기 시작한다. "고려 말 신진사대부는 개혁의 방향을 둘러싸고 온건파 사대부와 혁명파 사대부로 갈려졌다"나 "신채호는 민족주의 사학자이다"와 같이 역사교육에서 너무도 당연하게 가르치는 역사적 사실 중에서도 그 성격상 '기록으로서의 역사'에 해당하는 경우가 많다. 반대로 "《삼국유사》에 따르면 고조선은 기원전 2333년에 건국하였다"라는 말은 진술의 성격상 '사실로서의 역사'이다. 그렇지만 《삼국유사》에는 이런 내용이 나오지 않는다. 그 이전 기록들을 인용하여 '중국 요임금과 같은 시기', '요 임금이 즉위한 지 50년인 경인년' 등으로 쓰고 있다. 심지어 간지가 맞지 않기 때문에 이 기록이 사실인지 의심스럽다는 일연 자신의 견해까지 덧붙이고 있다. 이 때문에 이 기록에서 말하는 고조선의 건국 연도가 언제인지는 고려시대에도 여러 해석이 있었다. 기원전 2333년은 조선시대 서거정이 쓴 《동국통감》에 나오는 것이다. 그렇다면 "《삼국유사》에 따르면 고조선은 기원전 2333년에 건국하였다"라는 말은 사실로서의 역사일까, 기록으로서의 역사일까? 이렇게 볼 때 어떤 역사적 사실이 '사실로서의 역사'인지 '기록으로서의 역사'인지를 따지는 것은 큰 의미가 없을 수도 있다. 이보다는 역사적 사실은 사료에 적힌 과거의 일을 해석하는 것이며, 이 해석에는 기록한 사람이나 역사학자, 나아가서는 역사를 공부하는 사람의 관점이나 견해가 들어간다는 것을 염두에 둘 필요가 있다.

## 2) '역사란 무엇인가'

'사실로서의 역사'와 '기록으로서의 역사' 외에 '역사란 무엇인가?'를 설명할 때 자주 인용하는 말이 카(E. H. Carr)의 '현재와 과거의 대화'이다. 카는 《역사란 무엇인가》 1장 〈역사가와 그의 사실〉에서 역사가 무엇인지를 설명하면서 '현재와 과거의 대화, 역사가와 사실의 상호작용'이라고 했다. '대화'라는 표현을 썼으니까, 현재와 과거가 말을 주고받는 것이다. 그렇다면 어떤 말을 주고받을까? 여기에서 현재는 역사가이고, 과거는 사료이다. 사료는 과거에 어떤 일이 있었는지를 말해준다. 역사가는 사료를 보고 해석을 한다. 그러니까 사료, 즉 과거는 역사가, 즉 현재에게 어떤 일이 있었는지를 말해주고, 역사가는 사료의 기록에 나타난 과거의 사실에 의미를 부여한다. 이를 '대화'라고 표현한 것이다. 마찬가지로 '역사가와 사실의 상호작용'에서는 역사가가 현재이고, 사실은 과거이다.

그렇지만 카가 말하는 이 대화에서 주도권을 행사하는 것은 역사가이다. 기원전 49년 카이사르는 자신의 부대를 이끌고 갈리아 지방과 이탈리아 북부의 경계선인 루비콘강을 건넜다. 이것은 "강을 건넜다", "주사위는 던져졌다"라는 말을 남긴 유명한 역사적 사실이다. 카이사르뿐 아니라 이전이나 이후에 엄청나게 많은 사람이 루비콘강을 건넜을 것이다. 이 일들은 과거의 사실이다. 그렇지만 다른 사람이 루비콘 강을 건넌 것은 역사가들이 무시했기 때문에 역사적 사실은 아니다. 카이사르가 루비콘강을 건넜다는 것이 역사적 사실이 된 것은 역사가 들이 이를 역사적 사건으로 결정했기 때문이다.

교과서에 카의 말을 실었다는 것은 역사 공부를 위해서는 학생들이 역사석 사실의 이런 성격을 알아야 한다는 생각이 깔려 있다. 역사적 사실의 이런 성격을 아는 데 그치는 것이 아니라 이런 생각을 가지고 역사 텍스트를 읽어야 한다는 것을 의미한다. 그렇지만 근래에는 카가 던진 질문과 이에 대한 그 자신의 유명한 답변이 역사란 무엇인지를 이해하는 데 유용하지 않다는 근본적인 문제 제기도 나왔다. '누구를 위한 역사인가?'라는 질문은 이런 견해를 대변한다.

### 3) 누구를 위한 역사인가?

'역사란 무엇인가?'라는 물음은 역사학에 대한 근대적 관점을 반영한 다. 그렇지만 포스트모던 역사학은 이런 관점을 부정한다. 포스트모던 역사학에서는 기록도 쓴 사람의 관점이나 해석이 들어가 있다는 것을 전제한다. 우리가 알고 있는 역사는 이런 기록을 토대로 하므로, 과거 에 실제로 일어난 일이 아니라 기록인 셈이다. 그런 의미에서 역사는 존재하는 게 아니라 만들어지는 것이라는 말이 있다. 이는 사료도 마 찬가지이다. 사료에도 기록한 사람의 관점이 들어간다. 사료에 수록할 사실을 선택하는 것은 기록자의 판단이며, 그 서술은 해석이다.

사료도 하나의 텍스트라는 의미는 사료에 기록한 사람의 관점과 해 석이 들어간 것과 마찬가지로, 같은 사료라고 하더라도 이를 해석하는 사람에 따라 의미가 달라질 수 있다는 뜻이다. 우리가 '역사'라고 알고 있는 것은 사료의 내용이 다시 역사가의 해석을 거쳐 만들어진 것이다. 기록자의 관점과 해석이 들어간 사료는 다시 역사가의 해석을 거쳐 역사적 사실이 된다. 해석이 달라지면 역사적 사실도 달라진다. 이처럼 사료는 해석을 위한 일종의 자료이므로 '텍스트'라고 본 것이다.

과거 사실의 기록이건 이 기록을 해석해서 만든 역사적 사실이건 간에 모든 텍스트에는 그것을 만들 당시의 사회적 상황과 만든 사람의 의도가 개입되며, 이 과정에서 갈등이 벌어진다. 텍스트를 이처럼 역사적 산물로 삼는 것을 '역사화'라고 한다. 그래서 '역사란 무엇인가?'라고 묻지 말고 '누구를 위한 역사인가?'라는 질문을 던져야 한다는 것이다.

역사적 사실의 본질을 묻는 질문이 '역사란 무엇인가?'가 아니라 '누구를 위한 역사인가?'가 되어야 한다는 주장에는, 우리가 공부하는 역사에 사실 자체가 존재하지 않는다는 생각이 깔려 있다. 그렇지만 이는 역사적 사실을 보는 스펙트럼의 극단적인 한쪽 편으로, 역사교육에서 이런 입장을 그대로 받아들일 수는 없다. 역사교육에서 포스트모던적 관점의 의미는 역사서술은 물론 사료조차도 하나의 텍스트로 기록자의 관점과 해석이 들어가 있으며, 학생들은 역사를 공부할 때 텍스트의 이러한 성격을 염두에 두어야 한다는 것이다.

## 4) 역사적 사실의 성격

'역사란 무엇인가?'에 대한 관점의 차이와 상관없이 역사를 공부할 때 염두에 두어야 할 역사적 사실의 일반적인 성격은 존재한다. 역사학이 인간의 사고와 사회 활동을 대상으로 하기에, 역사적 사실은 다음과 같은 성격을 가진다.

첫째, 역사는 당연히 과거의 일을 다룬다. 그중 역사학이 대상으로 삼는 것은 인간 행위이다. 역사학의 대상이 되는 것은 인간의 모든 행위가 아니라 사회적으로 의미가 있는 행위이다. 조선시대 사관이 왕의 일거수일투족을 관찰하지만, 아주 일상적인 말이나 행동까지 기록하지는 않는다. 자신이 판단하기에 기억할 만한 가치가 있는 것을 기록한다. '역사시대'라고 하면 원래 문자를 사용한 시대를 가리킨다. 그렇지만 현재 역사학은 그 이전 문자가 없던 시대, 즉 선사시대를 포괄한다. 역사는 과거에 일어났던 일 중 인간의 행위를 다룬다.

물론 가뭄이나 홍수, 병충해, 지진이나 일식, 빙하기와 같은 자연 현상이나 재해도 역사학의 연구 대상이며, 때로는 산림이나 동식물 등 생태를 다루기도 한다. 그렇지만 자연 현상 자체를 문제 삼기보다는 그것이 인간과 사회에 미친 영향에 관심을 둔다. 근래 역사학에서 생태사가 관심을 끌고 있으며 역사교육에서도 생태학적 관점이 도입되고 있다. 생태학적 관점에서는 인간과 자연을 상호관계로 본다. 인간과 자연이 서로 주고받는 영향에 관심을 두는 것이다.

둘째, 역사학은 사료를 전제로 한다. 사료 없이는 역사학이 존재하지 않는다. 그런데 사료는 의도적으로 만든 것도 있고, 일상적인 자취이지만 결과적으로 사료가 되는 경우도 있다. 의도적으로 만든 사료에는 만든 사람의 관점과 목적이 강하게 들어갈 수도 있다. 언뜻 보기에 사료인 것이 실제로는 가짜이거나, 가짜는 아니더라도 그 내용을 믿기 어려운 경우도 있다. 또 기록이 과장되거나 기록한 사람의 편견이 들어가기도 한다. 따라서 사료를 연구 자료로 사용하기에 앞서 이런 문제를 따지는 사료 비판이 필수적이다.

만든 사람의 관점이나 해석이 들어간다는 점에 초점을 맞춰 사료와 역사 연구의 성격을 규정하면, 사료는 하나의 텍스트가 된다. 사료는 역사적 사실을 전해주는 것이 아니라 하나의 해석으로, 역사 연구의 자료일 뿐이다. 사료를 자료로 삼아 역사를 탐구할 때는 거기에 들어가 있는 저자의 관점이나 역사인식을 염두에 두어야 한다.

셋째, 역사는 시간성을 가진다. 그러기에 역사는 연속적이고 일회적이며, 한 번 지나간 사건은 다시 반복되지 않는다. 겉으로 비슷해 보이는 사실이 반복되거나 같은 유형의 사건이 다시 일어날 수 있지만, 똑같은 사건이 두 번 이상 반복되지는 않는다. 역사는 시간의 흐름에 따른 변화를 탐색하기 때문에, 역사서술은 보통 인과관계의 형식을 띤다. 그렇지만 역사의 인과관계는 과학에서처럼 필연적이 아니라 개연적이다. 하나의 원인이 반드시 같은 결과를 가져오는 것은 아니며, 반대로 어떤 일의 원인이 여러 가지인 경우가 보통이다.

## 4. 역사 연구방법을 가르칠 수 있을까? - 역사 자료의 성격과 역사 연구

### 1) 사료의 성격과 종류

사료는 역사 자료, 즉 역사 연구에 사용하는 자료를 의미한다. 영어로는 source, 독일어로는 Quelle이라고 하는데, '원천'이나 '근원'을 가리키는 말이다. 그러니까 역사적 사실을 얻는 원천이라는 의미이다. 근대 이전에는 역사와 이야기가 구분되지 않았다. 그래서 역사라고 하더라도 구태여 확실한 증거에 기반을 둘 필요는 없었다. 그러나 근대 역사학은 입증된 이야기를 추구했다. 입증의 근거가 되는 것이 사료이다. 그래서 사료는 근대 역사학이 성립하는 기초가 되었다.

사료는 글로 되어 있는지, 다른 표상 방식인지에 따라 문자사료와 비문자사료로 나뉜다. 근대 역사학에서는 문자사료만을 활용했다. 역사를 문학과 구분되는 과학으로 자리매김하려는 근대 역사학에서는 문자사료가 비문자사료보다 믿을 만하다고 생각했기 때문이다. 그러나 역사학이 발달하면서 문자 이외에 유적이나 유물, 그림, 사진 등 다양한 출처와 표상형식의 자료들이 사료에 포함되었다. 근래에는 영상이나 소리 등도 사료로 활용되며, 말로 전달하는 자료, 즉 구술자료도 역사 연구에 널리 활용된다.

더 근본적으로 제작 동기나 출처에 따라 사료를 구분하는 방식이 1차 사료와 2차 사료이다. 1차 사료와 2차 사료를 구분하는 기준은 사료의 제작 시기와 내용 사이의 동시대성 여부이다. 어떤 일이 일어났던 당시에 기록된 것이면 1차 사료, 1차 사료를 바탕으로 만든 것은 2차 사료이다. 그렇지만 실제 사료로 활용할 때 이 구분이 그리 명확한 것은 아니다. 삼국시대에 일어난 일을 기록한 《삼국사기》는 삼국시대 당시가 아니라 고려시대, 그것도 고려가 후삼국을 통일하고 200년 이상 지나서 만들어졌다. 《삼국사기》는 당시 남아 있던 역사 기록을 자료로 삼아 쓴 것이다. 이렇게 보면 전형적인 2차 사료이다. 그런데 우리는 한국고대사를 연구할 때 《삼국사기》를 1차 사료처럼 활용한다. 《삼국사기》가 현재까지 남아 있는 가장 오래된 기록이기 때문이다.

사료를 제작 경위에 따라 의도적 사료와 일상 사료로 구분할 수도 있다. 문자사료는 의도적 기록인 경우가 많으며, 비문자사료는 일상생활 속에서 만들어지는 경우가 많다. 그렇지만 동굴벽화나 기념물 등에서 보듯이, 일상적인 기록이나 의도적으로 제작된 조형물 등도 사료로 널리 활용된다. 의도적 사료는《삼국사기》나《조선왕조실록》과 같이 원래부터 기록으로 남기기 위해 제작된 자료이다. 이에 반해 일상 사료는 의도를 가지고 남긴 게 아니라 일상생활에서 이용하던 것이 나중에 결과적으로 사료가 된 것이다. 조선시대를 예로 들면, 근래 역사 연구와 학습자료로 관심을 끌고 있는《미암일기》,《쇄미록》,《묵재일기》,《노상추일기》 같은 개인 일기나,《열하일기》,《산중일기》와 같은 여행기, 개인끼리 물건을 사고 판 매매문기(賣買文記)와 같은 고문서는 일상적 사료이다.

## 2) 사료 비판

'사료'의 성격이 있다고 해서 모두 역사 연구 자료로 활용할 수 있는 것은 아니다. 사료가 위조되거나 조작된 것이 아닌지, 그 내용을 믿을 만한지 따져보아야 한다. 사료에 당연히 저자의 관점이 들어간다고 하더라도, 그 관점을 하나의 해석으로 받아들일 수 있는지, 아니면 편견이 들어가거나 역사적 사실의 왜곡에 해당하는지를 구분해야 한다. 이 작업을 사료 비판이라고 한다.

사료 비판의 과정을 거쳐야 사료는 비로소 역사 탐구 자료로서 가치를 가지게 된다. 그럼에도 역사를 공부하면서 이를 의식하지 못하는 것은, 우리가 접하는 대부분의 사료가 이미 이 과정을 거쳤기 때문이다. 그렇지만 역사교육에서 활용하는 사료의 폭이 넓어지고 유형이 다양화되는 상황에서 이에 대한 이해는 여전히 필요하다. 사료 비판에는 외적 비판과 내적 비판이 있다.

외적 비판은 사료의 진위 여부, 그러니까 사료가 진짜냐 가짜냐를 따지는 것이다. 외적 비판을 하는 데는 역사학 자체뿐 아니라 고문서학, 금석학, 서지학 등 인접 학문이나 때로는 과학기술을 활용하기도 한다. 예를 들어 고려 말에 간행되었다고 적힌 어떤 책이 발견되었다고 하자. 이 책이 정말로 고려 말에 간행된 것인지를 어떻게 확인할까? 내용을 검토해보고 판단할 수도 있다. 고려 말의 기록인데 그 이후에야 알 수 있는 사실이 기록되어 있다면 이 책은 그때 간행된 것이 아닐 것이다. 책의 내용에 나오는 지명이라든지, 제도 같은 것도 마찬가지이다. 이런 내용은 시기에 따라 바뀌므로, 책이 고려 말에 나왔는지 가리는 준거가 될 수 있다. 책의 내용 외에 다른 것을 통해서도 판단할 수 있다. 활자체를 검토한다든지, 책의 장정 방식을 조사할 수도 있고, 종이의 지질을 확인할 수도 있다. 이는 고문서학과 서지학의 방법이다. 과학기술을 활용해 사료를 판별하는 경우도 있다. 고고학 유물의 편년을 확인할 때 방사성탄소연대 측정법을 사용하는 것은 잘 알려져 있다.

외적 비판에서는 가장 먼저 원자료의 진위 여부를 판단한다. 저자를 확인한 다음 사료가 만들어진 연대의 진위 여부를 판단한다. 그다음으로 사료가 원래 만들어진 상태 그대로인지 검토한다. 위서(僞書)는 아닌지, 조작되지는 않았는지, 다른 자료를 베낀 표절이 아닌지, 잘못된 부분은 없는지 등을 따져본다. 만약 그런 부분이 있다면 원래는 어떤 상태인지 탐색한다. 원래 내용을 복구하는 것이다.

사료의 외적 비판 중 진위 여부를 가리는 일은 비교적 명확해 보인다. 그렇지만 실제로는 사회에서는 물론 학계에서도 이를 둘러싼 논란이 벌어지기도 한다. 우리 민족의 상고사가 찬란했으며, 엄청나게 큰 영역을 가진 나라가 존재했다고 주장하는 유사역사학자들이 그 근거로 가장 널리 이용하는 책이《환단고기》이다. 역사학계에서는 사료 비판을 거쳐《환단고기》를 조작된 위서로 보고 이를 역사 연구 자료에서 배제하고 있지만, 여전히 이 책을 근거로 한국사를 전면적으로 다시 써야 한다고 주장하는 사람들이 있다. 2000년대 접어들어서는 현존하는 세계에서 가장 오래된 금속활자본인 직지심체요절을 찍을 때 사용한 활자보다 적어도 138년이나 앞선 금속활자인 '증도가자'가 발견되었다는 주장이 나오기도 했다. 국립과학수사연구원의 감정과 문화재청의 회의까지 거쳐 결국 이 활자는 위조로 판정되었음에도, 역사학계 외부의 다른 학문 분야 교수가 진짜 금속활자라는 주장에 가세하여 힘을 실어주기도 했다.

《환단고기》나 증도가자는 대부분의 역사학자가 조작된 것이라고 주장했지만, 역사학자들 사이에 진위를 놓고 논란이 벌어진 사료도 있다.《삼국사기》에 이름만 나올 뿐 전해지지 않던 김대문의《화랑세기》 필사본이 1989년과 1995년에 연달아 발견되었다. 일본 궁내부 도서관에 있는《화랑세기》를 옮겨 썼다는 이 필사본《화랑세기》에는 화랑의 기원과 계보, 화랑도의 운영, 화랑의 생활이 자세히 나와서, 이 책이 정말로《화랑세기》진품을 옮겨 쓴 것이라면 신라의 역사를 연구하는 데 어느 사료 못지않게 가치가 높다. 그렇지만 다수의 역사학자들은 이 책의 내용을 필사했다는 박창화가 지어낸 이야기로 보고, 필사본《화랑세기》를 위서로 간주했다. 반면 일부 역사학자들은 정말로 박창화가

《화랑세기》의 내용을 옮겨 쓴 것이라고 주장하면서, 이 책을 역사 연구에도 활용한다. 이런 논란은 수십 년이 지난 지금까지도 계속되고 있다.

외적 비판이 기본적으로 사료의 진위 여부를 따지는 것이라면, 내적 비판은 신뢰성을 살피는 것이다. 사료 내용이 얼마나 믿을 만한 것인지를 분석하고 비판하는 것이 내적 비판이다. 외적 비판이 역사학뿐 아니라 여러 다른 학문 분야의 도움을 받는 데 반해 내적 비판은 대부분 역사학계 내부의 문제이다. 다른 사료와 비교한다든지, 역사적 맥락에 비춰 분석한다든지, 역사 연구 성과에 비춰 내용이 얼마나 믿을 만한지를 검토한다. 저작자가 사료 내용을 쓸 만한 지위에 있는지를 따지거나 저작 의도가 무엇인지를 탐색하기도 한다. 이 과정에서 사료 내용이 의도적이거나 또는 무의식적으로 사료 내용의 왜곡이나 그 안에 편견 또는 과장은 없는지를 따져보기도 한다.

사료의 내적 비판은 새로운 사료의 발굴에 따라 달라지기도 한다. 19세기 후반에 발굴된 〈수메르왕명록〉은 구약성서에 기반을 둔 메소포타미아 역사를 새롭게 쓰게 했으며, 수메르의 역사를 가장 오래된 세계사로 자리매김하게 했다. 그러나 계속해서 발굴된 수메르 점토판에 기록되어 있는 〈에덴전쟁사〉는 이 지역을 최종적으로 차지한 아카드 왕들이 〈수메르왕명록〉에서 자신의 정통성을 세우고 폭정을 감추고자 이 전쟁을 숨겼음을 밝혔다. 그래서 〈수메르왕명록〉을 인류 최초의 역사왜곡이라고 말하기도 한다. 1차 사료인 〈수메르왕명록〉은 구약성서의 역사 기록을 다시 해석하게 했으며, 이어 발굴된 〈에덴전쟁사〉는 〈수메르왕명록〉을 다시 해석하게 한 것이다. 이것이 내적 비판이다.

내적 비판은 사료가 얼마나 믿을 만한지를 가리는 것이므로, 내용에 대한 이해나 해석으로 이어진다. 내적 비판에는 텍스트(text) 비판과 콘텍스트(context) 비판이 있다. 텍스트 비판은 사료 내용 자체를 분석하여 그 뜻을 밝히는 것이고, 콘텍스트 비판은 사료 내용을 시대나 사회, 그리고 일어난 상황에 비춰 이해하고 해석하는 것이다. 중국 사서인 《삼국지》에 나오는 부여에 대한 잘 알려진 기록을 보자.

> 나라에는 군왕(君王)이 있고, 모두 여섯 가축의 이름으로 관명을 정하여 마가(摩伽)·우가(牛加)·저가(猪加)·구가(狗加)·대사(大使)·대사자(大使者)·사자(使者)가 있다. 부락에는 호민(豪民)이 있으며 하호(下戶)라 불리는 백성은 모두 노복(奴僕)이 되었다. 제가(諸加)들은 사출도를 주관하는데, 큰 곳은 수천 가(家)이며, 작은 곳은 수백 가(家)였다.
>
> —《삼국지》〈위서〉 동이전, 부여

이 기록을 사료로 이용하려면 먼저 중국 역사서인 《삼국지》의 부여 관련 기록을 믿을 만한지, 왜 중국 사서인 《삼국지》에 부여의 역사가 기록되어 있는지를 따져본다. 그런 다음 텍스트 비판으로 들어가 이 기록에 나오는 '동이'에 해당하는 종족은 누구이며, '호민', '하호', '노복'의 뜻은 무엇인지 탐색한다. 다른 기록이 있다면 이와 비교해서 그 뜻을 추론하기도 한다. 그다음으로 왜 부여는 가축의 이름을 따서 관명을 지었으며, 이를 통해 당시 부여의 경제 기반이 무엇인지 이해하기도 한다. 하호가 왜 노복이 되었는지 추론하기도 한다. 이는 사실상 역사적 사실의 이해나 해석과 별 차이가 없다. 다만 사료 비판이라고 하면, 본격적인 이해나 해석에 앞서 이런 탐색이나 분석에 비춰 사료 내용이 얼마나 신뢰성이 있는지를 살피는 1차 작업이라고 할 수 있다.

### 3) 사료의 역사교육 적용

사료 비판이 역사 연구의 기초라고 했지만, 역사교육에서 이를 의식하는 경우는 거의 없다. 역사수업에서 자료를 담구하는 활동을 하더라도 그 과정에 사료 비판은 일반적으로 포함되지 않는다. 이는 학교 역사교육에서 사용하는 사료들이 이미 역사학자들에 의해 이 과정을 거친 것이기 때문이다. 그렇지만 사료 비판이 학교 역사교육에 영향을 미치는 경우도 종종 찾아볼 수 있다. 몇 가지 예를 들어보자. 그림 1은 2009 개정 교육과정 당시 한 중학교《역사》교과서와 고등학교《한국사》교과서에 실린 것이다.

이 자료는 동학농민운동 당시 농민군이 집강소 운영 원칙으로 내세웠던 폐정개혁안 12개조이다. 그동안 대부분의 한국사 교과서에 수록되었고, 대학수학능력시험이나 학교 교내시험 등에 가장 많이 출제되었던 자료일 것이다. 특히 마지막 조항인 '토지는 평균으로 나누어 경작할 것'이라는 내용은 다른 개혁안에서는 찾아볼 수 없다. 이 자료의 출처는 일제강점기에 오지영이 쓴《동학사(東學史)》이다. 그런데 같은 시기에 검정심사에 통과하여 사용되었음에도 중학교《역사》에는 그냥 '동학사'라고 되어 있는 반면, 고등학교《한국사》교과서에는 '역사소설'이라는 말이 붙어 있다. 검정교과서이므로 여러 종의 교과서가 간행되었지만, 이들 교과서 외에 다른 교과서도 마찬가지이다. 중학교 교과서는《동학사》를 믿을 만한 사료로 보고 있지만, 고등학교에서는

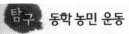
## 탐구 동학 농민 운동

자료를 통해 동학 농민 운동에 대해 알아보자.

### 자료 ❶ 폐정 개혁안(일부)

- 탐관오리는 그 죄목을 조사하여 엄하게 징계할 것.
- 노비 문서는 불태워 버릴 것.
- 천인의 대우를 개선하고 백정 머리에 쓰는 패랭이를 없앨 것.
- 관리의 채용은 지벌을 타파하고 인재를 등용할 것.
- 왜와 내통하는 자는 엄하게 징계할 것.
- 토지는 평균으로 나누어 경작하게 할 것.　　　　　　－ 오지영, "동학사"

---

### 동학 농민 운동의 방향

**자료 1 집강소 시기의 폐정 개혁안**

· 동학교도와 정부는 쌓인 원한을 씻고 모든 행정에 협력할 것
· 탐관오리는 그 죄목을 조사하여 엄하게 징계할 것
· 횡포한 부호들을 엄하게 징계할 것
· 불량한 유생과 양반을 징계, 처벌할 것
· 노비 문서는 불태워 버릴 것
· 천인의 대우를 개선하고 백정 머리에 쓰는 패랭이를 없앨 것
· 청상과부의 재가를 허락할 것
· 무명잡세는 모두 폐지할 것
· 관리의 채용은 지벌(地閥)을 타파하고 인재를 등용할 것
· 왜와 내통하는 자는 엄하게 징계할 것
· 공사채를 막론하고 기왕의 부채는 모두 무효로 할 것
· 토지는 평균으로 나누어 경작하게 할 것

**☺ 해남 집강소 군비 조달 기록** 해남 집강소에서 2개월간 해남 지방을 관할하면서 군비를 조달한 기록이다.

－ 오지영, 역사 소설 "동학사", 1940

**그림 1** 2009개정 교육과정 당시 중·고등학교 교과서의 폐정개혁안 12개조 서술(위: 조한욱 외(2012), 《중학교 역사(하)》, 비상교육. 아래: 도면회 외(2011),《고등학교 한국사》, 비상교육)

'역사소설'이라는 말로 사료의 가치가 없거나 적다고 판단한 것이다.

　일제의 내한제국 강제병합에 항의해서 자결한 유학자 황현은《매천야록(梅泉野錄)》과《오하기문(梧下記聞)》이라는 책을 남겼다.《매천야록》은 황현이 1864년부터 1910년 일제의 대한제국 강제병합 때까지 들은

이야기를 시간 순으로 기록한 책이다. 특히 1894년부터는 날짜까지 명시하고 있다. '매천'은 황현의 호이고, '야록'은 세상에 떠도는 이야기를 적었다는 뜻이다. 《오하기문》은 별개의 책이라기보다는 《매천야록》의 내용 중 동학 관련 이야기를 자세히 쓴 것이다. '오하'는 오동나무 아래라는 뜻이고, '기문'은 들은 이야기를 적었다는 뜻이다.

《매천야록》이나 《오하기문》에는 한국근대사의 여러 사실이 나온다. 특히 동학농민운동과 관련해 다른 사료에 나오지 않는 사실들이 구체적으로 기록되어 있다. 그러나 역사학자들은 한국근대사나 동학농민운동을 연구할 때 《매천야록》이나 《오하기문》을 일절 이용하지 않는다. 이 책에 나오는 내용이 황현이 확인한 것이 아니라 세상에 떠도는 이야기를 듣고 옮긴 것으로 믿기 어렵거나 근거가 없기 때문이다. 더구나 황현은 유생으로 동학농민운동 같은 민중운동에 강한 적대감을 가지고 있었다. 봉기한 농민을 '적(賊)', '초적무리'로, 동학농민군은 '동비(東匪)'로 불렀다. 황현의 책에는 이런 관점이 강하게 들어가 있다. 이런 이유로 《매천야록》이나 《오하기문》이 사료로서 가치가 떨어진다고 본 것이다. 이렇게 내적 비판은 사료의 신뢰성을 따진다. 그런데 근래 일부 교과서에서 이 책들의 내용을 자료로 싣기도 했다. 이는 교과서 저자들이 이 책들의 문제점을 몰라서가 아니다. 전체적으로 신뢰성이 떨어진다고 하더라도 믿을 만한 내용을 가려서 읽는다면 교육적으로 유용할 것이라고 판단했기 때문이다. 역사 연구와 교육적 관점의 차이라고 할 것이다.

원래는 가치가 떨어진다고 평가되던 사료가 연구방법이나 자료에 대한 인식의 변화로 역사 공부에 이용되기도 한다. 《고려도경》이 그러한 사례이다. 《고려도경》은 고려에 왔던 송나라 사신 서긍이 쓴 책이다. '도경(圖經)'이니까 그림이 있는 책인데, 그림이 들어 있던 원래 책은 송이 금의 침공을 받았을 때 없어지고, 지금은 글로 된 책만 남아 있다. 이 책은 고려 당시에 쓰였으므로 전형적인 1차 사료이다. 고려시대를 연구하는 기본 사료인 《고려사》와 《고려사절요》는 조선시대에 쓴 것이니까, 발행 시기로 보면 《고려도경》이 1차 사료로서의 가치가 훨씬 더 높다.

그런데도 역사학자들은 《고려도경》을 한동안 사료로 별로 이용하지 않았다. 그 이유는 무엇일까? 서긍은 고려 인종 때인 1123년에 고려에 사신으로 와서, 6월 초부터 7월 초까지 불과 한 달 남짓 머물렀다. 서긍은 머무는 동안 대여섯 차례 고려 사회를 직접 둘러보았다. 《고려도경》은 이 경험을 토대로 쓴 책이다. 그 짧은 기간에 몇 차례 둘러본 것을 바탕으로 썼으므로, 실제 사실을 정확하고 꼼꼼하게 묘사했다고 하기에는 신뢰성이 떨어진다고 본 것이다. 그래서 고려사 연구에 별로 이용하지 않았으며, 교과서에도 자료로 들어가지 않았다. 그러나 《고려도경》에는 《고려사》나 《고려사절요》 같은 사료에 없는 내용이 꽤 많다. 《고려사》나 《고려사절요》는 조선이라는 국가의 사업으로 펴낸 책이므로, 정치나 외교·군사·제도, 국왕이나 지배층의 생활과 행동을 주로 기록했다. 이에 반해 《고려도경》에는 백성의 생활이나 사회의 일상 모습, 풍속이나 관습 등이 기록되어 있으며, 도로나 항구, 거리와 시장 모습도 들어 있다. 그렇기 때문에 《고려사》나 《고려사절요》와 비교하거나, 편견이나 잘못된 내용을 감안하여 사용한다면, 고려시대를 연구하는 데 훌륭한 사료가 될 수 있다는 인식의 변화가 생긴 것이다. 이에 따라 역사교과서들도 《고려도경》의 내용을 자료로 실었다. 이처럼 내적 비판을 거친 사료의 신뢰성과 가치에 대한 평가도 고정된 것이 아니라 달라질 수 있다.

## 4) 유적과 유물

누구나 알고 있듯이 역사적 사실을 밝히는 사료로는 문자기록 외에 유적과 유물이 있다. 근래에 올수록 새로운 유적과 유물이 발견 또는 발굴되면서 사료로 널리 활용되었다. 역사교육에서도 시각자료에 대한 관심이 커지면서 유적이나 유물의 비중이 높아지고 있다. 유적이나 유물은 문자 이외의 유형적 자료, 즉 눈으로 볼 수 있는 자료이다. 유적은 보통 규모가 커서 옮길 수 없는 자료를 말한다. 반면 유물은 보통 규모가 작아서 옮길 수 있다.

근대 역사학의 기본 자료는 문자사료였다. '역사시대'라는 말이 문자를 사용하는 시대를 가리키는 것에서도 이를 알 수 있다. 그래서 근대 역사학이 성립될 당시에는 유적과 유물이 문자사료를 보조했다. 그렇지만 유적과 유물을 통해서만 알 수 있는 역사도 있다. 선사시대는 문자기록이 없었으므로 유적과 유물이 기본 사료가 된다. 문자는 청동기시대에 만들어졌으므로 그 이전인 구석기시대나 신석기시대는 유물이나 유적을 통해서 연구할 수밖에 없다. 학생들이 접하는 선사시대의 역사도 유적과 유물을 토대로 밝혀낸 것이다.

문자사료는 의도적으로 남긴 경우가 많은 데 반해, 유물이나 유적은 상대적으로 일상에서 생겨난 것이 많다. 그래서 상당 기간 방치되다가 우연한 기회에 발견되어 역사적 사실을 밝히는 중요한 사료로 활용되기도 한다. 구석기시대 아시아에서는 주먹도끼를 사용하지 않았으므로 유럽보다 발전 단계가 떨어진다고 주장했던 서양 학자들의 학설을 단번에 깨뜨린 경기도 전곡리의 주먹도끼는 1978년 한 미군 병사가 강변에서 커피 물을 끓이려고 돌을 모으다가 발견한 것이다. 백제사를 밝히는 데 큰 역할을 했으며, 하나의 무덤에서 4,600여 점의 유물이 나왔고, 이 중 국보로 지정된 유물만 해도 12종 17건에 달했던 무령왕릉은 1971년 바로 옆의 송산리 6호분 배수로 공사 중 발견되었다. 무령왕릉과 거기에서 발견된 유물은 《삼국사기》나 《삼국유사》, 중국 측 기록과 같은 문자사료로는 알 수 없었던 백제의 여러 가지 사실을 밝혀 준다.

유물과 유적은 과거의 사실을 밝히는 데 역사 기록과 상호 보완하는 기능을 한다. 기록을 토대로 유적과 유물을 해석하기도 하고, 반대로 유적이나 유물의 발견이 기록의 내용을 뒷받침하거나 해석하는 토대가 되기도 한다. 경주 신문왕릉은 무덤의 주인공이 밝혀져 있고 정비도 잘되어 있어서 사람들이 많이 찾는다. 무덤 앞의 안내문은 신문왕릉임을 명시하고 있다. 그런데 많은 학자는 이 무덤이 신문왕릉이 아니라 효소왕릉이라고 본다. 《삼국사기》의 다음과 같은 기록 때문이다.

가을 7월에 왕이 죽었다. 시호를 신문이라 하고 낭산 동쪽에 장사하였다.
— 《삼국사기》 신라본기, 신문왕 12년

가을 7월에 왕이 죽었다. 시호를 효소라 하고 망덕사 동쪽에 장사하였다.
— 《삼국사기》 신라본기, 효소왕 11년

《삼국사기》에는 신문왕을 낭산 동쪽에, 효소왕을 망덕사 동쪽에 묻었다고 기록되어 있다. 그런데 현재 신문왕릉은 낭산 동쪽이 아닌 남쪽으로, 망덕사 동쪽에 해당한다. 현재 무덤을 신문왕릉이라고 규정한 것은 조선 후기의 일이지만, 《삼국사기》는 고려 때 기록된 것이다. 이처럼 엇갈리는 해석이 있으면 역사학자들은 어느 편이 더 신뢰할 수 있는지를 검토한다. 이것도 사료 비판의 하나이다.

## 5. 역사교육 연구는 이론인가, 실천인가? – 역사교육 연구의 목적과 실천

### 1) 이론과 실천의 갈등

이론과 실천 간의 관계는 역사교육 연구를 둘러싼 오랜 논란거리이다. 이 문제는 역사교육론이나 역사교육 연구의 성격을 보는 관점을 반영한다. 그렇지만 역사교육 연구의 이론과 실천을 보는 견해 간의 관계는 그리 원만하지 않다. 갈등이라고 부르는 편이 적절할 것이다. 이런 갈등은 역사학자와 교사 사이에 선을 그어왔으며, 역사교육 전공자도 여기에서 자유롭지 않다.

역사교사들은 대체로 기존의 역사교육 연구가 교육 현장의 실천과는 거리가 먼 '연구를 위한 연구'라고 비판한다. 이런 비판은 교육에 관심이 없는 역사학이나, 한국의 현실과는 맞지 않는 외국의 교육이론을 소개하는 교육학 일반을 향한 것이었지만, 점차 역사교육 연구에까지 확대되었다. 일반 교육학이나 역사학이 아니라 역사교육을 전공으로 내세우는 역사교육 연구자 집단이 나타나면서 교사들의 기대는 상대적으로 컸다. 교육학의 피상적이고 원론적인 이론이나 학교 역사교육의 문제를 도외시하는 역사 연구가 아니라 교실 수업에 적용 가능성이 높은 실천적 역사교육 연구를 기대했다. 그렇지만 이런 기대감은 얼마 지나지 않아서 실망으로 바뀌었다. 역사교육 전공자들의 역사교육 연구도 일반 교육학의 교육 이론처럼 공허하고 피상적이거나, 사회 비판 의식이 결여된 역사 연구와 마찬가지로 비쳤기 때문이다. '대안의 역사교육론'을 내세우면서 역사교육 현장에 기반한 역사교육론의 필요성을 역설하는 다음과 같은 주장은 이런 관점을 그대로 드러낸다.

역사교육의 목적에서부터 수업의 내용, 자료, 방법, 평가까지 망라하고 있는 이 책은, 살아 있는 역사교육을 위해 분투해온 역사교사들의 생생한 현장사 례로부터 출발하여 우리 역사교육의 새로운 희망을 모색해보고자 하는 완전히 새로운 개념의 '역사교육론'을 목표로 하였다. 전공 연구자들이 쓴 지금까지의 고답적이고 원론적인 역사교육론이 현실과 동떨어진 이론으로부터 비판받았던 점을 감안한다면, 이 책은 조금 부족하고 세련되지 못했지만 우리 교육 현장에 신선한 자극과 실질적인 도움을 주리라 확신한다.

— 전국역사교사모임 엮음(2002),

《우리 아이들에게 역사를 어떻게 가르칠 것인가》, 7쪽

여기에서 말하는 실천적인 이론이란 교육 현장에 적용할 수 있는 생생한 역사교육론, 사회에 희망을 줄 수 있는 비판의식을 가진 역사교육이라는 두 가지 의미를 함께 가지는 것이었다. 후자는 역사교육의 사회적 역할이나 목적에 해당하는 것으로, 역사관이나 역사의식과 밀

접한 관련이 있다. 역사교육 연구에 대한 직접적인 비판은 전자이다. 이에 대한 '역사교육 연구자'들의 입장은 엇갈린다. 한편에서는 이런 비판을 인정하고 공유했다. 역사교육 이론 연구의 대부분이 외국의 이론을 소개하는 데 그치고 현장의 목소리를 반영하지 못했다는 지적을 의식하고 역사과 교수-학습론은 현장의 역사수업에 직접적이고 구체적인 도움을 주지 못하고 있다는 고민이 여기에 해당한다. 그렇지만 다른 한편에서는 이러한 비판이 '이론'의 성격을 제대로 이해하지 못한 데서 비롯된 것이라고 반박한다. 역사교육 이론이 실천성이 떨어진다는 비판에 대해, 이론과 현장을 지나치게 이분법적으로 구분하는 담론이라는 것이다. 그리고 현장 실천이 무엇인지를 고민하지 않은 채 현실 상황에 맞추는 것이라고 좁게 해석하고, 이러한 잣대로 역사교육 연구의 가치와 유용성을 평가한다고 지적한다. 이론은 이러한 현장의 문제에 대한 처방이나 구체적 해결 방안을 제시하는 것이 아니며, 이를 개념화하고 문제화하여 역사교육의 실천 방향을 제시하는 것이 이론의 역할이라는 것이 이들의 관점이다.

그렇지만 실천을 중시하는 교사들이 이런 반론을 수용하는 것으로 보이지는 않는다. 반론 자체가 이론적이며 공허한 논리라고 여긴다. 근래 역사학 전공자 중에서도 역사교육에 관심을 가지는 사람이 늘어나고 있다. 역사교과서 내용을 분석, 비판하여 대안을 제시한다든지, 외국의 역사교육을 소개해서 시사점을 제시하는 것은 이들에게서 흔히 찾아볼 수 있는 연구들이다. 그렇지만 실천을 중시하는 사람들은 역사학자들의 이런 관심이 정보를 얻는 데는 도움이 되겠지만, 현장의 역사교육을 바꾸는 데 큰 역할을 하지 못한다고 판단한다. 교과서 분석은 현장 실천보다는 역사학의 연구 성과에 초점을 맞추고 있으며, 외국 사례는 우리의 현실과 맞지 않는다고 보기 때문이다. 이런 생각은 역사교육 이론을 생산하는 주체 자체를 바꿔야 한다는 방향으로 나아가게 한다.

## 2) 실천을 보는 역사학의 관점

애초 역사교육에 대한 관심은 실천성에 있었다. 앞서 살펴본 1950년대 역사교육연구회가 창립하면서 "교육은 필경 교실과 교사를 통한 하나의 실천이다"라든지, "현장에 맞지 않는 이념이나 이론은 한낱 공염불에 불과한 것이다"라고 내세운 것은 이런 관점을 보여준다. 역사교육론이란 이론이 아니라 실천이라고 여겼다. 그렇지만 여기에서 실천이란 실천성을 가진 역사교육 콘텐츠를 연구하는 것이 아니라 기존에 역사학이 밝힌 역사적 사실을 학교교육 현장에 잘 적용하는 것이었다. 이들은 그 방법을 연구하는 것이 교육학이므로, 역사교육은 역사학의 성과를 교육학적 방법으로 제공하면 된다고 생각한다.

실천성에 대한 이런 관점은 이후에도 역사교육에 관심을 가진 역사학자들에 의해 지속되었다. 1960년대 접어들어 역사학자, 특히 한국사 연구자들은 역사교육에 관심을 가지기 시작했다. 이는 해방이 되고 상당 기간이 지났는데도 한국사 교육이 본궤도에 오르지 못하고 있다는 반성에서 출발했다. 해방 이후 한국사 연구가 상당히 진행되었지만, 학교 역사교육의 내용은 여전히 식민사학의 논리에서 벗어나지 못하고 있다는 판단에서 비롯된 것이었다. 이들의 관심은 역사를 가르치는 데 필요한 내용을 제공한다는 차원이었다. 이들이 보기에 한국사교육은 한국사 연구의 성과를 기반으로 해야 한다. 중·고등학교에서 무엇을 가르칠 것인지를 역사학자들이 제공하는 것이 역사교육 연구의 실천성이었다. 그리고 그 실천성은 교육과정이나 교과서로 표현되는 것이었다.

국사교육은 국민교육의 기본이 된다. 중·고등학교에서의 국사교육의 성패는 건전한 민족정신이나 민족주체성 확립 여부의 관건이 된다. 그러나 오늘날 우리나라에 있어서의 국사교육은 이러한 중대한 임무를 제대로 수행하고 있지 못하며, 따라서 다음 시대를 담당할 2세 국민들이 우리 역사에 있어서의 주체성을 몰각하고 나아가 민족정신 그 자체의 상실을 초래할 우려가 있다.

이렇게 된 데는 내외의 여러 가지 사정이 그 이유가 되고 있는 것이지만 교육 자체에서 생각하는 국사교육과정이나 교과서 내용이 충실하지 못한 데에 그 이유가 있음을 지적할 수 있다.

— 이기백·이우성·한우근·김용섭(1969),
〈중·고등학교 국사교육 개선을 위한 기본 방향〉

역사의 실천성을 사회의 구조적 모순을 파악하고 사회를 변혁시키는 것이라고 보는 사람들도 이 점에서는 마찬가지였다. 국가나 지배층이 주도하는 획일적인 역사인식과 지배 이데올로기에서 벗어나 민중의 관점으로 역사를 보고 사회 비판의식을 길러야 한다고 주장했다. 이들이 보기에 역사교육은 이런 역할을 하는 실천적 성격의 분야였다.

우리의 역사학습은 우리 역사에 대한 종래의 사관들을 비판적으로 검토하여, 그 오류를 역사 사실로부터 분리시키는 작업에서 출발하는 것이 효과적일 것이다. 이로부터 우리들은 정당한 역사인식이 어떠해야 할 것이며 나아가 역사란 무엇인가라는 의문에 대한 단서를 얻을 수 있을 것이다. 이것을 기초로 하여 우리 역사의 법칙성과 주체성을 찾아내어, 이것을 현실인식과 실천적 과제의 해결을 위한 과정으로까지 끌어올리는 데 역사학습의 목표가 있다.

— 한국민중사연구회 엮음(1986), 《한국민중사 I》, 14~15쪽

이러한 실천적 역사인식은 역사학의 연구에서 비롯되는 문제이지 이를 위한 별도의 독립적인 연구가 필요한 것은 아니었다. 역사교육은 역사연구의 성과를 사회문제의 인식으로 연결하는 데 그 실천성이 있다는 것이었다.

### 3) 역사교육 연구의 이론과 실천의 통합적 이해

역사교육 연구는 이론인가 실천인가? 이 중 어느 편의 주장이 옳은지 여부와 상관없이 역사교육 연구의 가치를 둘러싼 논의는 교사와 연구자의 상호소통 필요성, 실천을 위한 연구의 필요성을 일깨워주었다. 그리고 역사교육 연구자가 늘어나고 연구 주제가 다양해지면서 실천성에 대한 관심은 확산되었다.

이론과 실천을 둘러싼 문제에서 주목할 만한 현상은 역사교사들에 의한 역사교육 연구가 활발해지고 있다는 사실이다. 민주시민을 위한 역사교육이나 생태적 관점의 역사교육 논의에서 보듯이, 역사교육 담

론을 교사들이 주도하거나 연구에 교사들이 적극 참여하고 있다. 교과로서의 역사교육 내용을 생성하는 일에도 교사의 비중이 높아지고 있다. 근래 간행된 중·고등학교 역사교과서의 저자 중에는 교수보다 교사가 많다. 교수와 교사가 같이 참여하되 내용은 교수가 쓰고 탐구활동이나 자료의 삽입, 학생 수준이나 현장 적용성은 교사가 검토하는 식이 아니라, 함께 내용을 집필하고 검토하는 일이 자연스럽다. 그렇지만 교사의 참여가 크게 늘어났다고 해서 역사교과서의 내용이 기대만큼 달라졌다는 평가는 없다. 현장 실천에 적합한 역사 교수이론이 눈에 띄는 것도 아니다.

　주관하는 기관에 따라 차이가 있지만, 1급 정교사 연수와 같은 교원 연수 강좌에서 현장교사들의 수업실천 사례가 늘어나고 있다. 여기에는 교사의 수업 능력을 향상하는 데 이론 강의를 듣는 것보다는 실천 사례를 접하는 것이 더 효과적이라는 생각이 깔려 있다. 연수를 받는 교사들의 반응도 이론 강의에 비해 훨씬 좋은 것 같다. 아마도 동료의식과 현장감을 느끼기 때문일 것이다. 그렇지만 다른 교사의 실천 사례에서 아이디어를 얻고 자극을 받더라도, 그 수업 사례를 그대로 활용하는 경우는 그리 많지 않을 것이다. 수업실천 사례도 교실 수업에 직접 적용할 수 있는지를 기준으로 삼는다면 현실과 맞지 않는다고 비판할 수 있다. 그렇지만 수업실천 사례를 그런 시각으로 평가하는 경우는 별로 없다. 교사들은 수업실천 사례를 그대로 사용하는 것이 아니라 자신의 수업에 맞게 응용하여 적용하기 때문이다. 이런 관점으로 본다면, 역사교육 이론의 실천성도 수업에 얼마나 자극을 주고 어떤 아이디어를 제공하는지로 평가되어야 한다.

연구는 '이론'이고 사례는 '실천'이라는 구분은 적절하지 않다. 실천의 문제가 없는 학문은 존재하지 않는다. 그렇다고 모든 학문을 실천성으로 평가하지는 않는다. 역사교육 연구에 실천성이 요구되는 것은, 교과교육이 응용학문이라는 생각 때문이다. 역사교육이 응용학문인지는 별도로 따져보아야 할 문제이겠지만, 응용학문으로서 역사교육의 실천성이 무엇인지도 제대로 검토되지 않았다. 역사교육 연구의 실천성을 판단하려면 교수방법이나 역사학적 실천성이 아니라 역사교육적 실천성을 따져야 한다. 그러기 위해서는 역사교육 연구에서 실천성의 개념이 무엇인지 논의해야 한다. 학교 현장에 기반을 둔 역사교육 연구 자체를 실천적이라고 할 것인지, 학교나 교실 수업의 적용 가능성을 실천이라고 할 것인지를 분명히 할 필요가 있다. 그리고 역사교육 연구는 다음과 같은 관점을 가져야 한다.

첫째, 역사를 가르치는 것은 교육학적 원리나 교수기술의 문제가 아니라 역사관이나 역사인식, 역사적 사실과 개념, 자료에 대한 지식, 역사교육관과 복합적으로 관련되어 있다.

둘째, 역사교육 현장을 이론에 맞춰 설명할 것이 아니라, 역사교육 현장에서 일어나는 현상을 이론적으로 설명하는 것이 역사교육 연구의 중요한 부분이다.

셋째, 역사적 사실과 역사교육의 내용은 같지 않다. 역사교육의 내용에는 가르치는 역사적 사실뿐 아니라 이를 어떻게 조직해서 가르치는가도 포함된다.

넷째, 역사인식과 역사를 가르치는 방법 사이에 이론적 체계화가 필요하다. 어떻게 가르쳐야 하는가에 대한 생각은 학문이나 교과를 보는 관점과 밀접한 관련이 있다.

역사교육의 이론과 실천을 결합시키기 위한 다양한 접근이 모색되고 있다. 교사나 역사교육 연구자의 실행 연구, 교사 지식, 학생의 역사 이해와 변화 등에 대한 연구는 그러한 사례이다. 그렇지만 이런 연구들이 역사교육 연구와 이론 사이의 분리를 완전히 극복한 것은 아니다.

# 2장

# 역사인식과 역사적 사고

# 1. 역사를 안다는 것은 무엇인가? – 역사인식의 의미와 역사학습

## 1) 인식의 개념과 역사 지식

교과교육은 교과내용을 아는 것에서 출발한다. 교과의 목표가 무엇이건 간에, 우리는 교과내용을 학습함으로써 그 목표에 도달한다. 그러기에 수업은 학생들이 그 내용을 앎으로써 목표에 다가가는 과정이라고 할 수 있다. 역사수업의 내용은 역사적 사실을 기반으로 한다. 그런데 문제는 '안다'는 개념이 명확하지 않다는 것이다. 우리는 흔히 '안다'고 말할 때 지식의 유무를 떠올린다. 이때 지식은 어떤 사실을 기억하는 것을 말한다. 예를 들어 역사 지식이라고 하면 '국가가 운영하는 고구려의 중앙 교육기관은 태학, 통일신라는 국학, 고려는 국자감이었다', '코페르니쿠스는 지동설을 주장했다'와 같은 사실을 기억하는 것이다. 그렇지만 이처럼 과거에 일어난 일을 기억하는 것을 역사 지식이라 하더라도, 그 의미가 무엇인지는 명확하지 않다. 예를 들어 19세기 후반에 일어난 미국의 남북전쟁에서는 북부가 승리했다. 그렇다면

'남북전쟁에서 북부가 승리했'고 기억하고 있으면 남북전쟁의 결과를 아는 것일까? 셰플러(Israel Sheffler)는 A라는 사람이 명제 P를 안다고 말하려면 다음과 같은 조건을 만족해야 한다고 했다.

① A는 P를 믿는다.
② A는 P를 믿을 만한 훌륭한 근거를 가지고 있다.
③ P는 실제로 일어난 사례이다.

이를 남북전쟁의 인식에 적용해보자. '미국의 남북전쟁에서 북부가 이겼다'라는 역사적 사실을 안다고 말할 수 있는 조건은 다음과 같다.

첫째, 북부가 이겼다는 것을 믿어야 한다. 남북전쟁에서 어느 편이 이겼냐는 질문을 받았을 때, '북부가 이겼다'고 말한다고 해서 그것을 아는 것은 아니다. 남부와 북부 중 하나를 택해서 우연히 답을 맞혔을 수도 있다. 정말로 북부가 이겼다고 생각하고 있어야 아는 것이다.

둘째, 남북전쟁을 공부하는 데 시간을 쏟았어야 한다. 남북전쟁에서 북부가 이겼음을 믿는다고 하더라도, 그 믿음이 아무런 근거가 없는 것이라면 안다고 말할 수 없다. 북부가 이겼다고 믿을 만한 근거를 가지고 있을 때, 이를 안다고 할 수 있다.

셋째, 실제로 북부가 이겼어야 한다. 남북전쟁에서 북부가 이긴 것이 사실이어야 한다. 설사 남북전쟁에서 북부가 이겼다고 믿고, 그렇게 믿을 만한 근거가 있다고 해도, 그것이 사실이 아니라면 당연히 안다고 할 수 없다.

지식 중심의 교육이 비판받는 것은 어제오늘의 일이 아니다. 근대 교육이 성립한 이후 줄곧 계속되어왔다. 역사교육도 지나치게 지식 중심이라고 비판을 받는 대표적인 분야이다. 지식교육이 비판을 받는 이유는 단순히 사실을 기억하는 것이라는 생각 때문이다. 그렇지만 아는 것이 무엇이며, 지식을 가졌다는 것이 어떤 상태를 말하는지는 그리 간단하지 않다. 이런 앎의 문제를 다루는 분야가 인식론(epistemology)이다. 가르치고 배운다는 것이 어떤 것을 알기 위함이라는 점에서, 인식론은 교수-학습의 기반이 된다.

　인식론은 지식의 본질을 탐구한다. 지식의 개념, 성격, 지식을 얻는 절차, 지식의 기원·구조·범위 등 지식과 관련된 전반적인 문제를 탐구하는 것이 인식론이다. 가르치는 데는 교과에서 다루는 지식의 속성에 대한 이해가 필요하다. 그렇기에 인식론적 탐구는 교사들이 교과를 가르치는 데 중요하다. 지식의 속성을 밝히는 데는 두 가지 문제가 핵심이다. 하나는 지식 자체가 무엇인가 하는 문제이고, 다른 하나는 지식을 가지고 있다는 것은 어떤 상태를 의미하는가 하는 것이다.

　학자들이 말하는 지식의 개념은 그리 단순하지 않다. 많은 학자들이 지식이 무엇인지에 대한 다양한 견해를 제시했다. 그중 가장 널리 알려진 것이 라일(Gilbet Ryle)의 견해이다. 라일은 지식을 명제적 지식(knowing that)과 방법적 지식(knowing how)으로 구분한다. 명제적 지식은 사실이나 개념, 일반화 등을 아는 것이다. 이에 반해 방법적 지식은 지식 획득의 방법이나 절차를 아는 것이다. 명제적 지식은 '~라는 사실을 아는' 것으로, 방법적 지식은 '~하는 방법을 아는' 것으로 표현된다. 우리가 흔히 생각하는 지식이 명제적 지식이다. 라일은 명제적 지식과 방법적 지식의 성격은 다르며, 이 두 가지가 반드시 병행하는 것은 아니라고 말하면서, 방법적 지식의 중요성을 강조한다. 명제적 지식은 지성(intellect)의 문제로, 많이 알고 있는가 무지한가를 가르는 잣대가 된다. 반면 방법적 지식은 지적 능력(intelligence)의 문제인데, 방법적 지식을 많이 가지고 있으면 주어진 문제를 똑똑하고 세심하고 꼼꼼히 수행할 수 있다고 말한다. 많이 알고 있다고 해서 반드시 문제를 잘 처리하는 것은 아니다.

방법적 지식은 경우에 따라서는 이해를 하지 않더라도 활동을 통해 습득되기도 한다. 예를 들어 자전거 타기를 생각해보자. 처음 자전거를 타면 자꾸 한쪽으로 기울어진다. 그렇지만 어느 정도 연습을 하면 탈 수 있게 된다. 구태여 기울어진 균형이 어떤 원리로 복원되는지 이해할 필요가 없다. 방법적 지식이 활동을 통해 습득된다는 것은, 활동으로 구현되지 않는 방법적 지식은 가치가 떨어진다는 의미이다. 역사적 사실의 성격과 역사 탐구방법을 이해하고 있더라도 이를 실제로 적용하여 자료를 읽고 탐구를 수행할 수 없다면 진정으로 역사의 방법적 지식을 가지고 있다고 볼 수 없다.

그렇다고 방법적 지식이 반드시 명제적 지식과 분리되는 것은 아니다. 라일에 따르면 효율적인 실천은 그에 관한 이론에 선행한다. 그렇지만 명제적 지식과 방법적 지식은 상호작용을 한다. 그 상호작용을 통해 문제를 더 효율적으로 처리할 수 있다. 실천이 더 체계적이고 효율적이려면 명제적 지식이 필요하다. 자전거의 균형을 잡는 원리를 몰라도 자전거를 탈 수 있지만, 더 잘 타기 위해서는 그 원리를 알아야 한다. 더구나 역사의 방법적 지식은 명제적 지식과 분리하기가 더 어렵다.

역사적 사실과 역사 연구의 성격을 이해하지 않고는 역사 탐구를 제대로 할 수 없다.

오크숏(Michael Oakeshott)은 기법적 지식(technical knowledge)과 실제적 지식(practical knowledge)을 구분했다. 기법적 지식은 규칙이나 원리 등 명제로 표현할 수 있는 것이고, 실제적 지식은 실제 활동을 구성하는 지식이다.

오크숏은 지식의 구성요소를 정보와 판단으로 구분한다. 정보는 명시적으로 드러나는 지식으로, 정보를 가진다는 것은 지적 활동의 결과물을 아는 것이다. 반면에 판단은 정보의 의미를 해석하고, 명제가 적절한지 판단하며, 어떤 행동을 실천에 옮길지를 선택하는 것이다. 그러므로 기법적 지식은 정보를 습득할 수 있게 하고, 실제적 지식은 판단을 가능하게 한다. 온전한 지식은 정보만으로 충분하지 않으며, 반드시 판단이 들어가야 한다. 그렇지만 이 두 가지는 따로 존재하지 않는다. 실제 활동에는 두 가지가 복합적으로 들어가 있다. 예컨대 요리를 하는 행위에는 요리 책에 적혀 있는 레시피와 재료를 다듬고, 굽고, 접시에 담는 등의 요소가 함께 들어간다. 전자는 기법적 지식으로 책에 적혀 있지만, 후자는 요리사의 실행으로 드러난다.

지식의 종류나 그 성격에 대한 이런 논의가 역사 지식을 대상으로 한 것은 아니며 라일이나 오크숏이 지식에 대한 자신의 논리를 역사 지식에 적용하여 설명한 것도 아니기 때문에 역사교육에서 명제적 지식과 방법직 지식을 구분하는 것은 쉽지 않다. 예를 들어 국사편찬위원회에서 제공하는 '삼일운동데이터베이스'에서 각 지역별로 3·1운동에 참여한 계층과 그 동기를 분석하는 탐구활동을 한다고 가정해보자.

이 활동에 들어가는 명제적 지식과 방법적 지식은 무엇일까? 여기에는 3·1운동의 원인 및 전개 과정에 대한 지식이 들어간다. 그리고 교과서나 개설서에 서술되어 있는 3·1운동 참여 계층에 대한 정보도 참고할 것이다. 이는 물론 명제적 지식이다. 이에 반해 방법적 지식에는 데이터베이스에서 정보를 검색하는 능력이 필요하다. 이 능력은 직접 드러나시 않으며, 탐구 과정과 그 결과를 통해 나타날 뿐이다. 그런데 국사편찬위원회가 상당한 노력을 들여 구축한 '삼일운동데이터베이스'의 성격, 들어가 있는 자료의 내용, 구조 등에 관한 지식은 명제적 지식과 방법적 지식 중 어디에 속할까? 언뜻 보기에 명제적 지식인 듯하지만, 이를 알고 있다고 해서 데이터베이스를 검색해서 3·1운동에 참여한 사람들의 동기를 계층별로 체계적으로 정리할 수 있을지는 의문이다. 실제 탐구에는 이런 여러 지식이 분리되는 것이 아니라 복합적으로 작용한다. 탐구 결과로 제시한 지역별 참여 계층 및 참여 동기라는 역사적 사실에 들어가 있는 명제적 지식과 방법적 지식을 구분하기는 쉽지 않으며, 설사 구분하여 제시한다고 하더라도 역사교육에서 큰 의미는 없다.

역사적 사실을 많이 알고 있다고 해서 반드시 자료에서 역사적 사실을 능숙하게 밝혀낼 수 있는 것은 아니다. 이를 위해서는 역사적 사실의 성격이나 역사 탐구의 방법에 익숙해야 한다. 그렇지만 역사적 사실을 꼼꼼하고 설득력 있게 밝혀내는 데는 자료가 담고 있는 사실들과 관련한 지식이 필요하다. 역사적 사실에 대한 지식과 역사 탐구방법에 대한 지식은 상호작용을 한다.

## 2) 구성주의 인식론

1990년대 후반부터 2000년대 초에 걸쳐 한국의 교육계에서는 구성주의가 널리 언급되었다. 구성주의는 주로 교수-학습의 원리로 제시되었으며, 각 교과에서 구성주의 교육관에 입각하여 어떻게 가르칠 것인지가 주로 논의되었다. 그렇지만 구성주의의 출발은 지식이 무엇이고, 어떻게 형성되는가 하는 인식론적 가정에 있다.

구성주의는 지식의 객관성을 부정한다. 객관성의 반대 개념으로 보통 주관성을 떠올린다. 그렇다면 구성주의는 지식이 주관적이라고 볼 것이다. 그런데 지식의 객관성을 부정한다는 것은 달리 말하면 절대적 지식은 존재하지 않는다는 뜻이다. '절대적'에 대비되는 말은 '상대적'이므로 구성주의는 지식을 상대적인 것으로 본다고 할 수도 있다. 그렇지만 '구성적'이라는 말에서 '주관적'이나 '상대적'이라는 어감은 느껴지지 않는다. 구성적이라는 말은 오히려 어떤 틀에 맞춘다는 느낌을 준다. 문제는 그 틀이 어떤 것이며, 어떻게 해서 만들어지는지를 보는 관점에 있다. 구성주의에서는 그 인식의 틀이 외부가 아니라 인식하는 주체에 의해 만들어진다고 본다. 구성주의적 관점에서는 지식은 획득되는 것이 아니라 인식하는 주체에 의해 자율적으로 만들어진다고 본다. 외부의 지식을 그대로 수용하는 것이 아니라 재구성한다는 것이다. 다양성과 차이성에 대한 인식을 바탕으로 다원주의 사회의 다양한 가치를 인정하면서 이를 포괄할 수 있는 광의의 인식론이자 인식론에 대한 인식론이 구성주의적 인식론이라고 주창한다.

구성주의는 인식의 틀이 만들어지는 과정에 따라 인지적 구성주의와 사회문화적 구성주의로 나뉜다. 인지적 구성주의는 인식의 틀을 개인의 인지구조로 본다. 그래서 학습자의 인지발달에 관심을 가진다. 인지적 구성주의의 관점으로 보면, 사람은 새로운 정보를 접할 때 자신의 머릿속에 가지고 있던 인지구조에 맞춰 이를 받아들인다. 그 결과 외부의 정보는 사람에 따라 달리 인식된다. 이때 말하는 인지구조는 피아제(Jean Piaget)의 도식(schema)을 연상시킨다. 인지적 구성주의는 피아제 등의 인지발달론을 이론적 기초로 삼는다. 그래서 학습을 물리적 환경과 학습자의 상호작용이라고 본다. 학습은 인지구조를 변화시키는 것이므로 효과적인 학습을 위해서는 인지 갈등을 일으킬 필요가 있다고 생각한다. 그래야 동화(assimilation)와 조절(accommodation)의 과정을 통해 인지구조가 변화하거나, 토론을 통해 자신과는 다른 관점이 있음을 받아들이고 이를 내면화하여 인지구조의 변화가 촉진되기 때문이다. 인지적 구성주의의 관점에서 볼 때 효율적인 수업을 진행하려면 교사가 학생과의 소통 및 상호작용을 통해 인지구조와 발달 수준을 파악해야 한다. 학습내용은 학습자의 선개념(preconception)에 들어맞아야 한다. 만약 선개념이 오개념(misconception)이라면, 이를 제거하거나 교정해야 한다.

이에 반해 사회문화적 구성주의는 교육에서 맥락과 사회적 상호작용의 중요성을 인식하게 해준다. 사회문화적 구성주의에서는 인식의 틀이 학습자가 접하는 사회의 문화에 달려 있다고 본다. 그래서 역사적·사회적 환경이 인식에 미치는 역할에 관심을 가진다. 사회문화적 구성주의의 이론적 토대는 비고츠키(L. S. Vygotsky)의 사회적 인지발달론이다. 사회적 인지발달론에서는 학습을 사회적 환경, 즉 다른 사람과 학습자의 사회적 상호작용이라고 본다. 학습은 사회에서 접하는 정보에 맥락을 부여하는 것이다. 따라서 효과적인 학습을 위해서는 끊임없는 상호작용이 필요하다고 생각한다. 이 과정에서 학습자가 주변의 도움을 받는다면 혼자서 도달할 수 있는 인지 수준보다 더 나은 수준에 도달할 수 있다. 학습자가 스스로 도달할 수 있는 인지 수준을 실제적 발달 수준(actual development level), 주변의 도움을 받아서 도달할 수 있는 수준을 잠재적 발달 수준(potential development level)이라고 한다. 수업은 학생들이 잠재적 발달 수준에 도달할 수 있도록 설계되어야 한다. 이를 위해서는 비계(scaffolding)를 설정하는 것이 필요하다. 비계는 건축 공사를 위해 임시로 가설하는 발판이다. 교육에서 말하는 비계는 과제를 더 잘 수행하도록 돕는 임시 지식이라고 할 수 있다. 실제 수업에서는 학습과제 자체를 직접 알려주는 것이 아니라, 이를 해결할 수 있도록 힌트나 암시를 주는 것이다. 예를 들어 신라의 신분제와 고려의 신분제, 조선의 신분제를 비교하는 수업을 한다고 하자. 학생들은 신분제라고 하면 사회 구성원을 지배층과 피지배층으로 나누어 생각하는 경향이 있어서, 신라의 골품귀족, 고려의 문벌귀족, 조선의 양반이 어떤 차이가 있는지 이해하기 힘들어한다. 이때 교사가 '골품', '문벌', '양반'이라는 말의 뜻을 먼저 생각해보라고 할 수 있다. 교사의 이런 말은 신분제의 차이를 이해하기 위한 비계가 된다.

### 3) 역사인식과 학습방법

지식의 개념이 학문의 연구 영역이 될 만큼 논란의 여지가 있는 데서 짐작할 수 있듯이, 역사를 안다는 것이 무엇인지도 명확하지는 않다. 교사도 역사수업을 통해 학생들에게 역사적 사실을 가르치지만, 그 사실을 통해 무엇을 알게 하려는지 교사마다 생각이 다를 것이다. 이런 생각은 교수방법의 차이로 이어진다. 그렇지만 수업을 통해 학생들로 하여금 알게 하려는 역사의 의미는 대체로 다음과 같이 나눌 수 있다.

첫째, 개별적인 역사적 사실을 기억하고 있을 때, '역사를 안다'고 한다. 고려의 지배층은 귀족이고, 조선의 지배층은 양반이라는 것, 1876년 조선은 일본과 조일수호조규를 체결하고 문호를 개방했다는 사실을 아는 것은 하나의 역사인식이다. 귀족이나 양반과 조일수호조규의 개념 사이에는 성격의 차이가 있지만, 이 경우 역사인식이란 실제로 일어났던 역사적 사실을 기억하고 있다는 의미가 될 것이다. 이러한 역사인식은 누구에게나 동일한 보편적 지식의 성격을 띤다. 수업에서 교사는 당연히 이처럼 가르치고, 교과서나 개설서에도 이렇게 서술한다. 그러나 절대적 객관성을 띠는 것은 아니다. 지배층을 귀족이나 양반으로 한정하는 것에 동의하지 않는 사람도 있을 수 있으며, 조일수호조규의 체결을 문호개방으로 보는 것과 다른 견해를 제시할 수도 있기 때문이다. 그럼에도 역사를 안다는 의미를 개별적인 역사적 사실의 기억으로 생각하는 교사는 대체로 설명식으로 수업을 전개한다. 어떻게 하면 학생들에게 핵심적이라고 판단되는 지식을 더 많이 기억하게 할 것인가에 신경을 쓰기 때문이다. 그렇다고 해서 교사의 설명이 무조건 사실을 나열하는 주입식 수업이 되는 것은 아니다. 주입식 수업은 학생들이 사실을 기억하는 데 그다지 도움이 되지 않기 때문이다. 교사는 설명을 할 때 가능하면 학생들이 사실을 잘 기억할 수 있게 다양한 설명 기법을 구사하기도 한다. 비교나 대조, 유추를 활용하는 것이다. 역사적 사실을 효과적으로 기억할 수 있도록 설명하는 교사는 수업을 잘하는 교사로 각인되는 경우가 많다.

둘째, 역사적 사건들 사이의 관계를 파악하는 것도 역사를 아는 것이다. 역사적 사건들 간의 전형적인 관계는 인과관계이다. 근대 역사학을 전근대 역사서술과 구분시켜주는 가장 기본적인 방식이 인과관계에 의한 역사 이해와 서술이다. 역사학자들은 역사적 사실을 인과관계에 따라 하나의 스토리로 구성하기 위해 힘쓴다. 이것이 역사 탐구의 성격이기도 하다. 그러므로 역사적 인과관계는 그것이 역사적 사실에 내재되어 있는 것처럼 보인다고 하더라도 기본적으로 후대의 사람들, 특히 역사학자들이 구성한 것이다. 이 경우에 역사를 안다는 것은 역사적 사건들 간의 관계를 파악하는 것이다. 이런 관점을 가진 교사는 수업 방법으로 탐구를 떠올리게 된다. 인과관계를 파악하는 것이 역사 탐구의 본질이라고 생각하면, 학생들도 탐구를 통해 역사를 가장 잘 알게 될 것이라고 기대하기 때문이다.

셋째, 역사적 행위를 이해하는 것이다. 이때 '역사를 안다'는 것은 역사적 행위를 한 인간의 내면을 파악하는 것이다. 역사는 인간의 행위로 이루어지며, 거기에는 행위자의 생각이 들어가 있다. 모든 행위에는 어떤 의도가 있으며, 행위자는 그 행위를 통해 어떤 목적을 이루고자 한다. 이런 행위의 동기나 이유, 목적을 이해하는 것이 곧 역사를 아는 것이 된다. 이와 같은 관점에서 역사수업이나 교과서 서술에 자주 도입하는 학습활동이 추체험이나 감정이입이다. 학습자 스스로가 행위자가 처한 상황에 대한 판단이나 그 상황에서 가졌음직한 생각을 추론하는 것이 행위를 이해하는 방법이라고 생각한다.

넷째, 역사적 사실에 대한 평가이다. 이와 같은 의미로 '역사를 아는'

것에는 역사적 평가가 내포되어 있다. 이러한 역사인식에는 현재적 관점이 들어가는 경우가 많다. 역사적 사실을 일어난 당시보다는 후대나 학습자가 살아가는 현재적 관점에서 평가한다. 역사를 이처럼 현재의 관점으로 보는 것에 대해서는 비역사적이라는 비판이 많다. 역사적 사실을 평가 대상으로 삼아서는 안 된다고 말하기도 한다. 그렇지만 실제로 역사적 사실을 접했을 때, 학생뿐 아니라 역사학자도 평가를 하는 경우를 쉽게 볼 수 있으며, 거기에 오늘날의 관점이나 자신의 견해를 넣기도 한다. 또한 그것이 역사를 깊이 있게 알게 하는 동력이 되기도 한다. 이러한 역사인식에는 역사적 사실 자체는 물론, 관련된 그밖의 지식, 연구나 학습을 하는 사람의 역사관이나 사회관, 가치관이 복합적으로 들어갈 것이다. 그러기에 평가를 사회가 공유하기도 하지만, 사람에 따라서 차이가 생기는 경우도 적지 않다. 이러한 역사인식을 염두에 둘 경우, 수업을 토론 형식으로 전개하는 것을 선호한다. 역사 토론에는 이런 요소들이 두루 포함되기 때문이다.

역사인식의 이런 네 가지 구분은 개념적인 것이다. 실제 역사수업에서 역사인식의 이런 개념 중 어느 하나만이 나타나는 것은 아니다. 설사 이 중 어느 하나에 초점을 맞춘다고 하더라도 다른 방식의 역사인식을 수업에서 배제하는 것은 아니다. 개별적인 역사 지식을 기억하는 것은 모든 학습활동의 기초가 될 수 있으며, 추체험이나 감정이입, 토론식 역사수업에서도 탐구활동이 들어가는 것이 보통이다. 그렇지만 역사를 안다는 것의 의미를 어디에 두는가에 따라 수업의 주안점은 달라진다.

## 4) 역사 지식의 형성 과정

역사 지식은 절대적인 것이 아니므로 어느 한순간에 완성된 형태로 나타나지는 않는다. 역사 지식은 일단 만들어진 다음에도 끊임없이 변형되고, 관련된 새로운 지식이 추가된다. 새로운 역사 지식을 만든 사람들은 자신이 만든 지식이 적어도 이전 지식보다는 역사적 사실을 더 정확히 밝혀낸 것이라고 생각한다. 따라서 역사인식의 변화는 더 나은 인식으로 점진적으로 나아가는 과정이다. 그 방향은 끊임없는 고찰을 통해 최선의 인식에 도달하는 것을 지향한다. 이러한 과정을 전성(轉成, transformation)*이라고 한다.

역사학에서 전성은 역사 지식의 축적과 성장, 정교화 과정이다. 전성은 역사적 사실에 대한 연구 시간이 길어지고, 연구자가 늘어나고, 관점이 다양해짐에 따라 이루어진다. 전성은 기존의 역사 지식이 역사적 사실을 잘못 해석하거나, 그 해석이 부족하다고 여기는 데서 나온다. 이런 점에서 전성은 '누구나 오류를 범할 수 있으며, 그 오류를 합리적 비판에 따라 바로잡아야 한다'는 비판적 합리주의의 원리와 비슷하다.

그렇지만 전성에 의해 역사 지식이 바뀌는 것은 많은 경우 과학에서와 같이 명백히 잘못 알고 있던 사실을 바로잡는 것이 아니라 기존과 다른 해석을 하는 것이다. 다수의 학자들이 새로운 해석의 타당성을

---

* 전성은 학문에 따라서 '전이', '변형'이나 '변환', '전환', '전성' 등의 용어로 개념화한다. 영어로는 주로 'transformation'이라고 한다. 교육학에서는 이 중 '변형'이나 '변환' 같은 용어를 주로 사용하며, 철학에서는 '전성'이라고 한다. 이 책에서는 역사교육의 관련 연구에 따라 '전성'을 사용한다.

인정한다면 역사 지식은 바뀐다. 그렇지만 새로운 해석이 나오더라도 기존 해석을 주장하던 사람에게 받아들여지지 않는 경우도 있다. 이때는 기존 해석과 새로운 해석을 둘러싸고 논쟁이 벌어진다. 이와 같이 전성은 역사학자들이 사실을 밝히는 과정이며, 이 과정에서 일어나는 논쟁은 학설상의 대립으로 나타난다. 그렇지만 전성의 과정은 교육과정이나 교과서 서술 등을 통해 학교 역사교육에 반영되며, 학생의 역사 이해에도 영향을 미친다. 향, 소, 부곡에 대한 다음 두 서술을 비교해보자.

사회의 최하층인 천민에는 공·사 노비와 함께 특수 행정구역인 향·소·부곡민이 포함되어 있었다. 향과 부곡의 주민도 농업에 종사하는 것은 일반 양인과 다름이 없었지만, 관직 진출에 제한을 받았고, 일반 농민보다 천한 대우를 받았다. 소의 주민은 수공업에 종사하였는데, 이들 역시 천한 대우를 받았다. 이 밖에, 화척, 진척, 재인 등도 천민에 속하였다.

　　　　　　　　　　　　　— 국사편찬위원회 1종도서연구개발위원회(1996),

　　　　　　　　　　　　　　　　　　　《고등학교 국사(상)》, 133쪽


양민이면서 군현민과 구별되는 특수 행정구역인 향, 부곡, 소에 거주한 주민은 더 많은 세금 부담을 지고 있었다. 거주하는 곳도 소속 집단 내로 제한되어 다른 지역으로 이주하는 것이 원칙적으로 금지되었다. 일반 군현민이 반란을 일으킨 경우에는 집단적으로 처벌하여 군현을 부곡 등으로 강등하기도 하였다.

향이나 부곡에 거주하는 사람은 농업을, 소에 거주하는 사람은 수공업이나 광업품의 생산을 주된 생업으로 하였다. 이 밖에, 역과 진의 주민은 각각 육로 교통과 수로 교통에 종사하였다.

— 국사편찬위원회 국정도서편찬위원회(2006), 《고등학교 국사》, 204쪽

앞의 교과서는 향·소·부곡민을 천민이라고 서술한 반면, 뒤의 교과서는 양민이라고 하고 있다. 또한 뒤의 교과서는 향·소·부곡민의 지위가 고정된 것이 아니라 일반 양민에서 강등되기도 했다고 서술한다. 교과서의 이런 변화는 향·소·부곡민에 대한 이해의 진전, 즉 전성의 결과이다. 교과서에는 명시적으로 서술되어 있지 않지만, 전자는 향·소·부곡민의 지위가 신분에 의해 결정되는 것으로 본 반면, 후자는 지역 차별로 보는 것이다. 역사교과서의 이런 서술 방식의 변화는 학문적 연구에 따른 것이다. 전성은 학문적 연구의 과정인 동시에, 역사교육의 입장에서 보면 학생들에게 비판적인 역사인식을 심어주려고 한다.

전성은 학생들로 하여금 인식적 논쟁 과정을 긍정적으로 바라보게 한다. 인식적 논쟁 과정 중에 있는 역사 지식은 미완성의 역사가 아니라, 그 자체가 역사의 모습이다. 그리고 인식적 논쟁 과정이 어떻게 전개되었는지에 대한 지식은 논쟁 지식이다. 논쟁 지식을 주제로 하는 역사수업은 전성이라는 역사적 사실의 본질을 이해하는 방법이 된다. 역사교육에서 논쟁수업은 토론의 방법보다는 학습내용에 의미를 둔다. 논쟁의 결과가 반드시 하나의 결정으로 귀결될 필요는 없다. 하나의 역사적 사실에 대한 해석은 합리적이기만 하면 여러 가지일 수 있으며, 전성은 이 중 어느 해석이 옳은지를 따지는 것이 아니라 설득력을 높이기 위한 것이기 때문이다.

## 5) 과거의 인식과 미래 전망

역사는 지난날에 일어난 일을 다룬다. 아직 일어나지 않은 미래를 예측하는 것은 역사학의 대상이 아니다. 그렇지만 역사학이 미래와 전혀 관련이 없는 학문이라고 말하는 사람은 없다. 우리는 어떤 식으로든 과거를 보면서 미래를 생각한다. 역사 연구의 결과에 교육적 의미를 부여하는 역사교육에서는 더욱 그렇다. 역사교육에서 과거와 미래가 밀접하게 연관되어 있으며 서로 인식을 주고받는 것은 다음과 같은 이유 때문이다.

첫째, 역사인식의 출발점은 오늘날의 시각에 있다. 역사는 과거에 일어난 일이지만, 이를 돌아보는 것은 현재 인간이다. 인간은 현재 관점에서 과거를 되돌아본다. 회고는 역사인식 방법의 기본이다. 그런데 미래를 전망하는 것도 오늘날의 시각이다. 현재 자신의 관점에서 출발하여 오늘날 일어나고 있는 일이 장차 어떻게 전개될지 추론한다. 현재의 시각은 과거와 미래를 바라보는 출발점이다.

둘째, 과거에 일어난 일은 미래의 방향을 결정하는 틀이 된다. 현재는 과거로부터 이어져 내려온 것이다. 과거에 일어난 일은 현재의 틀을 만드는 기초이다. 마찬가지로 현재에는 부분적이건 전체적이건 간에 앞으로 다가올 일의 방향이나 내용이 내포되어 있다.

셋째, 과거의 역사 자체가 미래 지향성을 가지고 있다. 우리가 연구하고 학습하는 과거는, 어떤 미래를 이루고자 했던 과거 사람들의 사고와 행위이다. 역사는 과거 사람들의 의지와 여기에 영향을 주는 여러 가지 사회적 상호작용 간의 관계이다. 역사에서 공부하는 것은 그들이 기대하고 전망했던 미래이다. 그런 관점에서 역사를 '지나간 미래'라고 표현하기도 한다.

과거를 인식하는 회고와 미래를 인식하는 전망은 역사를 생각하는 오늘날 사람들의 의식을 매개로 하여 상호작용을 한다. 많은 사람들은 현재 일어난 일이 미래에 어떻게 전개될지 예측하기 위해 과거의 일을 참조한다. 실천의 관점에서 과거를 공부하는 목적은 미래를 전망하는 데 있다. 과거에 일어난 일 중 현재의 문제와 연관이 있다고 생각하는 사실을 탐색하여 미래를 전망하는 수단으로 삼는 것이다. 그런데 이렇게 해서 미래를 예측하게 되면, 이번에는 그러한 예측에 맞춰서 과거를 해석한다. 즉 미래 전망이 과거 예측으로 이어지는 것이다. 이 과정도 현재 사람들의 관점을 매개로 하는 경우가 많다. 그러므로 과거의 사실에 대한 회고와 미래 전망은 학습자가 스스로 가져오고 만든 결과로 행위자에 의해 좌우되는 것이다.

역사 탐구에서 학생들은 과거의 회고와 미래 전망을 통해 역사 탐구의 경험을 쌓을 수 있다. 회고와 전망의 상호작용은 역사하기(doing history)의 좋은 사례이다. 학생들은 미래 전망을 통해 통찰력을 드러내 보일 수 있다. 미래 전망은 학생들의 역사의식을 기를 수 있게 하며, 역사적 사실의 의미를 평가하는 기준이 될 수 있다.


## 2. 역사적 설명은 역사교육에 유용한가? - 과학과 역사의 설명

### 1) 설명의 개념

우리는 일상생활에서 '설명'이나 '이해'의 뜻이 무엇인지를 명확하게 염두에 두면서 이야기하지 않으며, 그럴 필요도 없다. 의사 전달은 하나의 단어가 아니라 문장 전체로 이루어지는 것이며, 그 문장도 단독으로 의사가 전달되는 것이 아니라 대화의 맥락이나 말을 하는 상황에 비춰 이해되기 때문이다.

'설명'이라는 말의 사전적 정의는 "어떤 일이나 내용을 상대편이 잘 알 수 있도록 밝혀 말함. 또는 그런 말"(국립국어원, 《표준국어대사전》)을 의미한다. 설명의 이런 정의에는 어떤 내용을 전달하는 것, 상대방이 알 수 있도록 밝힌다는 것, 그리고 이해할 수 있도록 이야기한다는 것이라는 의미가 들어 있다. 역사내용을 설명하는 방식은 다양하다. 개념을 사용할 수도 있고, 비교나 대조, 유추를 할 수도 있고, 예시를 들 수도 있다. 분류를 하여 범주별로 설명할 수도 있다. 상황을 자세히 묘사하는 것도 역사를 설명할 때 흔히 사용된다.

그렇지만 말이나 기록의 의미를 따지는 해석학에서 '설명'과 '이해'의 개념은 그리 단순하지 않다. 어떤 사실을 서술하는 데 설명과 이해는 대조적인 방식으로 사용된다. "조선 후기 새로운 농법이 보급되고 농기구 개량, 수리 시설 확충 등 농업 기술이 향상되면서 농업 생산력이 높아졌다"라는 역사서술을 생각해보자. 이 문장은 크게 두 부분으로 구성되어 있다. '새로운 농법의 보급과 농업기술이 향상되었다'는 것과 '농업 생산력이 높아졌다'는 사실이다. 전자는 원인이고, 후자는 결과이다. 여기에서 설명하거나 이해해야 할 대상은 '농업 생산력이 높아졌다'는 역사적 사실이다. 어떻게 해서 농업 생산력이 높아졌는지를 따지는 것이 설명 또는 이해이다.

인과관계는 기본적인 역사서술 방식이다. 위 문장을 읽으면서 특별히 부자연스럽다는 느낌이 들지는 않을 것이다. 인과관계의 연결이 매우 익숙하기 때문이다. 그렇지만 '새로운 농법이 보급되고 농업기술이 향상되면 왜 농업 생산력이 높아질까?'라는 질문을 받으면 금방 대답하기 어려울 수도 있다. 위 문장이 서술하고 있는 사실들 간의 인과관계를 당연하다고 여기고 있지만, 실제 인과관계가 어떻게 성립하는지는 구체적으로 생각해보지 않았기 때문이다. 해석학의 설명과 이해는 원인과 결과 사이의 인과관계를 연결하는 방식이다. 설명은 이를 법칙으로 연결하는 것이고, 이해는 인간의 동기나 목적으로 연결하는 것이다. 설명이 원인과 결과를 법칙으로 연결한다는 것은, 역사서술의 객관성을 추구한다는 말이다. 그리고 이러한 역사서술은 언제든지 타당하게 된다. 이에 반해 인간의 동기나 목적으로 연결할 경우 해당 서술에서는 타당하지만, 다른 역사적 사실에는 이를 적용할 수 없다. 그러므로 설명은 개별적인 현상을 보편 법칙으로 환원시키는 것으로 원래는 자연과학의 방법론이다. 이에 반해 이해는 사물이나 행동의 의미를 파악하는 것으로, 정신과학의 방법론이다.

### 2) 역사적 사실의 과학적 설명

과학에서는 원인과 일어난 일, 즉 결과를 법칙으로 연결한다. 논리실증론자는 역사적 설명도 과학적이어야 한다고 주장한다. 그래야 설명이 타당성을 가진다는 것이다. 이때 법칙에는 두 가지가 있다.

첫째, 시간이나 공간을 가리지 않고 언제든지 성립하는 포괄법칙(covering law)이다. 예를 들어 '불순물이 섞이지 않은 순수한 물은 섭씨 100도에서 끓는다'거나 '기체의 부피는 압력에 반비례하고 절대

온도에 비례한다'는 보일·샤를의 법칙은 포괄법칙이다. 포괄법칙으로 역사적 사실을 설명하는 것을 연역적-법칙적 설명(deductive-nomological explanation)이라고 한다. 그런데 역사적 사실을 설명하는데 적용할 수 있는 포괄법칙은 존재할 것 같지 않다. 그러므로 연역적-법칙적 설명은 역사적 설명에서 개념으로는 성립하지만, 실제 찾아볼 수는 없다.

둘째, 확률적 법칙이다. 예를 들어 '가격이 상승하면 공급은 늘어나고 수요는 감소하며, 가격이 하락하면 공급은 줄어들고 수요는 증가한다'는 수요공급의 법칙은 사회에서 언제나 그런 현상을 보이는 것은 아니지만 그럴 가능성이 높다는 의미의 확률적 법칙이다. 그러기에 요즘에는 '법칙'이 아니라 '원칙'이라는 말을 쓴다. 실증론자는 역사적 설명에도 확률적 법칙을 적용할 수 있다고 본다. 예를 들어 17세기 영국의 청교도들이 아메리카로 이주했던 역사적 사실에 대한 설명을 보자. 여기에서 설명하고자 하는 것은 청교도들이 왜 아메리카 대륙으로 이주했는가 하는 것이다. 설명해야 할 사실은 '청교도들이 아메리카로 이주했다'는 것이고, 원인은 '17세기 영국에서 청교도들이 종교적 신념 때문에 박해를 받았다'는 사실이다. 우리는 '영국의 청교도들이 종교적 신념 때문에 박해를 받아서 아메리카로 이주했다'는 말을 들으면 자연스럽게 받아들일 것이다. 그렇지만 역사적 설명도 과학적이어야 한다고 주장하는 실증론자들에게 이러한 개괄적 설명은 불완전한 것이다. 박해를 받는다고 해서 모든 사람이나 대부분의 사람이 새로운 곳으로 이주하는 것은 아니기 때문이다. 역사적 설명이 타당성을 확보하려면, 박해를 받았다는 사실과 아메리카로 이주했다는 사실 간의 관계를 법칙으로 연결해야 한다. 그 법칙은 '신앙심이 투철한 사람은, 종교적 신념 때문에 박해를 받을 경우 신앙생활을 자유롭게 할 수 있는 지역으로 이주할 가능성이 높다'는 것이다. 이를 도식화하면 다음과 같다.

### 청교도의 아메리카 이주

- 초기 조건: 17세기 영국에서 청교도는 그들의 종교적 신념 때문에 박해를 받았다.
- 확률적 법칙: 만일 투철한 신앙심을 가진 집단의 사람들이 종교적 신념 때문에 박해를 받는다면, 그 종교를 자유롭게 믿을 수 있는 지역으로 이주할 가능성이 매우 높다.
- 결론: 청교도들은 신세계로 이주할 가능성이 매우 높았다.

대부분의 역사적 사실은 시간 순으로 서술되어 있다. 역사적 설명 중 역사적 사실을 일어난 순서대로 서술하는 것을 발생적 설명(genetic explanation)이라고 한다. 일어난 일을 시간 순으로 서술하는 것은 역사책이나 글의 일반적 서술 방식이다. 그런데도 이를 역사적 설명이 아니라 과학적 설명이라고 하는 것은 이 서술에 법칙이 개재되어 있기 때문이다. 다음과 같은 역사서술을 생각해보자.

1603년에 엘리자베스 여왕의 사후 즉위한 제임스 1세와 찰스 1세는 왕권신수설의 주장, 의회의 승인 없는 과세, 청교도의 탄압 등을 통하여 의회와 충돌하게 되었다. 특히 찰스 1세는 완고한 국교주의자인 대주교 로드를 등용하여 청교도에 대한 탄압을 강화하고, 11년간 자의적인 전제정치를 감행하였다. 그러나 스코틀랜드 장로교도들의 반란을 계기로 국왕이 다시 의회를 소집하자, 국왕과 의회의 대립은 한층 심해졌다. 이 과정에서 왕당파와 의회파가 대립하여 영국은 내전에 돌입하게 되었다. 내전의 결과 뛰어난 전술과 탁월한 영도력을 가진 크롬웰의 지도력에 힘입어 의회파가 승리하였다. 내전에서 승리한 의회파는 다시 정치적, 종교적 문제를 둘러싸고 온건파인 장로파와 급진파인 독립파로 분열되었다. 결국 크롬웰이 이끄는 독립파가 강력한 군사력을 바탕으로 장로파를 숙청하고 정권을 장악하여, 공화정을 수립하였으며, 찰스 1세를 처형하였다. 크롬웰은 간부의회마저 해산하고, 청교주의에 입각한 엄격한 독재정치를 감행하여 국민의 불만을 샀다. 크롬웰이 죽자 영국에는 다시 왕정이 복고되었다. 그러나 새로 국왕이 된 찰스 2세와 제임스 2세가 가톨릭 부활정책과 전제정치를 꾀함으로써 의회와 다시 충돌하게 되었다. 이에 의회는 네덜란드 총독 윌리엄과 그의 부인인 메리를 공동 왕으로 추대하고, 혁명을 일으켜 성공하게 되었다. 이것이 바로 명예혁명이다. 명예혁명 후 절대왕정은 완전히 타도되고, 의회 중심의 입헌군주제가 확립되었다.

위의 인용문은 ① 제임스 1세와 찰스 1세의 전제정치 → ② 국왕과 의회의 대립 → ③ 내전의 발생과 의회파의 승리 → ④ 의회파의 분열 → ⑤ 독립파의 정권 장악과 국왕 처형 → ⑥ 공화정의 수립과 크롬웰의 독재정치 → ⑦ 크롬웰의 사망과 왕정복고 → ⑧ 찰스 2세와 제임스 2세의 가톨릭 부활정책과 의회와의 대립 → ⑨ 명예혁명의 순으로 서술되어 있다. 그런데 발생적 설명에서 먼저 일어난 일은 나중 일의 원인, 나중 일은 먼저 일어난 일의 결과가 된다. 이 원인과 결과, 즉 인과관계는 법칙으로 연결된다. 다만 서술한 사람이 겉으로 법칙을 명시하지 않을 뿐이다. 위 내용에 들어가 있는 법칙의 사례를 예시하면 다음과 같다.

- ①과 ② 사이: 의회가 존재하는 나라에서 국왕의 자의적인 전제정치는 국왕과 의회의 대립을 초래한다.
- ③과 ④ 사이: 경쟁 세력을 물리치고 독점 세력을 구축한 당파는 내부 분열을 겪기 쉽다.
- ⑤와 ⑥ 사이: 혁명으로 정권을 잡은 급진파는 극단적인 정치를 실시할 가능성이 높다.

역사적 사실을 완전히 시간 순으로 서술하는 경우는 거의 없다. 그렇지만 하나의 사건을 전개 순으로 서술하는 경우가 흔하다. 이때 우리는 앞의 사건이 뒤의 사건으로 이어진다고 인식하지만 두 사건의 관계가 어떠한지를 의식하지는 않는다. 실증론자는 이 관계가 법칙이 되어야 한다고 생각한다. 이들이 말하는 법칙은 확률적 법칙의 성격을 띤다. 그렇지만 그 법칙은 사회 현상과 같이 외적으로 드러나는 것이 아닌 심리적인 법칙이다. 그러기에 이를 법칙이라고 생각하기는 더욱 어렵다.

## 3) 역사적 설명

역사적 설명은 역사학에서 역사적 사실을 서술하는 방식을 총칭한다. 역사적 설명은 별도의 설명 방식이 아니라 역사 설명의 특징적인 방식을 말하는 개념이다. 따라서 역사적 설명은 과학적 설명이 될 수도 있고, 그렇지 않을 수도 있다. 그렇지만 실제로는 과학적 설명이라고 하더라도 그 요건을 명확히 갖추지 않는 경우가 많다. 이처럼 설명의 구조가 갖춰야 할 요건 중 일부를 생략하는 생략적–부분적 설명(elliptic and partial explanation)은 역사적 설명의 특징적 방식이며, 역사적 사실을 개괄적으로 설명한다고 해서 이를 설명스케치(explanation sketch)라고 한다.

"버터 덩어리를 뜨거운 프라이팬에 넣었기 때문에 녹았다"라는 문장을 생각해보자. 이 문장에서 설명해야 할 피설명항은 '버터 덩어리가 녹았다'는 사실이며, 원인은 '버터 덩어리를 뜨거운 프라이팬에 넣었다'는 사실이다. 이 두 가지 사실을 연결하는 것으로 '고체는 용해점 이상으로 온도가 높아지면 녹는다'는 법칙이 존재하겠지만 일상적인 말에서 이를 제시하는 경우는 없다. 역사를 포함한 인문학이나 사회과학에서는 법칙을 제시하지 않는 경우가 많으며, 설사 제시한다고 하더라도 일어난 일, 즉 피설명항을 충분히 설명하지 못하는 경우가 많다. 예를 들어 우리는 프랑스 혁명의 발발을 설명할 때 그 원인으로 혁명 직전 프랑스에서 일어났던 일련의 사건, 즉 국민의회의 선포와 헌법 제정 결의, 국왕의 군대 집결 조처, 재무부 장관 네케르의 해임과 평민의 분노 등 혁명이 일어나게 된 초기 조건만 제시한다. 이런 원인들이 어떻게 해서 프랑스 혁명의 발발로 이어졌는지를 구태여 법칙의 형식으로 제시하지 않는다.

그렇기 때문에 설명스케치와 이상적인 과학적 설명 사이의 차이는 그 논리성이 아니라 서술의 정밀성에 있다. 설명스케치에서 빠져 있는 요소를 채우면 과학적 설명이 된다. 그런 의미에서 대표적인 논리실증론자인 헴펠(C. G. Hempel)은 설명스케치를 과학적 설명으로 본다. 그렇지만 역사학자들이 이처럼 일어난 일과 원인을 연결하는 매개 원리를 마음속에 가지고 있다고 해서 그것이 반드시 자연 현상이나 사회 현상을 설명하는 법칙이 되는 것은 아니다. 물론 주어진 조건에 대한 행위자의 판단을 일반적인 심리학 법칙으로 설명할 수도 있지만, 그것이 아닌 행위자 개인의 생각일 수도 있다. 그렇기에 설명스케치 자체가 과학적인지 아닌지 단정적으로 규정할 수는 없다.

실제 역사서술에서 자주 볼 수 있는 또 하나의 설명 방식은 총괄적 설명(colligatory explanation)이다. 총괄적 설명은 적절한 하나의 개념, 즉 총괄개념 아래 여러 사실을 포함시켜 서술하는 방식이다. 한 교과서의 실학 서술을 예로 들어보자.

> 양난을 겪은 조선에서는 어지러운 사회질서를 극복하고 국가 이념을 바로 세우고자 주자 성리학을 더욱 강조하였다. 그러나 주자 성리학은 주자 이외의 사상을 배척하고 나라의 어려움에 대처하지 못하였다.
> 이에 유교 경전에 대한 주자의 해석을 맹목적으로 따르기보다는 스스로 연구하여 사회 모순을 해결해야 한다고 주장하는 학자들이 나타났다. 자주적이고 본질적인 깨달음을 중시한 이들의 학풍을 '실학'이라 부른다.
> — 송호정 외(2020), 《고등학교 한국사》, 71쪽

이 글에서 말하는 실학의 개념은 '주자의 해석을 맹목적으로 따르기보다는 스스로 연구하여 사회 모순을 해결해야 한다고 주장하는 학풍'이다. 여기에서 실학은 개념어이고, 주자의 해석을 맹목적으로 따르는

것이 아니라 스스로 연구하는 학풍이다. 그리고 실학의 목적은 사회 모순을 해결하는 것이다. 책에서는 이러한 개념 아래 유형원, 이익, 정약용의 경세치용론과 유수원, 박지원, 박제가 등의 이용후생론을 포함시킨다. 이때 실학은 총괄개념이다.

월시(W. H. Walsh)는 역사가의 특징적인 서술 방식을 총괄의 과정이라고 하면서, 제2차 세계대전 직전 히틀러 치하 독일의 일련의 행위를 그 사례로 든다. 1936년 독일의 라인란트 재점령에서 시작하여 일방적 군비축소의 거부, 국제연맹 탈퇴, 오스트리아 합병, 슬로바키아의 수데티 지역 합병 같은 일련의 행동은 모두 '히틀러의 자기주장과 영토 확장'이라는 개념으로 묶을 수 있다는 것이다. 월시의 설명대로라면, 히틀러의 일련의 행위는 모두 히틀러의 자기주장이며 영토 확장의 과정이다. 총괄적 설명은 설명이라는 말이 붙어 있지만 인과적 설명이 아니라 사건의 실체 또는 과정에 대한 설명이다. 총괄적 설명은 역사적 사건을 수행한 인간의 내적 동기에 관심을 가진다. 그런 의미에서 '설명'이라는 말이 붙어 있지만, 해석학의 개념으로 하면 '이해'에 해당한다. 총괄개념은 인간의 내적 동기를 개념화한 것이므로, 일련의 사건이 가지는 공통 속성이 아닌 단순한 시기나 분야에 의한 구분은 총괄개념이 될 수 없다. 예컨대 실학 대신 '조선 후기 학문의 새로운 경향'이라는 용어 아래 일련의 새로운 학풍을 서술한다고 하더라도, 이는 총괄적 설명이 될 수 없다. 여러 사건을 하나의 개념으로 묶는다는 점에서 총괄적 설명은 일반화이다. 다만 보편적으로 적용할 수 있는 일반화가 아니라 특정 장소와 시간에 적용되는 제한된 일반화이다.

## 4) 행위 설명

역사는 지난날 사회적으로 의미 있는 인간의 행동을 다룬다. 그런 점에서 모든 역사적 설명은 일종의 행위 설명이라고 할 수 있다. 그렇지만 행위자의 상황 판단이나 이를 바탕으로 하는 의사결정이 중요하게 작용하는 행동에 대한 설명을 역사적 설명 중에서도 특히 행위 설명이라고 한다. 행위 설명도 역사적 상황과 마찬가지로 일어난 일과 상황과의 관계를 설명하는 방식이다. 여기에서 일어난 일은 인간의 행위이며, 상황은 그 행위를 하는 데 고려해야 할 조건이다.

드레이(W. H. Dray)는 행위 설명의 방식으로 합리적 설명(rational explanation)을 제시한다. 합리적 설명은 인간의 행위를 동기, 의도, 목적으로 설명하는 방식이다. 어떤 상황에서 인간이 자신의 목적이나 의도를 관철시키기 위한 선택의 결과가 행위라고 본다. 합리적 설명은 다음과 같은 도식을 가진다.

- (행위자) A는 C1, C2, C3…라는 종류의 상황에 있었다.
- A는 C1, C2, C3…의 상황에서 자신의 목적 E를 달성하기 위해 해야 할 적절한 일이 X라고 생각했다.
- 그러므로 A는 X를 행하였다.

합리적 설명은 인간의 모든 행위에는 의도가 있다는 것을 전제로 한다. 인간은 행위를 통해 이루고자 하는 목표가 있다. 그런데 목표를 세우는 데는 주어진 상황에 대한 판단이 들어간다. 상황에 대한 행위자의 판단과 행위의 목표가 합리적 설명의 중심이다. 합리적 설명은 다음과 같은 과정을 거친다.

① 목표 진술

② 배경 상황 진술

③ 그러한 상황에서 목표를 달성하기 위해 행위자가 선택할 수 있는 행위 추산

④ 각각의 행위가 초래할 수 있는 결과 및 부작용 검토

⑤ 각각의 행위 중에서 가장 바람직한 행위 선정

⑥ 행위자가 실제로 선택한 행위 및 그것이 초래한 결과 검토

드레이는 이러한 과정에 따라 영국의 명예혁명 당시 프랑스 왕 루이 14세의 행위를 다음과 같이 서술한다.

1688년에 영국 의회와 결탁한 오렌지 공 윌리엄이 영국을 침략할 당시 프랑스는 네덜란드에 대한 군사적 압력을 철회함으로써 윌리엄의 영국 침략을 용이하게 만들었다. 이것은 루이 14세의 가장 큰 실수로 알려져 있다. 그러나 이 점에 대해 어떤 역사가는 이러한 철수가 루이 14세의 치밀한 계산에 따른 것임을 밝히고 있다. 그는 윌리엄이 영국에 상륙한 후에 내란과 전쟁이 오래 계속될 것이며, 루이 14세는 이 틈을 타서 편안하게 유럽을 정복할 수 있을 것이라고 기대했던 것이다. 이러한 루이 14세의 추산은 그 사건과 관련해서 결코 불합리한 것이 아니었다. 그것은 단지 예기치 않은 새로운 형태의 혁명(명예혁명)의 발발로 인해 무산되었을 뿐이었다.

위의 설명을 합리적 설명의 도식에 따라 분석하면 다음과 같다.

- 상황: 영국의 의회에서 네덜란드 총독 윌리엄과 그의 부인인 메리를 공동 왕으로 추대했다. 윌리엄과 메리는 영국 의회의 요청을 받아들이려고 했다. 그러나 윌리엄과 메리는 네덜란드에 대한 프랑스의 군사적 압력을 두려워하고 있었다.
- 상황 판단: 루이 14세는 윌리엄과 메리가 영국에 상륙했을 때 영국에 내란이 발생할 것이라 예측했다.
- 행동: 이러한 목표와 상황을 고려했을 때 루이 14세가 할 수 있는 일은 네덜란드에 대한 군사적 압력을 철수하는 것이었다. 그러므로 루이 14세는 네덜란드에 대한 군사적 압력을 철수했다.

그렇지만 역사서술도 과학적 설명이 되어야 한다고 주장하는 헴펠은 행위자의 목적이나 의도에 초점을 맞추는 합리적 설명은 과학적이지 못하다고 생각한다. 합리적 설명은 인간의 행위를 충분히 설명하지 못한다는 것이다. 합리적 설명은 행위자 개인의 상황 판단과 행위의 목적에 기반을 두는 것이므로, 다른 사람의 행위를 설명하는 데 적용하기 어렵다. 헴펠은 인간의 행위를 결정하는 것은 오히려 그의 성향(disposition)이라고 생각한다. 라일에 따르면 성향적 설명(dispositional explanation)은 물체의 성향적 속성을 지적함으로써 그 변화를 설명하는 것이다. 예컨대 어떤 사람이 장난을 치다가 실수로 유리를 깨뜨린 일을 생각해보자. 일어난 사건은 유리가 깨진 것이다. 그런데 왜 유리가 깨졌을까? 그 원인으로는 보통 장난을 친 것이라고 생각할 것이다.

그렇지만 그 물체가 유리가 아니라 쇠나 나무로 된 물체였다면 깨지지 않았을 것이다. 결국 유리가 깨진 결정적 원인은 '유리는 깨어지기 쉽기 때문'이다.

헴펠은 이러한 성향적 설명을 인간의 행위에도 적용할 수 있다고 주장한다. 인간 행위에 대한 성향적 설명은 개인의 신념, 가치, 태도, 개성, 성격의 특성 등 평소 성향을 근거로 개인의 어떤 결정이나 행위를 설명하는 방식이다. 예를 들어 성향적 설명에서는 흥선대원군의 안동 김씨 일부 세력 축출, 비변사 폐지 및 의정부와 삼군부 기능 부활, 《대전회통》 발행을 통한 국가 통치 기강 확립, 경복궁 중건 등의 정책이 왕권 강화를 통한 봉건적 체제 정비라는 목적에서 나온 것이라기보다는, 흥선대원군의 정치적 야욕 때문이라고 볼 것이다.

그런데 행위를 개인의 성향으로 설명하는데 어떻게 이 설명이 과학적 설명이 되는 것일까? 성향적 설명을 도식화하면 다음과 같다.

- 상황: 행위자 A는 C와 같은 상황에 처해 있었다.
- 성향: A는 ~하게 행동하려는 성향이 있었다.
- 법칙: ~하게 행동하려는 사람은 누구나 C와 같은 상황에 처하면 변함없이(또는 높은 확률로) X라는 행동을 한다.
- 행동: 그러므로 행위자 A는 X라는 행동을 했다.

이 도식에서 보듯이 성향적 설명은 어떤 성향을 가진 사람은 특정 상황에서 일정한 행동을 하는 경향이 있다는 것이다. 여기에서 행동을 이끌어내는 성향은 개인의 성향이 아니라 일반적 성향이다. 대원군의 정책은 정치적 야욕이라는 성향에서 비롯된 것이지만, 설명의 초점은 '(대원군과 같이) 정치적 야욕이 큰 사람은 주변 세력을 의식하지 않고 정치 개혁을 하는 경향이 있다'라는 일반적 성향을 법칙화한 것이다. 그래서 성향적 설명은 과학적 설명에 해당한다.

### 5) 역사교육에서 설명의 의의

많은 역사 텍스트는 역사적 사실을 인과적으로 서술하고 있다. 역사교과서도 마찬가지이다. 그렇지만 우리는 역사서술을 읽으면서 인과관계가 어떻게 구성되어 있는지 의식하지 않는다. 역사교육에서도 인과관계를 중시하지만, 이를 어떻게 설명할 것인지를 고민하지는 않는다. 실제로 역사적 설명은 역사학이나 역사교육의 주요 이론이었지만, 근래에는 그 비중이 줄어들고 있다. 그런데도 역사적 설명을 탐색하는 것은 어떤 의미가 있을까?

역사적 설명은 자신이 이해한 역사적 사실을 체계적으로 전달하기 위해 재구성한 것이다. 그러기에 역사적 설명에는 역사를 보는 관점과 서술하는 역사적 사실에 대한 인식이 들어가 있다. 역사적 설명의 논리에 비춰 역사서술을 읽을 때, 학생들은 역사적 사실의 이런 성격을 엿볼 수 있다. 역사적 설명은 다양한 방식이 가능하지만, 실제 학생들이 접하는 역사서술은 사람들이 일상생활에서 나누는 이야기처럼 개괄적이지는 않으며, 그렇다고 과학적 현상의 설명처럼 엄밀하지도 다. 역사적 설명의 논리를 통해 역사서술을 분석할 경우, 이러한 역사학의 과학적 성격과 인문학적 성격을 성찰하는 기회를 가질 수 있다. 이는 역사학의 본질을 생각하고 역사적 사실의 성격을 이해하는 과정이다. 그리고 역사서술을 접했을 때 거기에서 역사적 사실의 어떤 측면을 읽을 것인지 자기 나름으로 판단하는 경험을 하게 한다.

역사적 설명은 텍스트를 분석적으로 읽고, 텍스트에 서술된 역사적 사실들 사이의 관계를 탐색하게 한다. 역사적 인과관계를 법칙적인 성격을 가진 것으로 이해하건 인간 의지의 구현으로 이해하건 간에, 역사적 사실이 상황에 대한 인간의 판단과 의식적인 행위의 산물임을 인식하게 한다. 역사적 설명은 학생들에게 역사서술을 분석하는 능력을 기르게 해준다. 그래서 역사서술에 대한 학습자의 이해를 구체화하고, 자신이 이해한 역사를 재구성하여 명확히 표현하는 데 도움이 된다.


### 3. 추체험과 감정이입은 역사 이해의 본질인가? – 역사 이해와 역사교육

#### 1) 역사 이해의 성격

역사가 인간의 생각과 행동을 다루는 학문이라는 데 주목하는 사람들은 역사적 사실에 대한 과학적 설명보다는 그 의미를 이해하는 것이 중요하다고 말한다. 어떤 역사적 사실이 왜 일어날 수밖에 없는지를 설명하기보다는 그 사실의 사회적·역사적 의미가 무엇인지를 탐색해야 한다는 것이다. 조선 후기의 농민 봉기를 예로 들어보자. 설명을 하려는 사람은 농민 봉기가 일어나게 되는 요인을 탐색한다. 이들은 조선 후기 신분 구성의 변화, 정부의 재정 상황, 농민의 조세 부담 등 농민 봉기의 원인을 밝히고, 봉기 발생의 시기별 횟수, 지역별 분포를 통해 봉기의 양상을 제시하고자 한다. 반면에 이해를 추구하는 사람은 농민 봉기라는 저항의 형식과 봉기가 전국에 걸쳐 일어나게 된 의미에 주목한다. 도망이나 피역과 같은 소극적 저항에서 봉기라는 적극적 저항으로의 변화, 탐관오리의 수탈에 대한 저항이라는 개별적 사건에서 사회 구조나 제도의 개혁을 요구하는 형태의 변화가 어떤 의미인지를 해석한다. 이를 위해서는 외적으로 나타나는 상황이나 조건뿐 아니라, 행위자의 동기나 목적을 비롯한 내면을 읽어야 한다.

행위자의 내면을 어떻게 읽을 수 있을까? 그 방법으로 제시된 것이 추체험(re-enactment) 또는 감정이입적 이해(empathetic understanding)이다. 추체험은 과거 행위자의 입장이 되어 주어진 상황에서 생각하고 이를 행동으로 옮겨보는 것이다. 이에 반해 감정이입적 이해는 다른 사람의 입장에서 역사적 상황을 보는 것이다. 구태여 구분하자면 추체험이 당사자의 입장이 되어 생각하는 것이라면, 감정이입적 이해는 제3자의 입장을 견지한다. 그렇지만 현재 사람이 실제 과거의 사람이 될 수는 없으므로 학습활동으로 추체험과 감정이입적 이해의 성격이 다른 것은 아니다.

## 2) 추체험 역사학습

추체험은 역사적 인물이 되어 그들의 행위를 다시 체험하는 이해 방식이다. 그러기에 추체험은 학습자가 역사적 행위를 내면화하는 수단으로 사용되어왔다. 추체험은 역사적 사실이 인간 행위라는 점에서 출발한다. 인간의 행위이기 때문에 다시 체험할 수 있다는 것이다. 추체험은 자료 해석을 바탕으로 과거 인간의 행위를 상상적으로 이해하는 사고 활동이다. 그리고 이를 통해 역사적 사실을 자기 나름으로 인식한다.

콜링우드(R. G. Collingwood)는 역사 연구는 지난날 행위자의 내면을 밝히는 것으로, 이는 재사고(re-thinking)에 의해서만 가능하다고 보았다. 역사 행위자의 생각을 재사고하여 행위를 재연(re-enactment)*해야만 역사적 사실을 밝힐 수 있다는 것이다.

역사학습에서의 추체험에는 다음과 같은 활동이 포함된다.

① 역사적 자료의 해석

② 역사적 행위자의 행위의 동기나 목적에 대한 인식

③ 역사적 행위에 대한 비판적 평가

④ 역사적 행위의 재구성

추체험도 자료에 대한 탐구를 토대로 한다. 행위를 직접 보여주는 자료는 물론, 행위자가 처한 상황에 대한 자료, 나아가서는 시대나 사회적 맥락을 보여주는 자료를 탐구하기도 한다. 이를 통해 과거 행위자의 입장에서 상황을 판단하고 행위를 이해하는 것이 추체험이다. 여기에서 알 수 있듯이, 추체험 활동은 과거 인물의 행위를 재연하기에 앞서 생각을 체험하는 것이다. 추체험은 과거 행위자의 관점에서 생각하고 행동하는 것이지만, 자료의 해석, 행위의 이해와 평가 과정에서 역사가나 학습자의 관점이 개입될 수밖에 없다. 실제 추체험에는 과거

---

* re-enactment는 추체험, 재연(再演), 재현(再現), 재역(再役) 등으로 번역된다. 이 중 가장 많이 사용되는 용어는 추체험과 재연이다. 추체험은 사고의 과정을 말하는 것이고, 재연은 사고의 결과라고 구분하는 사람도 있다. 그렇지만 두 용어가 그렇게 명확하게 구분되는 것은 아니다. 이 책에서는 글의 맥락에 따라서 추체험과 재연이라는 용어를 함께 사용한다.

행위자의 관점과 현재 학습자의 관점이 함께 들어간다.

추체험 학습은 인간의 행위를 재현하는 것이므로, 기본적으로 지난날 사람들의 생각과 행동을 추론해서 겉으로 드러내는 연기 활동을 포함한다. 이런 추체험 활동이 포함되는 대표적인 형태는 극화학습(dramatic learning), 역할극(role play), 시뮬레이션 게임(simulation game)과 같이 학습자의 연기 활동이 들어가는 학습이다. 역할을 나누어 연기한다는 점에서 이들 학습 형태는 크게 보면 모두 역할극이라고 할 수 있다. 그렇지만 극화학습은 대본을 작성하고 이에 따라 역을 맡아 연기를 함으로써 역사 행위자처럼 사고하고 행위를 재연하는 데 초점을 맞추는 반면, 역할극은 갈등 상황을 제시하고 주어진 상황 속에서 학습자 자신의 판단과 생각으로 문제 해결을 추구하는 연기를 하는 학습이다. 극화학습이 대본을 작성하는 단계에서 지난날의 행위를 재연하는 데 반해, 역할극은 연기 과정에서 추체험이 들어간다. 추체험이라고 하지만, 역할극에서는 과거 행위자의 관점과 행동에 학습자의 사고가 더해진다. 한편 시뮬레이션 게임은 역사적 상황을 재현한 시뮬레이션과 승패를 가리는 게임의 요소를 결합한 학습법이다. 시뮬레이션 게임에서는 역할을 나누어 일정한 목표와 정해진 절차에 따라 수업을 진행하며, 특별한 규칙에 따라 승패를 결정한다. 시뮬레이션 게임에서는 게임의 과정 자체보다는 게임이 진행되는 재현된 상황을 통해 추체험을 하게 된다.

### 3) 감정이입적 역사 이해 이론

감정이입(empathy)은 일반적으로 '자기 자신을 다른 사람의 입장에 놓는 것', '입장을 주고받는 것', '다른 사람의 입장에서 사물이나 세계를 보는 것'이라는 의미로 사용된다. 일상생활에서 감정이입은 공감(sympathy), 동일시(identification)와 혼용되어 사용된다. 감정이입을 개념화한 대표적인 학문 분야가 미학이다. 미학에서는 감정이입을 무생물에 생명을 투사한 것으로 본다. 그러기에 일상생활이나 미학에서 감정이입은 정서적 성격을 띤다.

사회과학에서 감정이입은 이해의 수단이다. empathy를 중요한 개념어로 삼고 있는 심리학에서는 empathy를 공감, sympathy를 동정이라고 한다. 심리학에서 empathy는 인지적 이해와 정서적 동의를 함께 가지는 개념이다. 공감은 다른 사람의 생각을 읽고 그의 입장으로 세상을 보는 것일 뿐만 아니라 그런 생각이나 입장에 동조하는 것을 의미한다. 이에 반해 동정은 다른 사람의 관점이나 입장에 대한 동의 여부와 상관없는 정서적 교감을 의미한다. 예컨대 겨울에 따뜻하게 잠을 잘 수 있는 쉼터가 있는데도 거기에 들어가지 않고 밖에서 추위에 떨며 잠을 자는 노숙자를 봤을 때, 그런 행위를 이해할 수는 없지만 불쌍한 감정을 느낀다면 이는 동정에 해당한다.

그렇지만 역사학에서 감정이입은 역사적 사실을 이해하는 수단이라는 인지적 개념으로 사용된다. 따라서 '감정이입'보다 '감정이입적 이해'라는 말이 더 익숙하게 들린다. 리(P. J. Lee)는 감정이입을 보는 관점을 힘(power), 성취(achievement), 과정(process), 성향(disposition)으로 나누고, 역사적 감정이입이 이 중 어떤 성격인지 설명한다. '힘으로서의 감정이입'은 역사적 행위가 어떤 힘을 의식해서 일어난다고 보는 관점이다. 예를 들어 옛날 부여에서는 가뭄이나 장마가 계속되어 농사를 망치면 왕을 바꾸거나 심지어 죽여야 한다고 했다. 왜 이런 식의 행동을 했을까? 당시 사람들은 자연재해가 왕의 잘못된 통치에 대한 하늘의 분노로 일어나는 일이라고 생각했기 때문일 것이다. 이는 '하늘'이라는 거대한 힘에 비춰 사람들의 생각과 행동을 이해하는 것이다. 이처럼 하늘, 종교, 자연물이나 초자연적 현상과 같이 인간을 압도하는 특별한 힘에 의해 역사 행위를 이해하려고 하는 것이 힘으로서의 감정이입이다. 그렇지만 이런 이해는 증거와는 관련이 없으며, 증거로부터 이를 추론할 수도 없다. 따라서 리는 이러한 감정이입은 역사적 감정이입과는 거리가 멀다고 말한다. '성취로서의 감정이입'은 지난날 인간이 무엇을 이루려고 했는지에 의해 행위를 설명하고자 한다. 행위의 목적에 비춰 행동을 이해하려는 것이다. 행위의 목적을 추론함으로써 행위자의 상황 판단이나 믿음, 행위자가 느끼고 가치 있다고 여겼던 것이 무엇인지 파악해야 한다. 이는 증거를 바탕으로 한다. 앞의 사례에서 부여 사람들이 이런 행동을 통해 이루려고 한 것이 무엇인지를 왕의 권력이 그리 강하지 않았던 당시 상황을 토대로 이해하려는 것이다. 이런 성격에 비춰 리는 '성취로서의 감정이입'이 역사적 감정이입에 해당한다고 보았다. '과정으로서의 감정이입'은 말 그대로 감정이입을 행위자의 생각이나 믿음 및 그 가치를 아는 절차, 즉 하나의 수단으로 여기는 것이다. 지난날 행위자가 왜 그런 행동을 했는지 감정이입을 통해 알 수 있다고 했을 때 감정이입의 의미는 현재의 관점에서 공감을 하는 것으로 증거에 기반을 두지는 않는다. 그런 점에서 리는 '과정으로서의 감정이입'은 '힘으로서의 감정이입'과 유사한 관점으로 역사적 감정이입이 될 수 없다고 말한다. '성향으로서의 감정이입'은 다른 사람의 행동이나 관점을 이해하려는 성향에 주목하는 것이다. 이러한 성향은 그 자체가 역사적 감정이입은 아니지만, 역사적 감정이입을 위한 필요조건이다. 과거 사람들이 자기 나름의 생각을 가지고 행동했다고 여겨야 그들의 행위를 이해할 수 있기 때문이다.

감정이입으로 이해해야 하는 것은 과거 사람들의 행동과 그런 행동을 이끌어낸 생각이다. 감정이입적 역사 이해는 합리적 이해이자 맥락적 이해이다. 감정이입적 이해를 위해서는 과거 사람들도 오늘날 사람들과 마찬가지로 합리적으로 행동했겠지만, 그들의 생각은 오늘날 우리의 생각과는 차이가 있다는 것을 받아들여야 한다. 그리고 과거 사람들의 행동은 그 시대나 사회의 상황과 밀접한 관련이 있으며, 구체적인 행동은 그들이 처한 상황과 그에 대한 판단을 반영한다는 점을 인식해야 한다.

감정이입적 역사 이해는 역사 행위의 몇 가지 측면에 대한 재연을 바탕으로 한다. 첫째는 역사적 사실의 재연이다. 이는 자료가 전하는 역사적 사실을 확인하는 것이다. 둘째는 상황의 맥락적 재구성이다. 행위가 일어났을 당시 상황을 복원하는 것이다. 이때 상황은 당시의 시대적·사회적 구조와 행위자가 처한 구체적인 상황을 모두 포함한다. 셋째는 관점의 맥락적 재구성이다. 여기에서 관점은 역사 행위자의 상황 판단, 행위의 동기와 목적, 행위 결과의 기대감이다. 역사 행위자가 자신이 처한 상황을 어떻게 판단했으며, 이를 바탕으로 어떤 의도를 가지고 행동했는지를 재구성하는 것이다. 역사적 사실의 재연, 상황과 관점의 맥락적 재구성을 종합해서 학습자는 역사적 사실을 감정이입적으로 재구성하게 된다. 따라서 역사의 감정이입적 재구성에는 역사적 사실, 역사적 상황, 역사 행위자의 관점과 의도 등이 들어가게 된다.

이처럼 역사를 감정이입적으로 이해하기 위해서는 일정한 단계를 거쳐야 한다. 그 단계는 보통 ① 과거의 행위를 이해하지 않으려는 단계 → ② 고정관념(stereotype)에 의한 이해 → ③ 일상적 이해 → ④ 부분적 맥락적 이해 → ⑤ 종합적 맥락적 이해이다. '① 과거의 행위를 이해하지 않으려는 단계'는 오늘날의 관점에서 이해하기 어려운 과거 사람들의 행위를 '미신이다'라든가 '지식이 없어서 그렇다'는 식으로 무시해버리는 단계이다. 과거 사람들이 왜 그런 행동을 했는지 이해하려고 하지 않기에 엄밀히 말해 이 단계의 사고는 감정이입적 이해가 아니다. '② 고정관념에 의한 이해'는 특정 관념에 의해 틀에 박힌 정형화된 이해를 하는 것이다. 예를 들어 전근대의 모든 제천의식을 하늘에 대한 두려움으로 이해한다든지, 조선 사회의 정책이나 문화라고 하면 모두 유교이념을 원인으로 돌리는 것이다. 고정관념에 의한 이해의 단계에서 학습자는 역사 행위를 이해하려고 하지만, 그 이해가 자기중심적이어서 비합리적인 경우가 발생한다. '③ 일상적 이해' 단계에서 학습자는 행위의 이유를 합리적으로 이해한다. 그렇지만 당시 상황에 대한 맥락적 이해에 이르지는 못한다. 예를 들어 신라 말 중앙 정부와 호족의 농민에 대한 이중 과세, 고려 말 권문세족의 농장 확대, 조선 후기의 삼정문란을 모두 지배층의 농민 수탈로만 이해할 경우, 합리적이지만 신라 말과 고려 말, 조선 후기라는 시대적 상황을 반영하지 않았기 때문에 구체적인 수탈 양상이 나타나게 된 이유를 이해하기는 어렵다. ④와 ⑤의 맥락적 이해는 당시 상황에 비춰 역사 행위를 이해하는 것이다. 그렇지만 당시 상황이 하나는 아니다. 인간은 주어진 상황의 여러 요인을 고려하여 의사결정을 하고 이를 행동에 옮긴다. '④ 부분적 맥락적 이해'가 여러 상황적 요인 중 하나 또는 일부만을 고려하는 것이라면, '⑤ 종합적 맥락적 이해'는 탐색할 수 있는 모든 상황적 요인을 종합적으로 고려하여 행위를 이해하는 것이다. '종합적 맥락적 이해'를 할 수 있을 때, 학생들은 역사적 감정이입에 도달했다고 할 수 있다.

①에서 ⑤의 단계로 진행할수록 역사적 감정이입을 하는 것으로, 자료에 대한 꼼꼼한 분석과 해석을 요구한다. 따라서 이 단계는 하나의 수준이라고도 할 수 있다. 그렇지만 이는 역사적 감정이입으로 나아가는 단계로, 심리학의 인지발달 수준은 아니다. 즉 ①~⑤의 각 단계가 어떤 연령에서 나타나는 수준이 아니라, 사고를 정교히 하고 그 수준을 높이는 일종의 절차이다. 인지발달 수준이 아니므로 어떤 학습과제를 이해하는 데 나타나는 단계가 다른 학습과제의 이해에서도 그대로 나타나지 않을 수 있다. 또한 감정이입적 역사 이해의 이런 단계는 개념적인 것으로, 실제 역사 행위를 이해하는 데는 단계가 구분되지 않는다거나 순서가 바뀌어 나타나는 경우도 있다.


### 4) 역사적 감정이입의 정서적 측면

역사적 감정이입은 역사 행위를 이해하는 수단이므로 일상생활이나 미학에서 사용되는 것과는 달리 인지적 성격의 사고 활동이다. 그러나 행위자의 의도를 추론하는 과정에서 가치 판단이나 행위에 대한 평가가 들어간다는 점에서 정서적 성격을 완전히 배제할 수는 없다. 근래에는 역사적 감정이입의 정서적 성격이 이전보다 더 활발하게 논의되는 양상을 보인다. 이러한 경향은 몇 가지 갈래로 나눌 수 있다.

첫째, 수업실천 사례에서는 감정이입을 필요로 하는 학습활동을 인지적 이해뿐 아니라 정서 학습으로 받아들이는 경우가 많다. 수업에서 감정이입을 이해뿐 아니라 정서의 문제로 생각하는 것은 '감정이입'이라는 용어의 의미 때문이기도 하다. 말 그대로 하면 '감정을 받아들인다'거나 '다른 사람의 감정이 옮겨져 들어온다'라는 감정이입의 어휘적 뜻에서 감정이입에는 정서가 들어간다는 인상을 받는다. 그렇지만 교사들이 수업실천에서 감정이입적 역사 이해를 정서의 문제가 포함되는 것으로 받아들이는 가장 큰 이유는 역사 행위에는 가치 판단이 들어간다고 보기 때문이다. 교육 목표를 인지적 영역과 정의적 영역으로 나누고 정의적 영역은 가치·태도의 문제로 규정하는 한국의 교육학 이론에서 가치 판단은 으레 정의적 영역으로 분류된다. 예를 들어 학습자에게 '자신을 ~라고 생각하고' 또는 '~의 입장에서' 글을 쓰거나 그밖의 다른 형식으로 표현하게 하는 활동에는 이런 생각이 깔려 있다.

선사시대는 기록이 남아 있지 않은 시대로, 이 시기의 모습은 유물과 유적으로 알 수 있다. 선사시대를 살았던 사람의 입장이 되어 주거, 도구, 생활방식 등이 나타나도록 만화를 그려보자.

— 노대환 외(2020), 《중학교 역사 2》, 23쪽

왜란과 호란 등 외적의 침입으로 나라가 큰 위기를 맞을 때마다 의병장들은 나라를 구하는 일에 뜻을 함께할 것을 호소하는 글을 써서 많은 의병을 모아 적과 싸웠다. 자신이 왜란과 호란 당시 의병장이라고 가정하고 의병을 모으기 위한 글을 써보자.

— 노대환 외(2020),《중학교 역사 2》, 133쪽

위의 두 사례는 교과서뿐 아니라 실제 교실 수업에서도 자주 볼 수 있는 학습활동이다. 앞의 사례에서 학생들은 선사시대에 해당하는 구석기시대와 신석기시대 중 하나를 선택해서 주거, 도구, 생활방식 등을 조사하여 정리한 다음, 그 시대 사람들의 생활모습을 만화로 표현한다. 생활방식을 조사하는 것은 인지적 탐구에 해당한다. 그런데 당시 생활모습을 보여주기 위해서는 어떤 사람을 그릴 것인지 선택해서 그 사람의 정서를 만화로 표현해야 한다. 선사시대의 주거, 도구, 생활방식 등에 대한 조사 결과가 비슷하더라도, 그 표현은 학습자에 따라 다르다. 이런 현상은 후자의 경우도 비슷하다. 의병장이 의병을 모으는 논리는 비슷하다. 이런 방식의 수업에서는 학생들에게 글을 쓰는 데 참고할 만한 자료를 제공하는 경우가 흔하다. 이 사례에서도 전라도에서 의병을 일으켰던 고경명이 의병을 모으는 글을 참고자료로 제공하고 있다. 그렇지만 비슷한 논리라고 하더라도 사람들을 의병에 끌어들이기 위해서는 정서에 호소해야 한다. 학습자는 글을 쓰면서 이런 점을 감안하여 의병 참가를 권하는 논리 중 어떤 것을 강조하고 어떤 표현을 사용할지를 정한다. 이런 내용이라면 사람들의 마음을 움직일 것이라고 학습자가 판단하여 표현하는 것이다. 이런 점에 비춰 역사적

감정이입에는 정서적 성격이 들어간다고 할 수도 있다.

그렇지만 학습자의 가치 판단이 들어가고 정서적 표현을 사용한다고 하더라도 그 내용은 역사적 사실을 바탕으로 행위를 이해하는 것이다. 학습내용도 행위를 이해하는 데 있다. 학습자의 가치 판단이 들어가거나 정서적 표현을 사용하는 것은 이해한 내용을 어떻게 전달할 것인지의 문제일 뿐이다. 이를 구태여 행위의 이해와 분리해서 정서의 수용으로 구분해야 할지는 의문이다. 이 때문에 인지적 이해와 정서의 수용을 구분하지 않으려는 경향이 있다.

역사적 감정이입의 정서적 측면에 주목하는 또 하나의 논리는 역사학습이 학습자의 실천성으로 이어져야 한다는 것이다. 일본군 '위안부' 수업을 사례로 들어보자. 이 주제로 수업을 하는 교사는 당시 일본 정부와 일본군이 어떤 이유로 '위안부'를 강제 징집했으며, '위안부' 여성들이 어떤 고통 속에서 살아갔는지 이해하는 것만을 수업의 목표로 삼지는 않을 것이다. 이 수업을 통해서 학생들이 일본군 '위안부'의 진실을 감추려는 행위에 분노하고 이를 알리려는 태도를 갖게 되기를 바랄 것이다. 이는 단지 일본군 '위안부' 문제를 인지적으로 아는 것만으로는 달성하기 힘들며, 일본군 '위안부' 여성들의 고통과 분노에 정서적으로 공감해야 한다고 생각한다. 이것이 감정이입적 역사 이해에 정서가 들어가야 하는 논리이기도 하다.

이러한 관점은 역사적 감정이입에 대한 바튼(K. C. Barton)과 렙스틱(L. S. Levstik)의 견해에서도 찾아볼 수 있다. 바튼과 렙스틱은 역사적 감정이입이 관점을 이해하는 것과 배려하는 마음의 두 가지 측면을 가진다고 보았다. 관점을 이해한다는 것은 행위자의 생각을 추론하여 인식하는 것으로 역사적 감정이입의 인지적 측면이다. 이는 흔히 말하는 역사적 감정이입의 인지적 성격이다. 이에 반해 배려는 역사적 감정이입의 정서적 측면을 말한다. 바튼과 렙스틱은 배려로서의 역사적 감정이입을 역사에 대한 관심(caring about), 역사적 사실에 대한 관심(caring that), 과거 사람들을 돕고 싶어하는 마음(caring for), 실천을 지향하는 열망(caring to)의 네 가지로 구분한다. 여기에서 관심은 호의적인 관심, 즉 공감을 의미한다. '역사에 대한 관심'은 과거의 어떤 주제에 대해 흥미와 친밀감을 느끼고 알고 싶어하는 정서를 의미한다. 이는 그 사건을 경험한 사람의 생각에 대한 공감에서 비롯한다는 것이다. '역사적 사실에 대한 관심'은 과거에 일어난 일을 정서적으로 교감하는 것이다. 학습자는 그 사실이 정의롭다고 생각하는 일에는 공감하고, 그 반대가 되는 일에는 분노한다. 예를 들어 노예제의 종식과 여성 투표권의 획득에 대해서는 의미 있는 역사적 사실로 큰 관심을 가지는 반면, 아프리카계 미국인에 대한 차별과 폭력에는 강한 분노 반응을 보인다는 것이다. '과거 사람을 돕고 싶어하는 마음'은 학습을 하면서 가지게 되는 역사 속의 약자를 돕고 싶어하는 마음을 뜻한다. 홀로코스트를 공부하면서 '내가 당시 사람이었다면 이런 행동을 해서 그들을 구했을 텐데' 하는 마음을 가지며, 여성 참정권 운동을 배울 때는 남학생이라도 '나는 남성이지만, 참정권을 획득하기 위한 여성들의 운동을 이렇게 지지했을 텐데' 하고 생각한다는 것이다. '실천을 지향하는 열망'은 역사를 공부하면서 알게 된 역사적 사실을 현재의 문제 해결에 적용하려는 태도이다. 즉 과거의 시민권 운동을 학습하면서 학생들은 오늘날 아프리카계 미국인들의 문화나 언어적 차이를 존중하게 된다는 것이다. 학생들의 이런 태도는 공공선의 구현을 지향하는 것으로, 바튼과 렙스틱이 역사교육의 목표로 내세우는 참여민주주의의 성격을 가진다.

바튼과 렙스틱은 이러한 관심을 증거를 기반으로 결론을 이끌어내는 탐구와 분리할 수 없다고 본다. 양자는 개념적 분석으로는 구분되지만, 실제 감정이입에서는 별개로 나타나지 않는다. 관심은 관점의 이해, 탐구, 역사서술과 하나로 묶여 있다는 것이다. 바튼과 렙스틱은 이러한 관계에 대해 역사학습의 내용인 이야기는 관심을 위한 콘텍스트이고, 탐구는 관심의 결과이고, 전망을 인식하는 것은 관심을 가지는 목적이라고 설명한다. 바튼과 렙스틱의 견해를 받아들이더라도, 감정이입의 인지적 측면과 정의적 측면을 분리하는 것은 의미가 없다. 따라서 역사적 감정이입에 대한 기존 견해가 정서적 측면을 간과했다기보다는, 감정이입적으로 역사를 이해하는 것이 학습자의 정서로 이어진다고 해야 할 것이다.

### 5) 감정이입적 역사 이해에 대한 비판

역사 이해의 본질적 성격을 감정이입적 이해로 보는 견해에 대한 초기의 비판은 주로 개념 사용의 불명확함이나 이론이 정교하지 못하다는 것이었다. 역사적 감정이입의 개념은 통일되지 않아서 학자들마다 다르게 사용했다. 역사적 감정이입과 상상이 구분 없이 사용된다든지, 감정이입과 공감, 감정이입과 동일시가 실제 역사 이해에서는 명확히 구분되지 않는다는 것이었다. 감정이입적 역사 이해의 단계가 체계적이지 않다는 비판도 나왔다. 고정관념에 의한 이해 → 일상적 이해 → 맥락적 이해의 단계는 생략되거나 바뀔 수도 있으며, 고정관념에 의한 이해가 자기중심적이기는 하지만 반드시 비합리적인 것은 아니라는 점도 지적되었다.

감정이입적 역사 이해에 대한 더 근본적인 문제 제기는 텍스트론과 이를 받아들인 포스트모던 역사학에서 나왔다. 감정이입적 역사 이해 자체가 애초 불가능하다는 것이었다. 감정이입적 역사 이해는 합리적이고 맥락적인 이해이다. 역사 행위가 일어났을 당시의 상황, 즉 콘텍스트(context)을 바탕으로 이해하는 것이다. 우리가 맥락을 알려면 텍스트를 읽을 수밖에 없다. 그런데 텍스트론에서는 모든 텍스트에 이미 저자의 관점과 해석이 들어가 있다고 주장한다. 텍스트가 말해주는 맥락이란 역사적 상황 자체가 아니라 저자의 관점이 들어가고 저자가 해석한 상황이다. 결국 우리는 순수한 역사적 맥락을 알 길이 없다. 그래서 극단적인 텍스트론에서는 '콘텍스트는 존재하지 않고 오직 텍스트만이 있다'라고 말한다.

대표적인 포스트모던 역사학자로 꼽히는 젠킨스(Keith Jenkins)는 역사 이해에서 감정이입은 불가능하다고 하면서, 그 이유를 철학적 문제와 실천적 문제로 나누어 설명한다. 철학적 문제는 감정이입적 역사 이해의 논리 자체에 내재된 문제이다. 첫째는 다른 사람의 마음속으로 들어가기가 불가능하다는 것이고, 둘째는 모든 의사소통은 번역 행위라는 것이다. 의사소통이 번역 행위라는 것은, 사람들은 상대방의 말을 해석해서 듣는다는 의미이다. 그래서 역사 행위자의 생각이 아니라 자신의 사고 틀을 가지고 과거의 사건에 다가간다는 것이 그의 주장이다. 젠킨스는 실천적 문제로도 두 가지를 제기한다. 첫째, 역사가는 이론적으로 모든 종류의 인식론, 방법론, 이데올로기적 가정 속에서 연구를 하며, 이런 문제에 초연하게 '과거를 과거답게' 만들 수는 없다. 둘째, 역사적 인물에 직접 감정이입할 수 없다는 것이다. 예컨대 역사적 사실에 대한 강의를 들으면서 역사 행위자에게 감정이입한다고 하지만, 실제로 감정이입하는 대상은 역사 행위자가 아니라 강의를 하는 교수의 마음이라고 젠킨스는 설명한다. 역사적 상황 속에서 행위를 보는 것이 아니라 수업의 경험 안에서 역사적 상황을 본다는 것이다.

## 4. 내러티브는 인식인가, 표현인가? – 내러티브적 역사 탐구와 서술

### 1) 내러티브의 개념

내러티브(narrative)는 사실을 알리기 위해 묘사하는 것을 뜻한다. 역사에서 내러티브는 '서사'로 번역되기도 한다. 그런데 사실을 묘사하기 위해서는 이야기를 조직해서 스토리를 전개해야 한다. 그래서 내러티브라는 말을 들으면 '이야기'를 떠올리고는 한다. 내러티브 역사는 '이야기 역사', 경우에 따라서는 '설화적 역사'라고 일컬어지기도 한다.

역사에서 이야기라고 하면 보통 설화와 같이 줄거리를 가진 역사적 사건을 가리킨다. 이야기는 사건을 일어난 순서대로 전달한다. 주인공이 존재하고 시작과 끝이 있다. 그 끝에서는 이야기의 전개 과정에서 발생한 문제가 해결된다. 그러기에 교과서에 서술된 역사는 재미없지만, 역사 이야기는 재미있다고 말한다. 설화는 대개 줄거리를 갖춘 완성된 이야기의 형태로 사료집 등에 실려 전달된다. 그렇지만 단편적으로 전하는 역사적 사실을 하나의 이야기로 만들기 위해서는 주제를 정해야 하며, 그 주제에 맞춰 줄거리를 구성해야 한다. 이처럼 주제를 설정하고 줄거리를 구성하는 데는 역사적 사건을 보는 저자의 관점과 해석이 들어가게 된다. 그래서 동일한 역사적 사건이라고 해도, 내러티브는 달라질 수 있다. 예를 들어 조선 건국 직후부터 성종 대에 이르기까지 국가 체제의 정비 과정을 유교적 집권체제의 확립으로 보는가, 왕권과 신권의 대립과 조화로 보는가에 따라서 내러티브 안에 들어갈 사실의 선택이나 중요성에는 차이가 생긴다. 내러티브에는 저자의 역사인식, 이야기의 줄거리, 이를 전달하는 형식이 포함되는 것이다. 내러티브는 역사서술의 수단일 뿐 아니라 역사를 생각하고 조직하는 사고체계를 뜻하기도 한다.

화이트(Hayden White)는 내러티브가 역사서술의 형식으로, 문학적 인공물이라고 보았다. 그가 보기에 내러티브는 역사적 사실에 의미를 부여한 것이다. 그러니까 내러티브의 저자는 어떤 식으로 의미를 부여할 것인지를 판단한다. 내러티브에서는 무슨 일이 일어났는지를 입증해야 하는데, 이를 위해 어떤 형식 논증을 사용할 것인지를 선택한다. 내러티브에는 저자의 이데올로기가 들어간다. 끝으로 이야기를 정서적으로 효과 있게 전달하기 위해 비유법을 사용한다. 이 네 가지 측면의 결합으로 구성되는 것이 내러티브라는 것이다. 화이트가 말하는 내러티브는 화자가 자신의 이념과 역사인식을 바탕으로 이야기를 만들어내고 이를 독자에게 설득력 있게 전달하기 위한 산물인 것이다.

이상에서 보았듯이 내러티브는 어떤 일을 일어난 순서로 단일하고 조리 있게 구성한 이야기이다. 중심 주제를 설정하고, 이에 맞춰 일정한 형식으로 이야기를 구성한다. 예를 들어 문학이나 연극에는 사건의 시작-전개-갈등 및 반전-결말의 줄거리가 있다. 역사 내러티브에도 줄거리가 존재한다. 그렇지만 역사 내러티브는 스토리의 전개 과정이 설득력을 가져야 한다. 스토리의 전개는 과학의 인과관계와 같이 필연이지는 않지만 개연성이 있어야 한다. 소설이나 영화에서 볼 수 있는 극적인 해결은 역사 내러티브에서는 적절하지 않다.

## 2) 내러티브의 부활

내러티브는 원래 사료가 말해주는 역사적 사실을 있는 그대로 서술한다는 랑케(Leopold von Ranke)식의 근대 역사학의 서술 방식이었다. 랑케는 역사학을 문학과 분리하여 과학적 역사를 내세웠다. 그러나 사회과학의 개념과 방법론을 받아들이고 사회 구조와 물질적 결정론을 중시하는 20세기 전반의 과학적 역사학이 보기에 랑케식의 역사서술은 하나의 이야기로 문학과 큰 차이가 있는 것은 아니었다.

　그러나 20세기 후반 들어 이데올로기 논쟁이 약화되고 경제결정론적 모델이 쇠퇴하면서 사회 구조와 분석을 중시하는 과학적 역사학에 대한 비판이 나타났다. 역사가들은 독자에게 친숙한 형태로 이야기를 전달하려는 움직임을 보였다. 스톤(Lawrence Stone)은 이를 '내러티브의 부활(revival of narrative)'이라고 말했다. 그는 스토리의 내러티브 구조가 역사적 사건과 과정을 묘사하고 설명하는 진정한 방식이라고 주장했다. 역사서술은 평범한 사람들의 행동 및 상징을 보여주어야 하는데, 이는 상상, 성찰, 해석, 문학의 혼합물로서 역사를 기술함으로써 가능하다고 했다.

　스톤의 주장에서 보듯이 20세기 후반의 내러티브 부활이 랑케식의 내러티브로 돌아가는 것은 아니었다. 부활한 내러티브는 역사의 인문학적 성격을 부각시켰다. 인류학의 방법론과 개념을 도입했으며, 상징적 의미와 무의식을 탐구하는 데 노력했다. 내러티브를 통한 집단기억에도 관심을 가졌다. 워치(J. V. Wertsch)는 매개된 행위(mediated action)의 개념을 사용하여 집단기억을 설명했다. 그에 따르면 집단기억은 매개된 행위로, 기억의 대상은 과거 그 자체가 아니라 텍스트이며, 독자나 대중은 능동적인 매개 행위자이다. 내러티브 텍스트는 행위를 유도하는 대표적인 문화적 도구로, 과거를 수용 가능한 형태로 텍스트화한 형식 또는 수단이다. 교과서, 국립박물관이나 기념관, 기념물은 국가 내러티브를 담고 있는 대표적인 문화적 도구이다. 국가는 이런 문화적 도구를 통해 공식적 역사(official history)를 전파한다고 워치는 말한다.

### 3) 역사인식의 도구로서 내러티브

역사인식의 도구로서 내러티브는 역사적 사실을 보는 사고방식이다. 브루너(J. S. Bruner)는 사고양식을 패러다임적(paradigmatic) 사고양식과 내러티브적 사고양식으로 구분했다. 패러다임(paradigm)은 쿤(Thomas Kuhn)이 과학혁명을 설명하기 위해 도입한 개념으로, 한 시대 사람들의 사고를 지배하고 그 테두리를 규정하는 인식 체계나 이론적 틀을 말한다. 브루너에 따르면 패러다임적 사고양식은 이론과 분석, 논리적 증거, 추론된 가설에 의한 경험적 발견에 적용하는 것으로 일반적 원인을 규명하는 데 초점을 맞춘다. 패러다임적 사고양식은 설명에 이용되며 범주화나 개념화의 기초가 되는데, 형식적이거나 수학적인 체계의 서술에 사용한다. 이에 반해 내러티브적 사고양식은 행위에 들어가 있는 인간의 의도에 관심을 가지며, 행위가 일어난 맥락에 비춰 설명을 모색한다. 내러티브적 사고양식은 주로 인간의 의도와 행동이나 그 과정을 묘사하는 것으로 나타나는데, 역사 이야기나 드라마 서술에 적용할 수 있다고 한다.

토폴스키(J. Topolsky)는 역사서술의 형식을 연보(annales), 연대기(chronology), 엄격한 역사서술(strictly historical statement)로 나누고, 내러티브를 엄격한 역사서술로 본다. 토폴스키는 독일의 폴란드 침공에 대한 서술형식을 사례로 들어 세 가지 역사서술을 구분한다.

A. 1939년 9월 1일 독일군은 폴란드를 침공했다.

B. 20년 동안 지속된 평화의 시대는 유럽에서, 아마도 전 세계에서 끝났다. 독일은 폴란드를 침공했고, 이로써 유럽에서 전쟁을 일으켰다.

C. 1939년 9월 유럽에서 제2차 세계대전이 일어났다.

A는 연보이다. 연보는 기록자가 중요하다고 생각하는 사실을 일어난 순서로 단순히 기록한 것이다. 이때 사건들의 연속성이나 이후 사건들과의 관계는 고려하지 않는다. 그렇지만 연보에도 기록자의 역사관이나 역사인식이 들어간다. 기록자는 연보에 들어갈 사실을 선택한다. 이 선택에는 당대의 세계관, 인간관, 역사의식이 반영된다.

B는 연대기이다. 연대기는 어떤 주제 아래 역사적 사실을 인과적 관계로 연결한 것이다. 기록자는 연대기에 들어갈 사실을 선택할 뿐만 아니라 이를 구성해야 한다. 이러한 선택과 구성은 기록자의 해석 결과이다. 기록자는 해석을 할 때 자신이 가지고 있는 역사 지식을 활용한다.

C는 엄격한 역사서술로 내러티브이다. 많은 전쟁 중에서 1939년 9월 독일의 폴란드 침공으로 시작된 이 전쟁을 세계대전으로 규정하는 것은 역사해석이다. 그런데 1939년 9월 시점에서는 이 사건이 세계대전의 시작인지 알 수 없다. 결과적으로 이 사건이 유럽과 전 세계의 전쟁으로 확대되었기에 세계대전의 시작이라고 본 것이다. 독일의 폴란드 침공으로 세계대전이 일어났다고 하는 서술에는 이후 전쟁의 전개에 대한 지식이 포함되어 있다. 이처럼 서술하는 사람의 역사인식이 들어가고, 역사적 사실의 결과에 대한 지식을 활용하는 것이 내러티브이다. 토폴스키는 연보와 연대기, 내러티브를 구분했지만, 실제 역사서술에서 이 세 가지가 엄격히 분리되지는 않는다. 많은 경우 역사서술은 내러티브를 토대로 연보와 연대기가 혼합되는 형태가 많다.

## 4) 내러티브적 역사서술의 교육적 효용성

내러티브는 역사인식의 도구 외에 역사서술의 형식이기도 하다. 담론으로서의 내러티브는 논문이나 책, 교과서와 같은 문자 텍스트나 교사의 발화로 구현된다. 역사서술 형식으로서의 내러티브는 보통 이야기의 형태를 띤다. 이야기 형식의 글은 교과서나 개설서와 같은 분석적 서술에 비해 친근함을 주며, 스토리가 있어 사건의 전개 과정을 파악하기 쉽다. 스토리를 생동감 있게 전하기 위해 수사적 표현을 하거나 상징이나 은유를 사용하기도 한다. 예를 들어 한 교과서 읽기 자료는 '한국의 독립을 위해 싸운 푸른 눈의 이방인, 베델과 헐버트', '연해주 독립운동의 대부, 최재형(1860~1920)', '무장 독립운동의 전설, 홍범도(1868~1943)'(박중현 외(2020), 《고등학교 한국사》)와 같은 제목을 붙여서

'이방인', '대부', '전설' 등의 은유를 사용한다.

근대 역사가들은 자신이 이해한 역사를 가급적 '객관적' 문체로 서술하고자 했다. 정서를 넣거나 수사적 표현을 사용하면 역사의 객관성을 해칠 수 있다고 우려했기 때문이다. 그렇지만 역사의 인문학적 성격이 강조되고 비판적 읽기와 쓰기가 활성화되면서, 이러한 표현은 오히려 저자를 드러내고 역사를 생생하게 전달하는 열쇠가 될 수 있다는 견해가 나오고 있다. 토폴스키는 역사 내러티브를 세 층위로 나눈다. 첫째는 표면적이거나 정보를 제공하는 층위, 둘째는 설득력이 있거나 수사적인 층위, 셋째는 이론적–이념적이거나 통제하는 층위이다. 그가 보기에 수사적 구조와 표현은 역사 내러티브의 한 층위이다.

내러티브는 역사가뿐 아니라 학생들에게도 친숙하다. 내러티브는 시대와 장소, 사건을 맥락적으로 이해하는 데 도움을 준다. 구체적인 인간 행위와 의도, 결과를 다룸으로써 인간 경험의 이해를 촉진한다. 스토리의 전개 과정을 파악함으로써 역사적 사실들 간의 인과관계를 이해하는 데 도움을 준다.

내러티브적 서술은 학생들에게 주체적으로 텍스트를 해석하고 비판할 수 있게 한다. 그리고 자신이 이해한 역사적 사실을 토대로 지난날의 역사를 재구성하고 이를 창의적인 표현 방식으로 전달할 수 있게 한다. 내러티브 교재를 읽은 학생들은 스스로 의미를 재구성하고 자신의 역사 내러티브를 생성하는 역사하기를 경험할 수 있다. 실제로 내러티브적 서술은 설명식 서술보다 비판적 읽기와 쓰기를 촉진한다는 것이 연구의 결과이다. 내러티브 서술은 상황에 대한 행위자의 판단과 행동의 목적을 담고 있기에 학생들에게 역사 사건의 동기와 의미에 주목하게 한다. 읽는 사람은 역사적 사실을 다양한 관점에서 맥락적으로 이해하려는 시도를 하게 된다.

### 5) 내러티브 역사에 대한 비판

내러티브 역사에 대한 비판은 내러티브가 역사적 사실과 역사 연구의 본실에 비춰 타당한가에 대한 의문에서 비롯된다. 맨들바움(M. Mandelbaum)은 역사적 사실의 본질이 스토리가 아니라 탐구의 산물이라고 지적한다. 역사가는 탐구를 통해 사실을 발견하는 것이지 이를 꾸미는 것이 아님을 강조한다. 그런데 내러티브는 사실을 밝히기보다는 기존에 존재하는 사실의 어떤 부분을 강조하기 위해 포장하는 데 힘을 기울인다는 것이다. 또한 맨들바움은 역사에는 복잡한 요인이 작용하는데, 내러티브는 역사를 지나치게 단순한 이야기로 만든다고 비판한다.

내러티브가 역사인식과 서술의 본질이 아니라는 비판은 역사학과 역사 연구의 성격을 보는 관점의 차이에서 비롯된다. 내러티브 이론의 비판자들은 역사의 본질이 행위주체의 의도나 선택을 문학적 표현으로 강조하는 데 있지는 않다고 주장한다. 역사 연구는 사료를 분석하고 해석해서 그 결과를 설명하는 것이라는 관점이다. 그들에게 역사적 사실은 실제 세계를 표상하는 것이다. 그런데 내러티브는 역사적 사실을 만들어내는 것이 아니라 거기에 목소리를 입히는 데 지나지 않는다. 따라서 내러티브가 역사 탐구에 필요하다고 하더라도 그 역할은 인식의 도구이거나 존재 양식일 뿐, 역사적 사실을 본질적으로 보여주는 것은 아니다.

역사 내러티브에 대한 실천적 비판은 그것이 가지는 몰입성에 있다. 내러티브는 하나의 주제에 맞춰 일관되게 스토리를 전개한다. 이를 읽는 사람들은 스토리에 빠져 그 내용을 비판적으로 읽지 못한다. 드라마나 영화를 볼 때 우리는 그 내용이 창작된 것임을 알면서도 즐거워하고, 슬퍼하며, 분노하고, 감격한다. 자신의 바람대로 스토리가 전개되지 않으면 안타까워한다. 심지어 드라마 시청자들이 자신이 원하는 방향으로 대본을 써줄 것을 작가에게 요구하기도 한다. 역사 내러티브도 이런 성격을 가질 수 있다. 더구나 화자, 텍스트나 저자의 권위가 높을수록 이런 현상은 더욱 심화된다. 일반적으로 내러티브 서술은 저자가 드러나므로 설명식 서술보다 비판적 읽기에 용이하다. 그렇지만 이야기 구조가 잘 짜여 있으며 촘촘하게 스토리를 전개하는 내러티브는 독자를 저자의 해석이나 관점에 몰입하게 해서 비판적 읽기를 어렵게 한다. 내러티브의 이런 상반된 기능은 '양날의 검'이다. 내러티브의 이런 문제점에 대한 대응으로 '낯설게 하기' 기법을 역사교육에 적용하는 방안이 제시되기도 한다. 원래 서사극이나 문학에서 사용되던 '낯설게 하기'는 친숙한 사물이나 현상을 익숙하지 않은 방식으로 표현함으로써 독자로 하여금 주목하게 하거나 새로운 측면을 보게 하는 기법이다. 작품에 나오는 것과는 다르게 볼 수 있음을 상기시켜 독자나 관객 나름으로 새롭게 해석할 가능성을 남기는 것이다.

TV의 역사 드라마에서는 스토리의 전개를 끊고 해설자의 내레이션이 들어가는 경우도 있다. '사료에는 이렇게 기록되어 있지만, 우리는 이 내용을 저렇게 해석했다'는 식이다. 이런 내레이션은 드라마의 전개와는 다른 형식이다. 이렇게 기록과 드라마 내용을 비교할 기회를 제공하면 시청자는 드라마 전개에 빠져드는 것을 멈추고 거리를 두게 된다. 내러티브 역사에서도 사실과 해석을 구분함으로써 이런 기회를 제공할 수 있다는 것이다. 그렇다면 내러티브 역사에 어떻게 '낯설게 하기'를 도입할 수 있을까? 쉽게 떠오르는 것은 저자가 드러나는 서술이다. 사실, 즉 기록된 그대로의 내용과 해석을 구분하여, 해석의 경우에는 그 주체를 제시하는 것이다. 다음으로 생각할 수 있는 것은 내러티브의 중간에 사료를 집어넣는 것이다. 본문 내용 가운데 사료를 제시하면, 별도의 읽기 자료로 제공하는 것보다 학생들에게 더 큰 주목을 끌 수 있다. 다만 이를 본문 서술을 뒷받침하기 위한 증거로 제시하는 것이 아니라 학생들에게 해석의 기회를 주는 자료가 되어야 할 것이다.

3장

역사교육 내용의 선정과 조직

## 1. 내용 구성은 왜 역사교육과정에서 가장 큰 관심 대상일까?
### – 교육과정과 교육 내용의 의미

### 1) 내용 구성에 대한 논의는 필요한가?

교과교육에서 내용 구성은 교육과정(教育過程, course of study) 개발의 핵심적인 문제이다. 교수방법과 수업전략, 그리고 구체적인 학습과정은 교과내용에 따라 달라진다. 구체적인 교육 목표 또한 교과내용을 토대로 설정되게 마련이다.

교과교육 내용 구성의 주요 과제는 범위(scope)와 순서(sequence), 즉 어떤 내용을 학습할 것인가, 그리고 이를 어떤 순서로 학습할 것인가 하는 문제이다. 이와 같이 학습할 내용을 선정하여 조직해놓은 것을 실라버스(syllabus)*라고 한다. 수업모형 또는 교수모형이 수업의 진

---

\* 학교에서 가르치는 교과목의 지식을 중시하는 교과중심 교육과정에서는 syllabus를 '교수요목(教授要目)'이라고 번역했다. 해방 직후인 미군정기에 교육과정을 발표하면서 '교수요목'이라고 부른 것에서 이를 확인할 수 있다. 그렇지만 근래에는 '교수요목'이라는 말을 잘

행에 필요한 여러 가지 조건을 규정한 것이라면, 실라버스는 일정한 기간, 즉 단원이나 학기의 운영계획이라고 할 수 있다. 역사학습내용의 선정과 조직을 위해서는 당연히 역사적 사실의 일반적 성격은 물론 구체적인 학습내용까지 고려해야 한다. 역사수업에서 어떤 역사적 사실을 다룰 것인지는 국어나 수학의 내용 선정 기준을 생각할 때와는 다르다. 사건의 진개 과징과 사회 변화를 주된 내용으로 하는 정치사와, 사람들의 사고방식이나 삶의 모습, 이에 영향을 미치는 사회 구성원의 관계를 고려하는 사회사의 학습내용을 선정할 때 그 기준이 같을 수는 없다. 내용 조직은 선정된 내용을 소재로 하는 것이며, 학습내용에 따라 달라진다. 바꿔 말하면, 내용 조직을 위해서는 내용의 선정과 조직 원리를 모두 고려해야 한다. 따라서 실라버스의 주된 논의의 대상이 되는 것은 학습내용과 그 조직 방안이다.

그런데 실제 학교교육에서 어떤 내용을 어떻게 조직할 것인가 하는 문제를 다룰 필요가 있을까? 이와 관련하여 두 가지 의문을 제기할 수 있다. 하나는 교육 내용의 구성과 교수학습 이론은 별개로 논의할 수 있는 문제가 아닌가 하는 점이다. 만약 역사과 교수학습론이나 역사학습지도에 관한 책을 쓴다면, 이 두 부분은 별개의 장에서 다룰 것이다. 그렇지만 어떤 역사교사가 1학기 또는 1년 계획을 세워 수업에 임한다면, 교육 내용의 문제와 수업은 별개일 수 없다. 교육 내용의 구성에는 어떤 역사인식 또는 역사의식을 가지고 어떤 내용을 수업에서 다룰 것인가, 어떤 학습지도 방법을 택할 것인가 하는 교사의 구상이 포함되

---

사용하지 않는 경향이 있다. 이에 따라 이 책에서도 '실라버스'라고 칭한다.

기 때문이다. 다른 하나는 교육 내용의 구성을 논의하는 것이 실제 역사수업 현장에서 무슨 의미가 있겠느냐는 회의적인 시각이다. 무엇을 어떤 순서로 가르칠 것인가는 이미 교과서에 나와 있고, 대부분의 역사수업은 교과서에 있는 내용을 교과서 순서에 따라 가르치지 않느냐는 문제 제기이다. 당연한 지적이다. 그렇지만 이런 식으로 이야기한다면 역사교육 이론에 관한 논의는 전체적으로 별 의미가 없다. 그리고 대부분의 역사수업이 교과서에 의존한다고 하더라도, 교사는 많건 적건, 전면적이건 부분적이건 간에 자기 나름으로 역사적 사실을 해석하고 교과서 내용을 재구성하기 마련이다.

교육 내용의 구성을 역사수업의 현실과 너무 동떨어진 거창한 이론인 것처럼 생각할 필요는 없다. 일상적인 수업활동에서 교사는 내용을 선정하고 조직하는 데 많은 선택을 한다. 어떤 부분은 더 자세히 다루고, 어떤 내용은 시간이 없으면 그냥 한 번 읽고 지나가기도 한다. 경우에 따라서는 교과서에 없는 역사적 사실이나 주제를 수업의 주제나 내용에 포함시키기도 한다. 이런 것들이 모두 교과교육의 내용을 구성하는 문제라고 할 것이다. 다만 이런 활동을 일정한 원리를 가지고 하는 것이 좋지 않겠는가 하는 생각으로 정리한 것이 실라버스 구성 이론이라고 해도 될 것이다.

실라버스가 수업과 관련된 중요한 요소임에도, 실제 역사수업을 위해 이를 어떻게 구성할 것인가에 대한 연구는 거의 찾아볼 수 없다. 특히 이론적 연구는 전혀 없으며, 교사들이 제시하고 있는 수업 사례가 종종 눈에 띌 뿐이다. 학습내용을 구성할 때에는 교과내용 외에도 기본적인 조직 방법의 선택, 단원 구성, 학생과 교사 활동, 사용할 자료

등 여러 가지 요인에 대한 고려가 요구된다. 이러한 요인들을 종합하여 실라버스를 구성하는 방안을 이론적으로 체계화하기는 매우 어려울 것이다. 더구나 실라버스의 구성 방안에 대한 이론이 나왔다고 할지라도, 이를 역사수업이나 그중 어떤 단원에 적용하여 구체적으로 학습내용을 구성하는 것은 만만치 않은 일이다. 그런 점에서 보면 역사교육을 위한 실라버스 구성 방안 논의가 원론적인 수준에 머무르고 있는 것도 이해할 만하다.

그러나 실라버스는 일정 기간의 수업을 위한 밑그림이다. 그리고 역사수업의 개선을 위한 방법으로 통사학습에서 탈피하여 새로운 접근법을 시도하려는 움직임이 나타나고 있다. 특히 중·고등학교의 역사교육을 계열화한다는 입장에서 고등학교의 한국사 내용을 통사적 방법 외에 다른 방법으로 조직하려는 시도는 계속되고 있다. 제7차 교육과정 고등학교 1학년(7학년) 〈국사〉가 통사 대신에 전면적인 분야사적 접근법을 취하고 있는 것도 이러한 경향에서 나온 것이라고 하겠다. 그렇지만 이후 국가교육과정 개정에서 분야사에 의한 내용 구성 방식이 계속되지 않은 것에서 알 수 있듯이, 이는 실라버스 구성에 대한 체계적인 연구의 산물은 아니었다. 따라서 각 대단원별, 학년별, 그리고 한국사와 세계사별 실라버스를 구성하려는 지속적인 시도가 요구된다. 이렇게 해서 만들어진 실라버스는 다른 교사들이 수업계획을 마련하는 데 좋은 참고자료가 될 수 있으며, 앞으로 체계적이면서도 역사적 사실의 특성을 살릴 수 있는 역사수업 이론을 개발하는 자료로 활용될 수 있을 것이다.

## 2) 교육과정의 수준

교육과정은 그것이 실제로 교육 현장에서 집행되기까지 일정한 단계를 거치며, 각 단계마다 서로 다른 수준의 내용으로 구성하게 된다.

첫째, 학교급별 내용 구성 방식이다. 이는 각 과목에서 단원 편성으로 나타나므로, 보통 국가 수준의 교육과정 각론 개발 과정에서 논의되기 마련이다. 2009개정 교육과정에 따른 역사교육과정 한국사 각론 개발에서 초등학교는 통사(이야기식으로 구성된 '성긴 한국사'), 중학교는 정치사와 문화사 중심의 통사, 고등학교는 사회경제사·사상사·대외관계사를 중심으로 하는 통사로 구성한다는 것은 그러한 예이다.

둘째, 국가교육과정 내용 수준의 구성이다. 교육과정의 단원별 내용에는 단원조직의 유형만이 아니라 단원에서 학습할 내용이 규정되어 있다. 학습내용에는 역사적 사실뿐 아니라 이를 학습하기 위한 자료와 방법까지 포함된다. 역사적 사실을 공부하는 과정에서 관련된 어떤 자료가 있는지 알거나, 그 자료를 활용하여 조사하고 평가하는 경험을 할 수 있다. 역사적 사실의 성격이나 탐구방법을 학습하는 단원을 먼저 배치하고, 이를 기반으로 역사적 사실을 학습하는 단원을 편성할 수 있으며, 역사적 사실을 먼저 학습하고 관련 자료를 활용하여 탐구하거나 평가하는 방식으로 단원을 구성할 수도 있다.

셋째, 교과서 수준의 내용 구성이다. 교과서는 어떤 역사적 사실을 여러 가지 자료와 표현 형식을 통해 전달한다. 같은 역사적 사실을 학습내용으로 하더라도 다른 자료를 사용할 수도 있으며, 학습방법을 달리할 수도 있다. 같은 자료를 가지고 동일한 역사적 사실을 다룬다고 하더라도 학생 활동에 차이를 두거나 다른 학습목표에 이용하기도 한다. 이 같은 교과서 수준의 내용 구성을 적절히 한다면, 구체적이고 효율적인 계열화가 가능할 것이다. 그러나 이 중 현재 교과서에서 실제로 찾아볼 수 있는 것은, 같은 역사적 사실을 다룰 경우 초등학교에서 중학교, 고등학교로 갈수록 내용을 좀더 상세히 서술하는 정도이다. 이는 교과서의 내용 구성에 대한 연구나 고민의 부재 외에도 교과서 개발 과정에서 초·중·고등학교 사이에 의사소통을 할 통로가 거의 없는 것도 하나의 원인이다.

넷째, 수업 수준의 내용 구성이다. 교사는 선행학습 내용이나 학생들에 대한 이해를 바탕으로 그 시간의 수업내용을 선정하고 학습활동을 조직한다. 이전에 어떤 학습경험을 했는가에 따라서 구체적인 수업내용이나 자료, 활동도 달라지게 마련이다. 수업 수준의 내용 구성에는 교사의 역사인식이나 교육관, 그리고 학생에 대한 이해가 개재된다.

### 3) 교육 내용의 개념

교육 내용이란 보통 각 교과에서 다루거나 교사가 가르치는 내용을 의미한다. 우리는 '교육 내용'이라는 말을 무심코 사용하는 경우가 많지만, 실제 교육 내용이 무엇인지 규정짓는 것은 그리 간단한 일이 아니다. '무엇이 교육 내용인가?' 하는 것은 내용 구성의 원리와 관련된 중요한 문제 중 하나이다. 교육 사조나 교육과정의 모형에 따라서는 교과를 내용으로 보기도 하고, 경험을 내용으로 보기도 하며, 학문을 내용으로 보기도 한다. 더구나 근래에는 교육 내용을 보는 관점이 다양해지고, 교육 내용이 가리키는 폭도 넓어지고 있다. 무엇을 교육 내용으로 보느냐에 따라서 내용 선정 원리나 기준도 달라질 수 있다. 교육 내용의 개념과 관련하여 다음과 같은 문제들이 검토의 대상이 될 수 있다.

첫째, 내용요소만을 교육 내용으로 보느냐, 아니면 내용요소를 구체화한 역사적 사실까지 가리키느냐, 또는 수업 등에서 내용요소를 가르치기 위해 활용하는 사례까지도 교육 내용에 포함시키느냐 하는 문제이다.

흔히 교육 내용이라고 할 때는 위의 세 가지를 모두 포함시키는 것이 일반적이다. 그러나 내용 구성의 원리를 탐색하거나 기준을 마련하는데, 수업시간에 사용할 사례나 예시까지 고려하기는 어렵다. 사례 또는 예시란 역사적 사실에 이를 가르치기 위한 방법이 가미된 '수업내용'이다. 이러한 수업내용은 교과내용뿐 아니라, 교사나 학생의 성격, 그리고 수업에 영향을 미치는 환경에 따라서도 달라질 수 있다. 따라서 역사교육에서 논의해야 할 교육 내용에는 학습의 내용요소와 이를 구체화하는 역사적 사실을 대상으로 하는 것이 좋다.

다만, 교육과정에서 내용요소를 어느 정도 구체화하여 다룰지를 검토해야 할 것이다. 흔히 구분하는 대로 교육과정을 국가 수준의 교육과정, 교과서 수준의 교육과정, 교사 또는 교실 수준의 교육과정이라고 했을 때, 국가 수준 또는 교과서 수준의 교육과정이 너무 구체적이어서 하위 교육과정도 이에 구속을 받을 경우 교육 내용의 획일화를 가져올 우려가 있다. 이는 실제로 한국의 국가교육과정이 가지고 있던 문제점이기도 하다.

둘째, 역사적 사실 자체만을 교육 내용으로 볼 것이냐, 아니면 역사적 사실을 아는 방법까지를 내용으로 볼 것이냐 하는 문제이다. 지식을 명제적 지식과 방법적 지식으로 구분하는 견해를 받아들인다면, 전자는 명제적 지식, 후자는 방법적 지식에 해당한다. 그런데 전자와 후자는 내용만 다른 것이 아니라, 이를 학습하는 방식 또한 다르다. 명제적 지식의 경우는 이해하면 되지만, 방법적 지식은 그것을 가지고 활동을 할 수 있어야 한다. 예컨대 조선 후기 농업경영의 변화 양상을 아는 것을 수업내용으로 택했다면, 이는 명제적 지식이다. 이 내용의 학습은 농업경영에서 어떤 변화가 일어났으며, 이 변화가 왜 생겼는지 이해하면 된다. 이 같은 이해는 학습자의 머릿속에서 일어나는 인지적 활동이다. 그런데 만약 '향토문화의 애호'를 내용으로 하는 학습이라면 그 결과는 향토문화를 사랑하고 아껴야겠다는 생각에 그치는 것이 아니라, 실제 생활에서 이를 실천해나가는 활동이 필요하다. 자료를 가지고 역사를 탐구하는 절차나 방법이 교육 내용일 경우도 마찬가지이다. 그 방향이 긍정적인지 아닌지에 대해서는 논란의 여지가 있지만, 근래 역사교육에서도 점차 방법적 지식에 대한 관심이 높아지고 있다. 제7차 교육과정 고등학교 〈국사〉 제1단원 '한국사의 바른 이해'나, 〈세계사〉 1단원 '시간, 공간, 그리고 인간'은 이러한 경향이 반영된 것이며, 각 시대를 다루는 다른 단원 안에서도 그러한 성격의 내용을 종종 볼 수 있다.

그러나 여기에도 두 가지 문제를 더 고려해야 한다. 하나는 명제적 지식과 방법적 지식을 동시에 다루느냐 별도로 다루느냐의 문제이다. 제6차 교육과정과 제7차 교육과정 중·고등학교 〈국사〉와 2007개정, 2009개정, 2015개정 교육과정 중학교 〈역사〉의 첫 단원은 역사적 사실의 성격과 역사 탐구방법을 다룬다. 이 내용은 방법적 지식의 성격이다. 그밖의 단원 내용은 역사적 사실을 다루는 것으로 명제적 지식에 해당한다. 제5차 교육과정까지 역사적 사실의 성격이나 학습방법을 다루는 단원이 없었다는 점을 생각하면, 이는 방법적 지식에 대한 관심이 높아지는 경향을 반영한다. 그렇지만 이런 식으로 명제적 지식과 방법적 지식을 단원별로 분리하는 방식이 과연 타당한지를 검토할 필요가 있다. 물론 역사적 사실을 다루는 단원들에도 탐구활동이 다수 들어가 있어서, 이 학습활동을 하다가 보면 역사 탐구 능력이 높아질 수 있다. 이런 탐구 능력은 방법적 지식이다. 그렇지만 이들 단원에 탐구활동이 들어가 있는 것은 탐구 능력을 기르는 데 목적이 있는 것이 아니라, 역사적 사실을 이해하는 방법으로 탐구활동을 넣은 것이다. 그러니까 명제적 지식을 습득하게 하는 것이 단원 구성의 취지이다. 탐구를 통해 역사적 사실을 알고 그 성격을 이해할 수 있는 것과 마찬가지로, 구체적인 역사적 사실의 인식을 통해 역사의 성격을 알고 역사 탐구방법을 익힐 수 있다. 그러므로 역사교육에서 명제적 지식과 방법적 지식은 상호작용을 한다. 한 단원에서 하나의 학습 주제로 명제적 지식과 방법적 지식을 함께 학습하는 것이 효과적일 수 있다.

다른 하나는 다루는 내용과 학습활동 방식이 응집성이 있는가 하는 문제이다. 그동안 국가교육과정에서는 역사적 사실의 성격이나 탐구방법이라는 방법적 지식을 다루면서도, 학생들이 이를 학습하는 방식은 이해이기 때문이다. 각 단원에 탐구활동의 형식으로 들어가 있는 내용도 실제로는 명제적 지식의 습득에 국한되는 경우가 많다. 이러한 응집성의 결여를 조정할 수 있는 내용 구성 방안을 고민하는 것이 필요하다.

이처럼 역사적 사실과 역사교육의 내용은 같지 않다. 역사교육의 내용 중에서도 역사교육과정과 교과서, 수업내용도 서로 다르다. 역사교육의 내용에는 가르치는 역사적 사실뿐 아니라 이를 어떻게 조직해서 가르치는가도 포함된다. 사료에 들어 있는 내용이 모두 역사교육의 내용이 되지는 않으며, 백과사전이나 역사사전의 서술 내용이 그대로 역사교육의 내용이 될 수는 없다. 역사를 '가르치고 배우기 위한' 방식으로 조직된 역사적 사실만이 역사교육의 내용이다. 역사교육의 내용은 역사적 사실을 토대로 한다. 그렇지만 역사교육의 내용은 역사적 사실과 표현 방식에서 차이가 있다. 역사교육의 내용은 역사적 사실을 가공한 것이다. 사례를 들거나 비유를 할 수도 있고, 편집을 하기도 한다. 여기에는 가공하는 사람의 역사인식이 반영될 수도 있고, 학교나 교실 현장, 그밖의 여러 환경이 영향을 줄 수 있다. 실제 역사교육에 직접적으로 영향을 미치는 것은 역사적 사실 자체가 아니라 이러한 역사교육의 내용이다. 어떤 원리나 절차를 통해 역사교육의 내용이 만들어지는가를 밝히는 것은 역사교육 연구의 중요한 영역이다. 교육과정 개발자, 교과서 집필자, 교사들은 자기 나름으로 역사교육 내용을 만들게 된 근거를 댄다.

## 4) 역사적 사실과 수업내용

교과를 구분하는 핵심적 기준이 내용 체계라고 할 때, 교육 내용의 개념에 따라 수업을 보는 관점도 달라진다. 수업이란 결국 그 시간에 다루는 내용을 가르치고 배우는 것이므로 수업을 보는 관점도 내용과 밀접한 관련을 가지게 된다. 흔히 수업내용은 주로 교과서와 같은 교재의 내용에 좌우된다고 여긴다. 따라서 수업내용이 가리키는 범위를 교과서를 중심으로 생각해보자. 교과서 내용과의 관계에 따라 수업내용의 개념을 보는 관점은 대체로 다음 세 가지로 구분된다.

　첫째, 교과서에 실린 문장이나 진술 자체를 교육 내용으로 본다.

　둘째, 교과서에 실린 문장이나 진술이 의미하는 것을 교육 내용으로 본다.

　셋째, 교과서에 실린 문장이나 진술에 대해 생각하는 사고의 과정이나 탐구
방법을 교육 내용으로 본다.

　물론 이 세 가지 관점은 상호 배타적이지 않다. 두 번째 관점이 첫
번째 관점을, 세 번째 관점이 첫 번째와 두 번째 관점을 포함한다. 수
업내용을 이 중 무엇이라고 보는가에 따라 교수방법을 보는 관점도 달
라진다. 첫 번째 관점에서는 교과서 내용을 효율적으로 전달하기 위
한 방법에 관심을 둔다. 교수방법은 교육 내용과 분리된 단순한 수단
인 것이다. 두 번째 관점을 가진 교사도 수업내용과 교수방법을 분리
해서 보기는 하지만, 교사가 구성하는 수업내용에는 교수방법이 개재
되어 있는 경우가 많다. 세 번째 관점에서는 수업내용에 이미 교수방
법이 작용하고 있다고 해야 할 것이다. 교과서에 실린 진술이나 그것
이 의미하는 바를 아는 것은 명제적 지식이고, 역사적 사실이나 그 의
미를 밝히는 데 필요한 지식이나 사고과정을 아는 것은 방법적 지식이
라고 할 수 있다. 여기에서 명제는 규칙명제보다는 학문적 명제, 방법
은 실제적 활동보다는 학문적 활동에 해당한다.

　그렇지만 역사학습에서 이처럼 명제적 지식과 방법적 지식, 이해와
활동을 구분하는 것은 별 의미가 없는 경우가 많다. 사료의 해석을 통
해 고려 귀족사회의 성격을 이해하는 수업을 한다고 생각해보자. 이

수업에서 학생들은 문벌귀족의 개념, 문벌귀족이 사회적 지위를 유지하는 수단, 귀족중심체제 때문에 일어나는 사회적 모순 등을 이해할 수 있으며, 사료의 성격을 알거나 가치를 평가할 수 있다. 이 수업의 결과, 사료의 내용에는 사료를 만든 사람의 해석이나 관점이 들어가 있으며 사료 비판에는 내적 비판과 외적 비판이 있다는 것을 안다면, 이는 방법직 지식이라고 할 수 있다. 그렇지만 사료를 다루는 이러한 방법을 안다고 하더라도, 이후 자신이 접하는 사료를 비판하거나 평가하는 데 적용하지 못한다면 이 지식은 큰 의미가 없다. 또한 이 같은 평가는 사료가 담고 있는 내용과 관련된 배경이나 맥락에 대한 지식을 토대로 한다. 즉 역사적 사실을 알지 못한 채 사료를 평가하는 방법만을 활용할 수는 없는 것이다.

## 2. 역사적 사실인가, 개념인가? – 조직개념과 실재적 개념

### 1) 사실, 개념, 일반화

교육의 내용은 사실, 개념, 일반화의 형식을 띤다. 사실은 개별적인 사건이나 사람에 대한 정보이다. 그렇지만 이 정보가 맞는 것으로 입증되어야 사실이라고 할 수 있다. 사실의 서술은 구체적인 사건이나 현상, 이를 인식하기 위한 증거나 자료를 토대로 한다. 사실 자체를 아는 것도 역사교육에서는 필요하다. 그렇지만 사실이 개념이나 주제와 연결될 때 교육적 의미가 더 커진다.

개념(concept)은 공통 속성을 가진 사실을 하나의 범주로 묶어서 표현한 일반적 아이디어이다. 속성은 사물 및 현상의 성질이나 특성으로, 교육 내용에서는 사실을 하나의 집단으로 묶는 기준이 된다. 예를 들어 조선시대 사림에 대한 다음 설명을 보자.

> 사림은 대체로 관직에 진출하지 않고 성리학 연구에 힘쓴 사족을 말한다. 이들은 성리학적 도덕정치와 사족 중심의 향촌 질서 확립을 추구하였다. 성종은 훈구파를 견제하기 위해 사림을 적극적으로 등용하였다. 이들은 주로 3사에 진출하여 공론을 주도하고 훈구파를 비판하였다.
>
> ― 최준채 외(2020), 《고등학교 한국사》, 63쪽

위의 서술은 사림의 개념에 해당한다. 여기에서 '사림'은 개념어이다. '① 사족이다, ② 관직에 진출하지 않았다, ③ 성리학 연구에 힘썼다, ④ 성리학적 도덕정치와 사족 중심의 향촌 질서 확립을 추구했다, ⑤ 성종 때 관직에 등용되었다, ⑥ 3사에 진출해서 공론을 주도했다, ⑦ 훈구파를 비판했다' 등은 사림의 속성에 해당한다. 속성은 개념의 내적 측면에 해당한다. 개념은 보통 속성에 의해 정의된다. 속성에 의한 정의를 내포적 정의(intensive definition)라고 한다. 사림을 '향촌 사회에서 성리학 연구와 보급, 이에 입각한 향촌 질서 확립에 힘쓴 사족'이라고 정의한다면 내포적 정의에 해당한다. 반면에 개념을 외적 측면인 사례에 의해 정의할 수도 있다. 사례에 의해 개념을 정의하는 것을 외연적 정의(extensive definition)라고 한다. '사림은 김종직, 김굉필, 정여창, 조광조와 같은 사람이다'라고 대표적 인물을 제시함으로써 사림을 정의한다면 외연적 정의에 해당한다.

개념은 사실을 구분하고 범주화하는 데 유용하다. 사물이나 현상이 표면적으로 다르더라도 공통 속성에 의해 같은 범주의 사례로 이해할 수 있다. 김종직과 김굉필, 정여창, 조광조는 다른 사람이지만, 이들의 특성을 개인적으로 일일이 알지 않더라도 사림이라는 개념의 속성으로 파악할 수 있다. 이처럼 개념은 개별 사실을 일정한 범주로 묶음으로써 사실을 좀더 체계적으로 이해할 수 있게 한다. 개념을 알고 있으면 지식의 전이가 용이하다. 개념을 매개로 하여 기존 지식을 새로운 대상에 적용하게 된다. 사림의 개념을 아는 사람은 사림의 새로운 사례를 접했을 때 자신이 알고 있는 개념에 의해 새로운 인물이 어떤 속성을 가졌는지 추론하게 된다.

일반화는 두 개 이상의 사건이나 현상 또는 개념 사이의 관계에 대한 진술이다. 개념과 마찬가지로 일반화는 추상적이고 높은 차원부터 구체적이고 제한적인 일반화까지 범위와 수준에서 다양하다. 역사학이 일반화를 추구하는 학문인지는 오랫동안 논란이 되어왔다. 역사적 사실이 고유하고 일회적이어서 일반화는 역사 연구나 서술에 적합하지 않다는 지적도 어느 정도 일리가 있다. 그렇지만 과학과 같은 법칙은 아닐지라도 역사가도 역사적 사건의 공통성을 탐색한다. 일반인이나 학생들이 역사를 공부할 때 이런 생각은 더욱 두드러진다. 많은 사람들이 역사를 공부하는 목적으로 여기는 교훈도 어느 정도의 일반화를 할 수 있어야 가능하다.

역사교육에서 일반화는 개별적인 사실에 의미와 통일성을 부여하며, 일관된 관점으로 역사적 사건을 바라보게 한다. 일반화는 사실과 개념을 활용하여 역사적 사건의 의미를 추론하는 것으로, 학생들의 사고 수준을 높여줄 수 있다. 일반화는 여러 가지 역사적 사실을 조직하는 핵심 요소로 이용할 수 있으며, 모형이나 이론을 만드는 토대가 된다. 모형은 실물의 특성을 보여주기 위해 본보기로 만든 물건을 의미한다. 연구 모형이라고 하면 연구의 방법이나 절차를 규범화한 것이다. 이론은 보편적이면서 추상적인 진술로, 사실이나 개념, 일반화의 관계를 논리적으로 정립한 것이다. 이론은 변인과 개념들 간의 관계를 명확히 설정해야 하며, 논리적 일관성이 있어야 하고, 경험적으로 증명할 수 있는 가설을 내포해야 한다. 그러나 역사학에서 특정 모형에 따라 역사를 해석하거나 이론을 그대로 적용하여 역사적 사실을 설명하는 사람은 없다. 역사적 일반화를 역사를 이해하는 준거틀(frame of reference)로 사용할 뿐이다.

준거틀은 사물이나 현상의 지각, 규범이나 가치 판단에서 비교나 평가를 하는 기준을 가리킨다. 역사교육에서 준거틀은 선행학습으로부터 형성된다. 준거틀은 역사적 사건을 분류하고 이해하는 사고 방법이 된다. 준거틀은 역사적 사건의 중요성을 판단하는 기준이 되며, 역사교육에서 자주 찾아볼 수 있는 유추(analogy)에도 준거틀이 사용된다. 준거틀을 가지고 역사적 사실을 판단할 수 있게 한다면 역사를 공부하는 학생을 사회적 실천을 하는 시민으로 육성할 수 있다.

## 2) 조직개념의 교육적 기능

개념에는 위계가 있다. 사실을 공통 속성으로 범주화한 것이 개념이지만, 개념을 범주화하는 경우도 많다. 예를 들어 신분제와 관련된 개념을 생각해보자. 골품제, 양천제, 반상제는 어느 시기의 신분제를 말하는 개념이다. 이때 신분제는 상위 개념, 골품제·양천제·반상제는 하위 개념이다. 조선시대 양천제 아래에서 신분은 양인과 천인으로 나뉘고, 양인은 다시 양반, 중인, 상민으로 구분된다. 이때는 양천제가 상위 개념이고, 양반·중인·상민·천인이 하위 개념이다. 이처럼 상위 개념과 하위 개념은 상대적이다.

그렇지만 어떤 교과의 위계에서 가장 상위에 존재하는 개념이 있다. 이는 교과의 가장 기본적인 성격이나 방법적 원리를 보여주는 개념이다. 이런 개념을 핵심개념(key concept)이라고 할 수 있다. 학자에 따라 조금씩 차이가 있기는 하지만, 역사학에서 이에 해당하는 개념으로는 시간, 변화와 지속성, 인과관계, 사료, 감정이입, 해석, 역사적 의미(historical significance) 등이 있다. 세이셔스(P. Seixas)와 모턴(T. Morton)은 역사학의 여섯 가지 큰 개념(big concept)으로 지속성과 변화, 인과관계, 증거, 역사적 의미, 역사적 관점, 윤리적 차원을 제시했다. 이들이 말하는 큰 개념은 핵심개념에 해당한다. 이 중 변화와 지속성, 인과관계, 사료, 역사적 관점은 역사적 사실과 역사교육의 본질에 비춰 익숙하지만, 다른 개념은 약간의 설명이 필요하다. 역사적 의미는 역사가들이 과거 사실 가운데 중요한 것을 판단하는 기준이다. 세이셔스와 모턴은 이런 판단에는 지속가능성, 정의, 권력, 복지와 같은 오늘날 우리의 관심사가 반영된다고 보았다. 윤리적 차원은 과거에 일어난 일을 윤리적 잣대로 판단하는 것이다. 이때 윤리적 기준은 역사적 맥락을 고려해야 하지만, 그렇다고 현대의 기준이 들어가지 않을 수 없다. 그렇기 때문에 윤리적 차원은 과거와 현재, 미래를 연결시키는 역할을 한다. 학문적 개념뿐 아니라 교육적 개념도 역사학의 핵심개념에 포함한 것이다.

핵심개념이 학습의 직접적 대상은 아니다. 시간개념을 알거나 변화와 지속성을 인식하는 것, 역사적 인과관계의 성격을 파악하는 것 등은 역사교육의 주된 목표일 수 있다. 그렇지만 수업을 할 때 이를 직접 가르치지는 않는다. 역사를 공부하다 보면 그 결과로 이런 개념들을 알게 된다. 즉 직접 학습하지 않지만, 역사적 사실을 매개로 해서 습득하는 것이다. 그런 의미에서 이들 개념은 2차적 개념(second-order concept)의 성격을 가진다. 이런 개념은 개념의 위계에서 최상위에 존재하므로 교과내용을 조직하는 틀을 제공한다. 이 같은 성격의 개념을 타바(Hilda Taba)는 나선형적 발달(spiral development)을 하나로 꿰는 실(organizing thread), 뱅크스(J. A. Banks)는 조직개념(organizing concept)이라고 칭했다. 타바는 사회과에서 이런 기능을 하는 세 가지 핵심개념으로 차이, 상호의존, 사회적 통제를 제시했다. 상위 학년으로 올라갈수록 이 세 가지 핵심개념이 더 일반적이고, 복잡하고, 추상적으로 나선형적 발달을 할 수 있도록 내용을 구성해야 한다는 것이다. 뱅크스는 역사학의 조직개념으로 변화, 갈등, 혁명, 민족주의, 문명, 탐험, 역사적 편견을 제시했다. 그리고 이들 개념을 역사학과 다른 사회과학을 이어주는 간학문적 개념(interdisciplinay concept)으로 보았다. 이 중 변화는 역사학과 사회학, 갈등과 혁명은 역사학과 정치학, 문명은 역사학과 인류학, 탐험은 역사학과 지리학의 간학문적 개념에 해당한다. 이에 반해 역사적 편견은 역사학의 고유한 개념이라고 할 수 있다. 역사학의 핵심개념 중 다수가 간학문적 개념의 성격을 띠는 것은 어찌 보면 당연하다. 사회 현상의 특정 분야를 다루는 사회과학과 달리 역사학은 사회와 인간 생활의 모든 영역을 다루는 종합 학문이기 때문이다. 뱅크스는 나중에 자신의 견해를 약간 수정하여 이런 개념들을 방법론적 개념(methodological concept)으로 규정하고 변화, 리더십, 갈등, 협동, 탐험, 역사적 편견을 제시했다. 역사학의 방법을 보여주는 개념들로, 이런 개념들을 알고 있을 때 역사학의 방법에 따라 연구를 수행할 수 있다는 의미이다. 그리고 이와 같은 개념들을 특별히 역사학과 어떤 사회과학을 연계하는 간학문적 개념으로 규정하지도 않았다. 사실 이 개념들은 사회과학과 역사학에서 함께 사용된다고 해서, 그 속성이 똑같은 것은 아니다. 또한 사회과학에서도 특정 학문이 아니라 여러 학문에서 공유하는 개념들이며, 학문에 따라 주안점을 두는 속성에서도 차이가 있다.

### 3) 실재적 개념의 성격

역사적 사실의 성격이나 역사 연구의 방법론과 관련된 조직개념 외에 역사적 사실을 가리키는 개념이 있다. 예컨대 '귀족', '양반', '시민혁명', '제국주의' 등은 역사적 사실을 범주화한 개념이다. 역사학습에서 사실을 암기하려고 하지 말고 개념을 습득해야 한다고 할 때 개념은 보통 이런 개념들을 가리킨다. 이를 실재적 개념(substantive concept)*

---

\* 실재적 개념은 책이나 글에 따라서 실제적 개념, 실질개념 등으로도 지칭되어왔다. 필자도 이전에 썼던 글이나 책에서 이를 실제적 개념으로 표현한 바 있다. '실제적'은 허구가 아니라 현실에 바탕을 두는 것, '실질'은 관념이 아니라 실제 존재하는 본바탕, '실재'는 실제로 존재함의 의미를 가진다. 그렇지만 실제 글 속에서 뉘앙스의 차이로 그 의미를 명확히 구분하기는 쉽지 않다. 이 책에서는 실제로 일어났던 사실을 범주화한 개념이라는 의미로 '실재적' 개념으로 칭한다.

이라고 한다. 실재적 개념은 그 자체가 역사교육의 내용이 되므로, 역사학습을 통해 직접 얻을 수 있다.

실재적 개념 중에는 역사 공부를 위해서는 반드시 알아야 한다고 일컬어지는 주요 개념들이 있다. 예를 들어 조선시대 정치를 공부하려면 성리학이나 양반 사대부의 개념을 알아야 한다. 성리학이나 양반 사대부는 조선시대 정치사의 주요 개념이다. 반면에 역사학에서 사용되기는 하지만, 역사 이해를 위해 필요한 도구적 개념도 있다. 예를 들어 권력, 혁명, 신분이나 계급과 같은 개념은 그 자체가 역사학습의 대상이 아니지만, 역사 이해를 위해서는 이를 알아야 한다. 이 개념들은 기초적인 어휘 지식과 밀접한 관련이 있다. 예를 들어 한 중학교 역사교과서의 다음과 같은 서술을 보자.

이후 크림전쟁에서 러시아가 서구 열강에 패배하자 개혁의 필요성이 제기되었다. 알렉산드르 2세는 농노를 해방하였고 지방의회도 창설하였다. 그러나 실질적인 농민의 삶은 개선되지 않았다. 이에 계속된 전제정치에 불만을 품은 자들이 차르를 암살하였다. 이후 러시아에서는 사상의 자유가 철저히 탄압되고 전제정치가 오히려 강화되었다.

— 박근칠 외(2020),《중학교 역사 2》, 136쪽

이 내용에서 농노나 차르는 역사교육에서 다루는 주요 개념으로, 학습을 통해 이를 알게 된다. 그렇지만 위 내용을 제대로 이해하려면 '열강', '전제정치' 등의 개념을 이해할 필요가 있다. 물론 더 기본적으로는 '창설'이나 '암살' 같은 어휘를 모른다면 위 내용의 뜻을 알 수 없다.

역사수업에서 특별히 이런 개념을 가르치지는 않는다. 이는 국어독본 등을 통해 학습하는 어휘로, 이를 아는 것은 기초 문해에 해당한다. 전제정치와 같은 개념은 경우에 따라서 정치학을 내용으로 하는 일반사회 등에서 다룰 수도 있다. 역사교사가 학생들이 역사교과서를 제대로 읽지 못한다고 말할 때 문제로 삼는 것은 대체로 이런 어휘들이다. 이렇게 볼 때 도구적 개념은 수업에서 배우지 않으므로 실재적 개념에 해당하지 않는다고 할 수도 있다. 그렇지만 전제정치라는 말의 뜻은 배우지 않지만, 차르의 전제정치가 어떠했는지는 학습의 대상이 된다. 전제정치가 적용되는 특정 역사적 사실을 학습하는 것이다. 그런 점에서 전제정치도 역사학의 실재적 개념이라고 할 수 있다.

역사교육이나 교과서에 나오는 실재적 개념 중에는 우리가 일상생활에서 사용하는 상식적인 개념도 있고, 역사적 배경을 가진 개념도 있다. 예를 들어 도시나 혁명, 종교 같은 개념은 역사교육에서 자주 나오지만, 일상생활에서 더 익숙하게 접한다. 그런데 위에서 말한 '차르의 전제정치'라는 개념에서 보듯이 역사에서는 전제정치라는 개념의 일반적 의미에 관심을 두기보다는 '차르의 전제정치'라는 특정 시대나 사회의 전제정치가 어떻게 전개되었으며 그 속성이 무엇인지에 관심을 둔다. 그런 점에서 역사교육에서 사용되는 상식적 개념들은 시대나 사회에 따라서 의미가 달라질 수 있다. 이에 반해 학문적 개념은 그 의미가 상대적으로 명확하다. 어느 정도 시대나 사회적으로 제한된 속성을 가지는 개념이기 때문이다. 권문세족은 고려 후기의 정치적 지배층, 계몽전제군주정은 근대 동유럽의 군주 중심 정치를 의미한다. 역사가들은 연구를 통해 이 개념들의 속성을 밝혔으며, 이는 역사교육을 통해 알아야 하는 역사적 사실이 된다. 그렇지만 실제로는 명확하게 정의하기 어렵거나 정의를 하지 않은 채 이런 개념들이 사용되는 경우도 있다. 예를 들어 조선 후기 사회에서는 성리학적 질서가 강화되었다고 할 때, 이에 해당하는 사례를 제시하면서도 정작 성리학적 질서가 무엇인지는 설명하지 않는 경우가 많다.

이처럼 역사교육의 내용이 되는 실재적 개념들은 하나의 개념어에 여러 의미를 담고 있는 경우가 많으며, 그 속성이 변화하기도 한다. 그렇지만 어떤 텍스트에서 사용되는 개념의 의미는 그것이 사용된 맥락에서는 이 중 어느 하나이거나 일부이다. 따라서 같은 개념이라도 그 속성은 가변적이어서 시기, 대상, 맥락에 따라 달리 사용된다. 그렇기 때문에 실재적 개념은 그 자체의 기본적 속성뿐 아니라 다른 개념이나 사실들과의 관계, 시기나 사회에서 나타난 속성들과의 관계를 보여주는 관계개념의 형태를 띠는 경우가 많다. 성리학이나 봉건제는 그 속성 자체가 학습 대상이기도 하지만, '성리학의 변화'나 '봉건제의 성립'과 같은 식으로 사용되는 경우도 많다.

### 4) 개념학습

개념학습은 사실을 기억하는 데 중점을 두는 역사학습의 대안으로 일찍부터 제안되어왔다. 일반화나 원리의 학습도 가능하지만, 그보다는 개념학습이 더 자연스럽고 현실적이다. 개념학습의 방식으로는 개념의 속성을 학습하는 것과, 개념을 적용해서 역사적 사실을 학습하는 것을 떠올릴 수 있다. 이 중 개념학습이라고 하면 주로 개념의 속성을 학습하는 것을 말한다. 예를 들어 중세 봉건국가에서 근대 국민국가로 이행하는 과정에 나타난 절대주의의 개념을 학습한다면, 전제군주정, 중앙집권적 통일국가, 왕권신수설, 중상주의, 시민계급의 속성을 알아야 한다. 이렇게 습득한 절대주의의 개념을 영국·프랑스·에스파냐 등 유럽 절대주의 국가들에 적용해서, 그 공통점과 차이점을 이해하게 된다. 이는 자신이 알고 있는 개념을 이용하는 학습이라는 점에서 개념학습의 한 형태로 볼 수 있지만, 일반적으로는 사실을 학습하는 것으로 인식된다.

실제 수업에서 개념학습의 내용이 되는 것은 실재적 개념이다. 조직개념은 교실 역사수업에서 직접 배우지 않는 데 반해, 실재적 개념은 역사수업에서 학생들이 학습해야 하는 내용이기 때문이다. 예를 들어 서양 근대사회의 성립을 학습한다고 할 때 우리는 과학혁명, 계몽사상, 시민혁명, 자유주의와 민족주의 같은 개념을 공부하게 된다. 이런 개념들은 역사적 사실을 범주화한 것으로, 한편으로 학습내용이면서 다른 한편으로 역사적 사실을 이해하는 토대가 된다.

이런 개념을 학습하는 데에는 몇 가지 방법이 있다. 먼저 탐구모형을 역사수업에 적용한다면, 개념의 기본 속성을 가설로 제시하고 자료를 통해 이를 검증하는 방식을 취하게 된다. 예를 들어 실학의 개념을 학습할 때, "실학은 조선 후기 현실 사회의 문제를 실증적인 연구방법으로 탐구하여 사회적·경제적 변화에 따른 사회 모순을 해결하려고 했다"라는 가설을 세우고, 실학자들의 활동이나 주장을 담은 자료를 분석하고 해석해서 이들이 실제로 현실 사회의 문제에 학문적 관심을 가졌는지, 실증적인 연구방법을 사용했는지, 그리고 사회경제적 모순을 해결하기 위한 방안을 제시했는지 등을 검토하는 것이다. 다음으로,

군이 가설을 세우지 않고 개념의 사례에 내포된 공통성에 주목할 수도 있다. 역사 탐구에서 가설은 검증해야 할 목적이 아니라 효율적 학습을 위한 수단이므로, 가설 없이도 개념을 학습할 수 있다면 군이 가설 설정의 단계를 거칠 필요는 없다. 실학자들의 사회개혁론을 분석해서 그들이 보는 사회 모순, 사회개혁의 논리, 탐구방법의 공통점을 실학의 개념으로 삼는 것이다. 학생이 스스로 개념의 속성을 발견하기 어려울 경우, 개념어의 기본적 정의를 제시하고 이를 토대로 개념의 속성을 탐색하는 학습 방식도 가능하다. 예컨대 한 세계사 교과서는 절대왕정을 설명하기에 앞서 '생각해보기'라는 항목을 두어 "16세기 이후 유럽에서는 종교 분쟁과 패권 다툼이 이어지면서 왕을 중심으로 하는 중앙집권 체제가 확립되어갔다. 이를 절대왕정이라고 한다"(조한욱 외(2014), 《고등학교 세계사》, 162쪽)라고 그 기본적 의미를 제시한다. 그리고 이를 토대로 절대왕정의 여러 속성을 이해하게끔 한다. 절대왕정의 기본적 정의가 절대왕정의 개념에 대한 학습으로 이어지는 것이다.

개념학습의 방법으로 이상형(ideal type)*을 만들 수도 있다. 이상형은 베버(Max Weber)가 사용한 개념으로, 실제 현실에서는 존재하지 않는 관념적인 개념이다. 예컨대 관료제는 나라별로 운영하는 방식에 차이가 있으며, 시대별로도 달라진다. 흔히 말하는 관료제의 개념은 실제로 존재하는 관료제가 아니라 가장 전형적인 관료제의 속성이다. 불

---

* ideal type은 이상형, 이념형, 관념형과 같은 용어로 번역된다. 이념형, 관념형은 현실에 존재하는 것이 아니라 머릿속으로 만들어낸 형태라는 의미, 이상형은 인위적으로 만든 가장 전형적인 형태라는 의미에 중점을 둔 것이다. 이 책에서는 가장 많이 사용되는 용례에 따라 '이상형'으로 지칭한다.

## 석탑의 구조

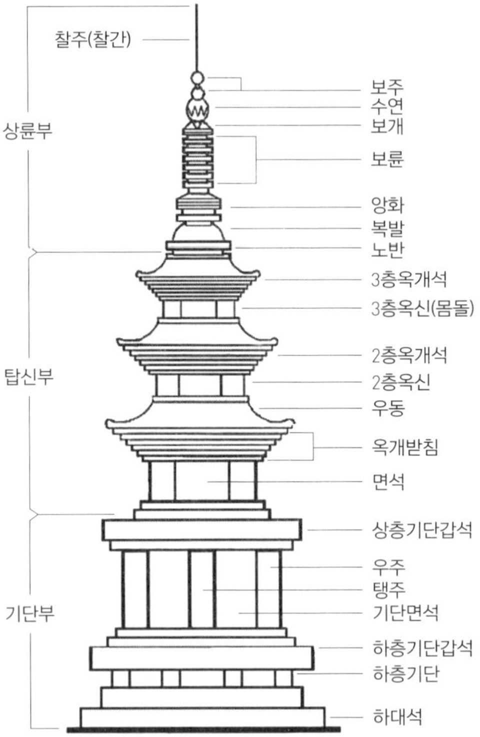

**그림 2** 답사 자료집에 실리는 삼층석탑의 이상형

교 유적을 답사할 때 자료집에는 으레 삼층석탑의 구조와 양식, 각 부분의 명칭을 그림과 함께 소개하는 경우가 많다. 현실에서는 그림 2와 같은 삼층석탑은 존재하지 않는다. 전형적인 신라 삼층석탑이라고 하는 불국사 삼층석탑도 이와 똑같은 모습이 아니다. 석탑 그림은 각 부분별로 가장 많이 나타나는 전형적인 양식을 추출한 다음, 이를 조합해서 하나의 석탑으로 그린 것이다. 그렇지만 우리는 이 그림과 설명을 통해 삼층석탑의 개념을 학습한다. 이때 삼층석탑의 그림이 이상형

에 해당한다. 이처럼 이상형은 실제 역사에 존재하지 않더라도, 역사 개념을 학습하는 수단으로 사용할 수 있다.


## 3. 어떤 역사적 사실이 의미 있는가? – 역사교육의 내용 선정

### 1) 교육 내용 선정의 일반적 기준

무엇을 가르칠 것인가는 학교 역사교육의 핵심 문제이다. 국가교육과 정의 역사 과목 각론 개발에서도 가장 큰 논란거리는 내용 선정의 문 제이다. 그렇지만 역사 과목의 내용 선정은 여러 가지 문제점이 지적 되었다. 가장 자주 비판을 받는 것은 지나치게 사실 위주로 내용을 선 정한다는 것이었다. 학생의 흥미와 발달 단계를 고려하지 않거나, 국 가나 사회적 요구에 좌우되는 경우도 많았다. 역사교육의 내용 선정인 데도 학자들은 교육보다도 학문적으로 접근하는 경향이 있었다. 그래 서 역사과 국가교육과정 내용 구성 논의에서 학자들은 서로 자신이 전 공하는 시대나 분야의 내용이 더 많이 들어가야 한다고 주장하곤 했다.

교육학에서는 교과내용 선정의 일반적 기준으로 ① 중요성 ② 타당 성 ③ 지속성 ④ 적용성 ⑤ 적절성 ⑥ 균형성 등을 제시한다. 중요성은 어떤 내용이 그 자체로 교과내용으로 배울 만한 것인가 하는 문제이 다. 타당성은 교과에서 다루어야 하거나 교과 목표를 달성하기에 적절 한 내용인지를 따진다. 지속성은 학습의 효과가 오래 유지될수록 높아 진다. 학습한 내용이 머릿속에 오랫동안 기억되는 것일 수도 있고, 긴 기간 유효한 것일 수도 있다. 적용성은 다른 여러 사실을 설명하거나 문제 해결에 활용될수록 높아진다. 적절성은 학습자의 흥미와 발달 단계에 적합한가의 문제이며, 균형성은 적절한 범위와 깊이를 가져야 한다는 것이다. 이러한 내용 선정 기준은 각각의 교과에도 적용할 수 있을 것이다. 타바 등은 사회과에서 핵심개념, 주요 아이디어, 내용 사례라는 세 가지 수준의 지식이 ① 타당성(validity, 교과내용을 제공하는 학문의 개념을 세시하는가?) ② 중요성(significance, 오늘날 세계의 중요한 부분을 설명할 수 있는가? 그리고 인간행동의 중요한 측면을 기술하는가?) ③ 지속성(durability, 지속적인 중요성이 있는가?) ④ 균형성(balance, 학생의 사고발달 수준에 맞게 범위와 깊이가 적절히 조정되었는가?) ⑤ 적절성(appropriateness, 학생의 필요성, 흥미, 발달 수준에 들어맞는가?)이라는 기준에 맞춰 선정되어야 한다고 말한다.

　이런 기준에 해당하는 역사교육 내용을 생각해보자. 중요성은 주로 역사 이해와 관련된다. 역사적 흐름을 파악하는 데 필요한 역사적 사실의 중요성을 기준으로 하는 역사교육 내용이라고 할 수 있다. 역사적 사실뿐 아니라 역사의 핵심개념, 일반화, 탐구방법과 같이 역사적 사실의 성격이나 연구방법을 경험할 수 있는 내용도 여기에 해당한다. 역사적 사실이 해석과 논쟁의 대상이라는 점을 감안하면, 역사학자나 일반인이 중요하다고 생각하는 사실도 학습내용에 포함시켜야 할 것이다. 타당성과 지속성, 적절성, 균형성은 학문보다는 교육적 기준의 성격이 강하다. 타당성은 역사교육 목표를 달성하기에 적합한 내용이다. 이는 고정적이지 않고 무엇을 목표로 하는가에 따라 달라질 것이다. 역사적 사실을 아는 것뿐 아니라 역사적 사고력을 기르거나 역사의식 함양에 도움이 되는 내용도 여기에 해당한다. 지속성은 학습내용을 오랫동안 머릿속에 기억하는 것보다는 주로 교육에서 선행학습의 내용을 나중 학습에 활용할 때 문제가 된다. 그러니까 전이도가 높은 학습내용이 지속성의 기준에 해당한다. 적절성은 학생들의 흥미나 호기심을 자극하거나 발달 단계에 맞는 내용이다. 국가교육과정의 내용 선정에서는 특히 이 점이 자주 언급된다. 예를 들어 초등학교에서는 인물이나 유적·유물, 설화를 중심으로 하는 내용 구성을 원칙으로 할 때 으레 초등학생의 흥미와 수준을 감안한 것이라는 점을 내세운다. 역사교육에서 적절성은 사회적 성격이 강하다. 국가적·사회적 관점에서 보면 현대 사회에서 일어나는 문제를 해명하고 해결 방안을 모색하는 데 도움이 되는 역사적 사실을 학습내용으로 고려할 수 있다. 또한 오늘날의 시대적·사회적 요구에 맞는 내용도 필요하다. 그러나 현대 사회의 문제와 관련된 것이라고 해서 반드시 근현대사의 사실일 필요는 없다. 성격 자체가 오늘날의 문제와 같은 사고 경험을 할 수 있는 역사적 사실이면 된다. 전근대의 사실이라고 하더라도 문제 해결을 위한 사고의 경험이 오늘날의 문제를 생각하는 데 도움이 된다면 시대적·사회적 요구에 맞는 내용이라고 할 수 있다. 균형성은 얼마나 광범한 사실을 깊이 있게 알아야 하는가의 문제로 범위와 깊이의 상호관계이지만, 교육적 논의에서 이 기준은 자주 논의되지 않았다. 학교교육에서는 그보다는 역사적 사실을 얼마나 광범하게 알아야 하는가, 얼마나 깊이 있게 알아야 하는가가 주로 문제가 되었다. 이는 역사교육이 지나치게 많은 사실을 망라하고 있다거나, 학생의 수준에 비춰 특정 사실을 지나치게 깊이 있게 다룬다는 비판 때문일 것이다.

개념상으로 교육 내용 선정 기준을 구분하지만, 실제로 역사교육 내용을 선정하는 데 이런 기준이 별개로 적용되는 것은 아니다. 대부분의 역사학습 내용은 이 중 두 가지 이상의 기준에 해당한다. 예를 들어 전쟁은 사회를 급격하게 변화시킨다는 점에서는 그 자체로 중요하지만, 학습자의 흥미를 끄는 주제이기도 하다. 사회적 효용성 때문에 강조되기도 한다. 우리는 모든 전쟁을 역사교육의 내용으로 삼지는 않는다. 역사교육에서 다루는 전쟁은 학자들이 그 중요성을 인정하거나 사회나 대중에게 큰 관심을 모으는 주제들이다. 경우에 따라서는 1970년대 박정희 정부 당시 삼별초의 대몽항쟁이 강조되었듯이, 국가나 정부의 정책적 필요에 따라서 교과내용에 더 비중 있게 들어가기도 한다. 그렇기 때문에 교육학의 일반적인 내용 선정 기준을 그대로 역사교육에 적용하기보다는 이런 기준을 통합하는 역사교육의 내용 선정 기준을 검토할 필요가 있다.

## 2) 역사적 중요성의 의미

역사교육의 내용을 선정하는 기준으로 가장 많이 제시되는 것은 중요성(importance)이다. 중요한 사실을 학습해야 한다는 것은 당연하다. 문제는 어떤 사실이 중요한가 하는 것이다. 중요성을 역사교육 내용 선정 기준으로 제시하는 사람들은 본질적 중요성과 도구적 중요성을 구분한다.

본질적 중요성은 사회와 사람들에게 다른 사실보다 더 중요하다고 인정받는 속성이다. 또한 당시 사회에 큰 영향을 미친 사건도 본질적 중요성이 있다고 할 수 있다. 프랑스 혁명은 세계사에서 매우 비중 있게 다루는 역사적 사실이다. 그 이유는 근대적 인권과 민주주의의 발달 과정이 역사 변화에서 중요하다고 평가하기 때문이다. 사람들은 일반적으로 인권과 민주주의를 다른 어떤 주제 못지않게 중요하게 생각한다. 프랑스 혁명은 인권과 민주주의의 문제일 뿐 아니라 당시 프랑스 사회와 유럽에 커다란 영향을 미쳤다. 혁명의 전개에 따라 프랑스에서는 제정과 공화정이 교차했으며, 혁명의 이념은 유럽의 다른 나라들에 전파되어 그 나라 사회에 큰 영향을 주었다. 이처럼 그 속성 자체가 중요하거나 당시 사회에 미친 영향이 광범할 경우 본질적으로 중요한 사실로 다룬다.

한국사에서 조선시대를 공부할 때 임진왜란을 매우 중요하게 다루는 것은 그 사건이 조선 사회에 엄청난 영향을 주었기 때문이다. 임진왜란 및 이어 일어난 병자호란을 분기점으로 조선 전기와 후기를 구분할 정도이다. 임진왜란을 계기로 조선 사회의 근간을 유지하는 제도적 틀이었던 부세(賦稅) 제도와 신분 제도가 뿌리째 흔들렸으며, 향촌사회의 질서가 재편되었다. 만약 임진왜란이 대규모 전쟁이었음에도 이후 조선 사회의 변화에 큰 영향을 미치지 않았다면, 역사적 중요성은 약해진다. 이처럼 사건의 성격보다는 그것이 후대의 역사 전개와 사회에 미친 영향력으로 그 중요성을 판별하는 것이 도구적 중요성이다. 임진왜란이 조선 후기 사회에 커다란 영향을 미쳤기 때문에 중요하다고 말한다면, 이는 도구적 중요성이다.

역사교육 내용 선정에서 본질적 중요성과 도구적 중요성 중 어느 쪽이 더 가치가 있거나 중요한 것은 아니다. 역사교육의 목적에 따라 본질적 중요성에 초점을 맞출 수도 있고, 도구적 중요성에 초점을 맞출 수도 있다. 또한 실제 내용 선정 기준으로 두 가지가 명확히 분리되는 것도 아니다. 프랑스 혁명은 본질적 중요성과 도구적 중요성이 둘 다 있는 사건이다. 임진왜란은 결과적으로 조선 후기 사회에 큰 영향을 미쳤지만, 당시 조선이나 동아시아 사회의 변화에 중요한 요인이었다. 더구나 일반적으로 국가 간의 전쟁은 다른 사건에 비해 사회를 급속히 변화시키며 정치적·사회적으로 광범한 영향을 미친다. 혁명과 전쟁은 그 성격상 원래부터 중요한 사건이다. 본질적으로 중요한 사건은 그렇지 않은 사건에 비해 사회에 큰 영향을 미치는 것이 보통이다. 그렇기 때문에 역사교육에서 학습하는 주제나 사실은 본질적 중요성과 도구적 중요성을 모두 충족하는 경우가 많다.

이미미는 이런 중요한 역사적 사실을 선정하는 기준을 '핵심'이라고 표현한다. 핵심은 학습해야 할 중요하고 필수적인 내용이다. 핵심은 학습의 기초와 중심의 기능을 한다. 기초적인 내용은 그 자체가 중요하다기보다는 후속 학습을 위한 토대로서 중요하다. 예를 들어 대동법이나 균역법을 비롯한 조선 후기 조세제도의 개혁을 이해하려면 전세와 공납, 군역 등의 개념을 알아야 한다. 대동법과 균역법의 학습에서 공납과 군역의 개념은 주된 내용이 아니다. 그렇지만 이 개념을 알아야 대동법과 균역법을 이해할 수 있다. 이때 공납과 군역의 개념은 기초로서 중요하다. 중심은 학습의 핵심이 되는 내용이다. 학습에서 일반적인 성취 기준이 중심이다. 중심은 학습내용의 각 부분들과 연계되어 의미망의 중앙에 위치한다. 그래서 각각의 부분들을 학습하지 않고 중심을 파악하려고 한다면, 내용을 제대로 이해하지 못한 채 추상적인 의미만을 외우기 쉽다. 그 내용의 무엇이 중심이고, 왜 중심인지 파악할 수 없다. 중·고등학교에서 배우는 대동법의 중심은 '공납은 특산물

대신 쌀로 납부한다'는 것이다. 그런데 이 의미를 이해하려면, 공납의 개념, 당시 공납의 상황, 대동법의 운영 방식, 대동법의 추진 과정, 대동법에 대한 찬반 등을 중심과 연결해야 한다.

역사적 변화가 왜 일어났으며, 어떻게 전개되었는지를 파악하는 것을 중시하는 사람들은 급격한 변화가 일어난 결정적 순간(critical moment)이 학습내용이 되어야 한다고 생각한다. 이런 시기는 보통 정치적 격변기나 사회에 커다란 변화가 일어났던 전환의 시기이다. 예컨대 우리는 신라 말~고려 초, 고려 말~조선 초의 역사를 자세히 배우는 경향이 있다. 오늘날 한국사 개설서나 교과서는 조선 후기를 내재적 발전론의 관점에서 자본주의의 싹이 트는 시기로 중시한다. 조선 후기는 한국 사회가 봉건사회에서 근대로 전환하는 시점이었다.

역사교육에서 전쟁을 비중 있게 다루는 이유도 여기에 있다. 규모에 따라 차이가 있지만, 전쟁은 급격한 사회 변화를 가져오며, 국제관계나 정치의 지형은 물론, 사람들의 일상적 삶에까지 광범하게 영향을 미친다. 고려와 몽골 간의 30년에 걸친 전쟁의 결과는 이후 100년 가까이 고려의 국가 운영과 사람들의 생활은 물론, 한국 풍속에도 적잖은 영향을 미쳤다. 요동정벌에서 비롯된 위화도 회군은 짧은 순간이었지만, 고려와 조선의 왕조 교체를 가져온 결정적 순간이 되었기 때문에 역사교육의 내용에 빠짐없이 들어간다.

### 3) 역사교육 내용 선정 기준으로서 '의미 있는 역사'의 성격

역사학습의 내용은 성격 자체가 중요하거나 커다란 영향을 미친 사실에만 한정되지 않는다. 역사적 사건 중에는 당시에는 커다란 관심을 끌지 못하다가 나중에 중요하다는 평가를 받거나, 평가의 기준이 달라질 수도 있다. 예를 들어 사육신 사건은 그 사건이 일어난 세조 당시에는 반역이라는 정치적 사건으로 중요했지만, 조선 후기에는 성리학적 이념을 지킨 대표 사례로 중요하게 평가했다. 역사적 사실을 본래의 속성이 아닌 다른 목적으로 학습하기도 한다. 직지심체요절은 현존하는 세계에서 가장 오래된 금속활자본이다. 직지심체요절은 세계에서 가장 오래되었다는 점에서는 본질적 중요성을 가진다고 할 수 있다. 그렇지만 고려시대 금속활자의 발명이 당시 사회에 지식의 광범한 확산과 같은 영향을 미치지는 못했다. 사람들은 세계에서 가장 오래된 금속활자본이라는 사실에서 그것이 고려 사회에 미친 영향보다는 한국 문화의 우수성을 인식하고 자긍심을 가진다. 학교 역사교육의 내용에 직지심체요절을 포함하는 이유이기도 하다. 이는 역사적 사실의 중요성이 반드시 본질적 중요성과 도구적 중요성의 개념만으로 설명되지 않음을 말해준다. 중요성은 학습이 역사적 사실의 어느 측면에 초점을 맞추는지, 학습의 목적을 어디에 두는지에 따라 달라진다.

역사교육에서 어떤 사실을 학습내용으로 삼을지는 교수학습의 주체에 따라, 그리고 어떤 측면에 주안점을 두는지에 따라 달라진다. 역사가와 교사의 생각이 다르며, 교사가 중요하게 가르치는 역사와 학생들이 머릿속에 기억하는 역사는 다를 수 있다. 같은 역사학자나 교사이더라도 역사적 중요성에 초점을 맞추느냐 교수-학습의 중요성에 초점을 맞추느냐에 따라서 무엇을 다루어야 하는지에 대한 생각이 다를 수 있다. 역사적 중요성은 당시 사회나 사람들에게 광범하고, 깊고, 지속적으로 영향을 미친 사건인 데 반해, 교수-학습적으로 중요하다고 생각하는 사건은 현재나 학생들의 삶과 밀접한 관련이 있다고 판단하는 사건이다. 이처럼 교수-학습의 주체나 학습의 주안점에 따라 내용 선정 기준이 달라지지만, 우리가 교과에서 어떤 내용을 학습하는 것은 그 내용이 어떤 면에서 의미가 있기 때문이다. 따라서 '의미 있는 (significant)' 역사는 역사교육의 내용을 선정하는 기준이 될 수 있다.

'의미(significance)'는 단순한 '뜻(meaning)'과는 다른 개념이다. '~에게 의미가 있다', '~ 면에서 의미가 있다'는 말은 중요하다는 뜻을 내포한다. 그래서 significance를 '중요성'으로 번역하기도 한다. 그런데 그 중요성은 역사적 사실의 중요성과는 달리, 교수학습의 주체가 누구인지 또는 역사적 사실의 어떤 측면에 교육의 초점을 맞추는지에 따라 달라진다. 시대나 사회에 따라서도 변할 수 있다. 파팅턴(Geoffrey Partington)은 의미 있는 역사적 사실의 기준을 역사적 사실 자체가 중요한 것, 영향력이 큰 것, 학습자와 관련성이 많은 것으로 제시했다. 이중 영향력이 크다는 것은 인간 생활에 깊이 영향을 미친 것(질), 많은 사람의 생활에 영향을 미친 것(양), 오랜 기간 영향을 미친 것(지속성)을 말한다. 학습자와의 관련성에서는 학습자가 경험하거나 문제 해결에 참고할 수 있는 것, 학습자의 머릿속에 남아 있는 것이 중요한 사실이다.

'의미 있는 역사'는 역사적 사실을 교육적으로 변형한 것이다. 일반적으로 '의미 있는 역사'는 역사적 중요성이나 도구적 중요성이 있는 사실들이지만, 반드시 그런 것만은 아니다. 역사교육 내용 선정 기준을 감안할 때 의미 있는 역사는 다음과 같이 범주화할 수 있다.

① 기본적이거나 중요한 역사적 사실

② 역사 공부에 도움이 되는 지식

③ 비판적 사고의 경험을 제공할 수 있는 지식

④ 학습자의 시민적 실천에 도움이 되는 역사적 문제

'① 기본적이거나 중요한 역사적 사실'은 본질적 중요성과 도구적 중요성이 있는 역사적 사실에 해당한다. 다만 구성원으로서 기본적으로 알아야 한다고 사회적으로 인정되는 기초 교양에 해당하는 사실도 포함한다. '② 역사 공부에 도움이 되는 지식'은 명제적 지식과 방법적 지식, 사실 지식과 개념 지식에 모두 걸쳐 있다. 어떤 역사적 사실이나 주제를 공부하는 배경지식에 해당하는 시대나 사회 구조에 대한 지식, 역사의 본질을 이해하고 역사 탐구를 수행하는 데 토대가 될 수 있는 역사 개념 및 탐구 절차에 해당하는 지식이다. '③ 비판적 사고의 경험을 제공할 수 있는 지식'은 개방적이고 복합적인 정체성을 가질 수 있게 하는 지식, 다원적 사고나 다중시각으로 접근할 수 있는 사실, 합리적 문제 해결을 위한 추론의 자료가 될 수 있는 내용에 해당한다. '④ 학습자의 시민적 실천에 도움이 되는 역사적 문제'는 학습자가 삶에서 경험하는 것과 같은 문제를 내포하는 역사적 사실, 학습자가 자신과 같은 위치의 사회 구성원이라고 여길 수 있는 과거 인간의 삶, 학습자의 실천적 의지를 자극할 수 있는 역사적 행위이다. 의미 있는 역사로는 주로 ①과 ②가 많이 제시되어왔지만 근래에는 ③과 ④도 자주 언급된다. 특히 역사교육의 내용이 단지 지나간 과거에 일어난 일이 아니라 학생의 삶과 연결되어야 한다는 점에서 역사교육에서 의미 있는 역사에 접근하려는 경향이 있다.

### 4) 사회적 관점과 내용 선정

역사적 중요성이나 의미 있는 역사는 역사교육 내용 선정의 일반적이고 통합적인 기준에 해당한다. 그렇지만 무엇을 학습해야 하는지는 학문적 성과나 교육적 목적으로만 결정되지 않는다. 사회의 분위기와 이에 따른 역사를 보는 관점도 역사교육의 내용에 영향을 미치는 경우가 많다. 현재 우리 사회와 사람들에게 직접 영향을 미친 역사를 이해하는 것이 중요하다고 생각하는 역사학자나 교사는 근현대사 중심으로 역사를 구성할 가능성이 높다. 제7차 교육과정 때 고등학교 선택과목으로 〈한국근·현대사〉가 편성된 것은 1980년대 이후 한국근현대사 연구 성과가 축적된 것과 함께 역사가 오늘날의 한국 사회를 이해하고, 사회 변화가 학생들의 삶과도 밀접한 관련이 있음을 주지시켜야 한다는 관점에서 비롯되었다.

1970년대 교과서에 조선 후기 서술이 크게 늘어난 데는 식민사학에서 벗어나야 한다는 사회적·교육적 목소리가 반영되었다. 일본의 식민사학자들은 이 시기를 한국 사회의 정체기로 규정하고 일제의 식민통치 시절 비로소 한국은 근대 사회로 접어들게 되었다고 주장했다. 해방 이후 식민사학의 논리를 깨고 민족적 관점의 한국사를 체계화해야 한다는 사회적 요구가 일었다. 식민사학의 정체성론을 극복하기 위해 한국사 연구자들은 자연히 조선 후기 연구에 치중했고, 이 시기에 한국 사회는 내부에서 사회경제적으로 발전하고 있었음을 밝히는 데 힘을 쏟았다. 그리고 그 연구 성과는 1970년대부터 한국사 개설서와 교과서에 반영되어 오늘날에 이르고 있다.

　근래 학교 역사교육에서는 고려부터 조선 전기까지 여성의 사회적 지위가 중요한 학습내용이 되었다. 여성사에 대한 관심이 높아지고 학습내용에서 많아진 것은 역사학이나 역사교육 내부의 요구보다는 사회적 배경에서 비롯된 것이었다. 전근대 사회에서 여성의 지위가 낮았을 것이라는 오랜 인식과는 달리, 정치의 영역을 제외한다면 적어도 가정이나 일상적인 사회생활에서 여성과 남성의 지위에는 큰 차이가 없었다는 것이다. 이에 따라 호적의 기재 방식이나 재산 상속의 원칙, 혼인의 관습 등이 역사교육 내용에 새로이 들어갔다. 고려시대 호적이나 손변의 재판 이야기, 조선시대 이이의 분재기 등 남녀의 사회적 지위를 엿볼 수 있는 자료가 교과서에 실렸다. 이는 모두 역사교육의 내용이다. 그런데 2000년대 이전까지 교과서에서 찾아볼 수 없던 이런 역사적 사실들이 역사교육 내용이 된 이유는 무엇일까? 이런 경향은 1990년대 이후 여성의 사회적 차별에 관심이 높아지고, 이를 개선하려는 노력이 진행된 데 기반하고 있다. 원래 여성사 연구는 서구 사회에서 20세기 초의 페미니즘 운동에서 비롯되었다. 한국에서도 여성운동은 여성사 연구를 활성화했으며, 그 결과가 학교 역사교육의 내용에도 반영되었다. 1980년대 중반 이후 한국 사회의 민주화가 역사학의 학문적 연구와 교육에도 영향을 미친 결과이다. 여성뿐 아니라 농민이나 노동자와 같이 그동안 역사에서 드러나지 않았던 대중의 역사가 역사교육 내용에 들어가게 된 것도 이런 경향을 반영한다.

## 4. 주제 중심의 내용 구성은 대안인가? – 통사와 주제학습

### 1) 내용 조직의 개념과 역사교육의 내용 조직

선정된 교육 내용은 실라버스라는 형식으로 학습내용으로 제시된다. 실라버스는 앞서 언급했듯이 교육 내용과 그것을 가르치는 순서에 대한 진술이다. 실라버스에는 내용요소와 함께 내용에 대한 관점, 내용을 다룰 때 필요한 사고방식 등을 진술해야 한다. 내용 조직의 일반적 원리로는 균형성, 계속성, 계열성, 통합성 등이 제시된다. 균형성은 내용의 폭과 깊이, 지적 영역과 정의적 영역 사이에 균형이 있어야 한다는 것이고, 계속성은 내용이 단절되지 않고 연결되어야 한다는 것이다. 이러한 연결을 위해서는 이전 단원과 이어지는 단원 사이에 어느 정도 반복이 필요하다는 주장도 있다. 계열성은 선행 내용을 기초로 하여 후속 내용을 전개하되, 점차 내용을 확대, 심화, 향상시켜야 한다는 원리이다. 통합성은 각각의 학습경험을 서로 연결하고 통합하여 효과적 학습이 가능하도록 해야 한다는 것이다. 여기에는 학년이나 각급 학교 간 수준의 종적 연계성이 포함된다.

교육 내용의 조직 방식은 크게 교과의 논리를 기반으로 하는 방식과, 주제나 토픽을 단위로 하여 조직하는 방식으로 나눌 수 있다. 전자는 교과에 따라 내용 조직의 논리를 달리한다. 예를 들어 물리는 자연현상에 따라 내용을 조직하며, 지리는 지역별로 내용을 조직한다. 역사는 기본적으로 시간의 흐름에 따른 역사적 사실의 변화를 다룬다. 주제나 토픽 중심의 내용 조직은 사람들이 사회에서 접하는 문제를 내용요소로 한다는 점에서 모든 교과가 동일하다. 그렇지만 교과마다 문제에 접근하는 관점이 다르므로, 주제 중심의 접근이라 하더라도 그 성격이 모두 같은 것은 아니다.

역사교육의 내용 조직 방식에는 기본적으로 역사적 사실을 시간 순으로 배열하는 통사적 방법과 주제 단위로 구성하는 방법이 있다. 통사는 전 시대의 모든 분야에 걸친 역사의 줄거리를 시기 순으로 서술하는 것이다. 역사 개설시이긴 교과서이긴 간에 모든 분야나 주제의 역사를 망라하는 경우는 없지만, 역사의 전반적 흐름과 중요한 역사적 사실의 변화를 시간 순으로 서술한 것을 흔히 통사라고 지칭한다. 어떤 특정 주제 아래 관련된 사실을 시간 순으로 배열하는 연대기도 통사와 성격이 비슷하다. 이에 반해 주제학습은 주제(theme), 토픽(topic), 쟁점(issue)을 단위로 하여 내용을 조직한다. 역사의 흐름에서 통시적으로 중심이 되는 문제인 주제, 어떤 시대나 지역에서 중심이 되는 문제인 토픽, 사람들 사이의 논의나 논쟁거리인 쟁점은 개념상으로는 구분이 된다. 예컨대 '전근대 신분제', '유교와 유학의 변천' 등이 주제라면, 조선시대의 '양천제', '실학', '시민혁명'은 토픽이라고 할 수 있다. 고려 인종조의 '묘청의 난', 제1차 세계대전 이후의 '세계평화 체제의 구축'은 쟁점에 해당한다. 그렇지만 이런 성격의 사실들에서 짐작할 수 있듯이, 주제나 토픽, 쟁점을 단위로 내용을 조직하는 것은 그 성격에서는 별다른 차이가 없다. 그래서 이를 통틀어 주제학습이라고 할 수 있다.

역사는 시간의 흐름에 따라 역사적 사실의 변화를 서술하는 것이므로 통사는 역사의 성격에 적합하다. 통사학습은 역사를 그 흐름에 따라 학습하므로 학생들에게 시간관념을 심어주는 데 용이하고, 수업에

연속성을 부여해 학생들의 혼동을 줄인다. 여러 영역의 역사를 서로 연관시켜 학습하므로 어떤 시대의 역사를 종합적으로 파악할 수 있으며, 한 지역과 다른 지역의 역사를 비교하기 쉽다. 대부분의 역사교육 내용 조직이 통사의 형식을 취하는 것도 이 때문이다. 반면에 통사는 사건의 발생 순서에 따라 학습내용을 조직하므로, 사실을 범주화하는 원리가 결여되어 있으며, 중요한 사실과 그렇지 않은 사실을 구분하는 기준이 모호하게 될 수도 있다. 시간 순으로 서술하는 경우 자연스럽게 국가의 성장이나 제도와 같은 정치나 외교사가 중심이 되며, 생활사나 문화사 등 인간의 구체적인 삶을 보여주는 분야의 역사는 소홀하기 쉽다. 이러한 역사는 학습자에게 자신의 삶과 동떨어진 이야기라는 느낌을 주어 관심을 끌기도 어렵다.

주제학습은 어떤 문제에 집중하여 이 문제의 여러 측면을 학습하는 방법이다. 주제학습은 같은 주제라도 시대에 따라 그 성격을 달리한다는 역사적 변화의 성격을 이해할 수 있게 한다. 특정 문제를 깊이 있게 학습하므로 탐구 능력의 향상에 도움이 되며, 다른 교과와 연계하여 학습하거나 사회과학적 접근이 가능하다. 적절한 주제를 택하면 역사학습에 대한 학생들의 관심을 높일 수 있고, 같은 주제라도 학생들의 수준에 맞춰 접근방식을 달리할 수 있다. 이에 반해 역사의 흐름을 전체적으로 이해하기 어렵고, 어떤 시대 안에서 여러 사실들 간의 상호 관련성을 놓치기 쉽다. 주제의 탐구를 위해서는 배경지식이나 사고력을 요구하는 경우가 많다. 무엇보다도 적절한 주제 선택이 쉽지 않다. 적절한 주제를 선택하기 위해서는 학습자와 학습 목표를 고려해야 한다. 그렇지만 주제 선택의 논리적 근거가 분명하지 않은 경우가 많으며, 선택하는 사람의 입장이나 생각에 따라 주제의 중요성에 대한 평가가 달라질 수도 있다. 현재 통용되는 대부분의 교육과정이나 교재가 통사의 형식을 취하고 있으므로, 주제학습을 위해서는 이를 전면적으로 재구성해야 하는 어려움이 따른다.

이 때문에 전면적이기보다는 부분적인 주제학습을 도입하는 경우가 많다. 교육과정이나 교과서를 바탕으로 통사학습의 체계 속에서 필요한 부분에 주제나 토픽을 배열하는 것이다. 정치사와 같이 시간 순으로 내용을 조직하는 것이 자연스럽고 이해하기 쉬운 분야는 연대순으로 내용을 조직하고, 사회사나 문화사와 같이 변화의 속도가 늦거나 변화가 겉으로는 눈에 잘 띄지 않을 경우 중요하거나 의미 있는 주제를 추출해서 학습하는 방식이다. 이를 통해 통사적 접근의 장점을 살리면서 주제학습의 삽입을 통해 그 효과를 높일 수 있다. 그렇지만 부분적인 주제학습의 경우, 전체적으로 보면 여전히 통사학습의 성격을 그대로 가지고 있으므로 같은 시대의 역사인데도 전반적인 역사 흐름과 주제가 분리되기 쉽다.

## 2) 분절법과 발전계열법

통사적 접근과 주제학습 외에 여러 가지 내용 조직 방법도 제시되고 있다. 대체로 두 가지 내용 조직 방법을 절충하거나, 기본적으로 이 중 어느 한 방법으로 내용을 조직하되 필요한 부분에 다른 방법을 사용한다. 그리고 통사나 주제학습이기는 하지만 지역 단위로 구성하기도 한다.

분절법(patch method)은 역사에서 중요하다고 생각하는 시기를 선택해서 그 시기의 사회와 문화, 그리고 그때 살았던 사람들을 종합적으로 고찰하는 방법이다. 역사의 모든 시대가 아니라 선택한 시대만을 학습한다는 점에서 불연속적이다. '분절(分節)'이라는 말도 그 때문에 나왔다. 그렇지만 다른 한편으로 보면 선택한 시대를 중점적으로 다룬다는 점에서 시대법(era method)이라고도 하며, 특정 시대를 중심으로 하는 내용 조직 방법(period-centered method)이라고도 할 수 있다.

분절법에서는 우선 어떤 시대를 선택할 것인지가 문제가 된다. 예를 들어 시대의 전환기가 역사에서 중요하다고 생각하는 사람들은 한국 전근대사에서 고대 사회의 구조에 변화가 나타나는 4세기, 그 변화가 자리를 잡아가고 삼국통일 전쟁이 전개된 7세기, 중세적 사회체제가 확립된 10세기, 이 사회체제가 새로이 재편되는 15세기, 그리고 중세 봉건사회가 무너져가는 17~18세기를 중점적으로 학습하도록 내용을 조직할 수 있다. 여기에서 보듯이 분절법에서 시대의 선택은 역사의 어떤 시대를 보는 관점이나 그 시대의 역사적 의미에 대한 해석이 들어간다.

분절법의 또다른 과제는 종합적으로 탐색하려면 어떤 사실을 포함해야 하는가의 문제이다. 이 경우 학습내용으로 시대 개관을 당연히 떠올릴 수 있지만, 그밖에 어떤 사실을 학습할 것인지는 시대의 성격이나 왜 그 시대를 학습내용으로 선택했는지에 따라 달라진다. 예를 들어 분절법에 의해 4세기의 학습내용을 조직한다고 하면, 어떤 사실들을 포함시켜야 할까 생각해보자. 한국사에서 4세기는 고구려·백제·신라 삼국 간에 차이가 있지만, 대체로 중앙집권적 고대국가의 체제가 확립되는 시기이다. 통치권과 사람뿐 아니라 영역이 국가의 중요한 요소가 됨에 따라, 영토를 확대하려는 전쟁이 벌어졌다. 전쟁이 잦아지고 규모가 확대되면서 지배층뿐 아니라 농민들도 전쟁에 참여하게 되었다. 각국은 정치제도나 율령 같은 법률, 신분구조의 확립 등을 통해 체제를 정비했다. 그리고 교육을 통해 이를 유지하는 데 필요한 인적 자원을 길러내고자 했다. 이러한 점을 감안하면 4세기의 교육 내용은 다음과 같이 구성할 수 있다.

① 4세기의 개관 ② 영역 국가로의 전환(국가의 성격) ③ 농민의 전쟁 참여(사회계층 구조의 변화) ④ 경당과 화랑도(청소년 교육) ⑤ 중국의 남북조 국가와 한반도 국가의 관계(국제관계) ⑥ 고분과 고분벽화(사람들의 삶과 내세관) ⑦ 율령과 법률.

분절법은 특정 시대를 깊이 있게 학습하기 위해 다양한 자료를 활용하는 탐구를 전제로 내용을 조직할 수 있다. 이는 학생들의 탐구 능력을 향상시키고 역사를 감정이입적으로 이해하는 데 도움이 된다. 사회와 사람들에게 영향을 주는 다양한 요인을 분석하여 종합함으로써 역사적 사실을 생동감 있게 파악할 수 있게 하며, 역사에 대한 흥미를 촉진할 수 있다. 그러나 분절법은 내용 조직이 불연속적이므로, 역사의 종적 변화와 발전과정을 파악하는 데 어려움을 줄 수 있다.

발전계열법(line of development)*은 여러 시대에 걸쳐 학습할 수 있는 통시적인 주제를 선택하여, 그 변화를 고찰할 수 있게 하는 내용 조직 방법이다. 보통은 주거, 오락, 운송 및 수송 수단과 같이 학생들

---

* line of development는 종선적 방법, 발전선 학습 등으로도 번역된다. 여기에서 선(line)은 단지 이어진다는 의미뿐 아니라 뒤의 시기에 갈수록 단계적으로 발전한다는 의미가 있다. 그런 점에서 이 책에서는 발전계열법으로 칭한다.

이 생활하면서 경험할 수 있는 것을 주제로 한다. 예를 들어 주거는 원시시대의 동굴이나 바위그늘에서 시작하여 오늘날까지 이어지므로, 주거의 변화를 주제로 내용을 조직할 수 있다. 발전계열법은 학생들에게 역사 변화나 발전의 개념을 갖게 하며 자료를 분석하고 해석하여 역사적 인과관계를 파악할 수 있게 한다. 발전계열법은 생활하면서 경험할 수 있는 주제로 내용을 조직하므로, 학습 주제가 제한적이다. 그래서 주된 내용 조직 방법이 되기는 어려우며, 보통은 보조적으로 활용된다. 발전계열법의 주제들은 국가나 사회에 따라 다르다. 어떤 나라에서는 학생들에게 친숙한 주제가 다른 나라에서는 그렇지 못하다. 노동과 노동조합의 역사는 노동운동이 일찍 활성화된 서구 사회에서는 발전계열법으로 학습할 수 있다. 그러나 노동자의 권리에 대한 사회적 공감대가 떨어지는 한국의 학생들에게는 낯선 주제일 수 있다.

### 3) 문화권적 접근과 간지역적 접근

한국의 세계사 교육에서 주로 사용했던 내용 조직 방법은 문화권적 접근이었다. 세계사를 문화권으로 나누어 접근하는 방법에서는 각 문화권이 특징적인 문화요소나 발전 원리를 가지고 있다고 생각한다. 그러기에 문화권은 내부에서 공통적인 문화 요소를 공유하며, 다른 문화권과 구분되는 속성을 가진다. 보통은 전 세계를 동아시아 문화권, 인도 문화권, 서아시아 문화권, 동남아시아 문화권, 유럽 문화권으로 구분했다. 이러한 문화권 분류의 중심요소는 종교이다. 동아시아 문화권은 유교, 율령, 한문, 불교를 문화권의 요소로 삼지만, 인도 문화권은 힌두교, 서아시아 문화권은 이슬람교이며, 동남아시아 문화권에서는 불교와 이슬람교, 그리고 힌두교가 병존한다. 유럽 문화권의 공통 요소는 기독교이다.

문화권적 접근은 나라와 민족별로 분산되어 있는 여러 사실들을 체계적이고 일관성 있게 이해할 수 있도록 한다. 문화권의 특수성과 보편성을 파악하는 과정에서 역사적 사고력을 기를 수 있다. 반면에 문화권 내 여러 민족 혹은 국가의 고유한 성격이나 특수한 발전을 부시할 가능성이 있다. 무엇보다도 문화권적 접근법은 문화권별로 역사를 단절적으로 인식하게 하며, 이 때문에 서구 중심적 내용 구성의 가능성이 높아진다. 문화권적 접근법에서는 중앙유라시아의 유목 문화권이나 유라시아 북부의 수렵·어로 문화권은 누락되어 있다. 중남아메리카나 아프리카의 문화권도 중국이나 유럽과의 관계로만 다룬다.

문화권적 접근법을 비판하는 사람들은 전근대에도 지역들 간에 교류나 상호의존이 꾸준히 일어났으며, 이는 역사 변화에 큰 동력이 되었다고 본다. 그런데 문화권적 접근법은 이를 파악하기 어렵게 한다는 것이다. 그래서 문화권적 접근법에서 탈피하여 지역 세계 간의 교류와 상호의존의 관점에 입각한 간지역적 접근(interregional approach)이 시도되었다. 간지역적 접근은 문화의 상호작용과 의존을 중시하여 특정 지역이나 일부 사람의 경험에 국한된 사건을 제외한다. 서로 다른 지역에서 일어난 사건들의 관련성이나 인과성을 이해하는 데 초점을 맞추며, 인류 전체가 겪었던 공통적인 경험을 중심으로 인류사 전개의 큰 그림을 그리고자 한다. 그 결과 서구 중심적 시각에서 벗어나고 모든 지역에서 일어난 대부분의 중요한 사건을 세계사에서 다루어야 한다는 부담감에서 탈피할 수 있다.

이러한 관점에서 벤틀리(J. H. Bentley) 등은 반구(hemisphere) 이론을 제시했다. 이들은 세계를 동반구(아프리카, 유럽, 아시아), 서반구(남·북아메리카), 남반구(오세아니아)로 구분한다. 반구 이론에 따르면 동반구나 서반구에 있는 민족이나 사회는 고립되어 존재하는 것이 아니라 서로 연결되어 영향을 주고받았다. 그러므로 역사 이해의 대상은 반구 내에 존재하는 개별 국가나 문명이 아니라 반구 차원에서 각 지역을 연결시키면서 펼쳐진 역사적 사실이다. 이 중에서도 특히 동반구를 중심으로 원거리 무역과 같은 지역 간의 지속적인 상호작용이 각 지역의 변화를 추동했다는 사실에 주목한다. 반구 이론은 반구 사이의 지속적인 접촉이 이루어지기 전까지 인류의 경험을 구성하는 데 유용하다.

기존의 세계사와는 달리 전 지구적 관점에서 세계사를 바라본다는 뜻으로 글로벌 히스토리(global history)가 제시되기도 한다. 글로벌 히스토리는 기존 역사 담론에 대한 비판을 토대로 새로운 역사 담론을 추구하는 새로운 세계사를 표방한다. 역사의 보편성, 절대성, 총체성을 거부하고, 지역 나름의 문화와 가치를 존중한다. 서구 중심적 분석 틀과 방법론에서 벗어나 다문화적·문화적 상호 접근과 탈중심화를 통해 자문화 중심주의, 오리엔탈리즘에서 비롯한 편견을 수정할 것을 주장한다. 글로벌 히스토리는 전통 문화와 외래문화의 이분법적 인식에서 벗어나 문화의 다양성뿐 아니라 중층성에도 주목한다. 문화 접촉을 정치, 경제, 사회뿐 아니라 이와 관련된 인적 구성 및 세력, 지역, 인종, 센너 등 여러 층위에서 살피고자 한다.

한국의 세계사 교육과정에서도 교류와 상호의존의 관점을 도입하여 문화권 대신 지역 세계의 개념을 채택했다. 그리고 지역 세계의 역사 발전 과정과 지역 세계가 문화적으로 성취한 것이 무엇인지를 탐구하는 데 세계사의 주안점을 두되, 지역 세계 사이의 상호관계를 조망하는 것을 표방했다. 예컨대 2007개정 교육과정 이후 중학교 역사 중 세계사 영역이나 고등학교 세계사의 경우 근대 이전 세계사의 흐름을 '도시문명의 성립과 지역문화의 형성 – 지역 문화의 발전과 종교의 확산 – 지역 경제의 성상과 교류의 확대 – 지역 세계의 팽창과 세계적 교역망의 형성'으로 구성했다. 이와 같은 세계사 교육과정에서는 인류 역사가 궁극적으로 하나의 세계로 통합되어간다는 관점에서 지역 세계 사이의 상호관계를 조망한다. 통합의 주요 계기로 전쟁이나 정복과 같은 물리적 힘에 의한 강압적 요인뿐 아니라 문화 교류나 교역과 같은 평화적 요인도 중시한다. 그렇지만 외형상의 내용 조직 방식의 변화에도 불구하고 세계사를 구성하는 주요 주제와 역사적 사실, 그 내용 체계는 별로 달라지지 않았다. 이 때문에 이전과 비슷한 내용을 순서만 바꿔서 학습한다는 인상을 주었다. 오히려 지역을 오가면서 내용을 구성함으로써 역사 변화를 체계적으로 이해하기 어렵게 만들었다는 비판을 받았다. 그래서 2015개정 고등학교 세계사 교육과정에서는 지역 단위로 내용을 구성하는 방식으로 전환하기도 했다.

### 4) 주제 중심 내용 조직의 요구

교과내용을 시대 순으로 배열하는 통사는 가장 일반적인 역사내용 구성 방식이다. 역사 개설서와 교과서도 보통 통사의 형식을 취한다. 다른 나라의 교육과정이나 교과서도 대부분 마찬가지이다. 그렇지만 유독 한국에서는 통사적 구성 방식에 대한 비판이 많다. 이런 비판은 통사적 접근법의 본질적인 문제점도 있지만, 한국의 역사교육에서 나타나는 현실적인 문제점에서 비롯되는 경우가 많다. 또한 통사라는 내용 조직 방식을 문제 삼고 있지만, 실제로는 내용 선정의 문제를 지적하기도 한다. 통사적 접근을 비판하는 이유는 대체로 다음과 같이 정리할 수 있다.

첫째, 너무 많은 내용을 망라하여 역사학습을 어렵게 하고 학생들의 부담을 가중시킨다.

둘째, 정치사가 중심이어서, 사회사나 생활사와 같이 학생들의 삶과 직접 관련이 있는 내용에는 소홀해 학생들로 하여금 흥미를 잃게 한다.

셋째, 지배층 중심으로 역사를 서술하며, 민중의 역사를 소홀하게 만들기 쉽다.

이 중 세 번째 문제는 정치사 중심의 역사에서 파생되는 것이므로, 결국 첫 번째와 두 번째가 통사학습의 문제점이라고 할 수 있다. 그런데 정치사 중심이 되기 쉽다는 것은 통사적 접근의 성격이라고 할 수 있지만, 그밖의 문제점은 통사적 접근법의 성격과 직접 관련된 것은 아니다. 통사라고 해서 역사적 사실을 망라할 필요는 없다. 통사가 역사 흐름의 줄기를 중시하는 것이라면, 오히려 여기에서 벗어나는 잡다한 사실을 배제하기에 더 쉽다. 또한 정치사가 사람들의 삶과 동떨어진 역사가 되어야 하는 것은 아니다. 정치야말로 사람들의 삶에 가장 큰 영향을 준다. 사람들이 정치에 큰 관심을 보이며 민감하게 반응하는 것도 이 때문이다. 그런 점에서 통사적 접근에 대한 비판은 통사의 본질적 성격이라기보다는 역사교육 내용 구성의 현실적 문제라고 할 수 있다. 그렇지만 통사 중심의 역사교육에서 드러나는 현실적인 문제점은 다른 내용 구성 방식을 모색하게 했다. 이는 자연히 또 하나의 기본적인 내용 조직 방식인 주제 중심의 접근으로 이어졌다. 그래서 역사교육의 문제점을 해결하기 위한 방안으로 으레 주제학습이 언급되곤 했다.

2000년대 들어 한국의 역사과 국가교육과정에서는 통사에서 탈피하려는 움직임이 나타났으며, 그 방향은 주제 중심의 내용 구성이었다. 제7차 교육과정 고등학교 〈국사〉의 내용 구성 방식은 주제 중심이 아니라 정치, 경제, 사회, 문화라는 분야사적 접근 형식을 취했지만, 크게 보면 이러한 경향을 반영한 것이었다. 이후 더 본격적으로 주제 중심의 내용 구성 방식을 표방한 교육과정이 나왔다. 2007개정 교육과정에서 신설된 〈동아시아사〉는 동아시아 사회의 형성과 전개 과정을 몇개의 시기로 나누고, 각 시기별로 주제를 두는 식으로 구성했다고 밝히고 있다. 예를 들어 기원전후부터 10세기까지의 역사는 '인구 이동과 문화의 교류'라는 제목 아래 '지역 간 인구 이동과 전쟁', '고대 불교, 율령과 유교에 기반한 통치 체제', '동아시아 국제관계'라는 내용요소를, 10세기부터 16세기까지의 역사는 '생산력의 발전과 지배층의 교체'라는 제목 아래 '북방민족', '농업생산력의 발전과 소농 경영', '문신과 무인', '성리학'을 내용요소로 삼았다. 여기에서 내용요소는 시기별 주제에 해당한다. '인구 이동과 문화의 교류', '생산력의 발전과 지배층의 교체'는 당시 동아시아 역사의 특징적인 양상을 제목으로 뽑은 것이다. 그렇지만 이를 당시 동아시아사의 성격으로 볼 수 있는지에 대해 의문이 제기되었다. 또한 내용요소는 어떤 목적이나 기준을 가지고 선택한 주제라기보다는 당시 역사의 주요 내용을 주제의 형식으로 포함한 것이다. 그래서 이를 기초로 집필한 교과서 내용은 이전 세계사 교과서의 동아시아사의 내용 구성과 별 차이가 없게 느껴진다.

　이러한 현상은 이후에도 계속되었다. 2015개정 교육과정에서 고등학교 〈한국사〉는 근현대사 중심의 통사로 구성하는 대신, 전근대사는 주제사로 구성했음을 내세웠다. 교육과정에서 제시한 소주제는 고대 국가의 지배 체제, 고대 사회의 종교와 사상, 고려의 통치 체제와 국제 질서의 변동, 고려의 사회와 사상, 조선시대 세계관의 변화, 양반 신분제 사회와 상품화폐경제였다. 그렇지만 대부분의《한국사》교과서의 전근대사 서술은 이전과 마찬가지로 통사를 압축적으로 서술한 것이었다. 이는 교육과정이 제시한 주제가 일관된 기준으로 선택된 것이 아니라 그 시대의 중요한 사실을 주제식으로 표현한 것이었기 때문이다. 이러한 현상은 중학교 한국사의 근현대사도 마찬가지였다.


## 5. 생활사는 쉽고, 사회경제사는 어려운가? – 한국사의 계열화

### 1) 계열화의 두 가지 방식

역사교육의 내용 구성은 필연적으로 계열화 문제와 밀접한 연관을 가지게 된다. 초·중·고등학교별로 어떤 내용을 가르칠 것인가 하는 학교급별 계열화는 역사과 국가교육과정 개정에서 항상 제기된 가장 커다란 논점 중 하나였다. 각각의 단계에서 무엇을 가르칠지를 따지는 것이므로 계열화는 내용 선정의 문제처럼 보이지만, 중등교육을 마칠 때까지 무엇을 알아야 할지 정해진 상태에서 이를 학교급별로 어떻게 편성할지를 논의하는 것이므로 실제로는 내용 조직의 문제까지 포함한다.

학교급별 계열화의 논의 대상이 된 것은 주로 한국사였다. 이는 초등학교에서는 한국사만을 다루고, 세계사는 가르치지 않기 때문이기도 하다. 교육과정상 한국사는 초등학교 3학년부터 사회 과목에 포함되어 있으며, 중학교와 고등학교에서는 독립된 교과서로 별도의 수업 시수를 편성하도록 되어 있다. 그러나 그동안 한국사 교육은 효율적으로 시행되고 있다는 평가를 받지 못했다. 초·중·고등학교 한국사 교육과정이 체계적으로 구성되어 있지 못하다는 비판도 그 중의 하나이다. 특히 중학교와 고등학교의 한국사는 그 내용이나 방법에서 별다른 차이가 없으며, 단지 고등학교의 경우 중학교에서 배운 내용을 좀더 자세하게 배울 뿐이라는 비판의 목소리가 높았다. 이러한 비판은 한국사 교육을 축소하거나 한국사를 필수과목에서 제외하자는 주장에 이용되기도 했다.

학교급별로 한국사 교육을 체계화하려는 시도는 오래전부터 계속되어왔다. 1970년대 개정된 제3차 교육과정부터 이미 초등학교에서는 생활사 중심의 주제학습, 중학교에서는 정치사 중심의 통사학습, 고등학교에서는 문화사를 중심으로 한 주제접근법이라는 계열화의 원칙을 표방했다. 1980년대 후반에 고시된 제5차 교육과정의 중학교 〈국사〉는 통사적인 단원 편성을 한 반면, 고등학교는 시대를 구분한 다음 각 시대 안에서 분야사별로 접근하는 형태를 취했다. 1990년대의 제6차 교육과정도 이를 계승하면서, 중학교의 경우는 향토사와의 관련성을 강조하고, 고등학교에서는 세계사적 보편성과 특수성을 대비시켰다. 제7차 교육과정에서는 중학교는 정치사 중심의 통사, 고등학교는 전근대사 중심의 분야사별 접근방식을 강화했다.

계열화란 흔히 선행학습을 기초로 후속 학습을 전개하되, 점차적으로 내용의 확대, 심화, 향상을 꾀하는 것을 의미한다. 계열화는 한편으로는 이전 학습과 연결된다는 점에서 계속성이 있으며, 다른 한편으로는 이전의 학습과는 달라야 한다는 점에서 차별성의 성격을 지니게 된다. 단순한 내용에서 복잡한 내용으로, 구체적인 내용에서 추상적 내용으로, 선행학습에서 계속학습으로, 과거에서 현재 또는 현재에서 과거로, 주변에서 먼 곳으로 내용을 조직하는 것이 계열화의 일반적 원리이다.

일반적으로 계열화의 방법에는 크게 두 가지가 있다. 하나는 학습자의 인지발달을 토대로 하는 것이며, 다른 하나는 교과나 학습내용의 체계를 따르는 것이다. 전자를 심리주의, 후자를 논리주의라고 한다. 수학은 영역에 따라 공부하는 순서가 정해져 있다. 역사교육의 계열화에서는 흔히 '쉽다, 어렵다', '학생들이 이해할 수 있다, 없다', '흥미를 가진다, 아니다' 하는 근거를 내세운다. 심리주의적으로 접근하는 것이다. 심리주의적 방법에서는 학습자의 발달이나 흥미에 따라 교육과정을 조직할 것을 권한다. 쉬운 것에서 어려운 것으로, 구체적인 것에서 추상적인 것으로 내용을 조직하는 것이 흔히 행해지는 방식이다.

이런 내용 조직 방법은 사회과 교육과정에도 적용되고 있다. 초등학교 3학년은 고장(시·군 단위), 4학년은 지역(시·도 단위), 5학년은 국가, 6학년은 국가와 세계로 학습내용의 범위를 규정한 환경확대법(environmental expanding approach) 또는 지평확대법(horizontal expanding approach)은 바로 학생들의 인지발달 수준에 따라 교육과정을 조직하는 심리주의적 접근법이다. 중학교 사회과에서도 '지역과 사회탐구' 단원을 가장 먼저 편성한다든지, 아시아의 역사와 지리를 배운 다음 유럽이나 아메리카의 역사와 지리를 배우는 것도 이러한 원리에 따른 것이다. 환경확대법은 1930년대 미국에서 나온 내용 조직의 원리로 애초 심리학 이론을 토대로 한 것이 아니었다. 그러나 1950년대 후반 교육과정 개혁에서 인지심리학이나 발달심리학 이론이 교육과정 구성에 적용되면서, 이론적 기반이 강화되었다.

환경확대법은 원래 1930년대 미국의 교육학자인 해나(Paul Hanna)가 체계화했다. 학습자의 주변에서 먼 곳으로, 구체적으로 경험할 수 있는 것에서 추상적인 것으로 학습하는 것이 효과적이라는 것이다. 1950년대 후반 (발달)심리학 이론이 교육에 도입되면서 환경확대법의 근거는 더욱 탄탄해졌다. 발달심리학에서는 아동이 구체적이거나 경험할 수 있는 문제를 쉽게 학습하고, 추상적이거나 경험할 수 없는 문제를 받아들이기 어려워한다고 주장한다.

이러한 견해에 따르면 역사학습은 아동에게 이중의 어려움을 준다. 당연한 일이지만 역사수업에서 다루는 내용은 대부분 아동이 경험할 수 없다. 또한 많은 역사적 사실은 추상적인 언어(글)로 묘사된다. 설사 사진을 제시한다고 하더라도, 그 사진에서 역사적 사실을 학습하기 위해서는 역사적 사실에 대한 별개의 지식을 가지고 있거나 추론의 과정을 거쳐야 한다. 예컨대 백제의 미술에 대해 배울 때, 서산 용현리 마애여래삼존상 같은 백제 문화재 사진을 사용할 수 있다. 그렇지만 그 사진을 보는 것만으로 백제 미술의 특징을 알 수는 없다. 이미 백제 불상의 특징을 알고 있는 상태에서 문화재 사진에서 이를 확인하거나, 여러 사진들을 비교해보면서 스스로 백제 불상의 특징을 찾는 것이

보통이다.

그러나 심리주의적 접근법에 대한 비판도 제기된다. 심리주의적 접근법에서는 일정한 형식을 가진 과제는 그것이 무슨 내용이건 간에 마찬가지로 수행할 수 있다는 영역일반 인지능력을 전제로 한다. 영역일반 인지이론에 따르면 어떤 분야에서 사고능력을 가진 사람은 다른 교과나 영역에서도 같은 성격의 과제에 대해 동일한 능력을 보인다. 그런데 이러한 주장에 대해 사고능력은 영역별로 다르다는 반론이 제기되고 있다. 각 교과는 자기 나름의 고유한 사고방식을 가질 수 있으며, 사고능력은 사고의 대상에 따라 변할 수 있다는 것이다. 사고의 성격과 기술은 내용에 따라 달라지며, 교수법이나 수업전략 또한 바뀌어야 한다는 영역고유 인지이론(domain-specific cognition theory)의 주장이 대표적이다. 영역고유 인지이론의 관점에 따르면, 같은 성격의 문제해결 활동을 요구하는 과제라도 그 내용에 따라서 해결 가능성이나 성취 수준이 달라진다. 예컨대 미술 작품을 보고 구도나 표현 형식을 분석할 수 있다는 것이, 역사 자료에 들어가 있는 기록자의 목적을 분석할 수 있음을 의미하지는 않는다. 또한 영역고유 인지이론에서는 학습 가능성을 결정하는 것이 학습자의 발달이 아니라 학습경험이라고 보고, 학습과 관련된 사전 지식체계를 중시한다. 따라서 해당 영역의 지식 습득과 구조화를 용이하게 하는 수업을 통해 사고의 발달을 촉진할 수 있다고 주장한다.

환경확대법에서 전제로 하고 있듯이 구체적이고 경험할 수 있는 것이 과연 쉽고, 추상적이고 경험할 수 없는 것이 어려운가에 대해서도 의문이 제기되고 있다. 환경확대법에 따르면 초등학생은 역사와는 직접적으로 관련이 없는 가족, 지역사회와 같이 아동이 일상생활에서 친숙하게 접하는 개념을 확대하거나 정교화하는 방식으로 점차 역사를 이해하게 된다. 그러나 초등학생도 자신의 경험과 멀리 떨어져 있는 추상적인 역사적 사실을 학습할 수 있으며, 이를 통해 역사인식을 할 수도 있다. 예컨대 초등학생이나 더 어린 아이들도 단군신화를 읽거나 듣고 그 내용을 이해하며, 당시 사회에 대한 자기 나름의 상(像, image)을 가질 수 있다.

이건(Kieran Egan)은 아동과 청소년의 역사 이해 단계를 신화적 단계(0~7세), 낭만적 단계(8~13세), 철학적 단계(14~20세), 풍자적 단계(21세 이후)로 구분했다. 초등학교까지 역사학습과 관련되는 것은 신화적 단계와 낭만적 단계이다. 신화적 단계의 가장 큰 특징은 선과 악, 공포와 안전, 용감함과 비겁함 같은 이항적 대비(binary opposite)이다. 아동은 처음 단군신화를 읽었을 때 '참을성이 많고 끈기가 있는 곰과 그렇지 못한 호랑이'를, 고구려 건국신화를 읽었을 때 '재주가 뛰어나고 선한 주몽과 이를 시기하여 해치려는 금와왕과 그 아들들'을, 백제 건국신화를 읽었을 때 '현명한 온조와 그렇지 못한 비류'의 상을 머릿속에 그릴 것이다. 낭만적 단계의 두드러진 특징은 정체성의 인식이다. 아동은 어떤 인물에 자신을 투영한다. 특히 용감하거나, 탁월한 지략을 발휘하거나, 창조성이 뛰어난 인물에게 관심을 보인다. 이 단계의 아동이 매력을 느끼는 것은 신화가 아니라 실제 존재했던 인물과 그의 활동이다.

그렇지만 낭만적 단계의 아동이 전 단계인 신화적 단계의 이해 방식을 완전히 버리고, 낭만적 단계의 이해 양상만을 보이지는 않는다. 신화적 이해에다 낭만적 이해가 덧붙여지는 복합적인 이해 방식을 드러낸다. 이러한 관점에서 보면, 초등학교 역사학습에서 신화나 설화, 인물을 중점적으로 다루는 것은 타당하다고 할 수 있다. 그렇지만 흔히 말하듯이, 설화를 통해 당시의 사회상을 이해한다든지, 사회적 맥락 속에서 인물을 이해시키려고 하는 것은 그리 바람직하지 않다. 그보다는 신화이건 설화이건, 또는 이야기체 구성이건 간에 역사 이야기를 읽었을 때, 아동이 어떤 이미지를 가지게 될 것인가에 관심을 가질 필요가 있다.

　논리주의적 방법에서는 학습과제를 해결하는 데 필요한 절차를 강조한다. 이는 보통 교과가 가지고 있는 위계적 구조나 학습과제를 해결하는 데 필요한 논리적 절차에 의해 정해지게 마련이다. 예컨대 수학에서 '덧셈 → 곱셈 → 교환·분배법칙 → 인수분해 → 방정식'의 순서로 학습이 이루어진다고 가정해보자. 이러한 단계는 방정식을 푸는 데 요구되는 일련의 학습활동이다. 학생이 방정식을 풀기 위해서는 이와 같은 학습 단계를 거쳐야 한다. 그러나 앞의 학습과제가 반드시 쉽고, 뒤의 과제가 어려운 것은 아니다. 방정식보다 어려운 인수분해나, 인수분해보다 쉬운 방정식도 얼마든지 있기 때문이다. 위의 단계는 학습에 요구되는 논리적인 절차이다. 수학교육과정에서는 실제로 그러한 단계에 따라 실라버스를 조직하게 마련이다. 역사를 공부하는 데도 일반적으로 순서가 있다. 예컨대 제도사를 배우기 전에 정치적 변화나 사회의 성격을 먼저 학습하는 것이 보통이다. 조선 초의 역사를 다룰 때 교과서는 태조부터 성종 때까지 정치·사회 변화를 먼저 서술한 다음, 중앙 정치제도와 지방 행정제도를 다룬다. 제도는 정치 변화의 산물이며, 정치적·사회적 배경을 알아야 제도를 이해하기 쉽다고 생각하기 때문이다. 그렇지만 이러한 학습의 순서는 수학과 같이 명확하지 않다. 정치적 변화를 모른다고 해서 제도 내용 자체를 이해할 수 없는 것은 아니다.

1990년대~2020년대 현재 한국의 초·중·고등학교 역사교육의 계열화 방식에 대해서는 몇 가지 문제점을 지적할 수 있다. 역사가 포함된 교과인 사회과 교육과정의 구성은 전체적으로 초등학교에서는 환경확대법을 토대로 하고 있으며, 초·중학교 한국사는 분야사 또는 분류사적 접근방식을 취한다. 그렇지만 중학교와 고등학교 교육과정의 내용 조직에서는 특별한 원리가 보이지 않는다. 한국사의 경우 시대순으로 조직하되, 어느 시대를 중점적으로 다루느냐의 차이가 있을 뿐이다.

계열화는 주로 중학교와 고등학교 사이에 논의될 뿐, 초등학교와 중학교 역사교육 간에는 계열성을 별로 고려하고 있지 않다. 예를 들어 제7차 교육과정 7학년(중학교 1학년) 사회 1단원의 심화과정은 '나의 연표 만들기'이다. 그런데 제6차 교육과정 초등학교 사회 4학년 1학기에 '지도와 연표'라는 단원이 있으며, 교과서에는 나의 연표 만들기 내용이 이미 포함되어 있다. 제7차 교육과정 초등학교《사회 4-2》교과서에도 '연표와 역사지도'라는 중단원을 두고, 한국사 연대표, 석탑 연표, 김정희 연표, 역사 유물 연표 등 다양한 형태의 연표를 학습하도록 하고 있다. 초등학교 4학년 때 이미 학습한 내용이 중학교 1학년의 심화과정에 들어가 있는 것이다. 이는 초등학교 역사와 중·고등학교 역사 교육과정이 별도로 만들어져 온 것도 하나의 원인이다. 그렇지만 계열화의 이런 문제점은 중학교와 고등학교 사이에서도 마찬가지이다. 고등학교의 학습내용은 중학교 때 이미 나온 역사적 사실을 좀더 자세히 다룰 뿐 주제나 범위에서 별로 다를 것이 없다는 지적은 어제오늘의 일이 아니다.

다음으로 중학교에서는 정치사 중심의 통사를, 고등학교에서는 문화사와 사회경제사를 강조한다는 원칙 또한 문제가 있다. 이런 계열화의 원칙은 이론적으로나 실천적으로 명확한 근거가 있는 것이 아니다. 심리주의적 방법에 의거한 현재의 교육과정 구성 원리에 따른다면, 정치사가 사회경제사보다 어려워야 하는데 그 증거는 없다. 그렇지 않고 논리주의적 방식에 따르면 정치사 중심의 통사를 배우고 이를 토대로 분야사, 특히 광의의 문화사나 사회경제사를 학습하는 것이 역사를 알아가는 순서에 들어맞아야 하는데, 이 또한 의문이다.

### 2) 인물, 생활, 유적 및 유물 중심 초등 역사교육 내용

초등학교 역사교육이라고 하면 으레 떠오르는 것이 인물, 생활, 유적 및 유물 중심의 학습이다. 이런 소재의 역사가 구체적이어서 초등학생들에게 흥미를 주고 이해하기도 쉽다는 생각 때문이다. 한국사를 본격적으로 배우기 이전인 3, 4학년에 고장과 지역의 역사와 지리, 사회 상황을 학습하거나 도구나 주거의 변화와 같은 생활사를 배우는 것도 같은 이유에서다. 5학년 또는 6학년 때 학습하는 초등학교 한국사도 생활, 문화, 인물 중심의 통사로 구성되어 있다. 한국사를 인물과 유물을 통해 파악하게 했으며, 학생들의 흥미를 이끌어내기 위해 일화나 인물을 중심으로 한국사를 시간 순으로 다루었다.

아동은 인물을 통해 역사를 처음 접한다. 아동이 많이 보는 위인전이나 전기는 하나의 역사책이라고 할 수 있다. 위인전이나 전기는 주인공의 활동 및 성품을 중심으로 역사를 전개한다. 인물 중심의 역사교육에서는 이들의 활동을 중심으로 내용을 구성한다. 예를 들어 2015개정 교육과정 국정《사회 5-2》는 실학에 대한 서술에서 농업 개혁에 관심을 둔 학자, 상공업을 발전시키는 데 관심을 둔 학자, 국학을 중시하는 학자로 나눌 수 있다고 간략히 정리한 다음, 주요 실학자들의 활동을 소개한다. 교과서는 실학에는 세 가지 경향이 있음을 아무런 보충 또는 부연 설명도 없이 서술한다. 그래서 교과서 내용을 학습하려면 이런 추상적인 서술을 그저 기억하는 수밖에 없다. 교과서 서술은 이보다는 인물의 활동에 비중을 둔다. 그래서 대표적인 실학자로 손꼽히는 정약용이 나온다. 앞서 나온 2009개정 교육과정 교과서나 이후 간행된 검정 사회교과서에서도 마찬가지다. 제7차 교육과정에서는 '나라를 일으킨 조상들', '문화를 빛내고 외침을 물리친 조상들', '국가의 부강과 국민의 복지를 위해 노력한 조상들', '자주와 독립을 위해 싸운 조상들'과 같이 단원을 아예 인물사로 구성하기도 했다.

인물사는 역사교육의 내용을 선정하고 조직하는 하나의 방식이다. 역사가 과거 인간의 행위를 대상으로 한다는 점에서 인물사는 역사의 본질적인 성격에 부합한다. 그런 점에서 초등학교 단계에서 인물 중심으로 내용을 구성하는 것 자체가 문제라고 할 수는 없다. 다만 현재 초등학교의 인물사 구성은 인물의 활동 자체에 초점을 맞추고 있다. 초등학교 교과서에 나오는 인물은 여러 면에서 남들보다 뛰어난 인물이며, 사회 속의 존재이기보다는 사회 변화를 주도하는 사람이다. 그러다 보니 역사 인물을 통해 당시 사회상을 파악하거나 역사 변화를 이해하기는 어렵다. 교과서에 나오거나 학습의 대상이 되는 인물은 당시의 일반인은 물론 학습을 하는 학생들과도 전혀 다른 차원의 위인으로 인식된다. 역사학습의 내용인 이들의 행동은 일반인의 행동과는 크게 다르다. 특별한 사람의 영웅적 행동이다. 근래 여성이나 아동, 민중 등 그동안 역사의 주인공이 아니었던 사회적 소수나 대중의 활동에 대한 관심이 높아지고 교과서에도 일부 인물이 나오지만, 이들 또한 '영웅화된 개인'이다. 이 때문에 초등 역사교육 내용으로서 인물의 행위는 학생들에게 내면화되지 않는다. 초등학교 인물사 학습은 학습내용이 인물의 업적을 아는 것이기 때문에, 다른 접근방식의 인물사 학습은 배제된다. 인물을 통해 과거 사회를 이해한다든지, 인물의 행위를 분석하는 역사학습은 시도되지 않는다. 그러면서도 인물사는 초등 단계의 역사로 인식되기 때문에 인물사 접근방식은 중·고등학교 교과서에는 나오지 않는다.

생활사나 유적·유물의 역사도 마찬가지이다. 초등학교 생활사는 도구나 주거와 같은 일상적인 생활의 변화에 초점을 맞추고 있다. 일상적인 생활모습은 오늘날 초등학생도 접할 수 있어서 이해하기 쉽다는 생각 때문이다. 이에 반해 정치나 사회 변화가 사람들의 생활에 미친 영향을 보여주거나 일상적인 생활모습을 통해 당시 사회의 성격을 설명하지는 않는다. 일상적인 삶 자체와는 달리 직접 경험할 수 없으며 추상적이어서 초등학생에게 가르치기 어렵다고 여긴다. 초등학교 역사교육에서 유물이나 유적이 중시되는 것도 학생들이 눈으로 직접 볼 수 있어서 구체적이고 흥미를 끌 수 있기 때문이라는 논리이다. 특히 우리의 유적이나 유물이 어떤 점에서 우수하고 자랑스러운 문화유산인지 설명하는 데 중점을 두어 민족적 자부심을 심어주는 데 초점을 맞춘다. 반면에 유물이나 유적을 사회 변화 속에서 이해하거나 유물이나 유적을 통해 사회의 성격을 읽지는 않는다. 중·고등학교 역사교육에서는 유물이나 유적을 사회적으로 접근하기도 하지만, 여전히 문화유산의 우수성을 이해하는 데 비중을 두고 있다.

### 3) 중학교 정치사, 고등학교 사회경제사 구성

중학교와 고등학교의 한국사는 원시시대부터 현대까지의 역사를 시대순으로 배열하는 통사로 구성되어 있다. 다른 과목도 마찬가지이겠지만 학생들은 기본적으로 중학교에서 습득한 역사 지식을 바탕으로 고등학교에서 한국사를 공부하게 된다. 역사를 더 깊이 있게 공부하는 데 필요한 기초 지식은 역사 변화를 아는 것이었다. 한국사가 어떻게 변화했는지 개괄적으로라도 알아야 더 깊이 있는 지식을 습득하거나 탐구할 수 있다는 것은 역사학자와 교사의 공통된 생각이다. 자연히 정치적 변화가 중학교 한국사의 내용이 되었다. 왕조의 변천과 각 왕조 때 일어난 커다란 사건, 그리고 왕조별 사회의 성격은 나중에 고등학교에서 한국사를 배우기 위한 배경지식이었다. 다른 한편으로 정치적 변화에 비해 사회경제사는 이해하기 어려운 것으로 여겨 중학교에서 제외되고 고등학교 교육과정에 들어갔다. 이에 따라 중학교에서는 정치사 중심의 통사학습을 하고, 사회경제사는 고등학교에서 공부하는 것으로 한국사가 계열화되었다. 또 한 분야인 문화사의 경우는 중학교에 포함되기도 하고, 중학교에서 빠질 경우에는 고등학교에서 학습하기도 했다.

1990년대 이후 근현대사 교육의 중요성이 강조되면서 근현대사의 비중이 높아졌다. 1997년 고시된 제7차 교육과정에서는 고등학교에서 〈한국근·현대사〉 과목이 신설되었으며, 2007개정 교육과정에서는 〈한국근·현대사〉를 없애고 고등학교 〈한국사〉를 근현대사 중심으로 개편했다. 이에 따라 한국사 교육은 중학교와 고등학교를 통틀어 하나의 통사로 구성하는 방향으로 바뀌었다. 중학교는 전근대사 중심, 고등학교는 근현대사 중심으로 계열화한 것이다. 2011년에 고시된 2009개정 교육과정 고등학교 〈한국사〉는 이전보다 근현대사의 비중을 줄여서 전근대사와 근현대사를 5:5의 비중으로 편성했으며, 2015개정 교육과정(시안)에서는 6:4로 근현대사의 비중을 더욱 줄였다. 그렇지만 이는 초등학교부터 고등학교까지 전체적인 한국사 교육의 체계를 고려했다기보다는 근현대사 논쟁을 고려하여 비중을 줄인 것으로, 중학교는 전근대사 중심, 고등학교는 근현대사 중심이라는 한국사의 계열화는 그대로 유지되고 있다.

그렇다고 해서 중학교는 정치사 중심의 통사로 구성하고, 사회경제사는 고등학교에서 학습하는 한국사의 계열화가 폐기된 것은 아니다. 그러다 보니 전근대사는 정치사와 문화사, 근현대사는 정치사와 문화사에다 사회경제사까지 모든 분야의 역사를 포함하고 있다. 물론 자료가 부족하여 전근대사의 내용이 근현대사보다 간단하기는 하지만, 그렇다고 해서 전근대 사회를 이해하는 데 경제사가 불필요하다는 뜻은 아니다. 예를 들어 토지제도나 조세제도는 전근대 사회를 유지하는 근간이었다. 그렇지만 중학교 한국사 교육은 이를 배제한 채 각 시대의 사회를 이해하는 것을 당연시한다.

### 4) 역사교육 계열화의 문제점

교육과정이 개정될 때마다 학교급별 한국사 교육의 계열화가 시도되고 있지만, 아직도 중·고등학교 역사교육이 체계적으로 구성되어 있다고 보기는 어렵다. 중·고등학교 한국사의 단원 편제나 서술 순서는 상당히 달라졌지만, 다루는 역사적 사실에서는 별 차이가 없다. 또한 교육과정에서 표방하고 있는 계열화 원칙의 타당성에 대한 이론적 근거가 명확하지 않으며, 교육과정의 내용 구성이 실제로 그러한 원칙을 제대로 반영하고 있는지도 의문이다. 계열화 논의가 한국사에 집중되면서 세계사는 관심 대상에서 배제되곤 한다. 국가교육과정의 개발에서 나타난 역사교육 계열화의 문제점을 좀더 구체적으로 살펴보면 다음과 같다.

첫째, 역사교육과정의 개발이 내용 구성 원리에 기반을 두기보다는 문제점이 드러나거나 비판을 받는 부분을 보완하는 '땜질식'이었다. 국가교육과정을 개발할 때는 현행 교육과정의 문제점을 분석하고, 비판 의견을 수합한다. 그래서 문제점을 해소하거나 적어도 완화하는 방향으로 교육과정을 개정한다. 그렇지만 이런 방식의 교육과정 개정은 하나의 문제를 해결하는 대신 또다른 문제점을 낳는 경우가 많다.

역사교과서 국정화 파동의 과정에서 제대로 시행되지 못한 채 폐기되었지만, 2015년에 고시된 〈중학교 역사〉 교육과정을 생각해보자. 이 교육과정에서는 하나의 대단원 안에 동아시아사와 한국사를 함께 넣었다. 예를 들어 '고려와 동아시아의 다원적 국제질서'라는 대주제(대단원)

아래 '북방 민족의 성장과 동아시아', '몽골 제국과 동서 교류', '고려 문벌귀족 사회의 형성과 변화', '무신정권의 성립과 대몽 항쟁', '고려의 개혁과 신진사대부의 등장'을 소주제(중단원)로 편성했다. 이는 표면적으로는 동아시아사의 맥락에서 한국사의 흐름을 이해한다는 취지이다. 그렇지만 실제로는 2007개정 교육과정이나 2009개정 교육과정이 중학교 세계사 교육을 어렵게 한다는 비판을 의식한 것이었다. 2007개정 교육과정과 2009개정 교육과정 〈중학교 역사〉는 대단원 단위로 한국사와 세계사를 분리하여, 앞 단원을 한국사, 뒤의 단원을 세계사로 구성했다. 이런 구성은 학교 현장과 동·서양사 학계로부터 진도에 쫓겨 사실상 세계사를 배우지 못하게 한다는 비판을 받았다. 그래서 중학교에서 실질적으로 세계사를 학습하게 하기 위해 하나의 대단원 안에 한국사와 세계사 내용을 함께 넣게 된 것이다. 동아시아사와 한국사를 연계하여 학습하게 하는 효과도 있었다. 그런데 이런 내용 구성에서 근대 이전 서양사는 들어갈 자리가 없었다. 그래서 오히려 중학교에서 세계사를 배제하고, 동아시아사의 경우도 중국사에 한정했다는 비판을 받을 수 있는 것이었다. 이 때문에 〈역사 2〉의 첫 번째 대단원을 '유럽과 아메리카 역사의 전개'라는 제목으로 별도 편성했다. 그렇지만 이 단원은 〈중학교 역사〉의 내용 조직 방식과는 동떨어져 있으며, 〈역사 1〉과 〈역사 2〉, 그리고 〈역사 2〉의 이어지는 단원 내용에 나오는 역사의 흐름과도 잘 이어지지 않았다.

둘째, '무엇을 가르칠 것인가'보다 '무엇을 뺄 것인가'가 논의의 중심이 된다. 역사, 특히 한국사를 정치·경제·사회·문화라는 분야로 구분하고, 으레 초·중·고등학교 학교급별로 이 중 어떤 분야를 다룰지 논의한다. 그런데 이 선택은 실제로는 어떤 분야를 제외할 것인지를 결정하는 작업이다. 그 결과 초등학교는 생활사와 인물, 유물·유적 중심, 중학교는 정치사가 고정되고, 문화사는 중학교에 들어가기도 하고 제외되기도 했다. 고등학교에서는 사회경제사가 고정되고, 중학교와 짝을 맞춰 문화사가 들어가거나 제외되었다.

셋째, '어떤 영역을 넣고, 어떤 영역을 뺄 것인가'에 논의가 집중되다 보니, 선정된 영역과 주제의 이해 체계가 획일화된다. 한국사이건 세계사이건 간에 마찬가지이다. 예컨대 실학은 내용요소로 선택되는 순간 중·고등학교는 물론 초등학교에서도 농업 중심, 상공업 중심, 국학의 중시라는 세 가지 경향이 있었다고 정리된다. 강화도조약 이후의 정치 변화는 조선 정부의 개화시책 → 임오군란 → 급진개화파와 온건개화파의 대립 → 갑신정변 → 갑오개혁으로 도식화된다. 세계사나 동아시아사의 경우에도 별 차이가 없다. 예를 들어 중국 송의 변천은 중앙집권을 위한 문치주의 → 군사력 약화 → 북방민족의 침공 → 왕안석의 부국강병책 실패 → 금의 공격 → 남송으로 도식화된다. 물론 이런 문제점이 교육과정과 교과서 때문만은 아니다. 한국사나 세계사 개설서도 마찬가지이다. 이는 수많은 연구가 나오고 구체적인 사실에 대한 이해가 수정되었음에도 불구하고, 역사의 흐름이나 주제를 이해하는 새로운 체계는 나오지 않았음을 뜻한다.

넷째, '쉽고' '재미있게'가 학교 역사교육이 지향해야 할 핵심이 되었다. 물론 이 말은 학생들이 역사를 어려워하고 재미를 느끼지 못해서 수업을 제대로 듣지 않는다는 학교교육 현실에서 벗어나기 위한 방법의 모색에서 비롯된 것이다. 그렇지만 이런 식의 논의는 '왜 역사를 배위야 하는가?', '어떤 내용을 알아야 하나?'라는 원론적인 문제를 배제했다. '쉽고', '재미있는' 역사만을 배워야 한다면, 구태여 학교에서 역사를 가르칠 필요는 없다. 더구나 쉽고 재미있는 역사를 강조한다고 해서, 학교 역사교육이 그렇게 변화한 것도 아니다.

다섯째, 환경확대법에 대한 이론적 비판에도 불구하고 초·중학교 역사교육과정이나 역사 과목이 포함된 사회과 교육과정에서는 이를 당연시한다. 초등학교 사회과 교육 내용의 구성 원리로는 환경확대법, 나선형적 구조 등이 제시되었다. 그렇지만 나선형적 내용 구성은 중핵이 되는 개념이나 아이디어를 중심으로 하는 동심원적 형태를 취한다는 점을 생각해보면 우리의 사회과 교육과정은 나선형적 구조보다는 환경확대법의 원리를 따르고 있다고 하겠다.

그러나 초등학교 역사학습 내용 중에는 위에서 말한 환경확대법이나 발달심리학의 원리로는 설명하기 어려운 부분도 포함되어 있다. 대표적으로 신화나 설화 같은 이야기나 이야기체 구성을 들 수 있다. 초등학교 역사에는 으레 단군신화를 비롯한 건국신화의 이야기가 나온다. 이 이야기가 너무 어려워서 초등학생이 이해하지 못할 것이라고 생각하는 교사는 없을 것이다. 그런데 신화의 내용은 추상적인 경우가 많으며, 아동이 경험할 수도 없다. 그렇지만 아동은 초등학교에 들어가기 전에 이미 신화를 읽고 그 내용을 이해한다. 다만, 이해하는 방식이 고등학교 때 배우거나, 역사 전공자가 건국신화를 이해하는 방식과 다를 뿐이다. 아동은 추상적인 역사적 사실을 이해하지 못하는 것이 아니라, 자기 나름으로 이해하는 것이다. 따라서 관심을 가져야 할 것은 아동이 어떤 식으로 역사 이야기를 이해하느냐이다.

통사식으로 구성되는 5학년 또는 6학년의 역사교육도 마찬가지일 것이다. 전반적인 이해를 위한 기초 작업으로 왕조 이름을 시대 순으로 아는 것 정도의 지식은 아동에게 필요하다. 그렇지만 각 왕조나 시대의 사회적 성격이나, 운영 원리를 아동에게 이해시키려고 너무 애쓸 필요는 없다. 그보다는 어떤 시대나 왕조의 이름을 들었을 때, 자기 나름으로 어떤 상을 떠올리게 하는 것을 학습내용으로 삼는 것이 좋다. '고구려' 하면, '아! 이런저런 나라' 하는 식이다. 그런 바탕 위에서 중학생이 되어 자신이 가지고 있던 이미지에 살을 붙일 수 있다.

### 5) 역사교육 계열화의 방향

초·중·고등학교 역사교육이 체계화되려면 이제까지의 계열화 논의가 바뀌어야 한다. 앞에서 살펴본 계열화 논의의 문제점을 감안할 때, 역사교육의 계열화는 다음과 같은 방향이 되어야 한다.

첫째, 역사교육 내용에 '어떤 사실'뿐 아니라 이에 대한 인식까지 포함해야 한다. 같은 역사적 사실이나 주제를 학습한다고 하더라도 이에 대한 인식이 반드시 같은 것은 아니다. 역사적 사실 중심의 계열화는 교육 내용과 방법을 분리하고, 역사인식을 역사를 보는 관점이나 방법적인 문제로 생각한 데서 비롯된다. 그렇지만 역사적 관점과 역사탐구 방법을 역사적 사실 자체와 분리할 수 있는 것은 아니다. 예컨대 후삼국시대 태봉국의 궁예가 폭정을 일삼았다는 기록을 승자가 자신의 행위를 합리화한 것일 가능성이 있다고 비판적으로 읽었다고 하자. 그렇다고 해서 이 독자가 모든 역사 텍스트를 비판적으로 읽는다고 할 수는 없다. 비판적 읽기는 개인의 선호도에 따라 일부 역사적 사실에만 선택적으로 적용될 수도 있다. 어떤 역사적 기록을 비판적으로 읽는다고 해서 역사 텍스트를 비판적으로 읽는 습관이나 능력이 있다고 단정할 수는 없다. 궁예의 폭정을 이렇게 인식하는 독자라도 반드시 고려 무신집권기 무인들의 권력 다툼과 통치에 대한 기록을 양반 사대부의 성리학적 관점이 들어가서 부정적으로 서술한 것이라고 읽는 것은 아니다. 반대로 《고려사》가 조선 유학자에 의해 서술되었다는 비판적 관점에서 보면, 무신집권기를 하층민의 신분 상승에 따른 사회 계층의 이동이 한국사의 그 어느 때보다 활발했던 시기로 인식할 수도 있다.

둘째, 학생들의 역사 이해 방식을 고려하는 것이다. 이는 '무엇을 할 수 있고, 무엇을 할 수 없는지'가 아니라 '어떤 식으로 사고하는가'의 문제이다. 학생들의 역사 이해는 역사적 사실에 대한 지식, 이 사실을 보는 관점, 기록에 대한 분석과 해석, 기록에 대한 비판적 읽기 등 역사 이해의 많은 측면을 포함한다. 학생들의 역사 이해 방식을 고려한다는 것은 '이해할 수 있는 것'보다는 학생들에게 '의미 있는 것'을 가르쳐야 한다는 뜻이다. '의미 있는' 역사의 기준은 다양하다. 기본적이거나 중요한 역사적 사실은 역사학습에 의미가 있다. 학생들의 역사 공부에 도움이 되는 역사 지식을 제공하는 역사적 사실이나 비판적 사고의 경험을 제공하는 역사적 사실은 학생들에게 의미가 있다. 학습자의 시민적 실천에 도움이 되는 역사교육을 할 수 있는 역사적 사실도 의미가 있다. '의미 있는' 역사는 이 중 어느 하나 또는 두 가지 이상일 수 있으며, 그밖의 어떤 것이 될 수도 있다. 교육과정 내용 구성의 원리로 의미 있는 역사의 개념은 여전히 명확하지 않다. 그렇지만 논의를 이런 방향으로 바꿀 필요가 있다.

셋째, 학생들에게 역사를 경험할 수 있게 해야 한다. 역사는 과거 인간의 경험이다. 역사적 사실을 만든 지난날 인간의 경험과 마찬가지로, 역사 공부는 학생들에게 자기 자신과 사회를 경험할 수 있는 기회가 되어야 한다. 그러기 위해서는 지난날 인간 행위의 결과가 아니라 사고를 경험해야 한다. 같은 역사적 사실이라도 경험은 여러 가지이다. 삼국통일의 경험은 다양하며, 독립운동의 방식도 서로 다르다. 이를 단일한 경험으로 통합하기보다는 다양한 경험으로 학생들에게 제공해야 한다. 학교급별 역사교육 내용의 계열화도 역사적 사실이 아니라 이와 관련된 사회 구성원의 경험을 달리해야 한다.

넷째, 역사교육 계열화 방식의 다양화를 모색해야 한다. 기존의 방식처럼 학교급별로 분야나 내용 자체를 달리할 수도 있지만, 통사, 주제나 토픽 중심, 인물이나 사례 중심과 같이 중·고등학교에서 다른 내용 조직 방식을 적용할 수도 있다. 중·고등학교에서 특정 시대를 분절적으로 학습할 수도 있다. 같은 주제를 다루는 단원이라도 구성요소나 학습활동을 달리하는 것도 가능하다. 이는 곧 수업 차원의 계열화로 연결된다. 하나의 주제를 놓고 인식의 범위와 이해 수준을 달리하는 방식도 여기에 해당한다.

4장

역사수업과 교사 지식

## 1. 수업인가, 배움인가? – 수업 인식의 전환

### 1) 교수와 학습, 교사와 학생

교육학 개론이나 수업이론 책이 교수와 학습의 개념을 구분하는 데 신경을 쓰던 때가 있었다. 단어의 의미를 풀이하면, 교수는 가르치는 행위이고 학습은 배워서 익히는 것이다. 교수를 하는 사람은 교사이고, 학습을 하는 사람은 학생이다. 그럼 수업이 교수 행위가 되어야 하는가, 학습 행위가 되어야 하는가를 묻는다면, 아마 대부분의 사람은 학습이 되어야 한다고 답할 것이다. 마찬가지로 교사 중심의 수업보다는 학생 중심의 수업을 바람직하다고 여길 것이다. 교수와 학습의 개념을 구분하는 데는 이런 의미가 깔려 있다.

교수에서 어떤 내용이 중요하고 여기에 어떻게 접근할 것인지는 교사가 선택한다. 이는 교사의 의도적이고 계획적인 행동이다. 원론적으로 말하자면, 교사가 이런 행위를 했을 때 교수의 목적은 달성된다. 교수의 결과가 학생들에게 어떤 영향을 주었는지는 별개의 문제이다. 반면에 학습은 교육의 경험을 통해 학습자가 지속적으로 변화하는 것을 뜻한다. 이 경험은 학생들이 의도적으로 선택할 수도 있지만, 자연적으로 접하는 경우도 있다. 마찬가지로 원론적으로 말하면, 교육의 경험을 통하는 것이기는 하지만, 어떤 교수 행위를 했는지와 직접 관련된 것은 아니다. 따라서 개념상으로만 말한다면, 학습은 구태여 교수가 없이도 일어날 수 있다.

그렇지만 교과교육론에서 교수와 학습의 개념을 구분하는 것은 별 의미가 없다. 교수 행위가 없는 학습이 전형적으로 일어나는 공간은 일상생활이다. 사람이 태어나서 성장하면서 하루하루 겪는 일이 모두 학습이다. 인간사회에서는 물론 자연 상태에서도 학습이 이루어진다. 이에 반해 교과는 그 자체가 자연의 산물이 아니라 인위적으로 만들어진 것이다. 가르치기 위해 학문이나 지식의 어떤 영역을 범주화한 것이다. 그러므로 교과의 구분이나 교과내용 자체에는 이미 교수 행위가 포함되어 있다.

교수와 학습을 구분하려는 생각은 그동안 수업이 학생들에 대한 관심에 소홀했다는 문제의식에서 나온 것이다. 정해진 교육 내용을 효과적으로 학생들에게 전달하는 것이 수업에 대한 전통적인 인식이었다. 수업은 교수자 중심의 교육 프로그램에 따라 전개되었다. 정해진 내용을 잘 이해하고 기억하게 하는 것이 교사의 역할이었다.

그런데 교사가 똑같은 내용을 가르치더라도 받아들이는 것은 학습자에 따라 다르다. 실제 수업에서 교사와 학생들은 상호작용을 한다. '교수'와 '학습'보다는 '교수-학습'이라는 말이 자연스럽다. 가네(R. M. Gagne)는 학습을 유기체의 내적 변화로 보았다. 학생이 유기체라는 것은 학습이 사람에 따라 달라지고, 때에 따라 변화한다는 의미이다. 가네는 수업을 학습자의 내적 인지과정을 지원하는 외적 조건을 갖춘 상황이라고 여겼다. 교실 수업이나 교육 현장에서 교수자는 자신이 알고 있는 학습자의 정보를 반영하여 교과내용을 구성하고 수업을 설계한다. '교육과정의 재구성'이라고 하건 '교사가 만드는 교육과정'이라고 하건 이 과정에는 교사의 교과 지식은 물론 교과교육관, 학생에 대한 관점이 들어간다. 교과교육에서 교사의 교수 행위에는 이런 요인들이 복합적으로 작용한다. 교과교육에서 교사 지식에 대한 관심이 높아지는 것은 이 때문이다. 더구나 역사수업의 내용에는 교사의 역사관과 역사해석이 추가된다.

### 2) 배움의 공동체와 역사학습

한동안 교실 수업의 성격을 배움의 공동체로 보는 관점이 유행했다. 교실을 희망찬 공간으로 만드는 수업혁명이라는 의미로 '배움의 공동체'라는 표현을 쓰기도 했다. 배움의 공동체를 주제로 한 다수의 책이 나오고, 일부 교육청은 배움의 공동체를 수업 장학의 방향으로 삼았다. 교사들의 배움의 공동체 모임이 적잖이 결성되고, 수업의 경험과 성과를 책으로 간행하기도 했다. 그렇지만 교육과정이나 수업을 보는 여러 관점이 그러하듯이, '배움의 공동체' 열기가 지속되는 것으로 보이지는 않는다. 가르치는 행위도 배움이라는 인식에서 수업을 교사와 학생이 함께 배우는 공간으로 보는 것은, 교수와 학습을 구태여 구분한다면 학습 중심의 수업을 보는 관점이라고 할 수 있다.

배움의 공동체는 수업을 보는 관점을 '어떻게 가르쳐야 하는가?'에서 '학생들이 어떻게 배우고, 학습하는 데 어떤 어려움을 겪는가?'로 전환한다. 교육과정을 목표의 달성과 평가에 주안점을 두는 '계단식 과정'에서 주제 탐구와 표현 위주의 '등산형 교육과정'으로 전환한다. 학습경험을 가치 있게 조직하고, 이를 표현하는 '~하기(doing ~)'를 강조한다.

배움의 공동체 수업에서는 학생들의 사고를 확장하고 탐구에 적극적으로 참여시키기 위해 과제를 제시한다. 이 과제를 점프과제라고 한다. '점프'라는 말에서 짐작할 수 있듯이, 기존의 사고방식이나 틀에 박힌 사고를 뛰어넘는 사고를 이끌어내는 과제라는 의미를 내포한다. 새로운 사고 능력을 기르는 것이 아니라, 그동안에도 가능했지만 미처 하지 못했던 사고를 자극하는 과제이다. 그런 의미에서 새로운 사고는 근접발달영역, 점프과제는 비계에 해당한다. 그렇지만 점프과제 자체가 학습내용이 될 수도 있다. 실제 배움의 공동체 수업에서는 점프과제를 해결하는 것을 학습활동으로 삼는 경우가 많다.

점프과제는 수업에서 참여자들 간의 관계를 긴밀하게 한다. 교사가 학생들에게 생각을 전수하는 것이 아니라 함께 생각하게 하는 과제이다. 배움의 공동체에서는 점프과제의 종류와 수준의 적절성이 수업의 성패를 좌우한다. 당연한 말이겠지만, 점프과제는 선행학습과 연관되어야 하며, 난이도가 적당해야 한다. 사고의 결과로 학습자가 이해한 내용을 종합해서 표현할 수 있도록 유도하는 과제여야 한다.

그렇지만 이런 설명만으로는 역사수업을 배움의 공동체가 되게 하려면 어떻게 운영하고, 학생들의 역사적 사고를 확장하는 점프과제는 어떤 것인지 금방 떠올리기 쉽지 않다. 그보다는 사례를 통해 생각해

보는 것이 낫다. 점프과제로 학생들의 역사적 사고를 넓히기 위해서는 정확한 사실을 밝히려는 과학적 사고보다는 인문학적 성찰을 요구하는 과제가 적절하다. 지난날 인간의 생각을 추론하되, 실제로는 학습자의 생각이 들어가는 과제이다. 예컨대 인류의 진화를 그린 그림을 제시하고 "앞으로 인류가 어떻게 변화할지 상상해서 그려보자"라거나, "인류는 왜 신을 믿기 시작했을까?"와 같은 과제가 여기에 해당한다. 다음으로 역사적 사실을 기반으로 하되, 다른 관점으로 이를 생각하게 하거나 학습자의 평가나 판단이 들어가는 과제이다. 고구려 광개토왕의 영토 확장 사실에서 "영토를 넓히면 훌륭한 왕일까? 그렇다면 훌륭한 왕의 기준은 무엇인가?"라는 질문을 던질 수 있다. 통일신라 말의 사회 상황을 기반으로 하는 "통일신라 말기의 사회개혁 방안을 세 가지 이상 적어보자"라는 과제도 가능하다. 역사적 사실을 현재 사회나 학생들의 생활과 관련짓는 질문도 역사수업의 점프과제가 될 수 있다. 예를 들어 신라 화랑의 맹세를 기록한 임신서기석을 학습하면서, "임신서기석을 참고하여 21세기 대한민국 청소년(또는 자신)의 맹세를 적어보자"라거나, "발해를 다인종 사회라고 할 때 당시 그런 사회에는 어떤 장점이 있었을지 추론해보자"와 같은 과제도 가능하다.

### 3) 거꾸로 수업

'배움의 공동체' 수업에 이어 거꾸로 수업(flipped learning)도 자주 거론되었다. 여기에서 '거꾸로'에 해당하는 영어 단어인 flip은 '뒤집다'는 뜻이다. 그러니까 기존의 절차를 뒤집어서 반대로 하는 수업이라는 뜻을 담고 있다. 그런 의미로 '거꾸로 수업'이라는 말을 쓴다. 기존의 수업에서는 교사가 학습과제를 제시하고, 학생들이 이 과제를 해결하기 위한 학습을 한다. 반면에 거꾸로 수업에서는 학생들이 스스로 설정한 과제를 학습한다. 그런데 학습과제를 설정하려면 내용에 대한 이해가 필요하다. 그래서 학생들은 먼저 내용을 스스로 공부한다. 대체로 교사가 ICT 자료나 비디오 영상을 제작하여 제공하면, 학생들은 이 자료들로 학습을 한다. 이 과정에서 수업에서 다루었으면 하는 과제를 추출한다. 이 과제를 교실 수업에서 해결한다. 교실 수업은 과제의 성격에 따라 풀이를 하거나 교사와 학생이 토론하는 형식으로 전개한다. 과제를 풀 때 교사가 일방적으로 답을 제공하는 것이 아니라 학생들 개인이나 모둠별로 풀이를 찾아가는 식이다. 이 과정에서 학생들은 개별적으로 학습한 내용을 교실에서 복습하게 된다. 거꾸로 수업은 학생들이 궁금해하는 문제를 중심으로 수업을 조직함으로써, 학습을 통해 얻는 지식을 유의미하게 하는 데 목적이 있다. 학생들이 알고 싶어하는 문제이므로, 적어도 학생들에게는 의미가 있다.

거꾸로 수업에서 학습과제는 학생들이 스스로 선정하고 학생에 따라 알고 푸는 문제가 달라지므로, 어떤 종류의 학습과제가 적절하다는 원칙은 없다. 그렇지만 학습과제를 학생이 선정한다고 하더라도 교사의 개입이 전혀 필요 없는 것은 아니다. 내용을 학생들이 스스로 학습하고 이 과정에서 다루었으면 하는 문제를 개인별로 추출하므로, 실제 수업에서는 이를 적절히 종합하여 과제를 만들거나, 학생들이 제안한 과제 중에서 선별을 한다. 이 단계에서 교사의 역할이 필요하다. 내용은 개인적으로 스스로 학습을 하므로, 교실 수업의 학습과제는 사고를 필요로 하는 문제가 된다. 역사교육의 내용은 역사적 사실에 해당한다. 사실 지식과 이해를 바탕으로 역사적 사고를 하되, 학생들이 궁금해하거나 자기 나름의 해석을 할 수 있는 것을 과제로 하면 된다. 물론 경우에 따라서는 사전에 학습한 내용 외에 추가로 다른 내용을 학습할 수도 있다. 이 경우에도 어떤 내용을 학습할 필요가 있는지 학생들이 선정하므로, 학생들의 사고가 들어가게 된다.

### 4) 배경지식과 역사적 사고

수업을 논의할 때 강의식 수업만을 대상으로 하는 경우는 찾기 어렵다. 보통은 '활동'이라는 이름으로 학생의 탐구가 들어간다. 역사수업에서 이는 탐구, 추체험, 토론 등 다양한 형식을 띤다. 이런 수업은 크게 두 단계로 나뉜다. 먼저 배경지식을 습득하기 위해 역사적 사실을 학습한다. 그런 다음 이를 토대로 활동을 한다. 이런 순서로 학습을 하는 것은, 역사적 사실을 아는 것 자체가 의미 있으며 배경이 되는 역사지식이 있어야 역사적 사고를 할 수 있다는 생각을 바탕으로 한다. 배움의 공동체나 거꾸로 수업의 경우에도 여기에서 벗어나지 않는다. 그런데 배경지식은 역사적 사고의 기반이 되지만, 다른 한편으로는 사고범위의 확대를 제약하기도 한다. 배경지식을 먼저 다룬다는 것은 어떤 역사적 사실이 중요한지 정해져 있다는 의미이다. 이를 정하는 것은 교육과정이나 교과서일 수도 있고, 교사일 수도 있다. 물론 일반적으로 이는 교사 개인의 관점보다는 역사학이나 역사교육에서 일반적으로 중요하게 여기는 사실일 것이다. 그렇지만 수업에서 활동을 넣는 것은 학생들의 역사적 사고를 자극한다는 취지일 텐데, 배경지식은 그 범위를 제약하고 역사해석을 한정시키는 결과를 가져올 수 있다. 더구나 교사가 선정하고 사고를 하는 데 적용하는 배경지식은 학생들에게 의미 있게 다가오지 않는다.

역사적 사고를 하기 위해서는 반드시 사실 지식이 있어야 할까? 역사를 주제로 하는 유튜브나 블로그를 생각해보자. 많은 구독자를 보유한 유명 역사 유튜버나 블로거 중에는 상당히 깊이 있는 역사 지식을 다루는 경우가 많다. 이를 시청하거나 읽으면서 독자들은 어떤 주제에 대해 새로운 지식을 습득하고 여러 가지 생각을 하고 자신의 관점을 가지게 된다. 이 과정에서 사실 지식이 부족하다고 해서 블로그나 유튜브의 내용을 알아듣지 못하는 것은 아니다. 다루는 내용을 이해하거나 관심이 가는 역사적 사실을 찾아보면서 지식을 늘려 나간다. 이러한 행위의 과정은 역사학자들이 역사를 탐구하는 것과 같다. 역사학습과정을 보면 배경지식은 역사적 사고에 필요하다. 그렇지만 배경지식이 없다고 해서 사고를 하지 못하는 것은 아니다. 사고는 역사 지식의 습득을 촉진한다. 이렇게 습득한 역사 지식은 배경지식이 되어 역사적 사고를 더욱 활성화한다. 즉 역사적 사고와 역사 지식은 상호작용을 하는 것이지, 배경지식이 역사적 사고에 일방향으로만 작용하는 것은 아니다.

와인버그(Sam Wineburg)는 블룸의 교육목표분류학을 염두에 두고 이러한 생각을 '블룸의 피라미드 뒤집기'로 표현했다. 블룸의 교육목표분류학 인지적 영역은 지식(1.0)부터 평가(6.0)까지 위계화되어 있다. 와인버그는 지식이 사고의 기반이 된다는 것을 인정한다. 그렇지만 다른 한편으로 지식은 최고의 목표가 된다고 지적한다. 지식이 최고의 목표가 된다는 것은 그 목표를 이루기 위한 기반이 존재함을 뜻한다. 와인버그는 이 기반을 어떤 사실에 대해 의문을 가지고 문제를 제기하는 것으로 본다. 그것이 비판적 사고이다.

학생들의 사고는 의문을 가질 때 활성화한다. 그러니까 학생 스스로 생각하는 경험을 제공하고, 이를 궁금함으로 연결할 때 사고는 촉진된다. 그 궁금함을 해결하기 위해 지식을 추가로 습득하기도 한다. 이때 지식은 학생들이 궁금해하는 것이므로 의미가 있다. 이를 학습하는 과정을 통해 학생들은 스스로 교과내용의 구성에 참여하게 된다.


## 2. 교사는 어떻게 수업내용을 만드는가? - 교과내용과 교사 지식

### 1) 교사의 교육 내용 재구성

역사적 사실은 국가교육과정이나 교과서에 의해 역사교과의 내용이 된다. 학생들은 수업을 통해 교과내용을 공부하게 된다. 교과내용은 역사적 사실 중에서 선택을 하고, 이를 역사교육에 적합하게 변형한 것이다. 그렇지만 교사가 수업을 구성할 때 이를 그대로 사용하는 것은 아니다. 교사는 자신의 판단에 따라 교과내용 중 학생들이 알아야 하는 내용을 선택하거나 필요한 경우 추가하기도 한다. 학생들이 교과내용을 알 수 있도록 변형한다. 이렇게 해서 만들어진 수업내용에는 교과내용뿐 아니라 이를 가르치기 위해 동원하는 비교나 예시 같은 기법까지 포함된다.

수업내용에는 존재론적 내용과 인식론적 내용이 있다. 역사수업의 내용에는 양자가 모두 포함된다. 역사수업의 존재론적 내용으로는 '그 사건은 무엇인가?', '그 인물은 어떤 사람인가?', '그 사회는 어떤 성격인가?'와 같은 사실이 있다. 인식론적 내용은 '그 사건, 인물, 사회를 오늘날 우리가 알고 있는 것처럼 인식하게 된 과정은 무엇인가?'와 같은 사고 과정이나 관점, 방법이다. 그렇지만 '그 사회는 어떤 성격인가?'에 대한 대답에는 사회에 대한 학습자의 인식이 들어가며, '오늘날 우리가 알고 있는' 사건이나 인물, 사회는 존재론적 지식이므로, 존재론적 내용과 인식론적 내용이 별개는 아니다. 인식론적 내용을 역사적 사실의 해석에 적용한 결과가 존재론적 내용이 된다.

### 2) 교수내용지식

교사는 교과에 대한 자신의 지식을 바탕으로 교과내용을 수업내용으로 바꾼다. 이런 교사 지식은 교과의 배경학문을 전공하는 학자의 지식과 다른 것일까? 그리고 어떤 교과의 교사 지식은 다른 교과의 교사 지식과 성격이 다를까? 교사 지식에 학자의 지식에서는 찾아볼 수 없는 다른 능력이 포함되어 있고 어떤 교과의 교사 지식이 다른 교과의 교사 지식과 차이가 있을 때, 이는 전문적이라고 할 수 있을 것이다. 슐만(L. S. Shulman)은 교수내용지식(pedagogical content knowledge)의 개념을 도입하여 역사교육의 교사 지식에 전문성을 부여하고자 했다.

슐만은 교사가 가르치는 데는 내용, 일반적인 교수법, 교육과정, 교수내용, 학습자와 그들의 성격, 교육이 이루어지는 맥락, 교육의 목적·목표와 가치, 그 철학적·역사적 근거에 대한 지식이 필요하다고 보았다. 슐만은 이 중 교사가 가르치는 데 직접 관련된 지식을 내용지식(contents knowledge), 교육과정지식(curriculum knowledge), 교수내용지식으로 정리했다. 내용지식은 교과내용을 제공하는 학문의 내용을 아는 것이다. 역사교과에서는 역사적 사실을 아는 것이 이에 해당한다. 역사교과의 내용지식에는 역사적 사실 자체를 아는 것뿐 아니라 그 방법과 역사적 사실의 성격과 같은 인식론적 지식까지 포함한다. 교육과정지식은 교과의 구성이나 이를 가르치는 프로그램, 관련 자료를 활용할 수 있는 지식을 말한다. 교수내용지식은 가르치기 위한 내용지식 (teachable content knowledge)을 말한다. 교사는 교과내용을 변형하여 수업에서 가르칠 내용을 만든다. 교수내용지식은 수업내용에 관한 지식에 해당한다. 그렇지만 수업내용 자체만이 아니라 교과내용을 수업내용으로 바꾸는 데 필요한 지식까지 포함한다.* 교수내용지식은 교과내용을 가르치기 위한 내용(수업내용)으로 변형시키는 양식이다. 교과의 고유한 내용지식의 구조를 학습자를 고려하여 전달하는 양식이다. 내용과 가르치는 방법을 혼합하여 특정 주제나 문제가 어떻게 조직되고 표현되는가, 그리고 그것이 어떻게 학습자의 다양한 흥미와 능력에 따라 적용되고 교수되는가를 이해하는 것이다. 역사수업에서 자주 나타나는 교수내용지식의 형식에는 유추, 감정이입, 은유, 예시 등이 있다.

교수내용지식은 교과교육의 독자성과 교사의 전문성을 보여주는 것으로, 한때 많은 관심을 끌었다. 교수내용지식이 단순한 내용지식이거나 교과내용과 분리된 일반 교육학 지식에 포함되지 않는다고 여겼기

---

* pedagogical content knowledge를 '내용교수지식'이라고 번역하는 경우도 있다. 한국교육과정평가원이 과목별로 교수내용지식을 수합하는 프로젝트를 진행할 때도 '내용교수지식'이라는 표현을 사용했다. 그러나 내용교수지식은 내용을 가르치는 방법에 대한 지식이라는 의미이므로 가르치기 위한 지식 자체와 이를 만드는 지식을 뜻하는 교수내용지식과는 차이가 있다. 교과내용을 수업내용으로 변형한다는 것은 단지 방법의 문제만이 아니라 교과교육관이나 교과내용에 대한 인식까지 포함한다.

때문이다. 그래서 교과내용 전문가와 교과를 가르치는 전문가를 구분하는 근거로 받아들였다. 교수내용지식은 교과내용을 가르치는 지적 기반인 내용지식의 바탕 위에서 성립한다. 그러므로 교사교육에서 중요한 것은 내용에 관한 교육이다. 교수내용지식은 교과교육과 교사교육의 입지와 위상을 마련했다.

그렇지만 교수내용지식의 개념을 교과교육에 적용하는 것의 문제점도 지적되었다. 먼저 교수내용지식은 교사 양성 과정을 배경으로 하는 것이었다. 슐만이 교과를 가르치는 교사의 전문성으로 교수내용지식의 개념을 제시한 것은 미국의 교사 양성 과정이 교과내용을 알고 있는 학부 졸업생에게 교육학의 교수방법을 가르치는 방식으로 운영되기 때문이었다. 즉 교과내용과 교수방법을 기계적으로 혼합하는 것이 미국의 교사 양성 방식이다. 교육대학교나 종합대학의 사범대학에서 이를 함께 가르치며, 교과교육 과목까지 있는 한국과는 차이가 있다. 양호환에 따르면 원래 슐만의 교수내용지식은 역사 과목을 대상으로 한 것이었다고 한다. 그래서 양호환은 교수내용지식을 범교과적 교수이론으로 보는 것에 의문을 제기하고 있다. 다만 미국에서도 교수내용지식을 역사 이외에 다른 교과에까지 적용하고 있으며, 슐만이 원래 교수내용지식을 역사교과의 이론으로 제기했다고 하더라도, 이에 대한 연구나 적용 과정에서 개념의 속성이 달라지거나 확장될 수도 있다.

### 3) 교사의 설명 기법

교수내용지식이라는 개념을 의식하지 않더라도, 수업에서 교사는 내용을 설명하면서 다양한 기법을 사용한다. 그것은 교과내용에 기반을 두는 것일 수도 있고, 이와는 상관없이 단순히 학생에게 쉽게 설명하거나 학생의 이해를 돕기 위한 것일 수도 있다. 역사수업에서 자주 찾아볼 수 있는 교사의 설명 기법으로는 연상(association), 대조나 대비유추, 예증, 개념이나 용어 풀이 등이 있다.

연상이라는 말은 여러 뜻을 가지고 있지만, 여기에서는 논리적 연계성이 없는 인접 사실들을 묶어서 설명하는 것을 일컫는다. 주로 중요한 사실을 기억하는 데 사용된다. 사실을 개별적으로 기억하는 것보다 그루핑한 내용이 연상을 일으켜 기억에 도움이 될 수 있다. 여러 차례 일어난 전쟁을 학습할 때 이런 사례를 찾아볼 수 있다. 고려와 거란 간의 전쟁은 보통 세 차례에 걸쳐 일어난 것으로 학습한다. 전쟁의 원인과 결과, 고려와 거란의 지휘관을 묶어서 정리하는 경우가 많다. 교사는 거란의 1차, 2차, 3차 침공 상황 및 그 결과를 설명할 때 '1차 침공: 고려 지휘관 서희, 거란 지휘관 소손녕, 결과는 고려의 강동 6주 획득, 2차 침공: 고려 지휘관 양규, 거란 지휘관 성종, 결과는 거란의 개경 점령 후 철수, 양규의 분전, 3차 침공: 고려 지휘관 강감찬, 거란 지휘관 소배압, 결과는 귀주대첩에서 고려 승리'라는 식으로 같은 속성의 내용을 함께 묶어서 정리하는 경우가 많다. 그런데 논리적 연계성으로 볼때 1차 침공 때 고려 장수가 서희라는 사실을 안다고 해서, 2차 침공 때 양규, 3차 침공 때 강감찬이라는 것을 기억하는 데 도움이 되지는 않는다. 그렇지만 흔히 이 내용들을 이렇게 묶어서 정리하고 기억하려고 한다. 실제로 이처럼 인접 사실을 묶는 것은 기억에 도움이 되는 것으로 알려져 있다.

비교는 두 가지 이상의 사실을 비교하는 것이다. 흔히 학습하려고 하는 사실을 이미 학습한 사실이나 익숙하게 경험하는 사실과 비교하게 된다. 비교의 목적은 학생들의 이해를 돕기 위한 것이며, 때로는 혼동을 피하는 데도 사용된다. 유추가 같은 속성의 사실을 비교하는 것이라면, 대비는 서로 다르거나 정반대의 속성을 가진 사실을 비교하는 것이다. 정반대가 아니더라도 차이점을 드러내는 데 주안점을 두는 대조도 있다. 이 중 역사 설명에서 가장 흔히 찾아볼 수 있는 것은 유추이다. 유추는 두 가지 이상의 사실이나 현상에 존재하는 유사성이나 관계를 대응시키는 것이다. '같은 종류나 비슷한 것을 기초로 다른 사물을 미루어 추측하는 것'이 유추이다. 교육에서 유추를 할 때는 새롭게 학습해야 할 문제를 기존에 알고 있는 사실에 적용하여 학습한다. 표적문제(target problem)를 기반문제(base problem)에 대응시키는 것이다. 표적문제는 학습을 통해 해결해야 할 과제이고, 기반문제는 학습자가 친숙하거나 이미 알고 있는 사실들이다. 기반문제는 이전에 학습하거나 현재 살아가면서 접할 수 있어서 익숙한 경험들이다. 예를 들어 고려나 조선의 부세제도를 설명할 때 교사는 이를 학생들이 이미 배워서 알고 있는 당나라의 조용조(租庸調)와 비교할 수 있다. 또는 전조(田租)는 오늘날의 소득세, 군역은 국방의 의무, 요역은 재산세에 해당한다고 설명할 수도 있다. 이때 조용조나 오늘날의 소득세, 국방의 의무, 재산세는 기반문제이고, 고려나 조선의 부세제도는 표적문제이다.

역사수업에서는 교사가 사례를 들어 역사적 사실을 설명하는 경우도 흔하다. 고구려 고분벽화에서 사람들의 일상생활과 세계관을 알 수 있다고 설명할 때는 무용총의 무용도나 접객도, 수산리 고분의 나들이 그림, 삼실총의 사신도와 같은 사례를 제시할 것이다. 조선 후기 실학을 경세치용(농업 중시), 이용후생(상공업 중시), 실사구시(국학)로 구분하고 그 핵심 주장 및 활동을 제시할 때, 대표적인 학자들을 사례로 든다. 예컨대 경세치용의 사례로는 유형원, 이익, 정약용 등의 주장을 소개할 것이다. 여기에서 볼 수 있듯이, 사례는 학습내용을 잘 이해하도록 돕는 기능을 하지만, 그 자체가 학습내용이 될 수도 있다.

개념이나 용어 풀이도 역사교사가 많이 사용하는 설명 기법이다. 특히 한국사나 동아시아사의 개념어들은 한자어인 경우가 많아서 용어의 뜻을 이해하는 것만으로도 사건이나 제도의 내용과 속성을 알 수 있다. 예컨대 주나라의 정전제(井田制)는 '우물 정(井)'자처럼 경작지를 똑같은 면적으로 9등분한 데서 나온 명칭이다. 진대법(賑貸法)의 '진대'는 구휼을 위해 빌려준다는 뜻이다. 이는 고구려 당시의 명칭이 아니라 그 내용을 가지고 학자들이 '진대법'이라고 이름 붙였기 때문이다. 병인양요, 신미양요의 '양요'는 서양 사람들이 사회를 어지럽혔다는 뜻으로 단어 자체에서 사건의 성격을 알 수 있다.

교사의 이런 설명 방식은 역사라는 과목 및 학습내용의 성격에 대한 이해를 바탕으로 한 것이다. 교사는 역사에서 시행되었던 제도가 기존 제도를 토대로 하거나 기본적인 제도를 국가나 사회 현실에 맞게 변형하는 경우가 많다고 생각한다. 특히 고려나 조선의 부세제도는 당나라 제도를 모범으로 삼은 것이라고 인식한다. 교사는 한국사나 동아시아사의 제도 명칭은 그 속성과 핵심 내용을 반영하여 붙인다는 것을 안다. 그래서 한자어로 된 제도의 명칭을 이해시키면, 학생들이 그 내용을 쉽게 이해할 수 있으리라고 판단한다. 즉 교사의 설명은 역사 과목의 성격을 아는 것에서 나온다.

## 3. 초·중·고등학생도 역사가처럼 탐구할 수 있는가? - 역사 탐구와 역사하기

### 1) 탐구수업의 개념과 역사 탐구

아마도 교수학습과 관련하여 '탐구'만큼 널리 사용되는 말도 없을 것이다. 교육과정이나 교육과정 해설은 탐구활동을 강조하며, 교사용 지도서에는 탐구수업의 사례가 한둘은 실려 있다. 단일 행사로는 국가 최대 규모라고 일컬어지는 대학수학능력시험에서도 '수리탐구', '언어탐구', '사회탐구'와 같이 탐구 능력의 측정을 표방했으며, 2024년 현재도 사회탐구, 과학탐구, 직업탐구 등이 존재한다. 교과서 개발 지침에는 학생의 탐구활동을 포함시키도록 되어 있으며, 학습참고서도 으레 '탐구'라는 말을 즐겨 사용한다. 사회과나 역사과에서도 탐구학습이 강조되는 것은 마찬가지이다. 예컨대 2007개정 교육과정 때까지 초등학교 사회 교과서는《사회》와《사회과탐구》두 종류가 발행되었다.

학교교육에서 탐구를 강조하기 시작한 것은 1973년과 1974년에 공포된 제3차 교육과정부터였다. 학문 중심 교육과정을 도입한 제3차 교육과정 구성의 기본 방침은 "새 교육과정에서는 지식의 구조를 이루는 기본 개념과 그 관계를 이해하고 지적인 탐구방법을 익힐 수 있도록 지도내용을 정선해야 한다"라고 하여 탐구방법의 습득을 학교교육의 방향으로 중시하고 있다. 이때를 탐구학습이 본격화하기 시작한 시기로 본다면 2024년 현재 50년의 세월이 지난 것이다. 그렇다면 이렇게 오랜 기간 강조되고 있는 탐구학습은 많은 성과를 거두었을까? 여기에 고개를 끄떡일 사람은 별로 없을 것이다. 원인이 무엇일까? 탐구학습 자체는 매우 효과가 높은 수업방식인데, 제대로 시행되지 않았기 때문일까? 역시 선뜻 그렇다고 대답하기는 어려울 것이다. 아마도 탐구학습이 계속해서 강조되는 것은, 특정한 수업모형을 염두에 둔 것이라기보다는 이른바 '주입식, 암기식 지식교육'에 대한 비판으로, 학생스스로 참여하는 학습활동이 적어도 학교교육의 구호로 중시되어왔기 때문일 것이다. 탐구학습 자체에 대한 비판은 외형적으로 별로 찾아볼수 없다. 그렇지만 탐구나 탐구학습에 대한 막연한 강조가 상당한 혼란을 가져온 것도 사실이다. 교수-학습이론에서 말하는 탐구학습과교육과정에서 말하는 탐구학습, 현장에서 교사들이 행하는 탐구학습의 개념은 일관적이지 않거나 그 방법에도 차이가 있다.

탐구수업은 어떠한 교과나 영역에서도 효율적인 교수-학습방법으로 이야기되곤 했다. 그러나 역사과의 탐구수업은 상대적으로 그리 활발하지 못했다. 탐구학습을 표방하는 역사수업 사례를 종종 찾아볼 수있지만 다른 과목에 비해 많은 편은 아니며, 역사과 탐구수업 이론을제시한 연구도 별로 없다. 더군다나 역사수업을 위한 탐구모형이 제대로 개발되지 못한 관계로, 역사과 탐구수업이라 하더라도 실제로는 사회과의 탐구모형을 그대로 받아들여 사용하거나, 그냥 막연히 학생들이 자료를 분석하거나 해석하는 활동이 들어가는 수업을 뜻하는 경우가 대부분이다.

일반적으로 탐구(探究)란 어떤 것을 알기 위해 깊이 있게 연구하는활동을 가리킨다. 국어사전에서는 대체로 탐구를 '진리, 학문 따위를더듬어 파고들어 깊이 연구함'(표준국어대사전)으로 정의한다. 탐구학습으로 번역되는 영어 inquiry learning에서 inquiry의 사전적 정의는'어떤 것에 관한 사실, 지식이나 정보 등을 찾는 행위' 또는 '묻거나 의

문을 가지는 행위'(옥스퍼드 영어사전)이다. 이렇게 볼 때, 일상적 의미의 inquiry는 '탐구(探究)' 뿐만 아니라 '탐구(探求)'를 가리키는 말로도 폭넓게 쓰인다고 할 수 있다.

학습활동을 지칭하는 '탐구'라는 용어는 좀더 구체적인 의미가 있다. 교육학에서 탐구는 지식의 구조를 이루는 기본 개념을 탐구하고, 문제 해결을 위해 과학적으로 수행하는 논리적인 사고 과정이나 방법을 뜻한다. 이런 개념에서 볼 수 있듯이, 탐구수업은 탐구의 대상으로 구조(structure), 탐구방법으로 논리적인 사고 과정과 방법이라는 요소를 포함한다.

구조는 사물이나 사건, 현상을 구성하는 부분이나 요소의 상호관계 및 이에 의해 결정되는 전체의 성격이나 특성을 말한다. '구조'나 '구조적'이라는 말은 구태여 교육학이 아니더라도 일상생활이나 다른 학문 분야에서도 흔히 사용된다. 역사학에서도 역사 연구나 이해를 위해서는 많은 사실을 단편적으로 기억하기보다는 과거 사회를 구조적으로 파악해야 한다는 말이 그리 낯설지 않다. 이 말에서 사회의 본질적인 성격을 결정하는 것은 무엇일까? 그것은 사회를 구성하는 요소들 간의 상호관계이다. 역사에서 이 요소들 중 가장 중요한 것은 사람이다. 즉 역사에서 사회의 구조를 결정하는 것은 사회 구성원들 간의 상호관계이다. 다음과 같은 가상의 설명을 예로 들어보자.

사람들이 살아가는 데 가장 중요한 것은 의식주, 그중에서도 식(食), 즉 먹는 일이다. 전근대 사회의 가장 기본적인 산업은 농업이었다. 농업생산량을 결정짓는 데 가장 큰 요인으로 요즈음은 농업기술이 중시되겠지만, 전근대 사회에서는 토지였다. 따라서 토지를 둘러싼 사회 구성원 간의 관계가 전근대 사회의 본질적 성격을 규정한다.

올바른 설명인지의 여부는 별개로 하고, 위 설명에 따르면 전근대 사회의 구조를 결정하는 것은 토지를 둘러싼 사회 구성원들 간의 관계이다. 정리하면, 구조란 사물이나 사건의 현상을 구성하는 각 부분이나 요소들 간의 관계, 이에 따라 결정되는 전체의 성격이나 특성을 의미한다. 그렇다면 역사를 구조적으로 가르친다는 것은 과거 어떤 사회에서 있었던 사실들 간의 관계와 그 역사적 성격을 가르치는 것이 아닐까?

핵심개념이나 중심 아이디어, 일반화가 학문의 구조(structure of discipline)이다. 브루너는 구조를 각 학문의 기본을 이루는 일반적 개념이나 원리로 규정했다. 구조화는 각 교과의 기본 개념이나 핵심적 아이디어로 학습내용을 조직하는 것이다. 타바는 구조화가 '특수사실 → 중심 아이디어 → 핵심개념 → 사고체계'라는 체계를 가진다고 보았다. 구조화는 단편적인 사실에 통일성과 일반성을 부여한다. 구조화된 지식은 더 높은 전이가치를 가진다. 그래서 구조를 알고 있으면 학습자는 스스로 새로운 사실을 탐색할 수 있다. 논리적인 사고 과정과 방법은 과학적 사고와 성격을 같이하는 것이었다. 학습자 스스로 가설을 세우고 자료를 토대로 이를 검증하는 발견의 과정이다. 학교교육에서 탐구는 구조를 밝히는 내용적 측면보다는 주로 문제를 해결하는 학습 과정이나 방법을 뜻하는 용어로 사용되는 경우가 많다. 탐구학습이 본격적으로 도입된 제3차 교육과정에서도 탐구를 하나의 '방법'으로 여겨 '탐구방법'이라는 말을 사용하고 있으며, 교육 현장에서 탐구수업에 대해 생각하는 교사들도 탐구를 이처럼 수업의 방법이나 과정으로 여기는 경우가 많다.

수업모형으로서 탐구학습은 이러한 개념을 하나의 모형으로 체계화하여 수업의 조건과 절차를 규정한 것이다. 수업모형은 자료를 배열하고 실제 수업에서 일어날 수 있는 여러 가지 상황에서 수업을 안내하는 역할을 한다. 따라서 탐구수업 모형이 위에서 정의한 탐구의 과정을 체계화한 것이라고 하더라도, 학습해야 할 문제나 주제를 무엇으로 볼 것인지, 자료의 범위를 어디까지로 할 것인지, 가설의 검증을 위해 어떠한 방법을 사용할 것인지 등 여러 가지 절차나 방법에 따라 달라진다.

탐구수업을 명확히 규정짓기 어려운 것은 수업 그 자체가 하나의 문화이기 때문이다. 현장에서 이루어지는 수업은 교실이라는 작은 사회의 문화를 반영한다. 수업모형도 그 모형을 만들어낸 사회의 문화적 산물이다. 교사들이 생각하는 탐구수업의 개념은 당연히 우리의 교육환경이나 자신들이 접하는 교실문화에 토대를 둔다. 반면 책이나 글을 통해 이론적으로 논의되는 탐구수업은 우리나라 대부분의 교육 이론이 그렇듯이 미국에서 받아들인 것이다. '탐구법', '탐구학습', '탐구수업'이 본격적인 관심을 끌게 된 것은 미국 사회의 환경과 밀접한 관련이 있으며, 책이나 글을 통해 소개되는 탐구수업 모형 역시 미국 사회의 교육 상황과 문화를 반영한다. 따라서 탐구수업이 무엇인지를 좀더 명확히 하고, 이를 우리의 역사교육에 적용하는 데 어떠한 문제점 내지 시사점을 주는지를 알기 위해서는 싫건 좋건 간에 미국에서 탐구수업이 생겨나고 변화하게 된 사회적 배경을 이해할 필요가 있다.

## 2) 탐구수업의 출현과 변화

1920년대 이후 미국 교육계에서는 진보주의 교육 사조가 널리 퍼져 나갔다. 아동이 성장하면서 접하는 새로운 경험에 효율적으로 대처할 수 있는 문제 해결 능력을 기르는 것이 교육의 중점이 되었다. 이에 따라 교육 내용도 종전 인류의 문화유산, 즉 지식을 주로 다루던 것에서 아동의 개인적 또는 사회적 경험 중심으로 바뀌어갔다. 이른바 '경험중심 교육과정'으로의 전환이었다. 자연히 교수－학습활동에서도 교수 행위보다 아동의 자발적이고 자유로운 활동이 강조되었으며, 교육 내용과 과정에서 학생들의 선택의 폭이 넓어졌다. 그러나 진보주의 교육이 확대되는 것에 대해서 일부 학자들은 우려의 목소리를 냈다. 국가, 사회의 발전을 위해서는 필수적으로 가르쳐야 할 지식이 있는데, 아동의 경험과 아동 중심의 활동만을 중시함으로써 무시되고 있다는 것이다. 특히 이 때문에 미국의 학문 수준이 뒤떨어지고 있다는 주장이 나왔다. 1950년대에 접어들면서 수학이나 물리학 분야의 일부 과학자들은 미국의 과학 수준이 소련은 물론 유럽에 비해서도 뒤떨어졌으며, 그 원인은 진보주의 사조에 입각한 교육 때문이라고 비판의 목소리를 높였다. 그러나 이러한 비판은 진보주의의 커다란 사회적 흐름 속에 묻히고 말았다. 다른 한편으로 이들의 비판이 사회적 호소력을 가지지 못한 것은 두 차례의 세계대전을 통해 미국이 세계 최강국으로 성장하면서 자신들이 '학문을 비롯한 모든 사회적 분야에서 세계 최고'라고 여긴 오만 때문이기도 했다.

이러한 생각을 여지없이 깨뜨린 것은 1957년에 있었던 소련의 인공위성 발사였다. 미국과 소련이 이미 핵폭탄을 보유하고 있던 상황에서 다음 단계로 과학 수준을 겨루었던 것은 우주개발 부문이었다. 이 경쟁에는 단순히 학문적 수준의 문제만이 아니라, 당시 동서냉전의 구도 속에서 인공위성을 먼저 개발하는 나라가 무력에서도 결정적인 우위를 차지할 것이라는 기대감이 깔려 있었다. 소련이 먼저 인공위성을 발사하자 미국은 발칵 뒤집혔다. 발사된 인공위성의 이름을 따서 '스푸트니크 쇼크(Sputnik Shock)'라고 불리는 이 사건으로 미국 사회는 커다란 충격에 휩싸였다. 미국의 학문이나 과학이 소련에 뒤떨어진다는 것은 이제 일부 학자들의 단순한 주장이 아니라 현실로 받아들여졌다. 미국은 그 원인을 학교교육에서 찾았다. 특히 지식교육을 경시한 채 지나치게 아동 중심으로 흐르고 있다고 지적되던 진보주의 교육은 주된 비판의 대상이 되었다. 그래서 학교교육 전반에 대대적인 개혁에 착수했다. 그 중심은 교육과정의 개혁이었다. 탐구학습이라는 말을 사용할 때, 대명사처럼 나오는 브루너의 책《교육의 과정(The Process of Education)》은 그 산물이었다.

학문과 과학의 수준을 높이기 위해서는 학문의 내용을 가르치는 지식교육이 필요했다. 그러나 경험중심 교육과정 이전의 지식교육으로 돌아가기에는 그동안의 변화가 너무나 컸다. 학문이 밝혀놓은 지식을 일일이 가르치기에는 그 양이 너무 많이 늘어나 있었던 것이다. 더구나 지식의 세분화, 전문화가 진척됨에 따라 모든 학생에게 모든 지식을 가르칠 필요도 없었다. 이에 따라 지식을 가르치는 대신 스스로 지식을 획득하는 능력을 길러주고, 필요한 지식은 학생 스스로 획득하게 하는 방법을 모색하게 되었다. 우리 입에 자주 오르내렸던 이른바 '고기를 잡아주기보다는 고기 잡는 방법을 가르쳐주는' 교수–학습법이 강구되었던 것이다.

그렇다면 학생들이 무엇을 배워야 스스로 지식을 습득할 수 있을까? 이를 위한 교육 내용을 설명하는 데는 '학문의 구조'라는 용어가 사용된다. 탐구학습과 관련해 '구조'라는 용어를 사용하는 학자들이 그 개념을 설명하기 위해 가장 많이 인용하는 슈와브(Joseph J. Schwab)의 정의에 따르면, 학문의 구조는 "해당 학문이 밝혀놓은 내용을 명확히 하고, 그 탐구를 조정하는 데 필요한 개념(conception)" 또는 "탐구 절차의 패턴이나 그 방법, 즉 탐구 목적을 달성하기 위해 개념(conception)을 사용하는 방법"이다. 그러나 이러한 학술적 정의는 구조가 무엇인지를 명확히 이해하는 데 큰 도움이 되지 않는다. 오히려 단순히 학문의 구조는 그 학문의 '핵심적 사실, 기본 개념, 주요 아이디어, 원리, 일반화, 연구방법…' 등이라고 이해하는 것이 편하다. 교육 내용으로 이러한 것들을 배워서 익힌 학생은 스스로 그 학문의 구체적인 내용지식을 습득할 수 있으리라는 것이다. 예컨대 수학의 경우를 생각해보자. 우리는 학생들에게 모든 인수분해 문제를 가르치지는 않는다. 인수분해를 푸는 방법(원리)을 가르치고, 학생들은 새로운 인수분해 문제를 접했을 때 이미 배운 인수분해의 원리를 이용하여 그 문제를 풀게 된다. 그러나 인수분해를 알기 위해서는 인수, 1차식, 2차식, 방정식, 항과 같은 개념을 이해해야 하며, 교환법칙, 결합법칙, 분배법칙 등의 수학법칙도 알아야 한다. 이처럼 구조는 사실이나 개념, 법칙, 원리 등이 결합되어 나타나는 것이다.

학자들은 스스로 그 학문의 지식을 깨우치거나 찾아낸다. 결국 학생들이 구조에 의해 학문의 내용, 즉 지식을 얻는다는 것은 학자와 같은 성격의 활동을 하는 것이다. 그런 의미에서 구조를 가르친다는 것은 이른바 '작은 학자'를 만들어내는 일이라고 할 수 있다. 그런데 이 구조를 가르치는 것이 구체적 사실을 가르치는 종래의 방법으로는 가능하지 않았다. 교사가 설명을 통해 구조를 가르칠 수는 없는 것이다. 학자의 학문적 능력은 설명을 듣는다고 해서 생겨나지 않는다. 스스로 학문을 탐구하고, 지식을 찾아내는 과정에서 갖게 되는 것이다. 위에서 예로 든 인수분해의 경우 학생들이 인수분해 문제를 푸는 능력은 교사의 설명만으로 습득할 수 있는 것이 아니다. 스스로 인수분해 문제를 풀어보고, 그 과정에서 여러 가지 인수분해 방법 중 어느 게 가장 나은지 문제 유형을 구분할 수 있어야 한다. 이에 따라 구조를 가르치는 방법으로 주로 선택되는 것은 발견법(discovering method, heuristic method)이었다. 교수-학습 기법이라는 측면에서는 탐구법보다 발견법이 더 보편적인 용어라고 할 수 있다.

이렇게 볼 때, 탐구수업은 내용 면에서는 구조를 다루고, 기법으로는 발견법을 택하는 수업이라고 할 수 있다. 그런데 이제까지의 논의에서 보듯이 초기 탐구법의 주된 목적은 학생 스스로 지식을 습득하는 능력을 길러주기 위해 구조를 알게 하는 것, 즉 학습내용 면에 중점을 둔 것이었다. 학문중심 교육과정 초기에서 발견법이라는 탐구학습의 수업기법은 학문의 구조를 습득시키기 위한 하나의 수단이 되었다.

미국 사회에서 새로운 교육과정이 가장 먼저 시행된 것은 수학과 물리 같은 자연과학 분야였다. 스푸트니크 쇼크 이전부터 논의되던 새로운 교육 내용과 학습방법을 받아들여 교육과정이 개정되었다. 이어서 생물과 화학 등에서도 새로운 교육과정이 적용되었다. 자연히 탐구법이라는 교수-학습방법이 가장 먼저 적용된 것도 이들 자연과학 과목이었다. 바꿔 말하면 탐구법은 과학을 가르치기 위한 학습법으로 개발된 것이었다. 자연히 탐구법에는 자연과학의 주제나 연구법의 성격이 반영되었다.

새로운 교육과정은 점차 사회과로 확대되어 이른바 신사회과(new social studies)를 낳았으며, 사회과 수업을 위한 탐구모형이 개발되었다. 신교육과정이 그렇듯이 초기 신사회과에서 개발된 탐구모형은 학생들에게 사회과학의 구조를 효과적으로 가르치기 위한 것이었다. 즉 탐구 절차나 수업 기법보다는 주로 사회과학 구조라는 탐구 내용에 초점을 맞춘 모형이었다. 사회과와 별도의 역사과 탐구수업 모형이 개발되지는 않았다. 그것은 미국의 학교 교육과정에서 역사가 별도의 교과로 구분되어 있지 않고 당시 역사를 사회과학으로 보는 경향이 강했으며, 그런 경향을 반영하는 역사학 분야의 연구가 활발히 진행되고 있었기 때문이다. 그러나 당시 개발된 사회과 교육의 내용에는 역사가 많이 포함되어 있었다. 사회과학 구조를 가르치기 위한 내용 소재로서 역사적 사실이 주로 이용되었기 때문이다. 역사학자들이 초기 사회과 탐구 수업 모형을 개발하는 데 많이 참여했다.

1960년대 중반 이후에 접어들면서 미국 사회과의 이러한 경향에 변화가 찾아왔다. 1960년대 중반 이후 미국 사회는 커다란 사회적 격동을 맞이했다. 베트남 전쟁 참전 반대로 상징되는 반전운동, 흑인 및 소수민족의 민권운동, 다양한 형태의 학생·청년운동 등이 사회를 뒤흔들었다. 사회과에서도 이러한 사회문제를 다루어야 한다는 주장이 나타났다. 자연히 여러 가지 사회문제가 사회과의 주요 내용으로 등장했다. 이에 따라 종전 사회과학의 학문적 구조를 중점적으로 다루던 사회과 탐구 주제들도 사회적 이슈, 개인의 사회적 문제 등으로 다양화되기 시작했다. 탐구 주제가 다양화되면서 탐구법은 자연히 어떤 내용을 가르치는가보다는 그 내용을 학습하는 방법에 중점을 두게 되었다. 이에 따라 사회과 탐구수업 모형도 점차 사회과학 구조라는 탐구 내용보다는 문제 해결법이라는 탐구 절차에 초점을 맞추게 되었다. 그런데 이 문제 해결법은 스푸트니크 쇼크 이후 극복하고자 했던 경험중심 교육과정의 주된 학습방법이었다. 진보주의 교육의 대표적 인물로 꼽히는 듀이(John Dewey)의 반성적 사고모형(reflective thinking model)은 이같은 탐구학습 모형의 원형으로 자주 언급된다.

이상에서 살펴본 바와 같이 탐구법이 개발된 미국에서 역사를 가르치기 위한 별도의 탐구수업 모형은 없었으며, 사회과 탐구수업 모형이 원용되어 사용되었다. 사회과 탐구수업 모형에는 탐구수업의 내용적 측면, 즉 사회과학 구조를 강조하는 모형이 있으며, 이는 학문중심 교육과정의 이념에 토대를 둔 것이었다. 다른 한편으로는 탐구의 방법적 측면, 즉 문제 해결 능력을 중시하는 모형이 있다. 이 모형은 1960년대 중반 이후에 주로 개발되었으나, 그 뿌리는 듀이의 반성적 사고모형에 있으며, 경험중심 교육과정의 학습방법과 성격상 비슷하다고 할 수 있다. 우리나라에서도 미국 사회과의 탐구모형을 그대로 들여와 적용하려는 시도가 있어왔다.

### 3) 역사 탐구모형

앞서 살펴본 바와 같이 탐구수업은 기본적으로 발견의 과정을 통해 구조를 학습해가는 수업 방법이다. 따라서 탐구수업은 기본적으로 아래와 같은 절차를 따르게 마련이다.

**그림 3** 탐구학습의 일반적 절차

이와 같은 탐구 절차를 보여주는 기본적인 학습모형이 듀이의 반성적 사고모형이다. 반성적 사고라는 것은 어떤 문제를 되돌아보면서 꼼꼼히 생각하는 것이다. 듀이는 반성적 사고의 절차를 다음과 같이 제시한다.

① 문제 인식(suggestion): 학습과제의 파악. 탐구의 의욕이 생겨남
② 지식화(intellectualization): 학습과제를 해결하기 위해 알아야 할 문제가 무엇인지 정리
③ 가설(hypothesis, the guiding idea): 가설 세우기
④ 입증(reasoning): 선지식이나 기초적인 관찰 등을 통해 가설에 모순이 없는지 추론
⑤ 가설 검증(testing the hypothesis): 자료의 분석과 해석을 통해 가설이 맞는지 여부를 구체적으로 확인

역사 탐구에서 사용된 사회과 탐구모형도 대체로 이런 절차를 거친

다. 그렇지만 구체적인 탐구모형들 사이에는 여러 가지 차이가 있다. 특히 학문의 구조에 해당하는 자료의 성격 및 분석·해석 방법과, 탐구 방법에 해당하는 절차 중 어디에 초점을 맞추는가에 따라서 달라진다.

한국 사회에서 가장 널리 소개된 것은 마시알라스(B. G. Massialas)와 콕스(B. C. Cox)의 사회과 탐구모형이다. 1972년에 설립된 한국교육개발원의 사회과 연구실이 탐구수업을 소개할 때 그 모델로 삼은 것이 이들의 모형이다. 마시알라스와 콕스의 탐구모형은 탐구 절차와 기능에 초점을 맞춘다. 이 모형은 다음과 같은 절차로 구성된다.

① 안내(orientation): 교재 서술이나 교사의 설명을 통해 학습과제를 제시
② 가설 설정(hypothesis): 안내로부터 학습과제에 대한 가설을 논리적으로 추론
③ 탐색(exploration): 가설로부터 필연적으로 파생되는 명제를 도출
④ 입증(evidencing): 자료를 수집하여 명제의 타당성 여부를 검증. 이를 토대로 가설을 수정하거나 확인하고 결론을 도출
⑤ 일반화(generalization): 확인한 결론을 다른 역사적 사실에 적용
* 정의(definition)는 탐구과정 어디에서건 일어날 수 있음

마시알라스와 콕스의 모형에서 주목할 점은 탐색의 절차이다. 가설은 추상적이어서 직접 검증하기가 어렵다. 그러므로 가설에서 필연적으로 연역되는 하위명제를 추출하고, 자료를 통해 검증해야 한다. 예를 들어 '문명의 발상지가 비옥한 하천 유역이라는 것'을 밝히는 탐구과제에서 가설은 "문명은 음식, 물, 금속 등 기본적인 자원이 충분한

장소에서 발생한다'라고 설정할 수 있다. 이 가설이 사실이라면, "간신히 먹고살 수 있는 정도의 자원만 생산하는 지역에서는 문명이 발달하기 어려울 것이다", "문명은 사막에서 발달할 수 없다. 왜냐하면 그곳에는 기본 필수품이 충분하지 않기 때문이다", "자원을 충분히 생산하지 못하는 지역은, 충분한 자원을 가졌고 그것을 편리하게 분배할 수 있는 지역의 도움을 받지 않으면 문명을 발달시킬 수 없다"라는 하위명제도 참이어야 한다. 이 세 가지 하위명제는 가설에 비해 구체적이며, 에스키모, 사하라 사막, 저개발 국가 등 이런 조건에 해당하는 지역을 찾을 수 있다. 실제 가설 검증에서는 이 세 가지 하위명제가 사실인지를 탐구한다.

이에 반해 베이어(Berry K. Beyer)의 사회과 탐구모형은 탐구하고자 하는 과제와 자료의 성격을 좀더 신중히 고려한다. 베이어의 탐구모형은 다음과 같은 절차를 거친다.

① 문제 정의: 문제와 의문 사항 인식, 그것을 의미 있는 것으로 변형, 그것을 다루기 쉽게 만듦

② 가설 설정: 유용한 자료의 조사 연구 및 분석, 자료가 말해주는 명제 추론, 가설 진술

③ 가설 검증: 증거 수집, 증거 정리, 증거 분석

④ 결론 도출: 증거와 가설 간의 관계 평가, 결론 내리기

⑤ 결론의 적용 및 일반화: 새로운 증거에 비춰 결론을 재검토, 탐구 결과의 일반화

이 절차는 일반적인 탐구 절차와 다르지 않다. 다만 베이어의 모형은 각 단계에서 학습과제나 자료의 성격을 반영하는 데 관심을 둔다는 점에서 차이가 있다. 예컨대 베이어의 모형을 역사수업에 적용한다면, 문제의 정의에서 학습과제에 역사적 의미를 부여한다. 가설 검증 단계의 증거 수집에서는 필요한 자료를 확인하고, 수집하고, 평가한다. 증거 정리는 자료를 번역하고, 해석하고, 분류하는 것으로, 본격적인 가설 검증의 단계에 해당한다. 번역과 해석을 하는 것은 다른 과목, 특히 과학과 구분되는 역사의 특징이라고 할 수 있다. 결론을 도출하더라도 과학과는 달리 새로운 증거에 비춰 재검토한다. 이러한 절차는 과학 탐구와는 차이가 있다.

### 4) 역사 탐구의 어려움과 현실

탐구가 강조되지만 많은 역사교사는 탐구수업을 하는 데 어려움을 느낀다. 탐구수업을 한다고 하더라도 어떤 모형을 적용하기보다는 그저 자료를 제시하고, 학생들이 스스로 자료를 분석하고 해석해서 학습하는 정도의 의미로 시행하는 것이 보통이다. 그것은 자료의 부족, 학생의 수준 차이, 단위 시간의 부족 등 일반적인 수업환경에서 비롯되는 제약 때문이기도 하지만, 역사라는 과목의 성격도 탐구수업을 어렵게 하는 중요한 요인이다.

위에서 살펴본 사회과 탐구모형을 역사수업에 적용할 때 논란이 될 수 있는 가장 큰 문제는 역사 자료나 연구방법이 자연과학이나 사회과학에서 사용하는 것과 같은 성격인가 하는 점이다. 역사학자도 아무런 선입견을 가지지 않거나 예측을 하지 않은 채 자료를 보지는 않는다.

자연과학자나 사회과학자처럼 이러한 역사적 사실을 말해주지 않을까 하는 기대를 가지고 자료를 검토한다. 이러한 예측이나 기대를 역사학자가 세우는 가설이라고 할 수 있을 것이다.

그러나 과학자의 가설과 역사학자의 가설은 그 성격이 다르다. 과학에서 가설은 명제나 사회 현상으로부터 필연적으로 추론된다. 그래서 하나의 명제에서는 하나의 가설만이 도출된다. 유클리드 기하학에서 "평면에서 두 점을 잇는 최단 거리는 직선이다"(공리)라는 명제에서 '삼각형의 두 변의 길이의 합은 한 변보다 길다'라는 가설을 세울 수는 있지만, '삼각형의 두 변의 길이의 합은 한 변보다 짧다'는 가설을 세울 수는 없다. 그렇지만 역사에서는 연역과 같이 결론이 명확한 가설을 설정하기 어려우며, 하나의 명제에서 여러 가설을 세울 수 있다. 명제와 가설들 사이에 개연성이 성립하기만 하면 된다. 이런 성격 때문에 역사학에서 가설은 결론을 도출하기 위한 것이기보다는 연구의 방향과 범위를 이끌어주는 역할을 한다. 그래서 역사에서는 가설보다는 '가설적 추론(가추, abduction)'*이라는 용어가 더 적절할 수 있다. 부스(M. B. Booth)가 역사적 사고의 성격으로 규정한 인증적 사고(adductive thinking)는 가추와 귀납을 조합한 사고방식이다.

자연과학자들의 연구는 가설을 검증하는 순간에 끝난다. 가설을 확인하는 것이 연구의 목적이기 때문이다. 반면에 역사 연구에서 가설은

---

* abduction은 결과로부터 전제조건이나 원인을 추론하는 방식으로, '가설적 추론' 또는 줄여서 '가추'라고 한다. '귀추법(歸推法)'이라는 용어를 사용하기도 한다. 해부학에서는 팔다리를 신체로부터 멀어지게 하는 운동으로 '외전(外轉)'이라고 한다. 이 글에서는 역사교육 연구서의 용례에 따라 가설적 추론(가추)이라고 표기한다.

역사적 사실을 이해하고 해석하기 위한 하나의 수단일 뿐이다. 가설이 확인되더라도 연구는 계속된다. 예를 들어 고려의 경제사를 연구하는 어떤 역사학자가 '고려의 전세율은 10분의 1일 것이다'라고 예측하고, 《고려사》를 비롯한 여러 가지 관련 자료를 검토했다고 하자. 그리고 이 학자가 자신의 생각, 즉 가설을 자료에서 확인했다고 하자. 이 학자는 그 순간 자신의 연구를 끝낼 것인가? 당연히 그렇지 않을 것이다. 이 학자는 자료를 검토하는 과정에서 '왜 그런 전세율이 정해졌을까', '10분의 1이라는 전세율은 당시의 사회 상황에서 농민에게 과중한 것이었을까', '10분의 1이라는 전세율이 실제로 지켜졌을까', '그런 전세율은 여러 사회계층의 사람들에게 어떤 영향을 미쳤을까', '고려의 전세제도는 국가 재정을 확보하고 경제를 운영하는 데 효과적이었을까' 등의 의문을 밝히는 작업을 계속할 것이다. 이 작업은 별도의 과정을 통해서, 또 다른 가설을 세워서 진행하는 것이 아니라 위의 전세율에 대한 생각을 기반으로 자료를 보면서 동시에 이루어진다. 위의 가설은 이러한 내용들을 밝히는 계기이자 하나의 수단일 뿐이다.

역사수업에서도 마찬가지이다. 어떤 교사가 '조선 후기 철종조에 민란이 집중적으로 발생한 것은 사회 변동에 기인한 민중의식의 성장 때문이다'라는 가설적 추론을 세우고 학생들에게 자료를 통해 검증하게 하는 수업을 진행했다고 하자. 이 수업은 민란의 원인을 확인하는 데 끝나지 않을 것이다. 조선 후기 민란을 신라 말, 고려 중기의 민란과 성격을 비교할 수도 있고, 민란이 국가의 정책이나 사회 변화에 끼친 영향을 학습할 수도 있고, 이후 민란의 전개 양상을 다룰 수도 있다.

역사 탐구수업을 할 때 발생하는 또다른 문제는, 역사적 가설은 대체로 그 진위를 가리기 어렵다는 점이다. 따라서 가설 설정 → 증거 수집 → 가설 검증 → 결론 도출 → 일반화라는 기본적 절차를 거치는 탐구수업에서 타당성의 여부가 명백히 확인되는 가설을 세우거나 어떤 역사 자료를 가지고 가설의 타당성 여부를 명백히 가리기도 어렵다. 위에서 예로 들었던 '조선 후기 철종조에 민란이 집중적으로 발생한 것이 사회 변동에 기인한 민중의식의 성장 때문이다'와, 자연과학에서 다루는 '부피가 같은 가벼운 물건과 무거운 물건을 동시에 떨어뜨리면 같은 속도로 떨어진다', 사회과학에서 사용하는 '수요가 증가하면 가격은 상승한다'라는 가설을 비교해보자. 자연과학의 가설은 현상을 관찰하거나, 명제로부터 논리적 연역에 의해 도출된다. 그렇지만 민란이 사회 변동에서 비롯된 민중의식의 성장 때문이라는 가설은 사회 현상을 추론해서 이끌어내는 개연적인 성격의 명제이다. 자연과학의 가설은 사실 여부를 100퍼센트 입증할 수 있다. 사실로 입증될 경우 하나의 법칙으로 만들 수 있는 것이다. 사회과학의 가설은 사실 여부가 이보다 덜 명백하지만 통계 등을 사용하는 경험적 방법에 의해 설득력 있게 검증할 수 있다. 그러나 역사적 가설의 경우는 그렇지 못하다. 설사 어떤 사람에게 위의 가설이 명백한 사실로 여겨진다고 하더라도 다른 사람에게는 그렇지 않을 수도 있다. 역사에서 가설은 자연과학의 실험이나 논리, 사회과학의 경험적 통계와 같이 명백히 확인할 수 있는 성격이 아니다. 가설의 명백한 검증 자체가 어려울 뿐만 아니라, 검증된 결론 자체도 자연과학이나 사회과학과는 성격이 다르다.

이 점은 역사 자료의 경우도 마찬가지이다. 역사 자료가 말해주는 증거는 자연과학은 물론 사회과학에 비해서도 어떤 사실을 명백히 입증해주기 어려운 경우가 많다. 역사 연구나 수업에서도 다른 학문이나 교과와 마찬가지로 자료를 통해 사실을 밝히는 경우가 많다. 그러나 같은 자료에서 나온 역사적 사실이라 하더라도 사람에 따라서 달리 받아들이기도 한다. 역사 자료에서 추출한 증거에는 기본적으로 판단과 해석이 덧붙여지기 때문이다. 또한 역사적 사실을 이해하는 데는 과학적 분석뿐만 아니라 감정이입과 같은 상상석 이해가 포함되게 마련이다. 그러나 탐구수업에서는 역사 이해의 이러한 면을 다루기 어렵다.

역사에서 다루는 가설과 자료의 이러한 성격은 일반적인 탐구모형에 따라서 역사수업을 전개하는 데 커다란 지장을 준다. 역사수업에서 탐구법을 적용하기가 어려운 이유는, 기본적으로 탐구수업이라는 개념이 자연과학에서 나온 것이고, 역사교육에서 사용되는 탐구모형 또한 사회과학을 전제로 만든 것이기 때문이다. 문학이나 미학, 철학과 같은 인문학 과목에서는 탐구모형을 적용하려는 시도를 찾아보기 어렵다. 그 이유는 확실한 결론보다는 오히려 학습자의 판단이나 정서에 관심을 두는 인문학적 특성 때문이다. 그런데 역사학은 한편으로는 사회과학적 성격이 있지만, 다른 한편으로는 인문학적 성격도 있다. 그런 의미에서 '역사는 탐구법을 적용할 수 있는 마지막 과목'으로 평가되기도 한다.

역사 탐구수업을 어렵게 하는 또다른 문제는 탐구수업이 기본적으로 기능(skill)을 기르는 데 초점을 맞추고 있다는 점이다. 탐구수업은 학생들에게 기능, 능력, 과정을 가르치는 수업 방식으로 인식되고 있다. 그러나 역사적 사실, 즉 학습내용을 이해하고 그 의미를 파악하는 것이 역사교육의 중요한 측면이라는 데 많은 사람이 동의하고 있다.

탐구과정은 그 자체가 역사수업의 목적이라기보다는 이에 도달하기 위한 수단으로 여겨야 한다. 이를 위해서는 역사적 사실을 설득력 있게 재구성하려는 노력이 필요한데, 탐구수업은 탐구기능만을 강조한 나머지 역사교육의 이러한 측면에 소홀하다는 것이다.

'과연 학생들이 역사수업에서 역사학자와 같은 탐구 과정을 수행할 수 있는가' 하는 점도 문제로 지적된다. '적절한 형식의 자료만 주어진다면 모든 단계의 학생들은 학자의 활동을 되풀이할 수 있다'는 탐구법의 가정에 대해서는 이미 전반적으로 의문이 제기되어왔지만, 역사의 경우는 더욱 그렇다. 실제로 학생들이 문헌사료나 유물, 유적을 분석하고 해석해서 역사적 사실을 밝히고 역사 변화의 동인과 인과관계를 탐색할 수 있을 것인가? 설사 탐구수업에서 학생들이 하는 활동과 비슷하게 역사학자도 연구를 할 때 가설을 세우고 자료를 통해 그 가설을 검증하는 과정을 거친다고 하더라도, 역사 자료에서 필요한 정보를 얻기 위해서는 다른 학문이나 교과에 비해 역사적 사실에 대한 배경지식이 많이 있어야 한다. 자료에 담겨 있는 역사적 사실을 역사적 맥락에 비춰 살펴볼 수 있어야 어떤 결론을 뒷받침하는 증거를 확인할 수 있다. 그러나 학생들은 그 정도의 역사 지식을 갖고 있지 않다. 실제로 탐구수업을 한다고 하더라도 학생들은 역사 자료에서 증거를 찾아내고 이를 분석해서 가설을 검증하는 것이 아니라, 자신이 알고 있는 역사 지식을 기반으로 가설을 확인하는 경우가 많다. 그런 의미에서 보면 과연 학생들의 역사학습과정이 역사가의 연구 과정과 동일한지는 의문이다.

이상에서 살펴본 바와 같이 역사수업에서 탐구학습은 그리 쉬운 일이 아니다. 특히 기존의 사회과 탐구모형은 역사수업에 적용하기에는 여러 가지 부적당한 점이 있다. 이를 고려하면, 탐구모형에 기반한 역사수업은 학습내용이나 주제에 따라 제한적으로 행할 필요가 있다. 기존 탐구모형은 인간 활동보다는 제도사와 같이 자료를 통해 명백히 확인할 수 있는 역사적 사실을 대상으로 하는 것이 좋다. 이에 반해 역사적 판단이나 해석이 필요한 주제 또는 내용을 다루거나, 자료를 활용해야 할 경우에는 다른 방식으로 수업을 구상하는 것이 오히려 나을 것이다. 탐구의 개념을 확대하여 '학생들이 스스로 주어진 학습과제를 적극적이고 진지하게 해결하는 학습활동'이라는 의미의 탐구수업을 구상해볼 수도 있다. 이 경우 역사 탐구수업은 '가설 설정 → 가설 확인'이라는 기존 탐구수업 모형의 틀에서 벗어나 새로운 형식을 취할 수도 있을 것이다. 예를 들어 종종 시험에 나옴직한 다음과 같은 문제를 생각해보자.

호족의 제거, 노비안검법 실시, 과거제도 시행 등에서 공통적으로 나타나는 고려의 정책은 무엇인가?

아마도 대답은 '왕권의 강화'일 것이다. 대부분의 학생은 깊이 생각하지 않고 대답하겠지만, 이 문제를 정확히 푸는 과정이라면 호족의 제거, 노비안검법 실시, 과거제도 시행이라는 세 가지 사실의 속성을 각각 열거하고, 그중 공통적인 속성을 찾아서 답을 제시해야 한다. 그 과정은 '공통점이 과연 무엇인가'에 대한 가설을 미리 생각할 것을 요구하지는 않는다. 그렇다면 역사수업에서 탐구활동은 이러한 형식을 취할 수도 있지 않을까? 예컨대 조선 행정조직의 특징을 설명하는 대신 자료를 주고 수령제, 향리제, 면리제의 공통적인 특징을 찾아내는 학습활동도 가능하다.

개념의 사례를 모아서 공통적인 속성을 확인함으로써, 그 개념을 학습하는 방법도 고려해볼 만하다. 흔히 개념은 일정한 속성으로 규정된다. 예컨대 '~혁명'을 규정짓는 속성으로는 주체세력, 이념, 사회 구조의 변화에 끼친 영향 등을 들 수 있다. 그렇다면 '근대 시민혁명이란 무엇인가?'라는 학습과제를 이러한 속성에 비춰 어떻게 탐구할 수 있을까? 고등학교 단계에서 흔히 시민혁명의 대표적 사례로 언급되는 명예혁명, 미국독립, 프랑스 혁명에 관한 자료를 검토하여 시민혁명을 주도한 세력이 어떤 계층인가, 이런 혁명의 바탕에 있는 사상은 무엇인가, 혁명 이후 각각의 사회 구조에는 어떠한 변화가 있었는가를 분석하고, 그 공통점을 찾아서 '시민혁명의 성격'을 파악하는 수업도 가능할 것이다.

이와 같은 학습활동에서는 일반적인 탐구모형처럼 가설을 만들고 이를 검증하는 과정이 필요하지 않다. 그러나 탐구수업이 학생들의 탐구활동에 의한 수업이라는 관점에서 보면, 이 수업 또한 학생들의 탐구활동을 포함하고 있으므로 넓은 의미의 탐구수업에 해당한다. 또한 실제 역사수업 현장에서 학생의 활동을 강조하는 수업을 진행할 경우, 가설을 만들고 이를 검증하는 수업보다 이러한 형태의 수업을 더 흔히 찾아볼 수 있을 것 같다.

## 5) 역사하기와 역사학습

근래에는 역사 탐구와 함께 '역사하기'라는 말이 자주 사용된다. '역사하기'는 영어 doing history를 직역한 것이다. '수학하기', '지리하기'와 같이 다른 과목에서도 '하기'라는 말이 사용된다. 사실 '역사를 한다'는 말은 우리 어법에 맞지 않는다. '한다'는 '공부'나 '노동'과 같이 행위를 내포하는 명사 뒤에 붙어서 '공부한다', '노동한다'와 같이 사용된다. '역사', '지리', '수학' 등 순수하게 인식의 대상만을 지칭하는 단어에 붙어서 사용되지는 않는다. 그래서 우리말의 '하기'와 영어의 'doing'은 그 의미나 포괄하는 뜻이 다른데, 너무 직설적인 번역일 수도 있다. 그럼에도 '역사하기', '수학하기', '지리하기'라는 말이 사용된 것은 각각의 과목이나 그 내용을 제공하는 배경 학문에는 이를 바라보는 관점이나 사고방식에서 고유한 특성이 있다는 생각 때문이다. 그렇기 때문에 역사하기는 역사를 탐구하되, 역사의 특성에 맞게 역사가처럼 생각하고 역사가가 탐구하는 방식대로 탐구한다는 의미를 내포하고 있다. 즉 역사하기는 역사적 사실이나 역사 텍스트의 성격을 토대로 역사가가 연구하는 것과 같이 학생 스스로 의미를 재구성하고 자신의 역사 내러티브를 생성하는 것이라고 할 수 있다. 역사인식의 성격을 토대로 역사를 연구하거나 역사적으로 사고하고 학습하는 것이 역사하기이다.

《역사하기(Doing History)》라는 책을 낸 바튼과 렙스틱은 역사하기가 역사적 사실과 역사 연구의 성격에 바탕을 둔다고 생각했다. 역사는 사회적으로 의미 있는 주제와 문제의식을 바탕으로 한다. 역사적 사실은 하나의 해석으로, 내러티브 형식으로 제시된다. 그런데 해석은 사람에 따라 다르므로, 역사는 논쟁적 성격을 가진다. 역사는 정치적 영향을 받지만, 정치 이상의 것으로 미래를 상상할 수 있게 한다. 바튼과 렙스틱은 역사하기의 학습 원리를 다음과 같이 제시한다.

① 교수와 학습은 목적을 지녀야 한다.

② 학습은 깊은 이해를 의미한다.

③ 교수는 학생들의 사전지식 위에 구축되어야 한다.

④ 사람들은 학문적 탐구를 통해서 배운다.

⑤ 가르치는 것은 비계를 의미한다.

- 학습자에게 적절한 인지적 도움이나 안내를 제공한다.

- 비고츠키의 근접발달영역(zone of proximal development, ZPD) 이론에 토대를 둔다.

⑥ 구성적 평가를 한다.

바튼과 렙스틱은 역사는 이처럼 다양한 활동과 목적을 포함하기 때문에, 이에 따라 역사하기의 방식이 달라진다고 본다. 그들은 이런 역사하기의 방식을 '입장(stance)'*이라고 부르면서, 역사하기의 네 가지

---

* stance는 역사를 보는 관점, 역사 연구의 목적과 방법 등을 통합하는 관점으로, 역사를 탐구하는 총체적인 입장이나 태도를 가리킨다. 야구에서는 투수가 던지는 공을 치기 위해 타자가 기다리며 서 있는 방법이나 자세를 뜻한다. 이런 복합적인 의미 때문에 '스탠스를 취하다'와 같이 원어를 그대로 사용하기도 한다. 바튼과 렙스틱 저서의 번역서도 그냥 스탠스라고 옮겼다(Keith Barton and Linda Levstik, 김진아 옮김(2017), 《역사는 왜 가르쳐야 하는가》, 역사비평사). 이 글에서는 한국어 중 그 의미가 가장 가깝고 복합적인 '입장'이라는 용어를 사용한다.

입장을 제시한다.

첫째, 동일시 입장(identification stance)이다. 동일시 입장은 학습자로 하여금 사회 구성원의 일원으로서 정체성을 가지게 하는 것을 역사교육의 목적으로 삼는다. 학습의 대상이 되는 과거 사람 및 그들의 행동이 만들어낸 산물인 사건들을 학생 자신과 하나로 생각하는 것이다. 둘째, 분석적 입장(analytical stance)이다. 분석적 입장에서는 역사적 사건의 인과관계를 파악하는 것을 역사교육의 목적으로 삼는다. 이 입장에서는 역사적 사건의 전개 과정과 역사적 사실들 간의 관계를 분석하는 것이 역사하기이다. 이 입장을 택하는 사람들은 역사적 행위를 비판적으로 생각한다. 사회 개혁을 추구하는 사람들이 이 입장을 지지한다. 셋째, 도덕적 반응 입장(moral response stance)이다. 이 입장에서는 교훈을 얻는 것이 역사교육의 목적이다. 역사적 사건이 공정하고 정의로운지를 판단한다. 이를 기준으로 과거 인물이나 사건을 긍정적 또는 부정적으로 평가한다. 넷째, 전시적 입장(exhibition stance)이다. 전시적 입장에서는 과거의 정보를 기억하는 데 주안점을 둔다. 역사적 사실을 많이 아는 것을 사회인이 가져야 할 교양으로 여긴다. 이를 보여주는 것을 학업성취의 증거로 여기며 다른 사람을 위한 봉사라고 생각한다. 지식 습득 중심의 역사교육관은 비판을 받아왔지만, 실제로 역사를 가르치고 배울 때 흔히 볼 수 있다. 시험에 대비한 역사교육이나 박물관 전시에서 이런 입장을 찾아볼 수 있다.

'역사하기'라는 말은 학습방법으로도 사용될 만큼 이제는 널리 알려져 있으며, 그 성격이 무엇인지도 제시되었다. 그렇지만 역사하기의 개념은 여전히 명확하지 않다. 이전에도 강조되어왔던 탐구와 비슷해 보이기도 한다. 역사하기가 탐구와 다른 점은 역사 연구와 그 산물인 역사적 사실의 성격을 반영한다는 데 있다. 학생 스스로 자료를 탐색한다는 점에서는 마찬가지이지만, 학문중심 교육과정의 탐구학습은 자료 분석을 통해 하나의 결론을 추구하고, 그 결론을 일반화하여 다른 주제에 적용한다. 이와 달리 역사하기는 탐구 대상이 되는 역사적 사실 자체에 의미를 부여하고자 한다. 종종 그 의미를 다른 주제에 적용하려고 하지만, 그것이 주목적은 아니다. 역사하기에서는 자료를 분석할 뿐 아니라 해석한다. 역사적 사실에 의미를 부여하는 행위가 역사해석이다. 자료를 대하는 태도도 다르다. 전통적인 탐구학습에서 자료는 사실을 담고 있다. 이에 반해 역사하기에서 보는 역사 자료는 이미 저자의 관점이나 해석이 담긴 텍스트이다.

그렇지만 교과서나 수업에서 교사는 역사하기를 막연히 탐구와 비슷한 의미로 사용하는 경우가 많다. 이는 역사하기의 개념을 명확히 이해하지 못했기 때문이기도 하지만, 반대로 그동안 탐구수업을 탐구 모형의 적용과 같은 엄밀한 개념으로 사용하지 않았기 때문이기도 하다. 그만큼 탐구의 의미는 포괄적이다. 탐구라는 말이 광범하게 사용되고 탐구학습이 인기를 끌었지만, 탐구는 그저 학생이 스스로 자료를 분석하거나 해석해서 과제를 해결하는 것 정도로 사용된 경우가 많았다. 어쩌면 수업에서 탐구의 개념을 엄밀하게 적용할 필요를 느끼지 못했을 수도 있다. 그런 의미에서 보면 역사하기의 '하기'라는 말도 마찬가지이다. 역사적 사실이나 역사 연구의 성격을 꼼꼼히 반영하는 것이 아니라 그냥 역사 탐구와 비슷한 말로 사용되곤 한다. 교실 수업 실천의 차원에서 보면 역사 탐구의 개념이 엄밀하게 사용되지 않은 것이

별문제가 아니었듯이, 역사하기의 개념도 포괄적으로 사용된다고 해서 큰 문제가 아닐 수도 있다.

## 6) 역사하기의 절차

역사적 사실의 성격과 역사학의 연구방법에 따라 생각하고 탐구하는 학습방법이 '역사하기'이다. '역사하기'는 역사가처럼 생각하고, 역사가의 연구 절차에 따라 텍스트, 즉 자료를 읽는 것을 뜻한다. 역사가가 사고하는 대로 사고하고, 역사 연구 절차에 따라 탐구를 할 때 학생들은 역사적 사실의 성격을 이해하고 스스로 역사를 공부하는 능력을 키울 수 있다. 역사가의 사고방식이 어떤 것인지에 대해서는 정리된 견해가 없다. 그렇지만 대체로 다음과 같은 사고방식이 역사적 사고에 해당한다.

- 역사 기록은 선택적이고, 기록자의 관점이나 역사해석, 기록할 당시의 상황에 영향을 받음에 유념한다(사료 비판, 역사화).
- 역사적 사실에는 상황에 대한 행위자의 판단이 들어가 있음을 고려한다(맥락화).
- 역사적 원인을 하나가 아닌 여러 가지로 생각하고, 이 중 참원인을 밝히고자 한다(다원인).
- 인과관계의 필연성이 아닌 개연성을 밝히고자 한다(역사적 인과관계의 개연성).
- 역사해석은 하나가 아닌 여럿일 수 있음을 인정한다(다원적 관점, 다중시각).

- 역사 연구에서 '가설'은 하나가 아닌 여럿일 수 있음을 인정하고, '목적'이 아닌 '수단'으로 사용한다(가설적 추론).

역사가가 자료를 읽고 거기에서 역사적 사실을 밝히는 것이 '역사 읽기', '역사 텍스트 읽기'이다. 역사 텍스트를 읽는 방식으로는 표면적 읽기, 분석적 읽기, 맥락적 읽기, 해석적 읽기, 평가적 읽기, 비판적 읽기 등이 있다. 각각의 읽기 방식은 텍스트 내용을 다음과 같이 읽는 것이다.

- 표면적 읽기: 텍스트 내용 자체의 확인
- 분석적 읽기: 텍스트 내용에 나타난 역사적 사실들 간의 관계, 역사적 사건의 구조 분석
- 맥락적 읽기: 텍스트를 당시 상황에 비추거나 다른 자료와 비교하여 읽기
- 해석적 읽기: 텍스트 내용을 통해 알 수 있는 역사적 사실에 의미 부여
- 평가적 읽기: 텍스트에 나타난 역사적 행위에 대한 평가
- 비판적 읽기: 텍스트에 들어가 있는 저자의 관점이나 해석 파악

이러한 텍스트 읽기 방식을 교과서에 나오는 다음과 같은 내용에 적용해보자.

19세기 후반 천주교가 확산되고 서구 열강의 통상수교 요구가 거세졌다. 보수적인 유생들은 이를 기존 사회질서를 위협하는 것으로 여겨 위정척사운동을 벌였다.

1860년대 이항로와 기정진 등은 열강의 통상 요구와 침략에 맞서 싸우자는 척화주전론을 주장하여 흥선대원군의 통상수교 거부 정책을 뒷받침하였다. 1870년대 일본이 개항을 요구하자, 최익현은 왜양일체론을 주장하며 개항을 반대하였다.

1880년대에는 조선 정부가 개화정책을 본격적으로 추진하기 시작하였다. 정부의 개화정책에 불만을 품고 있던 위정척사 세력은 《조선책략》의 유포를 계기로 적극적인 행동에 나섰다. 이만손의 주도로 영남의 유생들이 만인소를 올렸고, 전국 각지에서 개화에 반대하는 상소가 빗발쳤다. 이에 고종은 '척사윤음'을 내려 유생들을 달랬다.

하지만 정부가 홍재학의 상소를 계기로 위정척사운동을 탄압하는 등 개화를 추진하겠다는 입장을 분명히 하면서 위정척사운동은 점차 약화되었다. 이후 위정척사운동의 반침략 정신은 1890년대 항일의병 운동으로 계승되었다.

— 노대환 외(2020), 《고등학교 한국사》, 92쪽

표면적 읽기는 텍스트의 내용을 확인하는 것이다. 예컨대 '19세기 후반 조선 사회에는 천주교가 확산되었다', '이항로와 기정진은 척화주전론을, 최익현은 왜양일체론을 주장했다', '조선 정부는 김홍집이 가져온 《조선책략》을 유포했다', '이만손 등 영남 유생들은 만인소를 올려 개화에 반대했다'와 같은 내용을 확인하는 것이다. 분석적 읽기는 텍스트의 구조나 텍스트 내용에 나오는 사실들 간의 관계를 따져 읽는 것이다. '이 텍스트는 서구 열강의 통상 요구와 조선 정부의 개화정책에 대한 유생의 반응이 어떻게 전개되었는지를 시간 순으로 정리하고 있다', '유생들이 통상을 반대한 것은 기존 사회질서가 흔들릴 것을 우

려했기 때문이었다', 《조선책략》의 유포는 유생들이 개화정책을 반대한 근본적 원인이라기보다는 구실이다' 라는 것이다. 맥락적 읽기는 '이항로와 기정진, 최익현 등의 반대에도 유생들이 전면적인 척사운동에 나서지 않은 것은 개화의 흐름이 어느 정도 대세였음을 부정할 수 없는 것이었다', '고종이 〈척사윤음〉을 내린 것은 아직까지 유생들의 목소리를 완전히 무시하기 어려움을 보여준다', '정부가 위정척사운동을 탄압하는 등 개화 추진의 입장을 분명히 한 것에서 개화의 불가피성을 인식하고 있었음을 알 수 있다'와 같이 텍스트를 읽는 것이다. 해석적 읽기는 역사적 사실에 의미를 부여하는 것이므로, 읽는 사람의 관점이 들어가며, 텍스트 내용 이외에 기존 지식이나 역사적 관점도 작용한다. 역사학자에 의해 그 의미가 부여되어 통설에 해당하는 것도 있지만, 독자에 따라 해석이 달라질 수도 있다. 예컨대 위의 텍스트 내용에서 "위정척사운동의 반침략 정신은 1890년대 항일의병 운동으로 계승되었다"라는 것은 저자의 해석이다. 독자는 최익현의 왜양일체론에서 '위정척사운동이 비역사적이기는 하지만, 그 논리는 제국주의의 본질을 어느 정도 이해하고 있는 것이었다' 라고 이해한다든지, '위정척사운동은 서구 문물을 수용하는 개신 유학자들이 나오는 전 단계였다' 라고 의미를 부여할 수 있을 것이다. 평가적 읽기는 역사적 행위를 현재 관점으로 평가하는 것이다. 역사적 행위를 평가하는 것이 역사의 본질인지에 대해서는 논란이 있지만, 역사적 사실을 접했을 때 많은 사람은 자기 나름의 이해와 함께 평가를 한다. '위정척사운동은 역사의 흐름에 반하는 행동이었다' 라거나, 반대로 당시 상황에서는 오히려 '위정척사운동이 타당했다', '위정척사운동은 자기 나름의 애국심에서 나온 것이었다'와 같은 읽기가 그것이다. 위의 텍스트는 교과서이므로, 비판적 읽기의 필요성은 크지 않다고 여길 수도 있다. 그러나 교과서에도 저자의 관점이 들어간다는 점에서 여전히 비판적 읽기가 요구된다. 예컨대 '위의 글은 교과서에 나오는 것이므로 저자는 가급적 위정척사운동에 대한 평가를 삼간 채 사실만을 서술했다'고 보는 것도 비판적 읽기이다. '기존 사회질서를 위협하는 것으로 여겨', '불만을 품고 있던', '입장을 분명히 하면서'와 같은 문구에서 저자가 전반적으로 위정척사운동에 대해 부정적인 관점을 가지고 있다고 읽을 수도 있다.

그렇지만 이와 같은 텍스트 읽기 방식의 구분은 어디까지나 개념적인 것이다. 실제 읽기에서는 어떤 읽기에 해당하는지 애매하거나, 두 가지 이상의 읽기 방식이 동시에 적용되는 경우도 많다. 수업에 적용해보면 위에서 제시한 읽기 방식은 어느 정도 읽기 절차의 성격을 띤다. 그렇지만 이는 텍스트 읽기의 전반적 순서로, 실제로는 순서가 달라지거나 누락 또는 통합되기도 한다. 표면적 읽기를 토대로 분석적 읽기와 해석적 읽기를 하며, 평가적 읽기가 이어진다. 비판적 읽기는 이를 종합하지만, 사료 비판의 성격으로 볼 때 탐구의 첫 부분에서도 이루어질 수 있다.

드레이크(F. D. Drake)는 역사가의 사고방식에는 어느 정도 일정한 틀이 있다고 하면서 이를 '생각습관(habit of mind)'이라고 표현했다. 역사 텍스트를 읽을 때 이 생각습관은 일정한 절차로 나타난다고 보고, 와인버그의 개념을 참고하여 이를 ① 출처 확인(sourcing heuristic), ② 확증(corroboration heuristic), ③ 맥락화(contextualization), ④ 비교 (comparative thinking)로 제시했다. 출처 확인은 앞에서 말한 사료 비판과 비슷하다. 텍스트의 내용이 어떤 근거로 나왔는지 밝히고, 어떤 의미를 갖고 있는지 해석하는 것이다. 확증은 텍스트의 신뢰성, 연구 자료로서의 가치 등을 확인하는 것이다. 맥락화는 텍스트 내용을 당시 상황 속에서 파악하는 맥락적 이해이다. 마지막으로 비교는 텍스트의 내용을 관련된 다른 자료와 비교하는 것이다. 어떤 역사적 사실을 해석하거나 평가할 때 관련된 여러 자료들을 읽고 비교하는 것은 역사 탐구에서 흔히 찾아볼 수 있다. 드레이크의 '역사하기' 절차는 역사 탐구의 전체 절차보다는, 역사가들의 텍스트 읽기에 나타난 특성을 제시한 것이라고 할 수 있다.

## 4. 다양한 관점은 역사인식의 본질인가? - 역사의 논쟁적 성격과 쟁점 학습

### 1) 역사의 논쟁성

토론수업은 한때 큰 인기를 끌었던 수업 방식이다. 일부 교육청은 정책적으로 토론수업을 권장했다. '질문이 있는 교실, 토론이 있는 수업' (서울특별시교육청)은 이를 핵심적으로 보여주는 구호이다. 특히 역사수업은 그 성격상 토론이 적절한 경우가 많다. 역사적 사실은 지난날 인간의 의사결정과 이에 대한 해석의 산물이다. 역사토론의 근거가 여기에 있다. 첫째, 역사적 사실은 인간의 의사결정 결과이다. 역사적 의사결정은 행위자 내부, 행위자 간의 토론의 산물이다. 둘째, 의사결정의 차이는 대부분 갈등 상황에서 발생한다. 그래서 의사결정의 과정은 토론의 성격을 내포한다. 토론의 과정에는 상황 파악, 쟁점 분석, 가능한 행동 범위 설정, 의사결정을 거친다. 셋째, 역사적 의사결정은 해석의 산물이다. 학습자가 역사적 의사결정을 탐구하는 것은 역사 행위자와 역사가의 입장을 동시에 경험하는 것이다. 역사해석은 부분적이어서 해석하는 사람에 따라 다르기도 하고 불완전해서 바뀔 가능성이 있다. 그래서 역사수업에서도 학생들에게 역사적 사실이 해석의 산물임을 인식시키고, 다양한 해석을 보여주어 탐구를 통해 이를 받아들이게 해야 한다. 역사적 사실이 해석의 산물임을 아는 것은 학생 스스로 역사해석을 하는 것이다. 학생들이 역사를 해석하고 이해하는 과정은 하나의 논쟁 과정이다. 이런 해석의 차이가 토론의 대상이 된다.

역사토론이라고 하면 주로 양자택일식의 찬반 토론을 떠올리게 된다. 역사교사들이 쓴 《내일을 읽는 토론학교: 역사》라는 책은 한국사의 열 가지 토론 주제와 쟁점을 제시한다.

① 고조선의 국가 발전 단계    ⑥ 임진왜란의 승패

② 신라의 삼국통일    ⑦ 붕당정치

③ 묘청의 서경천도운동    ⑧ 개화와 척사

④ 삼별초 항쟁    ⑨ 애국계몽운동

⑤ 조선의 왕권과 신권    ⑩ 식민지근대화

책에서는 조금 다른 표현을 썼지만, 이 열 가지 주제는 역사교사들이 자주 토론수업의 주제로 삼는 한국사의 사실들이다. 예컨대 고조선의 국가 발전 단계는 '고조선은 대제국이었는가, 연맹왕국 단계의 국가였는가'를 주제로 하며, 조선의 왕권과 신권은 '나라의 발전을 위해서는 왕권이 강해야 하는가, 신권이 강해서 왕권을 견제해야 하는가를 토론하는 것이다. 이처럼 찬반 토론과 같은 양자택일식의 토론은 어느 견해가 옳은지에 대해 논쟁하는 것으로 토론의 효과를 단적으로 보여준다. 토론수업을 제안하는 사람들은 승패의 결과가 아니라 토론 과정에 중점을 두어야 한다고 말한다. 토론 준비 과정에서 학생들이 탐구를 하고, 지식을 얻고 자신과 다른 견해를 접함으로써 사고의 폭이 넓어지고 기존과는 다른 관점으로 역사를 보는 경험을 하게 된다고 강조한다.

그렇지만 양자택일식 토론에서는 토론의 우열이 나타난다. 학생들은 자신이 토론에서 우위를 차지하고자 한다. 그래서 자신의 관점을 강하게 주장하며, 논쟁의 결론을 내리지 않더라도 실질적인 승리를 거두는 데 신경을 쓴다. 교실 역사수업에서 토론은 모둠토론의 형식을 띠는 경우가 많다. 승리를 위해 모둠에서는 지식이 많고 자신의 의견을 논리적으로 펼치는 이른바 우수한 학생들에게 의존한다. 자신의 주장과 그 근거를 체계적으로 제시하기보다는 상대방의 논리를 반박하는 데 초점을 맞추고 사고의 폭을 스펙트럼의 양극단에 있는 두 가지 해석 중의 하나로 제한하기도 한다.

주제에 따라 다르기는 하지만, 이런 토론에서 양측의 주장은 사실이 무엇인지가 아니라 해석과 평가의 문제인 경우가 대부분이다. 역사해석은 둘 중 하나가 아니라 여러 가지일 수 있으며, 긍정과 부정만이 아니라 다양한 평가 스펙트럼의 이딘가에 위치한다. 역사해석의 주체는 역사가뿐 아니라 기록하는 사람, 교육과정 개발자나 교사일 수 있으며, 학생들도 학습과정에서 해석을 한다. 역사적 사실의 평가는 역사 행위가 일어났던 과거의 사람들도 하며, 수업 과정에서 학생들도 한다. 역사가나 교사는 자신의 평가가 들어간다는 말을 꺼리지만, 실제 서술이나 수업의 준비 과정에서는 이들의 평가가 들어가곤 한다.

독일의 역사교육학자 베르크만(Klaus Bergman)은 역사 지식의 다원성을 역사 행위의 다원성, 역사해석의 다원성, 역사학습의 다원성으로 구분한다. 역사 행위의 다원성은 역사적 사건이 일어났을 당시의 상황, 행위의 목적이나 의도의 다양성에서 나온다. 물론 직접적 행위자 이외의 당시 사람들도 평가를 한다. 역사해석의 다원성은 역사가의 다양한 해석이다. 역사해석은 그 성격상 평가를 동반한다. 역사학습의 다원성은 학습자의 다양한 역사인식이다. 역사토론은 찬반이나 둘 중 하나가 아니라, 다양한 역사인식을 드러내는 기회를 제공할 필요가 있다.

## 2) 역사 쟁점의 유형

토론은 쟁점을 주제로 한다. 쟁점은 개인적으로 또는 사회적으로 보편적으로 받아들이는 견해가 없는 문제이다. 쟁점을 가진 역사적 사실을 어떻게 이해하고 평가할 것인지가 토론수업의 주된 과제이다. 학교교육에서 다루는 쟁점은 보통 사회 구성원 사이에 갈등을 불러일으키는 문제나 관심사이다. 이 점에서는 역사 쟁점도 마찬가지이다. 역사 쟁점이 생겨나는 요인은 여러 가지이다. 크게 보면 해석의 차이이지만, 그것은 역사 연구에서 나타날 수도 있고 이념적 차이로 나타날 수도 있으며, 현재적 관점의 평가 때문일 수도 있다. 쟁점의 성격에 따라 토론이나 수업의 형식도 달라진다. 역사 쟁점은 세 가지 유형으로 나눌 수 있다.

첫째, 행위자의 서로 다른 의사결정이다. 이는 역사적 행위의 쟁점이다. 의사결정은 행위자의 상황 판단과 행위의 목적에 따라 달라진다. 그 차이가 역사 쟁점이 된다. 예컨대 고려 인종 때의 서경천도론이나 조선 초의 왕권과 재상권 갈등은 당시 지배층 사이에 논란과 갈등을 빚은 사건이다. 역사적 행위자의 의사결정을 탐색하는 활동 방법으로 역사수업에서 사용되는 것이 추체험이나 감정이입적 이해이다. 추체험이나 감정이입적 이해에 의해 추론한 역사적 행위자의 의사결정이 곧 토론에 참여하는 학생들의 주장이 된다. 행위자의 의사결정 이유가 토론 참여자의 주장의 논거이다.

둘째, 역사해석의 차이이다. 어떤 역사적 사실에 대한 역사가의 서로 다른 해석은 쟁점이 된다. 고려의 귀족 사회설과 관료제 사회설, 광무개혁 논쟁, 식민지수탈론과 식민지근대화론의 대립이 여기에 해당한다. 이런 쟁점을 다루는 역사 논쟁은 주로 역사학자들 사이에 벌어지지만, 근래에는 역사수업의 논쟁 주제로도 선택된다. 역사해석이 토론의 주제가 되려면, 텍스트가 역사적 사실이 아니라 해석임을 인식해야 한다. 학습자는 역사적 사실에 대한 자신의 해석을 주장하고 토론 상대방의 해석을 반박하지만, 학습자의 해석도 실제로는 기존의 해석 중 학생 자신이 지지하는 것이다. 예컨대 광무개혁 논쟁에서는 광무개혁의 근대적 성격, 고종의 개혁 의도 등에 대한 기존의 대립되는 견해가 곧 자기주장의 근거가 되는 것이다. 학습자가 토론에서 자신의 주장을 뒷받침하고 상대방의 주장을 반박하려면 역사 텍스트를 탐구해야 한다. 텍스트 저자의 관점, 텍스트 생산의 맥락도 감안해야 한다. 토론수업의 과정에 텍스트 읽기가 포함되는 이유이다.

셋째, 서로 다른 역사적 평가이다. 사건이 일어났을 당시에는 논란 거리가 되지 않았으며 역사학자들의 해석에도 큰 차이가 없지만, 후대에 평가를 달리하는 역사적 사실이 이런 속성을 가지고 있다. 예를 들어 신라의 삼국통일은 시행 과정을 놓고 당시 사람들 사이에는 별다른 의견 차이가 없었으며, 그 역사적 의미에 대한 역사학자들의 해석도 비슷하다. 그렇지만 김부식과 신채호의 서로 다른 평가에서 보듯이 후대 사람들의 평가는 크게 다르며, 오늘날 학생을 비롯한 일반인 사이에서도 의견이 엇갈린다. 19세기 말 미국의 제국주의 정책은 당시 미국 정책 결정자들에게는 자연스러운 것으로 받아들여졌으며, 미국 제국주의 정책의 역사적 의미에 대한 역사학자들의 해석 사이에는 별 차이가 없다. 그렇지만 오늘날 일반인의 평가는 다를 수 있다. 이러한 쟁점의 평가는 현재주의적이다. 역사학자는 현재주의적 평가를 하는 것을 꺼리지만 일반인은 역사적 사실을 접했을 때 현재의 관점에서 평가하는 경우가 많다.

역사 쟁점을 세 유형으로 분류했지만, 어떤 쟁점이 이 중 한 가지 속성만을 가지는 것은 아니다. 두 가지 속성을 복합적으로 가지거나, 세 가지 속성을 모두 가진 경우도 많다. 예를 들어 고려 인종 때의 서경천도운동은 당시 고려 지배층 사이에서 논란을 빚었으며, 역사가들의 해석에도 차이가 있고, 오늘날의 평가도 서로 다르다. 특히 두 번째와 세 번째 속성을 함께 가지는 경우가 많다. 해석의 차이가 서로 다른 평가로 이어지기 때문이다. 일본의 히로시마와 나가사키에 원자폭탄을 투하하기로 한 미국 트루먼 정부의 결정은 제2차 세계대전 당시 정책 결정자 사이에 별다른 의견 차이가 없었다. 미국의 대중도 별다른 반대

의견이 없었다. 그렇지만 시간이 지나면서 이 결정을 비판하는 목소리가 적지 않게 나왔다. 이 비판은 미국 정부가 원자폭탄 투하를 결정한 목적이 무엇인가에 대한 해석과도 밀접한 관련이 있다. 흔히 원자폭탄 투하는 미군이 일본 본토에 상륙했을 때 예상되는 엄청난 인명 피해를 줄이기 위한 것으로 해석되었다. 그렇지만 트루먼 정부의 정치적 의도부터 심지어 인종적 편견까지 다양한 해석이 나왔고, 이는 평가의 변화로 이어졌다.

이에 따른 토론수업의 형식도 마찬가지이다. 역사토론이므로 기본적으로 토론 활동이 들어간다. 그렇지만 자신의 주장을 뒷받침하는 근거를 제시하기 위해 자료 탐구를 하게 된다. 과거 행위의 정당성이나 타당성을 주장하는 과정에서 추체험이나 감정이입적 이해를 하게 된다. 그리고 토론의 결과를 정리하여 제시하는 활동은 텍스트 쓰기라고 할 수 있다. 이런 여러 학습활동은 분리되는 것이 아니라 하나의 학습과정에서 함께 나타난다.


### 3) 논쟁과 토의

토론에는 서로 다른 주장이나 의견 중 무엇이 옳은지를 따지는 논쟁과 어떤 문제에 대한 바람직한 해결책을 찾고자 하는 토의가 있다. 토론수업이라고 할 때 떠올리는 것은 주로 논쟁형 토론이다. 논쟁 중에서도 참가자들이 어떤 쟁점에 대한 자신의 견해를 자유롭게 주장하는 논전(論戰, controversy)보다는 주로 찬반토론의 형식인 디베이트(debate)를 토론수업이라고 하는 경우가 많다.

수업모형으로서 디베이트는 형사재판 과정을 모델화한 것으로, 일종의 토론시합이다. 흔히 말하는 모의재판이 디베이트이다. 수업 사례에서 자주 볼 수 있는 모의재판은 실제로는 재판이 아니라 재판 상황을 극의 형식으로 재현하는 일종의 역사극이다. 예컨대 흔히 수업 사례로 볼 수 있는 신라의 삼국통일을 모의재판으로 재현하는 수업을 생각해보자. 수업에는 재판장 외에 김유신, 김부식, 연개소문, 대조영, 신채호 등의 인물이 등장해서 검사나 변호사, 재판장의 질문에 대답한다. 김유신이나 김부식은 신라의 삼국통일을 옹호하는 주장을, 연개소문과 대조영, 신채호 등은 비판적인 주장을 편다. 그런데 이들 인물의 역할을 하는 학생들의 답변은 자신의 생각이라기보다는 미리 작성된 대본에 따른 것이다. 실제 재판에서는 대본이 없다. 자기주장의 근거를 논리적으로 제시하고, 상대 주장의 모순을 반박한다. 상대방이 어떤 주장을 하고 논거를 제시할지 예상하고, 반대로 다른 편이 예상하기 어려운 증거를 제시해야 한다. 이를 위해서는 자료를 탐구해야 한다. 이와 같이 재판의 방식을 본뜬 것이 디베이트이다.

디베이트에서 토론은 찬반의 형식으로 진행되는데, 형사재판이 그렇듯이 어떤 인물이나 제도가 아니라 사실에 변형을 가하는 것에 대한 찬반 논쟁이다. 예컨대 '광해군은 긍정적 인물인가, 아닌가?'가 아니라 '대동법의 시행은 바람직한 행위인가, 아닌가?'라는 식이다. 즉 대동법의 시행이 조선 사회에 긍정적 결과를 가져왔는가, 부정적 결과를 가져왔는가를 토론하는 것이다.

형사재판은 정해진 절차에 따라 진행된다. 디베이트도 마찬가지이다. 형사재판은 모두 진술, 심리, 판결 등의 순서로 진행된다. 심리 과정에서는 원고와 피고, 증인에 대한 재판장의 심문이 질문과 답변의 형식으로 진행된다. 이런 절차에 따라 디베이트는 입론, 심문 및 반박, 결론 등의 절차로 구성된다. 입론은 찬성과 반대 양측이 자기주장의 핵심을 제시하는 절차이다. 심문 및 반박에서는 재판장이 양측의 주장을 심리하고, 찬성과 비판 양측은 자기편 주장에 대한 비판을 반박한다. 결론은 양측이 마지막으로 다시 자기주장을 종합, 정리해서 요약하는 절차이다. 실제 형사재판에서는 검사의 구형과 피고 측의 최후 진술이 여기에 해당한다.

디베이트는 형사재판을 모델로 한 것이어서 상당히 엄격한 절차에 따라 진행된다. 또한 이기기 위해 노력한다. 이 때문에 수업 방법으로서의 디베이트가 내포하는 문제가 있다. 디베이트는 상대방에 대한 대립이나 경쟁심을 조장할 수 있다. 상대 주장을 반박하고 문제점을 비판하는 데 초점을 맞추다 보면 지엽적 논쟁에 매달리게 되고 토론 과정에서 감정적이 될 수 있다. 수업은 학생들에게 자료를 해석하여 자신의 견해를 정리하고 이를 뒷받침하는 논지를 개발하기보다는 토론 기술에 집중하게 할 가능성도 있다. 디베이트를 체계적으로 진행하기 위해서는 학생뿐 아니라 교사도 디베이트 진행 능력을 갖춰야 한다.

토의는 부딪힌 문제에 대한 가장 바람직한 해결책을 모색한다. 토론 참가자들의 의견이 다를 수는 있지만, 상대방의 주장을 억누르고 자신의 주장이 옳음을 입증하는 데 초점을 맞추기보다는, 가장 바람직한 문제 해결 방안이 무엇인지를 찾고자 한다. 그래서 상대방의 주장을 반박하는 데 초점을 맞추기보다는 그중에서 받아들이거나 자기주장을 보완할 만한 내용이 무엇인지를 생각한다. 다만 누가 보더라도 해결 방안이 명확한 문제 상황보다는 사람에 따라 달리 생각할 수 있는 갈등 상황이 토의 대상으로 적합하다.

이처럼 갈등 상황을 제시하고 그 상황과 관련된 사람들이 상호 소통과 의견 교환을 통해 바람직한 해결 방안을 찾는 형식의 수업이 역할극이다. 역사수업에서 토의는 역할극의 형식을 취할 수 있다. 역할극은 입장이 서로 다른 여러 사람이 자기주상을 하고 이를 종합해서 결론을 내리는 방식이다. 이 과정에서 다른 참여자의 주장에 내포된 문제점을 지적하거나 보완해야 할 내용을 제기하거나 자기주장의 타당성을 강조하기도 한다. 그렇지만 이는 토론에서 이기기보다는 부족한 점을 보완하여 가장 적절한 해결책을 모색하기 위한 것이다. 자신이 아니라 다른 사람의 주장을 이해하기 위해 역할을 바꿔서 토론을 하기도 한다. 그런 점에서 토의형 역사토론은 하나의 의사결정 과정이다.

### 4) 역사토론 수업의 과제

수업실천 사례로 제시되거나 교과서에서 토론 활동을 제시한 역사수업 사례는 대부분 한국사이다. 그러나 세계사에서도 한국사와 비슷한 역사 쟁점이 존재한다. 예컨대 금에 대한 남송의 주전론과 화친론은 병자호란 당시 주전론과 주화론, 인도 독립운동의 비폭력과 무력 항쟁은 한국 독립운동의 방략을 주제로 한 토론수업의 주제가 될 수 있다. 십자군 원정에 대한 기독교와 이슬람교의 관점, 일본 메이지 정부 시기의 탈아시아론과 아시아적 근대화론, 프랑스 혁명 당시 지롱드와 자코뱅의 시각 중 어느 편이 바람직했을지도 비슷한 속성을 가진 세계사의 사실이다. 그렇지만 세계사 수업이나 교과서에서는 이를 학습내용이 아니라 자료 탐구의 형식으로 처리하는 경우가 일반적이다. 비슷한 성격의 쟁점을 갖고 있지만, 한국사와 달리 세계사에서는 이런 역사적 사실을 토론보다 탐구를 통해 학습하게 한다. 토론수업이 주로 한국사에서 시행되는 이유는 크게 두 가지로 정리할 수 있다.

첫째, 토론을 위해 자기주장의 근거를 제시하려면 배경지식이 필요하다. 학생들은 상대적으로 세계사보다 한국사에 대한 배경지식이 풍부하다는 게 일반적인 인식이다.

둘째, 사회적 관심이 영향을 준다. 쟁점이 있는 역사적 사실이나 주제에 대한 대중의 관심은 세계사보다 한국사에서 훨씬 강하다. 한국사의 쟁점을 놓고 사회적 논쟁이 벌어지기도 한다. 이 때문에 한국사의 쟁점을 토론 주제로 삼는 것이다.

토론 과정에서 학생들은 자기주장을 펼치고 이를 뒷받침하기 위한 논지를 제시하면서 역사 지식을 습득한다. 배경지식과 역사적 사고는 상호작용하며, 배경지식이 부족하다고 해서 역사적 사실을 탐구할 수 없는 것은 아니다.

역사토론은 다원적 관점을 전제로 한다. 역사를 보는 관점이나 역사해석은 하나가 아니라 여러 가지일 수 있다. 그래서 토론수업에서 가장 강조하는 것 중 하나가 역사를 보는 관점은 서로 다를 수 있으므로 다른 사람의 견해를 경청하라는 것이다. 찬반 형식의 디베이트 수업에서도 마찬가지이다. 그러니까 다원적 관점은 역사토론의 기본적인 근거가 된다.

토론수업은 때로는 비교육적인 정치적 목적에 이용되기도 한다. 일본 우익은 1990년대부터 근현대사 수업 개혁을 내세우면서 디베이트법을 적극 보급하고자 했다. 근현대사의 많은 사실들에 대한 평가가 엇갈리므로, 수업에서 어느 한쪽 편이 아니라 상반된 견해를 함께 제공하여 학생들에게 다양한 역사적 관점과 해석이 있음을 인식시키고 자신의 관점을 토대로 토론을 하게 한다는 명목이었다. 그렇지만 이들의 목적은 그동안 비판을 받던 근내 일본의 침략과 식민 지배, 전쟁을 정당화하는 것이었다. 예를 들어 "러일전쟁은 필요한가?"라든가 "한국병합은 불가피한 것인가?"라는 질문을 던지고 긍정과 부정으로 편을 나누어 토론하게 한다. 이 과정에서 학생들은 디베이트라는 이름으로 이를 긍정적으로 평가하는 견해가 있음을 알게 되고, 그 입장에서 토론을 한다. 이는 사실상 일본의 침략전쟁을 긍정하게끔 유도하는 효과가 있다.


## 5. 역사 탐구는 질문에서 시작하는가? – 역사발문의 성격과 유형

### 1) 발문의 개념과 의미

질문은 수업을 전개하는 기본적인 수단이다. 교사는 자신이 계획한 수업의 전개를 위해 학생들에게 질문을 한다. 이때 교사의 질문은 단순히 학생들이 역사적 사실을 아는지 모르는지, 역사탐구를 할 수 있는지 없는지를 확인하기 위한 것이 아니라, 학생들의 답변을 듣고 이를 이어지는 수업내용으로 연결하기 위한 것이다. 이처럼 수업의 전개를 위한 질문을 '발문'이라고 표현하기도 한다.

질문은 역사 연구의 출발점이다. 질문을 해야 자신이 탐구하고자 하는 주제에 대한 연구를 시작할 수 있다. 콜링우드는 역사학자의 연구가 탐정이 범인을 찾는 것과 비슷하다고 본다. 탐정은 의문을 제기하는 것에서 범인을 찾는 일을 시작한다. 그리고 증거를 바탕으로 의문을 하나씩 풀면서 용의자의 범위를 좁혀나간다. 단순히 범인이 누구인지 가리는 것뿐 아니라 범죄 행위의 동기와 목적, 범행 수법 등도 탐색한다. 마찬가지로 역사 연구에서도 질문을 던질 때만 자료는 증거가 된다. 질문을 해야 탐색의 방향을 정할 수 있고, 자료가 말을 해준다는 것이다. 콜링우드에 따르면 역사를 밝힐 수 있는 유일한 방법인 재사고는 단계적으로 질문을 던지고, 그에 대한 올바른 답을 찾는 것이다. 질문과 답의 타당성을 증거에 비춰 끊임없이 검증하는 합리적 과정이 재사고이다. 새로운 문제 제기를 통해 의문을 해결해나가는 과정은 다양한 해석과 이해로 나아가는 역사교육의 본질이기 때문이다.

텍스트 읽기에서 질문과 해석은 상호작용을 한다. 질문은 텍스트 저자가 글을 쓴 의도나 주장, 텍스트의 생략되거나 편집된 내용 등에 문제를 제기한다. 독자는 이를 토대로 텍스트의 신뢰성을 판단하고, 제기한 문제를 해결하기 위해 텍스트를 해석하고, 관련된 다른 텍스트와 비교를 한다. 그 결과로 텍스트에 새롭게 질문을 던진다.

이러한 과정은 역사수업에서도 마찬가지이다. 교사가 일방적으로 강의만을 계속하지 않는 한 모든 수업에는 발문이 들어가게 된다. 학생활동이 들어가는 수업이긴, 자료 탐색 수업이건, 심지어 설명식 수업이건 마찬가지이다. 특히 탐구활동은 어떤 현상이나 행위에 의문을 제기하고 문제를 인식하는 질문에서 시작한다. 문제의식을 일깨우는 데 의미 있는 질문을 던지고, 이를 해결하기 위해 정보를 찾고, 자료를 분석하거나 해석하고, 결론을 도출하는 과정이 탐구이다. 여기에서 질문은 탐구의 출발점이 된다. 질문은 탐구의 출발점일 뿐 아니라 탐구가 지속될 수 있는 요건이다. 렙스틱과 바튼은 탐구가 지속될 수 있는 요건을 다음과 같이 제시했다.

- 토론할 가치가 있는 질문
- 답이 단순하거나 단일하지 않은 질문
- 질문에 대해 답하기에 충분하고도 적합한 자료
- 과거로의 상상적 진입

이들이 지적하듯이 적절한 질문이 있어야 탐구를 지속할 수 있다. 그래서 교과서나 수업 사례에서 볼 수 있듯이, 자료를 제시하고 그 내용을 분석하거나 해석하는 탐구활동에서는 질문을 통해 과제를 제시한다. '찾아보자'나 '알아보자'와 같이 의문문이 아닌 평서문의 형식을 취하더라도 실제로는 발문에 해당하는 경우가 많다. 여기에서 발문은 학습과제를 제시하고 학습자의 사고를 유도하는 역할을 한다. 학습을 하는 데 자료가 어느 정도 적절한지는 학습목표와 자료 내용의 상관성에 의해 판단하지만, 실제 수업에서는 발문을 통해 학생들의 사고를 유도할 수 있는지도 기준이 된다. 특히 역사와 같이 해석이 필요한 과목일수록 발문이 중요하다.

256

## 2) 발문의 종류

발문은 질문의 형식을 띤다. 학생들의 어떤 지적 행동과 사고활동을 유도하는지에 따라 질문의 종류가 나누어진다. 역사교육에서 가장 자주 접하는 발문은 사실을 확인하는 질문이다. 우리는 수업의 시작 부분에서 이른바 '전시학습의 확인'을 한다. 자료 탐구를 할 때 텍스트를 읽은 후 먼저 학생들이 그 내용을 파악했는지 확인한다. 교사는 수업에서 학생활동을 하기에 앞서 학생들이 배경지식을 가지고 있는지를 확인하기 위해 질문을 한다. 이는 사실을 확인하는 질문이다. 관련 사실이 무엇인지, 그 사실을 기억하고 있는지 확인한 후 이를 토대로 수업을 이어가고자 하는 것이다.

기억의 재생을 넘어서 답변을 위해서는 사고가 필요한 발문도 있다. 이러한 발문은 학습자에게 요구하는 사고의 성격에 따라 크게 수렴적 질문과 확산적 질문으로 나뉜다. 수렴적 사고(convergent thinking)는 여러 가능한 답변 중에서 가장 바람직한 하나의 결론을 이끌어내는 것이다. 수렴적 사고에는 설명, 대비, 대조, 분석 등이 필요하다. 이에 반해 확산적 사고(divergent thinking)는 과제를 해결하기 위해 다양한 각도에서 생각하는 것이다. 어떤 가능한 해결책이 있더라도 다른 방안은 없는지 추론한다. 여기에는 예측, 가설, 추론, 상상과 같은 사고작용이 필요하다. 때로는 역사적 사건을 평가하는 질문을 하기도 한다. 평가적 질문은 현재 사회나 학습자의 관점에서 역사적 행위가 바람직한 결과를 가져올 수 있었는지를 판단하는 질문이다. 이런 평가에는 근거가 필요하지만 학습자의 가치 판단이 들어갈 수도 있다. 교과서에 나오는 발문을 사례로 질문의 종류를 생각해보자.

## 프랑크 왕국과 로마 교회의 제휴

다음은 교황 그레고리우스 2세가 프랑크 왕국의 궁재 카롤루스 마르텔에게 보낸 편지이다(739). 읽고 물음에 답해보자.

> 우리는 더는 롬바르드족의 탄압을 견딜 수가 없습니다.
> 왜냐하면 그들은 베드로로부터 그의 모든 소유물과 당신(카롤루스 마르텔)과 당신의 선조들이 우리에게 준 것들조차 빼앗아 갔기 때문입니다.
> 우리가 당신에게 도움을 요청한다는 이유로 롬바르드족들은 우리를 증오하고 탄압합니다. (…) 당신께서 베드로의 교회와 우리에게 즉각적인 도움을 주신다면 만인이 당신의 신앙과 사랑 그리고 의지를 칭송할 것입니다.
>
> — 에드거 홈스(1905), 《중세사 자료집》

01. 교황이 프랑크 왕국의 궁재에게 도움을 청한 이유를 발표해보자.
02. 교과서 서술을 참조하여 카롤루스 마르텔이라고 생각하고 교황에게 보내는 답장을 써보자.

— 김덕수 외(2018), 《고등학교 세계사》, 126쪽

교황이 프랑크 왕국의 궁재에게 도움을 청한 이유는 자료에 이미 기술되어 있다. 따라서 질문 01은 사실 확인에 해당한다. 질문 02는 제시된 자료와 교과서 서술을 종합해서 카롤루스 마르텔의 답변이 무엇인지를 추론하는 질문이다. 교황의 요청에 대해 카롤루스 마르텔이 선택할 수 있는 답변은 여러 가지이다. 교황을 도와줄 수도 있고, 교황의

요청을 거절할 수도 있다. 아니면 교황을 도와주는 대신 조건을 내걸 수도 있다. 이때 답변은 어떤 조건을 제시하는지에 따라서도 달라진다. 그런 점에서 질문 02는 확산적 질문이 될 수 있다. 그렇지만 자료와 교과서 내용을 종합해서 답을 써보라는 질문은 카롤루스 마르텔이 했음직한 답변을 추론하기보다는 어떤 대답을 했을지 자료를 종합해서 찾아내는 것이다. 그러므로 질문 02는 수렴적 질문에 해당한다. 그런데 실제로는 교과서 서술에 이미 카롤루스 마르텔이 교황에게 어떤 답변을 했는지가 서술되어 있다. 그러므로 질문 02는 사실 확인 질문이라고 할 수 있다. 그래서 학생들은 카롤루스 마르텔이 했음직한 답변 내용이 아니라 이를 그럴듯하게 전달하는 수사에 신경을 쓸 가능성이 크다. 교황청을 도와준 카롤루스 마르텔의 결정이 당시 프랑크 왕국의 발전에 효과적이었는지를 묻는 평가적 질문도 가능하다.

사례를 더 살펴보자. 메이지유신 이후 미국 및 유럽의 문물을 시찰하기 위해 방문한 일본의 이와쿠라 사절단이 작성한 보고서를 자료로 제시하고 발문을 하고 있다.

---

### 서양으로 떠나는 이와쿠라 사절단

현재 세계 각국은 모두 친목과 예의를 유지하면서 교제하고 있다. 하지만 이것은 어디까지나 표면적인 것에 불과할 뿐 그 이면에서는 서로 은밀하게 강약의 다툼을 하며 크고 작은 각국이 서로 믿지 못하는 것이 본래의 모습이다. (…) 우리 일본도 언젠가는 국력을 강화하여 어떤 나라와도 대등한 입장에서 외교를 할 수 있도록 만들고자, 애국심을 가지고 분발한 지 수십 년, 드디어 근래에 이르러 그 바람을 이루었다.

—《특명전권대사 미구회람 실기》

(박삼헌, 〈이와쿠라 사절단의 역사적 의미 재고찰〉)

자료: (지도) 이와쿠라 사절단의 이동 경로(마리우스 B. 잰슨,《현대 일본을 찾아서 1》)

01. 이와쿠라 사절단이 파견될 당시 일본이 추진하고 있던 개혁의 주요 내용을 말해보자.
02. 이와쿠라 사절단이 일본에 끼친 영향을 조사해 발표해보자.

— 김덕수 외(2018),《고등학교 세계사》, 177쪽

여기에서 질문 01의 경우 자료 내용과 같이 국력을 강화해서 다른 나라와 대등한 외교관계를 만들고자 했다는 답변을 하게 될 것이다. 이는 사실 확인을 요구하는 질문이다. 이 질문은 선행지식이 있으면 자료에 나오는 내용 외에 다른 개혁안이 무엇이었는지를 답변할 수 있다. 그렇지만 제시된 자료에 메이지유신 당시 일본의 개혁안을 추론할 수 있는 내용이 없으므로, 이러한 답변은 학생들 자신이 가진 사실 지식에 의존하게 된다. 질문 02는 이와쿠라 사절단이 일본에 끼친 영향이 하나만이 아니므로 여러 가능성을 제시하는 확산적 발문에 해당한다. 그렇지만 교과서 본문에 나오는 내용을 반복한다면 이 질문도 사실 확인 질문이라고 할 수 있다. '자료의 내용에 비춰 이와쿠라 사절단

이 제일 강조했던 서양의 문물은 무엇일까?'라든가, '이와쿠라 사절단의 보고에 비춰 일본이 적극 받아들인 유럽의 문물이나 제도는 무엇일까?'라는 질문도 가능하다. 이 질문은 추론을 필요로 하는 데다가 단일한 답변을 요구하지 않는다는 점에서 확산적 발문에 해당한다. 그렇지만 학생들의 답변 중에서 일본이 가장 시급하거나 중요하다고 생각한 개혁안이 무엇이었는지를 수업에서 다룬다면, 결국 수렴적 사고를 유도하는 것으로 환원될 수 있다.

여기에서 볼 수 있듯이 어떤 질문이 어떤 유형에 속하는지는 명확히 규정하기 어렵다. 동일한 내용이라 하더라도 교과서 본문이나 다른 텍스트와의 관계에 따라 질문의 유형이 달라질 수 있으며, 수렴적 사고와 확산적 사고가 상호작용을 하거나 평가적 질문으로 이어질 수 있다. 또 학생들의 비판적 사고를 유도하는 질문을 추구했더라도 실제로는 사실 확인과 같은 질문으로 환원될 수도 있다.

### 3) 질문의 전략

발문은 수업 목표나 방법에 따라 달라진다. 예컨대 흔히 시행되는 논쟁 형식의 토론수업에서는 어느 편의 견해가 옳은지를 따지는 것이므로 수렴적 질문의 비중이 크다. 반면에 토의의 경우는 제3의 방안을 마련하기 위한 확산적 질문이 더 필요할 수 있다. 이야기를 들려주거나 스토리로 구성된 수업에서는 학습내용에 이미 교사의 사고가 들어가 있으므로 학생들이 그밖의 사고를 할 수 있게 하려면 확산적 발문을 해야 한다. 역사수업에서 발문은 자료를 읽고 분석이나 해석을 할 때 제시하는 것이 효과적이다. 자료 없이 추상적 발문을 하면 다양한 대답이 나올 수 있지만, 이는 질문이 막연하기 때문이다.

교사의 발문과 학생의 답변을 중심으로 수업을 진행할 때는 학습주제와 목표를 달성하는 데 도움이 되는 질문의 형식을 구분하고 질문 전략을 계획해야 한다. 질문의 초점, 질문의 유형, 질문의 내용, 질문의 순서 등이 고려할 사항이다. 질문의 초점은 질문을 통해 무엇을 탐구하고 이해시킬 것인가의 문제이다. 질문의 유형은 학습자에게 어떤 사고를 유도할 것인지에 따라 달라진다. 질문의 내용은 구체적으로 어떤 질문이 효과적일 수 있는가에 따라 선정된다. 그리고 질문을 어떤 순서로, 어떻게 구성할 것인가 하는 순서를 정하게 된다.

이렇게 발문과 답변을 중심으로 전개되는 수업의 과정은 탐구나 추체험 등의 수업과 별 차이가 없다. 학생 활동을 포함하는 역사수업은 어떤 형식이 중심이 되건 간에 자료 탐구를 포함하기 때문이다. 수업 과정과 각각의 단계에서 제시되는 발문의 성격은 대체로 다음과 같다.

① 의문·관심 제기: 자료 내용에 의문을 불러일으켜 학습 동기를 유발하고 알아야 할 문제가 무엇인지 파악하게 하는 발문

② 문제 형성: 의문을 해결하기 위해 무엇을 알아야 할지를 구체화하는 질문. 논쟁적 문제는 가치 관련 질문이 될 수 있다.

③ 가설 설정: 문제에 대한 결론을 예측하게 하는 질문. 가설이 알려진 사실과 모순되지 않는지 확인하는 질문을 포함한다.

④ 자료 수집·평가·분석: 자료 내용에 비춰 가설이 타당한지를 검토한다. 자료의 출처와 신뢰성, 검증의 결과까지 단계별로 질문을 한다.

⑤ 일반화: 내려진 결론에 비춰 다른 주제나 사실을 생각하게 하는 질문을 한다. 과제의 공통점과 차이점을 검토하는 질문이 필요하다.

질문과 답변 중심의 수업에서는 발문의 양과 순서를 계획해야 한다. 예컨대 역사적 사실을 확인하는 재생적 질문, 자료를 분석하거나 해석하고 다른 관점으로 보는 추론적 질문, 그 결과를 다른 사실에 적용하는 질문의 순서로 할 수 있다. 그렇지만 학생들이 수업구성에 이미 들어가 있는 교사의 관점에 구속되지 않게 하려면 학생들이 자유롭게 답변할 수 있는 분위기를 조성해야 한다. 그리고 학생에 따라서 질문과 답변을 달리할 수 있는 개별화 방안을 모색해야 한다.

5장

역사의 사회적 기억과 역사 읽기

## 1. 새로운 역사인가, 탈역사인가? – 역사 연구의 동향과 역사교육

### 1) 근대 역사학의 성립과 역사교육

흔히 근대 역사학의 시작을 랑케사학에서 찾는다. 서양의 전근대 사회에서도 역사 연구와 교육이 없었던 것은 아니다. 그리스의 헤로도토스(Herodotos)는 《역사》를 썼고, 투키디데스(Thucydides)는 《펠로폰네소스 전쟁사》를 썼다. 그렇지만 전근대 사회에서 역사는 문학과 구분이 되지 않았다. 서사시 《일리아드》나 《오디세이아》에서 보듯이, 역사는 문학을 통해 전달되었다. 그러나 근대에 들어서 역사학은 문학과 분리되어 창작하는 것이 아니라 사실을 밝히는 과학적 학문이라는 관점이 나타났다. 그것이 랑케사학이다.

　랑케 하면 떠오르는 말이 '사실을 있는 그대로(wie es eignetlich gewesen)'이다. 과거에 일어났던 일을 사실 그대로 밝히는 것이 역사학이라는 것이 랑케의 생각이었다. 랑케에게 역사적 사실은 역사학자에 따라 달라지지 않는 객관적인 것이었다. 그런데 과거에 일어난 일을 어떻게 알 수 있을까? 그것은 기록을 통하는 수밖에 없다. 따라서 기록이 어떤 사실을 알려주는지 밝히는 것이 역사학이었다. 그 전제는 기록 자체가 믿을 수 있는 것이어야 했다. 그래서 역사학은 기록에서 과거 사실을 밝히기 전에 그 기록이 진짜인지, 믿을 수 있는지를 먼저 확인하는 사료 비판이 필수적이었다. 근대 역사학자들은 구전이나 그밖의 것들보다는 글로 된 기록이 더 믿을 만하며, 그것도 개인이나 사적 집단이 남긴 기록보다는 국가나 공공기관이 남긴 기록이 더 믿을 만하다고 생각했다. 그래서 랑케사학은 문헌고증사학이 되었다. 문헌에 기록된 사실을 밝히기 위한 방법으로 그 내용을 확인하고 분석하는 세미나가 사용되었으며, 그 결과를 이야기체로 서술했다. 그 결과 랑케사학으로 대변되는 근대 역사학은 정치사, 외교사, 군사사와 같은 역사가 중심이 되었으며, 사건 중심의 통사가 되었다.

근대 역사학은 역사교육에도 영향을 끼쳤다. 근대 국민국가에서 공교육이 성립하자, 역사는 중등학교의 한 과목으로 자리를 잡았다. 역사교육은 과거에 일어난 일을 기억하는 데 중점을 두었으며, 인과관계를 중심으로 역사적 사건의 전개과정을 파악하는 데 주안점을 두었다. 국가나 민족정체성의 확립이 역사교육의 목적이 되었다. 사료나 사료 비판의 중요성을 인식함에 따라 학생들이 사료에서 지난날 일을 밝히는 사료학습에 관심을 두었다.

그렇지만 근대 역사학의 이런 성격은 역사적 사실을 맥락적으로 이해하거나 구조적으로 파악하는 것을 어렵게 했다. 그리고 사실을 밝히는 데 중점을 두다 보니 역사적 사실의 의미를 파악하는 것에 소홀했다. 그 결과 역사교육은 역사적 사실을 암기하는 데 치중하는 경향을 보였다. 또한 공적 문헌 중심의 역사 연구는 지배층 중심의 역사가 되게 했으며, 국민국가의 이념을 뒷받침하는 도구가 되게 했다. 근대 국민국가는 역사교육을 근대 민족의 위대한 전통을 강조함으로써 국민으로서의 정체성을 심어주고자 했다.

### 2) 사회과학적 방법론과 구조주의 역사학

랑케사학은 역사학을 문학에서 분리하여 하나의 과학으로 정립하고자 했지만, 역사학은 독자적인 과학에 필요한 개념이나 방법론을 가지지 못했다. 과학적 역사학을 추구하는 사람들이 보기에 역사학은 과학의 자격을 갖추지 못했다. 설사 과학이라고 주장하더라도, 그것은 초보적인 형태의 원시과학(prototype science)에 지나지 않았다. 근대 학문으로서 사회과학이 발달하자, 그 개념이나 연구방법론을 받아들여 과학적 역사학을 추구했다. 미국의 사회사, 독일의 사회 구조사, 영국의 네미어사학, 프랑스의 아날사학 등이 이런 성격의 역사학이며, 마르크스사학도 크게 보아 이 범주에 속한다. 사회과학적 역사학은 공적 문헌뿐 아니라 가문이나 개인의 자료, 나아가 구전 자료까지 연구에 활용함으로써 자료 활용의 폭을 넓히고 다양화했다. 계량경제사학이나 심리사학에서 보듯이 사회과학적 역사학은 방법론을 중시했으며, 과거에 어떤 일이 일어났는지를 밝히는 데 그치지 않고 그 본질적 성격인 구조를 파헤치고자 했다. 예컨대 마르크스는 사회 구조를 생산양식으로 규정하고, 이를 결정하는 것은 생산력의 수준과 생산관계의 형태라고 보았다. 아날사학의 3기 학자로 분류되는 브로델(Fernand Braudel)은 역사의 근원인 구조를 장기지속(longue durée)이라고 했다. 장기지속은 지리적 환경과 같이 역사에 영향을 미치는 심층적 요인으로 흐름이 매우 완만하거나 거의 변화하지 않는다.

사회과학적 역사학의 관점에서 볼 때 역사를 안다는 것은 역사적 사실을 개별적으로 기억하는 것이 아니라 그 구조를 파악하는 것이다. 역사학습 자료로 사료를 중시했으며, 이를 분석하고 해석하는 탐구를 역사교육의 중요한 방법으로 삼았다. 공적 문헌 외에 다양한 사료를 활용함에 따라 국가나 지배층 이외의 역사에도 관심을 가졌고, 민중사가 역사의 한 영역이 되었다. 그렇지만 이때 민중은 개별적인 행위 주체가 아니라 사회 구조에 의해 의식과 행동이 결정되는 구조적인 존재였다.

사회과학적 역사는 역사적 사실을 논리적, 구조적으로 이해하는 데 기여했다. 역사 변화나 역사적 인과관계를 객관적으로 입증하고자 했다. 예컨대 포겔(Robert William Fogel)은 반사실적(反事實的) 분석(counterfactual analysis)이라는 계량경제학의 방법론을 사용해서 미국의 대륙 횡단 철도가 운송비를 크게 절감해 미국 서부 경제의 발전에 공헌했다는 기존의 역사해석이 타당하지 않음을 밝혔다. 그럼에도 역사학자들은 포겔의 이런 결론을 그대로 받아들이지 않았으며, 포겔의 연구는 계속해서 논란의 대상이 되었다. 사회과학적 역사학은 역사적 사건에서 인간의 주체성이라는 인문적 요소를 경시하는 사회결정론적 역사인식을 하게 했다. 인간의 행동을 주체적 삶이나 활동보다는 구조결정론적으로 이해함으로써, 역사를 인간의 삶으로 그려내지 못했다. 또한 사회과학의 개념이나 연구방법론의 적용은 역사학의 전문화를 초래하여 역사를 대중으로부터 멀어지게 했다. 이 때문에 학교 역사교육 현장에 큰 영향을 주지 못했으며, 역사교육에서 탐구방법으로 사용되지도 못했다.

### 3) 인문학적 역사학의 부활과 포스트모던 역사인식

사회과학적 역사학이 주된 경향이었던 20세기 전반의 역사학에 대응하여 1960년대 이후 역사학의 인문학적 성격을 주장하는 경향이 나타났다. '내러티브의 부활'로 표현되는 인문학적 역사학은 사실 탐구로부터 언어로의 전환을 표방하고, 언어학과 문학이론을 도입했다. 사회구조보다는 미시사적 접근을 추구한다. 그 결과 일상생활에서 나타나는 문화현상에 더 큰 관심을 보여 신문화사, 신사회사를 낳았으며 텍스트론을 수용하는 포스트모던 역사학의 경향을 보였다.

포스트모더니즘(postmodernism)은 자본주의와 자유민주주의, 과학적 사고로 특징지어지는 근대를 발전으로 보는 관점에 대한 회의론에서 비롯되었다. 그렇지만 '후현대'와 '탈근대'라는 초기 번역에서 보듯이, 포스트모더니즘이 근대를 이어받는 것인가, 근대에서 탈피하는 것인가에 대해서는 상당한 논란이 있을 정도로 그 성격이 명확하지 않다. 포스트모더니즘은 예술이나 문학 등에서 먼저 시작되었지만, 학문 분야 전반으로 그 경향이 확대되었다. 역사학도 포스트모더니즘의 전면적 도입을 선언하지는 않았지만 그 영향을 받았으며, 이런 관점의 역사학을 통칭해 포스트모던 역사학이라고 한다.

포스트모던 역사학은 거대담론을 비판하고 탈구조를 주장하면서 미시사적 접근을 추구한다. 근대적 역사인식이면서 대표적인 거대담론인 민족주의와 민족 중심의 역사학에서 탈피할 것을 주장한다. 이에 따라 지배층 중심의 역사학을 비판하면서 사회의 주류에서 벗어난 소수(minority) 또는 타자(others)의 역사에 관심을 쏟는다. 국가나 민족에 가치를 두는 대신 인류의 보편적 가치와 역사 연구를 결합하고자 한다. 다문화, 인권, 평화교육과 역사교육을 결합시키려는 시도가 그런 예이다.

미시사적 접근은 신문화사에서 보듯이 일상생활에서 나타나는 문화현상을 역사 연구의 대상으로 삼는다. 일상적인 문화현상을 꼼꼼히 읽고 치밀하게 묘사(thick description)함으로써 문화적 행위를 통해 통치 방식을 밝히는 것이다. 이는 역사적 사실을 설명하는 것이 아니라 해명(explication)하는 것이다. 예를 들어 대표적인 신문화사의 연구로 손꼽히는 기어츠(Clifford Geertz)의 '발리섬 닭싸움'은 인도네시아 발리의 사람들이 그렇게 열정적으로 닭싸움에 매달리는 현상을 통해 인도네시아의 통치 행위와 이를 받아들이는 사람들의 관계를 보여준다.

포스트모던 역사학은 권위를 인정하지 않으며 기존의 구조에서 탈피하기 위해 해체를 모색한다. 모든 텍스트는 본질적으로 같으며, 이데올로기일 뿐이라고 주장한다. 그렇지만 포스트모던적 해체의 문제점도 지적을 받는다. 포스트모더니즘에서는 '해체'라는 무기를 소수나 타자뿐 아니라, '권력자'나 '중심자'에게도 똑같이 분배한다. 이들은 자신들이 받는 공격과 똑같은 방식으로 '소수자'나 '주변자'를 공격한다. 그 결과는 역사 갈등이며, 이는 '역사전쟁'으로 이어지기도 한다. 그렇지만 이러한 '역사전쟁'은 무엇을, 어떻게 가르칠 것인가 하는 교육적 논쟁보다는 좌파와 우파, 진보와 보수라는 이데올로기 또는 색깔론으로 귀결되기도 한다.

## 4) 역사의 언어적 접근과 역사교육

포스트모던 역사학에서는 텍스트론을 받아들여 모든 역사서술을 저자의 관점과 해석이 들어간 하나의 텍스트로 본다. 그렇지만 텍스트가 저자의 관점이나 해석을 담고 있다는 논리의 근거는 이미 구조주의 언어학에서 찾아볼 수 있다. 소쉬르(Ferdinand de Saussure)의 언어 이론은 이를 보여준다. 구조주의 언어학에서는 언어가 기존에 존재하는 대상을 지시하는 것이 아니라, 언어가 있기 때문에 대상이 존재한다고 본다. 구조주의 언어학에서 기호는 뜻을 나타내기 위한 문자나 부호와 같은 표시이다. 기호는 기표(記表, signifiant: 시니피앙)와 기의(記意, signifié: 시니피에)로 구성된다. 기표는 말이 가지는 감각적 측면이며, 기의는 이 기호가 의미하거나 표시하는 이미지, 즉 개념 또는 의미 내용이다. 기표는 하나가 아니며, 기호와 기표의 관계에는 필연성이 없다. 그렇지만 기의는 기호를 이해하는 체계 속에서 필연화된다. 책이라는 말을 듣고 책의 형태를 떠올렸다고 생각해보자. 책은 기호이다. 이때 '책'이라는 말은 기표이며, 책의 형태는 기의이다. 책을 부르는 이름은 하나가 아니며, 반드시 '책'이라고 불러야 하는 것도 아니다. 한국에서는 '책'이라고 하지만 일본에서는 '홍(本)', 영미권에서는 '북(book)'이라고 한다. 그렇지만 한국어를 아는 사람이 '책'이라는 말을 들었을 때 떠올리는 기의는 기본적으로 모두 같다.

언어 이론이 특별히 역사를 대상으로 하거나 역사 용어를 언급한 것은 아니다. 그렇지만 이를 역사학에도 적용할 수 있다. 롤랑 바르트(Roland Barthes)는 언어 이론을 사회문화적 개념으로 확대했다. 전근대 사회 구성원들 간의 관계를 신분제라고 할 때 '신분제'는 기표이며, 신분제라는 말을 들을 때 떠올리는 사회 구성원 간의 관계에 대한 이미지는 기의이다. 그런데 신분제가 뜻하는 사회 구성원 간의 관계는 고정되어 있지 않다. 시대에 따라 다르며, 나라들 간에도 차이가 있다. 신분제의 기의에는 이런 사회문화적 맥락이 들어간다. 신분제라는 사회에 존재하는 하나의 단일한 제도는 없다. 신라의 신분제도 있고, 고려의 신분제도 있으며, 조선의 신분제도 있다. 신라, 고려, 조선의 신분제 사이에는 차이가 있지만 우리는 이를 신분제라고 부른다. 그러니까 신분제라는 대상이 존재하고 이를 '신분제'라고 부르는 것이 아니라, '신분제'라는 말에 의해 신분제의 의미가 만들어지는 것이다. 이를 골품제나 양천제에 적용해도 마찬가지이다. 골품제라는 말, 즉 기표에 의해 골품제의 의미인 기의가 만들어진다.

학교 역사교육에 이런 언어 이론을 그대로 적용하기는 어렵다. 적어도 교과서나 교사는 학생들에게 신라의 골품제가 존재하는 것이 아니라 '골품제'라는 말이 신라 사회 구성원들 간의 관계를 만든 것이라고 설명하지는 않을 것이다. 다만 골품제라는 용어와 골품제가 의미하는 신라 사회 구성원들 간의 관계는 고정된 '진리'가 아니라 공인되기는 했지만 하나의 '해석'이라고 생각한다. 교과서를 비롯한 텍스트도 마찬가지이다. 이는 텍스트에 대한 비판적 읽기와 쓰기로 연결된다.

## 5) 역사 텍스트의 비판적 읽기와 쓰기

비판적 읽기는 저자의 관점이나 해석을 의식하면서 텍스트를 읽는 것이다. 비판적 읽기는 저자의 역사해석의 산물인 텍스트 내용을 그대로 받아들이는 것이 아니라, 그 내용을 하나하나 따져가면서 읽는 것이다. 텍스트가 전하는 역사적 사실을 회의적 시각으로 바라보고, 그 내용을 의심하고 부정하면서 읽는 것이다. 그런 점에서 비판적 읽기는 해체적 읽기이다. 해체한다는 것은 텍스트를 재구성하는 것이다. 비판적 읽기는 텍스트에서 단지 정보를 얻는 것이 아니라 자신의 관점에서 이해하고 해석하여 역사적 사실의 의미를 재구성하는 것이다.

롤랑 바르트는 텍스트의 종류에 따라 독자의 텍스트 읽기가 달라질 수 있다고 말했다. 롤랑 바르트에 따르면 텍스트에는 의미가 명확히 전달되어 달리 읽을 여지가 없는 독자적 텍스트(readerly text)와 독자가 의미의 생성에 참여할 수 있는 저자적 텍스트(writerly text)가 있다. 그리고 독자는 텍스트를 읽으면서 획득하는 의미를 주체적으로 관할하는 실제독자(actual reader)와, 텍스트의 수사적 장치에 쉽게 영향을 받는 모방독자(mock reader)*로 나뉜다. 독자적 텍스트는 독자를 모방독자로 만들기 쉬우며, 저자적 텍스트는 실제독자로 만들 가능성이 높다. 반면에 모방독자가 독자적 텍스트를 읽을 때 텍스트 저자의 관점과 해석을 그대로 사실로 인식할 가능성이 높다. 이런 성격의 전형적인 텍스트가 교과서이다. 교과서는 일반적으로 독자적 텍스트인 경우가 많으며, 학생이 모방독자가 되게 한다.

역사 전공자와 달리 학생들은 역사 자료에서 서브텍스트(subtext)를 읽는 데 어려움을 겪는다. 와인버그에 따르면 학생들은 역사 전공자에 비해 개별 사실에 대한 지식을 더 많이 가지고 있어도, 서브텍스트의 의미를 파악하지 못한다고 한다. 저자의 의도를 캐묻거나 역사서술이

---

* mock reader는 기존의 역사교육 글에서 '모의독자'로 번역되기도 했다. '모의'와 '모방'은 모두 흉내낸다는 뜻이다. 그렇지만 '모의선거'라는 말에서 보듯이 '모의'라는 말은 실제가 아니라 가상이라는 뉘앙스를 준다. mock reader는 저자의 읽기를 그대로 따라 읽는 독자라는 의미이므로, 이를 명확히 하기 위해 이 책에서는 '모방독자'라는 용어를 사용한다.

사회적 맥락 속에 놓이게 되는 과정을 인식하지 못한다는 것이다. 서브텍스트는 저자의 의도나 목적을 드러내는 수사적 장치이다. 서브텍스트를 읽는다는 것은 저자가 깨닫지 못하거나 오히려 감추고 싶은 것을 드러내는 것이다. 학생들이 서브텍스트를 읽지 못하는 이유는 역사 연구 및 역사적 사실의 성격을 제대로 이해하지 못하기 때문이다. 반면에 역시 전공자는 역사 텍스드의 성격을 염두에 두면서 읽기 때문에 서브텍스트를 파악한다.

이러한 텍스트 연구는 비판적 읽기와 쓰기의 필요성을 제기한다. 역사교과서는 흔히 설명 텍스트의 성격을 가진다. 그런데 설명 텍스트보다 내러티브 텍스트가 비판적 읽기를 유도하는 데 효과적이다. 저자가 드러나는 서술도 비판적 읽기와 쓰기를 촉진할 수 있다. 역사교과서의 다음 문장을 생각해보자.

> 고려의 신분은 대체로 양인과 천인으로 나뉘었고, 노비 등 천민을 제외하고는 모두 양인층에 속하였다. 그러나 고려 사회에는 다양한 계층과 직종이 존재하였고, 사회의 분위기도 다원적이었다.
>
> ― 최병택 외(2020),《고등학교 한국사》, 53쪽

첫 문장인 고려의 신분이 대체로 양인과 천인으로 나뉘고, 노비 등 천민을 제외한 모든 사람은 양인층이라는 서술은 역사적 사실에 해당한다. 그렇지만 두 번째 문장인 고려 사회에 다양한 계층과 직종이 존재했고, 사회 분위기가 다원적이라는 것은 해석이다. 다양하거나 다원적이라는 것은 상대적인 표현이며, 말하는 사람에 따라 기준이 달라질

수 있다. 서술 내용이 역사적 사실이 아니라 관점이 들어가 있거나 해석임을 명확히 하는 것이 저자가 드러나는 서술이다. 두 번째 문장을 저자가 드러나는 서술로 표현하면, "그러나 고려 사회에는 상대적으로 다양한 계층과 직종이 존재하였다고 판단되며, 사회 분위기도 다원적이었다고 할 수 있다"는 식이 된다. 이렇게 서술했을 때 학생들은 이 내용이 하나의 견해임을 알고, 이런 견해가 타당한지 여부나 자신이라면 어떻게 서술할지를 생각하면서 텍스트를 읽게 된다. 이는 텍스트 저자와의 대화에 참여하는 것으로, 텍스트 내용에 대해 비판하는 것이다. 그 결과 텍스트 내용을 소화해서 자신의 역사인식으로 받아들이기도 하고, 선행지식을 수정하기도 한다.

## 2. 역사교육은 집단기억을 전하는 것인가? – 기억으로서의 역사적 정체성

### 1) 집단기억으로서의 역사

**고구려가 수·당의 침략을 막아낼 수 있었던 원동력은?**
수·당의 침입에 맞서 고구려가 거둔 승리는 우리 역사상 매우 특기할 만한 것이었다. 당시 수·당은 고구려를 정복하여 아시아의 패권을 차지하려 하였다. 그러나 고구려가 이들을 물리침으로써 민족의 위기를 극복할 수 있었다.
　　　　— 국사편찬위원회 국정도서편찬위원회(2002), 《중학교 국사》, 60쪽

2002년에 간행된 《중학교 국사》 교과서는 고구려와 수·당 간에 벌

어진 전쟁의 역사적 의미를 이렇게 서술하고 있다. 삼국시대에 일어난 '고구려와 수나라 간의 전쟁'에서 사람들이 단연코 가장 많이 떠올리는 것은 요동성 전투와 살수대첩일 것이다. 마찬가지로 고구려와 당나라 간의 전쟁에서는 안시성 전투를 떠올린다. 이는 고구려와 수·당 간의 전쟁이라는 역사적 사실의 의미를 중국의 침략을 물리쳐 고구려를 지켰을 뿐 아니라 중국의 한반도 진출을 저지한 사건으로 이해하기 때문이다. 고구려와 수나라 간의 전쟁을 '요동성 전투와 살수대첩에서 고구려가 수나라의 침략을 물리친 사건'으로 알고 있는 것이나, 고구려와 당나라 사이의 전투가 '안시성 전투에서 고구려가 당의 침략을 막아낸 전쟁'이라는 것은 역사적 사실이다. 그리고 이 전쟁을 이렇게 알고 있는 것은 집단기억이다. 그렇지만 역사적 사실 자체가 집단기억은 아니다.

고구려와 수나라 간의 전쟁에서는 요동성 전투와 살수대첩으로 대변되는 고구려의 일방적 승전만 있지 않았다. 수나라는 크게 보아 고구려를 네 차례 침공했다. 그중 많은 사람이 알고 있는 요동성 전투와 살수대첩이 벌어진 것은 2차 침공 때이다. 3차와 4차 침공 때는 수나라가 요동성을 공격하던 도중 자국 안에서 반란이 일어나 철군했다. 4차 침공 때는 고구려도 요동반도 남단의 비사성이 함락당하는 등 고전했으며, 오랜 전쟁에 힘겨워하기도 했다. 그래서 수나라 군대에게 철군의 명목을 제공하기 위해 당시의 외교 관행을 무시하고 3차 침공 당시 고구려에 항복했던 수나라의 병부시랑 곡사정을 넘겨주기도 했다. 그런데 고구려가 수와의 전쟁에서 힘겨워했다는 것은 역사적 사실이지만 집단기억은 아니다. 그러니까 집단기억으로서의 역사는 역사적 사실 중에서 선택된 것이다.

사람들이 기억하는 역사는 집단기억이다. 프랑스의 사회학자 알박스(Maurice Halbwachs)는 기억은 기본적으로 집단적 성격을 가진다고 보았다. 알박스에 따르면 개인적 기억은 사회적 기억을 통해서만 표출된다. 개인의 기억은 불완전하고, 단절적이고, 파편화되어 있으므로 사회 속에서 다른 사람과의 연결을 통해서만 의미를 형성하게 된다는 것이다. 개인적 기억은 사회적 기억의 자료일 뿐이다. 이렇게 형성된 집단기억은 사람들의 역사인식을 좌우한다. 그러기에 사회 구성원의 집단기억은 많은 관심을 끈다. 역사인식에 균열이 생겨 갈등이 일어날 때는 집단기억을 놓고 충돌하기도 한다. 예컨대 대한민국역사박물관 건립 당시에 대한민국의 어떤 역사를 근대화로 기억할 것인가, 그리고 어떤 역사를 민주화로 기억할 것인가를 놓고 사회적 논란이 일어났다. 박정희기념·도서관과 전쟁과여성인권박물관의 건립을 국가가 지원하는 문제를 둘러싸고도 비슷한 갈등이 일어났다.

집단기억은 사회적 기억이므로 사회적 맥락이 달라지면 집단기억도 바뀐다. 2000년대 이전 세계사 교과서가 서술하는 유럽인의 신항로 개척의 집단기억은 하나의 세계사가 형성되었다는 것이었다. 그러나 강대국과 서구 중심의 역사서술에 대한 비판이 확산되면서 그 기억에는 새로운 내용이 추가되었다. 신항로의 개척은 중남아메리카 문명을 파괴하고 원주민을 학살했다는 것이었다.

## 2) 기억과 역사의 관계

인간은 기억을 통해 전승된 내용으로 문화적 가치를 형성한다. 기억문화는 개인과 사회가 자신의 과거 및 역사와 지속적으로 대면하는 행위와 방식의 총체이다. 집단기억이 역사적·문화적 측면에서 다양한 방식으로 각인된 결과가 기억문화이다. 기억은 현재의 인식 능력을 형성하며, 미래에 대한 판단도 기억을 바탕으로 한다. 그러기에 기억을 중시하는 사람들은 기억이 역사를 만드는 의식 활동의 기초이며, 언어로 기록되는 모든 역사는 기억에 의한 것이라고 본다.

역사와 기억은 모두 과거를 현재에 전하는 방법이다. 일반적으로 기억이 역사보다 주관적이고 감정적이라고 이해되었다. 기억문화는 집단적·주관적 존재를 인정하는 데 반해, 역사문화는 재현과 인지적 측면에 중점을 둔다. 기억문화는 역사문화보다 대중 및 대중매체를 의식한다. 사회적 관계나 대립, 사회문제들이 기억문화에 영향을 준다. 그리고 역사문화보다 과거와 현재의 연관성이 강하게 드러난다. 그렇지만 기억과 역사는 유사한 의미로 사용되어 엄밀한 의미 구분이 어려운 경우가 많다. 근래에는 두 가지 모두 과거를 현재화하는 데 활용되며, 둘 중 어느 하나를 선택하는 것이 아니라 동시에 활용하고 상보적 관계를 가지는 것으로 받아들여지고 있다.

기억과 역사의 관계를 보는 관점은 역사적 사실과 그 서술에 대한 관점에 따라 차이가 있다. 실증론자는 기억이 역사가 될 수 없다고 주장한다. 기억은 역사적 사실 자체가 아니라 이데올로기에 맞게 선택되고 변형된 것이라고 보기 때문이다. 기억이 역사라면, 망각하는 순간 역사는 그 고유한 성격을 상실하게 되어 역사가 존재하지 않을 수도 있다고 비판한다. 그렇지만 증언의 중요성이 부각되면서 기억은 다시 역사학의 주요 주제가 되었다.

프랑스의 철학자 리쾨르(Paul Ricoeur)는 역사를 이야기를 통한 담론으로 보고 기억으로서의 역사를 옹호했다. 그는 기억 현상을 과거에 국한시키지 않고 과거와 현재, 미래라는 전체 시간 속에서 드러내고자 했다. 리쾨르의 관점에서 보면, 역사와 미래 전망은 기억을 매개로 상호작용한다. 우리는 기억을 통해 미래를 예측하고, 미래의 예측은 과거의 의미를 변화시킨다. 그리고 이는 다시 미래의 행위에 영향을 미친다. 후설(Edmund Husserl)이 말하는 과거지향(rétention)과 미래지향 (protention)의 형식 속에서 과거와 미래를 보는 것이다. 기억이 역사인식의 기초가 되는 것이다. 리쾨르는 기억으로서의 역사는 폐쇄적·절대적인 과거에 일어난 일일 수 없다고 주장한다. 과거로 직접 되돌아갈 수는 없지만, 흔적과 역사 기록, 증언 등의 매개를 통해 잊히기 쉬운 과거로 향할 수 있다는 것이다. 이러한 관점에서는 기억이 역사교육의 중요한 주제가 된다.

기억과 역사는 대립하기도 하고 상호 보완의 기능을 하기도 한다. 원래 서구 사회에서 기억 이론은 '역사'를 극복하기 위해 나온 것으로, 기억은 탈역사적인 것이었다. 역사는 지배층의 기억만을 뒷받침하는 것으로, 여기에서 제외된 과거의 사실을 되살리는 것이 기억이라고 생각했다. 서구사회에서 기억은 공적 영역의 역사에서 배제되었고, 사적 영역에서 대항역사의 역할을 했다. 그렇지만 비서구, 제3세계 국가에서 기억은 서구와는 달리 저항담론의 역할을 했으며, 공적 영역에서 대항역사가 되었다. 기억은 기존의 역사 관념을 해체하거나 다시 생각해보게 했다. 서구 제국주의의 기억에 맞선 민족의 과거에 대한 기억, 지배층의 기억에 근거한 역사에 맞서는 민중의 기억을 되살리고자 했기 때문이다.

그렇지만 지배기억과 대항기억이 항상 고정된 것은 아니다. 지배기억에 맞선 대항기억은 처음에는 소수의 기억이지만, 그 기억이 다수의 기억이 되거나 극복하고자 하는 기억과의 관계에 따라 지배기억이 되기도 한다. 예를 들어 2015개정 교육과정의 모든 고등학교 《한국사》 교과서는 1970년대 노동운동 서술을 전태일의 분신 사건에서 시작한다. 전태일에 대한 기억은 1970년대 한국 사회와 경제를 근대화로 보는 지배기억에 대한 대항기억에 해당한다. 전태일에 대한 기억은 저항 담론으로서의 역할을 잘 소화했다. 그렇지만 1970년대 노동운동의 주류는 여성 노동운동이었다. 그런데 전태일에 대한 집단기억은 여성 노동운동을 전태일이라는 인물의 행위가 가져온 산물로 이해하게 한다. 1960~1970년대 경제성장을 한국 사회의 중심으로 삼는 지배기억에 대한 대항기억이었던 전태일에 대한 기억은 노동운동의 틀 안에서 보면 지배기억이 되며, 여성 노동운동의 주체성을 강조하는 것이 이에 대한 대항기억이 될 수 있다.

　기억은 공간을 중요시한다. 기억문화에서 공간은 역사적 사건이 일어난 무대나 배경이 아니라 역사를 규정하는 기본 원리이다. 기억문화는 역사를 기억하고 전달하는 수단으로 매체를 중시한다. 그리고 인권을 역사의 권리로 인식한다. 기억문화는 시민권보다 인권의 관점을 취한다. 인권은 지식만으로 지킬 수 있는 것이 아니라 실천적 가치의 문제이다. 그래서 기억문화는 역사학의 윤리적 전환을 가져온다.

　얀 아스만(Jan Assmann)과 알라이다 아스만(Aleida Assmann) 부부는 이처럼 추상적 개념이 아니라 사회적·문화적 의미를 가지고 있으며 개인적 차원이 아니라 문화적 재현에 의해 사회 속에서 보존되고 전승되는 기억을 문화적 기억이라고 했다. 사회적 기억은 사회 속에서 실천되고 활성화되므로 다층적이고 역동적이다. 문화적 기억은 기능기억과 저장기억으로 나뉜다. 기능기억은 현재와 유기적 관계를 가지게 하는 기억이다. 집단이나 개인, 제도와 같은 기억의 보유자들과 결부되어 있다. 그래서 기능기억은 과거, 현재, 미래를 연결한다. 이에 반해 저장기억은 과거를 현재 및 미래와 분리한다. 특별한 기억의 매개체가 없으며 개인적이다. 역사가 하나의 기억이라면, 우리가 접하는 역사는 기능기억이다. 저장기억은 사회적으로 드러나는 것이 아니므로 역사가 아니다.

  기능기억은 집단 관련성, 선택, 관련 가치, 목적의식 등이 주요 특징이며, 의미를 담고 있는 요소들을 통해 응집력 있는 서사 혹은 스토리로 만들어질 수 있다. 이에 비해 저장기억은 기능기억과 달리 잃어버린 현재와의 생생한 관계를 포괄적으로 담고 있다. 기능기억은 정신치료에서 말하는 내러티브 기억, 저장기억은 트라우마 기억에 해당한다. 트라우마 기억은 가공되거나 편집되지 않았기 때문에 가치와 규범이 개입하지 않으며, 원래 형태의 진실을 전한다. 그래서 정신치료에서는 트라우마 기억을 중시한다. 기억을 중시하는 사람들은 트라우마 기억을 역사로 드러내고자 하며, 타자나 소수자의 '경험의 맥락과 매일의 실천'에 주목한다. 그렇지만 역사교육의 대상이 되지는 않는다.

## 3) '신화'를 유도하는 역사교육

집단기억은 사회 구성원에게 지난날 일어난 사건이나 현상을 특정한 방향으로 인식하고, 국가나 사회를 위한 행동을 의무로 여기게 한다.

**그림 4** 프랑스 국기를 향해 경례하는 흑인 병사 사진이 실린《파리마치》표지

롤랑 바르트는 이를 신화라고 표현했다. 롤랑 바르트는 알제리 전쟁 당시《파리마치(Paris March)》라는 잡지의 표지 사진을 통해 기호가 신화가 되는 과정을 설명한다. 기호는 기표와 기의로 구성된다. 그림 4는 흑인 소년 병사가 프랑스 국기에 경례를 하는 장면이다.《파리마치》에서 기표는 표지의 그림이다. 기의는 흑인 병사가 프랑스 국기를 향해 경례를 하고 있다는 것이다. 기

표와 기의를 합친 기호는 흑인 병사가 프랑스 국기를 향해 경례를 하는 모습이 나타난 표지이다. 그런데 이렇게 제시된 기호는 신화에서 하나의 기표이다. 여기에 사회문화적 맥락을 적용하면, '프랑스 제국 아래에서 사람들은 피부색과 상관없이 충실히 군인으로 복무하고 있으며 원주민들은 착취당하지 않았다'라는 기의를 형성하게 된다. 그리고 결국 최종적인 기호로《파리마치》의 표지는 '프랑스 깃발 아래에서 사람들은 출신이나 피부색에 관계없이 프랑스에 충성을 해야 한다'라는 신화를 만들어낸다.

신화는 의도적이고 조작적이다.《파리마치》의 사진은 프랑스에 대한 무조건적인 충성과 제국주의에 대한 옹호를 담고 있다. 그렇지만 신화는 이런 의도를 감추고 자연스러운 것처럼 보이게 한다. 이를 위해서는 프랑스인이라는 정체성을 가질 것을 요구하는데, 여기에 역사가 이

용된다. '위대한 프랑스 아래 모든 군인은 평등하다'라는 말에는 역사적 사실이 아니라 조작된 기의가 들어가 있다. 실제 프랑스와 프랑스군에서는 흑인을 평등하게 대하지 않았다. 롤랑 바르트는 국가나 민족정체성을 강조하는 역사교육이 이러한 신화를 비판과 사유 없이 받아들이게 하며, 이때 사회 구성원은 권력의 이데올로기에 지배당하게 된다고 본다.

이 같은 관점을 적용하면, 역사교육은 집단기억을 통해 신화를 사회 구성원에게 주입하는 것이다. 역사서술은 독자들에게 역사적 사실을 어떻게 인식하도록 이끄는 행동유도성(affordance)을 가지고 있다. 역사기억은 이러한 행동유도성에 따른 역사인식의 산물이다. 고려 무신집권기에 대한 한 교과서 서술을 보자.

> 무신정권 시기에 집권자들의 수탈은 더욱 심해졌다. 무신 간의 권력 다툼으로 중앙 정부의 행정력이 약해지면서 지방 통제가 어려워졌기 때문이었다. 권력자들은 백성의 땅을 빼앗아 농장을 확대하였고, 지방관들은 과도한 세금을 부과하였다. 이러한 상황에서 백성들은 봉기를 일으켜 무신정권에 저항하였다. 한편, 무신정권이 들어선 이후 낮은 신분의 사람들이 출세하는 일이 많이 생겨났다. 그러자 하층민들도 신분 상승이 가능하리라는 기대를 하게 되었다.
>
> — 김덕수 외(2020), 《중학교 역사 2》, 83쪽

이 서술은 독자들에게 무신집권과 신분이 낮은 사람들의 출세가 사회를 혼란스럽게 하면서 농민의 삶이 더 힘들어졌다고 인식하게 한다.

그래서 학생들은 고려의 기존 사회질서를 유지하는 편이 그나마 농민들에게 낫다고 생각하게 된다. 저자의 해석대로 역사적 사실을 독자가 받아들이도록 하는 행동유도성이 교과서 서술에 깔려 있는 것이다. 다른 교과서의 서술도 대부분 이와 비슷하다. 그렇지만 이런 해석은 절대적인 것이 아니다. 이의민이나 김준에서 보듯이 최하층민이 최고 집권자가 되고, 이공주나 최양백 같은 노비 출신이 대장군 자리에 오른 사례는 한국사에서 이 시기밖에 없다. 이 서술은 무신집권기를 사회계층의 이동이 가장 활발했던 시기로 인식하는 것을 제약한다.

비고츠키는 역사서술의 일반적 형식인 내러티브를 기술적 도구(technical tool)와 대비되는 심리적 도구(psychological tool)로 본다. 역사적 사실이나 현상 자체를 전달하는 것이 아니라, 그에 대한 인식을 전달하는 수단이 내러티브라는 것이다. 내러티브 기억은 문화적 도구(cultural tool)로서 공식적 역사의 기능을 한다. 국가는 역사기억이라는 문화적 도구를 통해 공식적 역사를 전파한다. 교육과정과 교과서, 박물관이나 기념관, 기념물, 기념일 등이 그러한 기억의 도구이다. 국가 이외에도 주류 학계와 권위 있는 학자, 남성, 중앙 등 여러 주류 집단에 의해 공식적 기억이 형성된다.

기억의 사회적 기능을 강조하는 사람들은 공식적 역사가 만들어내는 신화에서 탈피하기 위해서는 억눌린 트라우마 기억을 끄집어내야 한다고 주장한다. 이를 위해서는 역사교육의 무대를 학교에서 사회로 확대하고 역사 자료의 범위를 넓혀야 한다. 증언 등의 구술 자료를 채록하고, 사적 기억을 역사화하며, 다크투어리즘(dark tourism) 등 기억을 다양화하는 것이다.

## 4) 집단기억과 역사의식

집단기억은 사회 구성원의 역사의식을 어떤 방향으로 유도하며, 이는 사람들의 역사적 사실을 바라보는 관점에 큰 영향을 미친다. 그렇지만 학생들은 집단기억뿐 아니라 자기 나름의 역사관과 지식을 가지고 역사를 공부한다. 집단기억과 개인적 요인은 학생들에게 역사적 사실을 사회적 맥락에서 바라보게 하는 역사의식을 심어준다. 의식(consciousness)은 자신의 존재나 생각, 주변 환경을 깨닫는 것을 뜻한다. 어떤 문제나 상황을 접했을 때, 이에 대해 자각하거나 대응하는 수준이 의식이다. 역사의식은 과거-현재-미래라는 시간 속에서 자신의 위치를 깨닫고 현재의 문제를 해결하고자 한다. 과거에 대한 지식을 바탕으로 문제가 무엇이고 왜 일어났는지 파악하고, 바람직한 미래의 방향을 예상하여 문제 해결에 적용한다. 따라서 역사의식은 역사적 사실과 자신과의 관계를 인식하는 자아의식이며, 현재의 사회문제가 어떤 연원으로 일어났는지를 파악하고 이를 해결하려는 실천성을 수반한 역사적 비판의식이다. 이는 역사 변화와 현재의 삶 사이의 연관에 대한 인식이다. 역사의식을 가진 사람들은 과거와 현재의 차이, 역사적 사실이 현재에 이르게 된 과정을 인식하고, 현재의 관점에서 역사적 사실의 의미를 성찰한다. 역사는 집단기억이며, 집단기억이 사회 구성원의 역사의식을 좌우한다고 주장하는 사람들도 이와 같은 역사학의 실천성에 관심을 둔다. 그래서 역사의식이 역사 연구의 기반이라고 주장한다.

역사의식 연구에는 몇 가지 경향이 있다. 첫째, 역사의식의 발달이나 성장에 대한 연구이다. 이런 연구들은 역사의식의 수준을 위계화해서 학생들이 어느 수준인지를 조사한다. 둘째, 역사의식을 역사 이해나 해석에 작용하는 방법으로 보는 관점이다. 이런 경향의 연구는 역사의식을 기르는 방법을 탐색한다. 셋째, 역사의식의 구조를 파악하려는 연구이다. 이런 입장의 연구는 역사의식이 복합적·다층적으로 구성되어 있다고 보며, 그 구조를 규명하고자 한다. 그렇지만 이 세 유형의 역사의식 연구가 배타적으로 분리되는 것은 아니다. 실제 역사의식 연구에서 이런 속성들은 중첩되고 복합적으로 나타나며, 역사의식의 유형을 분류할 때도 이 중 한 유형의 기준만을 적용하지도 않는다.

이런 관점에서 뤼젠(Jörn Rüsen)은 역사의식을 전통적(traditional) 유형, 전형적(exemplar) 유형, 비판적(critical) 유형, 발생적(genetic) 유형으로 구분한다. 전통적 유형은 시간에 따른 변화보다는 사회 구성원들이 공통의 기원을 가지고 있다는 생각으로 역사적 사실을 바라보는 것이다. 기념일에 언급되는 공적 연설이나, 역사적 사건에 대한 기념비의 내용은 이런 역사의식을 보여준다. 전형적 유형은 특정 역사적 사실에서 일반법칙을 이끌어내고, 이를 다른 사실에 적용하는 것이다. 현재를 위한 교훈으로 과거를 공부하는 것은 이러한 역사의식을 기반으로 한다. 비판적 유형은 현재의 가치 체계로 역사적 사실을 바라보는 것이다. 과거에 일어난 일을 비판적으로 바라본다. 과거는 극복해야 할 대상이고, 현재와 단절적인 것으로 파악한다. 예컨대 페미니스트 역사서술에서는 과거에는 오늘날과 같은 젠더 평등이 존재하지 않았고 이런 생각도 없었다고 인식한다. 이를 극복함으로써 오늘날과 같은 양성평등이 가능하게 되었다고 생각한다. 발생적 유형은 변화와 발전의 개념 속에서 역사적 사실에 의미를 부여하는 것이다. 어떤 역사적 사실이 도덕적 가치가 있는지도 시간적 변화에 비춰 판단한다. 발생적 유형의 역사의식에서는 역사적 사실을 고정된 틀이 아니라 시대와 사회의 맥락에서 인식한다.

### 5) 타자와 서발턴의 역사

역사는 사회의 주류, 기록자인 지배집단의 관점으로 해석하고 서술되어왔다는 비판은 민중과 피지배 계층의 역사에 대한 관심을 높였다. 주류, 지배집단에 의해 억압받는 사람들은 소수(minority)로 인식되었으며, 근래에는 이들을 타자(others)로 일컫는다. 예컨대 남성에게 차별당하는 여성, 자본가에게 억눌리는 노동자, 도시민에 대비되는 농촌민, 어른의 보호를 받아야 하는 존재인 어린이가 타자이다. 여성은 가장 큰 타자 집단이다. 근래에는 이들 타자를 역사 연구의 대상으로 삼고, 타자를 주체로 하는 역사서술이 추구되고 있다. 생물학적 성(sex) 대신 사회적 성인 젠더(gender)의 관점에서 여성사를 구성하려는 움직임이 대표적이다.

그런데 주체적 존재이지만 사회에서 그 존재 자체가 드러나지 않는 하층민도 있다. 자신의 생각을 가지고 행동하지만, 주류의 지배 이데올로기에서 배제되어 사회적 존재 자체가 무시당하는 하위 주체를 그람시(Antonio Gramsci)는 '서발턴(subaltern)'이라고 불렀다. 이탈리아의 마르크스주의 철학자인 그람시는 서발턴을 이탈리아 남부의 하층 농민 계급을 칭하는 말로 사용했다. 그렇지만 이 말은 인도의 하층민을 가리키는 말로 유명해졌다. 서발턴은 스스로 생각하고 행동하는 주체적 존재이지만, 사회적으로는 무시당한다. 타자는 집단으로 정체성을 가지고 있지만, 서발턴은 집단으로서 기준이 명확하지 않으며 정체성을 인정받지 못한다. 서발턴은 사회에서 배제되었으므로 역사 연구에서 관심의 대상이 되지 못하며 역사교육에서도 이들의 행위를 다루지 않는다. 그러기에 이들은 사회에서 유령 같은 존재가 된다. 한국 사회의 서발턴을 서술한 김원의 《박정희 시대의 유령들》(현실문화연구)이라는 책 제목은 이렇게 해서 나왔다.

비판적 역사교육의 관점에서 보면 타자와 서발턴은 지배집단에 의해 억압되고 배제되는 존재라는 공통점이 있다. 그렇지만 노동자와 농민, 여성 등의 타자는 1990년대 이후 역사 연구의 대상이 되고 역사교육에 편입된 데 비해 서발턴은 그렇지 못하다. 예컨대 1960~1970년대의 경제성장을 가르칠 때 이제는 한국경제가 고도성장을 했다는 점만 강조하지 않는다. 경제성장의 부작용과 문제점, 경제성장이 한국 사회에 미친 영향도 학습내용이다. 경제성장을 이룩한 주체로 노동자의 어려운 삶과 노동운동도 한국현대사의 관심사이다. 그런데 도시 빈민의 존재는 1970년대 한국현대사에서 배제되었다. 1970년대 한국 사회에서 가장 널리 읽혔던 조세희의 소설 《난장이가 쏘아올린 작은 공》은 재개발에 밀려난 도시 빈민의 이야기를 다룬다. 그렇지만 정작 역사 연구나 교육에서 이들은 배제되었다.

사회적으로 배제되거나 제외되는 존재가 집단뿐 아니라 개인인 경우도 있다. 의열단의 창립 단원이며 조선의용대 화북지대를 이끌고 항일투쟁에 참여했던 윤세주는 김원봉에게 가려져 한국 사회에서 잘 알려지지 않았다. 삼국통일 전쟁 과정에서 일어난 신라와 백제의 황산벌 전투에서 큰 공을 세운 신라 화랑 반굴은 관창에게 가려져 흔적이 지위졌다. 독립운동가나 화랑인 이들은 사회 하위계층은 아니었다. 그렇지만 이들은 사회에서 배제된 개인적 존재이다. 서발턴은 원래 하층민을 의미했지만, 여러 의미가 더해지고 개념이 바뀌면서 지배집단 이외의 주변 사람들을 포괄적으로 지칭하게 되었다. 서발턴 개념을 대중화한 탈식민주의 이론가인 스피박(Gayatri Chakravorty Spivak)은 서발턴이 반드시 하층민이거나 피억압 민족은 아니라고 본다. 서발턴으로서 식민지 여성은 식민지배 국가의 억압뿐 아니라 남성의 가부장제적 억압도 받는다. 즉 서발턴에게 가해지는 억압은 반드시 단일하고 고정적인 것만이 아니다.

그렇지만 서발턴 집단은 고정적이지 않고 달라질 수 있다. 도시 빈민은 서울 올림픽 준비 기간에 일어난 상계동 철거민의 투쟁으로 사회적 관심의 대상이 되었다. 이후 도시 빈민에 대한 연구와 교육적 관심이 높아졌다. 1970년대 철도변 빈민들을 집단 이주시킨 광주대단지 사건이 교과서에 실리기도 했다. 《박정희 시대의 유령들》의 첫 번째 이야기는 1977년에 일어난 무등산 타잔 박흥숙 사건이다. 1970년대에는 이 사건을 그저 개인적인 폭력 행위로 치부해서 박흥숙이 왜 이런 행위를 하게 되었는지는 알려지지 않았다. 서발턴은 말하지 않은 것이다. 그런데 2000년대 들어서 르포작가나 언론에 의해 사건의 진상이 밝혀졌다. 그리고 개발 지상주의의 문제점과 도시 빈민 문제가 부각되었다. 그 결과 박흥숙과 도시 빈민의 목소리가 전해졌다. 서발턴이 말을 한 것이다.

## 3. 부끄러운 역사를 기억해야 하는가? – 다크투어리즘의 역사교육

### 1) 다크투어리즘의 개념

근대 국민국가 이후 공교육에서 역사교육은 민족이나 국가의 자랑스러운 역사를 가르치는 데 힘써왔다. 그렇지만 부끄러운 지난날의 모습도 엄연히 역사의 일부이고, 기억해야 할 역사라는 생각에서 근래에는 이를 사회에 남기고 역사교육의 자료로 삼으려는 경향이 나타나고 있다. 다크투어리즘은 그 대표적인 현상이다.

다크투어리즘은 전쟁 중 학살이나 파괴 등 비극적 역사의 현장, 커다란 재난이나 재해가 생겼던 고난의 역사 현장을 돌아보고 교훈과 사회가 나아갈 방향에 대한 시사점을 얻으려는 여행을 의미한다. 그렇지만 다크투어리즘의 대상이 되는 장소가 어디인지는 학술적으로 정리되어 있지 않다. 그저 역사의 어두운 면을 보여주는 장소라는 막연한 관념 정도이다. 이 때문에 실제 다크투어리즘으로 규정되는 장소들 사이에는 상당한 성격적 차이가 있다. 그 장소를 역사적 성격에 따라 구분하면 다음과 같다.

첫째, 민족의 영광이 아니라 수난을 보여주는 장소이다. 예를 들어 병자호란 당시 인조가 청 태종에게 항복을 한 삼전도비는 그런 장소라고 할 수 있다. 다크투어리즘이라고 할 때 가장 먼저 떠오르는 유적지 중 하나인 서대문형무소는 일제의 식민통치를 보여주는 유적인 동시에 독립운동가들이 고통을 겪은 장소이다.

둘째, 전쟁이나 국가폭력으로 대규모의 희생자가 발생한 사건과 관련된 장소이다. 전쟁 중의 치열한 전투는 많은 희생자를 내며, 전쟁을 펑계로 인권 유린이 자행된다. 제2차 세계대전 당시 나치 독일의 홀로코스트가 자행된 아우슈비츠 수용소, 베트남 전쟁 때 자행된 민간인 학살 사건인 미라이 학살 기념관 등이 대표적이다. 한국사에서도 제주도 '4·3의 길'이나, 한국전쟁 시기 민간인 학살 관련 현장을 사적지화한 곳이 다크투어리즘의 대상지에 해당한다.

셋째, 대규모 학살이 아니더라도 심각한 인권 침해가 일어났던 현장이다. 쿠바에 있는 미국의 관타나모 수용소는 열악한 시설과 일상적 고문으로 세계에 잘 알려져 있다. 6월 민주항쟁의 도화선이 된 박종철 고문치사 사건이 일어난 서울 남영동 대공분실을 민주인권기념관으로 만든 것도 그러한 사례이다.

이처럼 다크투어리즘의 장소는 '어두운 역사'가 일어났던 곳이다. 그렇지만 '어두운 역사'의 개념도 명확하지는 않는다. 어떤 장소에서 일어난 어두운 역사가 무엇인지는 후대에 이 장소를 어떻게 기억하는지에 따라 다르며, 하나의 사건이 일어난 장소라고 하더라도 어떤 눈으로 보는가에 따라서 다크투어리즘의 장소가 될 수도 있고 아닐 수도 있다.

예를 들어 서대문형무소 역사관의 경우 과거 이곳에서 일어난 어두운 역사는 두 가지이다. 하나는 일제하 독립운동가들이 투옥되고 고통을 겪던 장소라는 것이고, 다른 하나는 해방 이후 민주화운동을 했던 사람들이 고통을 겪었던 장소라는 것이다. 서대문형무소 역사관은 이 중 전자만을 기억의 대상으로 했다. 그러니까 다크투어리즘을 통해 기억할 수 있는 것은 일제의 식민지배와 독립운동가 탄압일 뿐이다. 인권 침해의 기억은 다크투어리즘의 대상이 아니다. 강원도 철원의 백마

고지는 한국전쟁 당시 치열한 전투가 벌어졌던 곳이다. 수많은 군인이 이 전투에서 희생되었다. 그렇지만 이 장소를 다크투어리즘으로 기억하지는 않는다. 많은 젊은이들이 희생된 전쟁의 기억보다는 그 희생을 딛고 승리를 거둔 '밝은 역사'로 기억하기 때문이다. 그러니까 다크투어리즘은 과거에 일어난 일 자체의 실체에도 있지만, 그 장소를 어떻게 기억하는가에도 달려 있다.

## 2) 역사적 장소의 기억과 역사교육

'어두운 역사'를 어떻게 기억할 것인지는 그 현장을 다크투어리즘의 장소로 보존할 것인지의 여부, 어떻게 보존할 것인지에 영향을 미친다. 1995년에 김영삼 정부는 '역사바로세우기' 정책으로 일제 식민통치 시절 경복궁 앞부분을 헐고 그 자리에 세웠던 조선총독부 건물을 해체했다. 조선총독부 건물은 해방 이후 미군정 및 대한민국 정부의 청사를 거쳐 국립중앙박물관으로 사용되고 있었다. 사회에서는 조선총독부 건물을 어떤 모습으로 보존할지를 놓고 논란이 벌어졌다. 일부 사람들은 그 건물을 그대로 두고 과거의 교훈으로 삼아야 한다고 주장했다. 다른 일부 사람들은 경복궁 복원을 찬성하되 조선총독부 건물을 그대로 다른 곳으로 옮겨서 교육의 장으로 삼자는 의견을 내놓았다. 그렇지만 김영삼 정부는 결국 조선총독부 건물을 폭파해서 해체하고 중앙의 돔과 부서진 석조 자재들만 독립기념관으로 옮겨 부자재 공원으로 조성했다. 조선 왕조의 정궁이었던 경복궁에서 식민통치의 흔적을 없애는 것 자체가 기억의 방법이었다. 이와 달리 서대문형무소 역사관의 기억은 일제의 식민통치 행위를 구체적이고 생생하게 보여주는 것이었다.

기억의 방법을 둘러싼 관점의 차이는 서울 송파구에 있는 삼전도비의 경우도 마찬가지였다. 삼전도는 병자호란 당시 조선의 임금 인조가 청 태종에게 항복 의식을 치렀던 곳이다. 그 기념으로 세운 삼전도비에는 청 태종의 공덕을 새겼다. 이 때문에 이 비석을 없애야 한다는 주장이 계속 나왔다. 심지어 개인적으로 비석을 훼손하는 일도 종종 발생했다. 훼손 행위에 대한 평가도 엇갈렸다. 일부에서는 삼전도비를 없앤다고 해서 인조의 항복이라는 역사적 사실 자체가 지워지는 것은 아니며, 역사적 사실은 그 자체로 알고 보존할 가치가 있다고 주장했다. 여기에는 '부끄러운 역사'를 기억하고 되풀이하지 말아야 한다는 생각이 깔려 있다.

조선총독부 건물 해체나 서대문형무소 역사관, 삼전도비의 사례에서 보듯이 사회적 보존을 놓고 논란이 되는 다크투어리즘의 장소는 주로 민족의식과 관련이 있다. 똑같이 고통을 겪은 장소이지만, 서대문형무소는 독립을 위한 투쟁의 장소이므로 일제의 만행을 기억하기 위해 보존하고, 삼전도비는 수치스러운 기억만 남아 있으니 없애야 한다는 생각이었다.

### 3) 가르치기 힘든 '어려운 역사'

역사적 사실 중에는 교사들이 가르치기 꺼리거나 어디까지 가르쳐야 할지 고민하게 되는 주제들이 있다. 사회 구성원에게 트라우마를 남긴 역사, 해석이나 평가를 둘러싸고 커다란 사회적 갈등을 낳았던 사건을 접할 때 교사들은 부담감을 느낀다. 스스로 정서적 동요를 느끼거나 다른 사람이나 집단의 저항감을 불러일으킬 것을 우려하기 때문이다. 이러한 역사적 사실을 '어려운 역사(difficult history)'*라고 표현한다.

'어려운 역사'는 사회적으로 민감한 주제인 경우가 많다. 여기에 해당하는 주제들은 다음과 같은 성격을 가진다.

① 폭력적인 내용이 들어가 있는 주세
② 국가에 의해 은폐되고 왜곡되었던 주제
③ 권위 있는 존재에 의해 기존에 확고한 해석이 존재하는 사실
④ 사회 구성원 간의 갈등으로 사회적 관심사가 된 사건
⑤ 정치적·사회적 상황에 영향을 크게 받는 사건

폭력적 내용으로 가장 먼저 떠오르는 것은 제노사이드(genocide)와 같이 국가폭력이 자행된 사건이다. 홀로코스트는 서양에서 어려운 역사로 지목되는 대표적인 사건이다. 한국사에서도 한국전쟁기의 민간인 학살이나 제주 4·3사건, 5·18민주화운동과 같이 국가폭력이 개입된 사건을 가르칠 때는 조심스럽다. 폭력적인 사건은 행위주체의 폭력성뿐 아니라 내용도 폭력적인 경우가 많다. 그래서 학교교육에서 가르치기 어려운 부분이 있다. 일본군 '위안부'는 식민 통치, 전쟁, 젠더, 역사 갈등 등 한국근현대사의 여러 측면을 이해하는 데 좋은 주제이지만, 교과서에 자세히 서술하거나 수업에서 다루기는 부담스럽다. 일제

---

* '어려운 역사' 대신 '부담스러운 역사', '불편한 역사'라는 말도 사용한다. 이 용어들이 내포한 의미는 큰 차이가 없다. 따라서 이 책에서는 '어려운 역사'라는 말로 통일하여 사용한다.

의 폭력성을 폭로한다는 측면에서 지금은 거리낌 없이 가르치지만, 한때 교육당국은 위안부가 비교육적이어서 초등학생에게 적절하지 못하다는 이유로 초등 역사교육 내용에서 배제했다.

폭력적인 사건은 일어난 당시와 이후 상당 기간 권력에 의해 은폐되거나 왜곡된다. 오랜 기간 권력에 의해 사실이 왜곡되거나 단편적인 사실만이 알려졌다. 홀로코스트는 나치 집권 시기 감춰졌으며, 5·18민주화운동은 사건이 일어나고 8년이 지나서야 국회에서 청문회가 열렸다. 제주 4·3사건이 본격적으로 공론화된 것은 50년이 지난 1990년대 후반이었다. '어려운 역사'는 어떤 일이 일어났는지 구체적으로 알기 어렵다. 진상 은폐로 구체적 사실이 잘 알려지지 않은 경우가 많기 때문이다. 이런 사건을 적극적으로 연구하려는 사람이 적은 것은 권력에 위협을 느끼기 때문이기도 하지만 이러한 이유도 있다.

사회적으로 공론화되기 이전에 이들 사건은 국가라는 이름의 정권 및 권력 집단에 의해 성격이 규정된다. 사건의 성격을 규정한 이들이 곧 사건을 일으킨 당사자라는 점에서 그 해석의 적절성은 의문스러울 수밖에 없다. 그렇지만 그 권위에 의문을 제기하거나 다른 견해를 내기는 어렵다. 다만 권위 있는 해석의 주체가 반드시 국가인 것은 아니다. 학회나 학계 권위자가 될 수도 있다. 다양한 해석이 가능하지만 기존에 확고한 해석이 있는 주제도 '어려운 역사'가 될 수 있다. 권위 있는 해석이 부여하는 지배적인 관점은 해석의 범위를 제약한다. 기존 해석의 주체보다 권위 면에서 떨어지는 사람들은 다른 해석을 내놓기 어렵다. 그래서 기존 해석은 다른 권위에 의해 새로운 해석이 제시될 때까지 유지된다. 교사는 그 내용을 어디까지 다루어야 할지, 그리고 어떤 관점으로 접근해야 할지 고민할 수밖에 없다.

국가나 권력에 의해 은폐되거나 지배적인 해석이 부여된 사건은 진상이 상당한 정도로 밝혀진 다음에도 사회 일부에서는 여전히 이전의 지배적인 관점으로 그 사건을 보고 이를 만들어낸 지배집단을 옹호한다. 그래서 다른 관점에서 해석하고 평가하는 사람들을 맹렬히 비판한다. 특히 기존 관점이 공격을 받고 권력이 이를 효과적으로 방어하지 못할 때 자신들이 나서서 지키고자 한다. 그들은 정부와 권력 집단을 옹호하고 새로운 해석이나 평가를 하는 사람들을 공격한다. 비판은 학문적·교육적 관점보다는 사회집단에 의해서 제기되며, 비판의 강도도 맹렬하다. 이 때문에 교과서 집필자나 교사는 새로운 해석을 하는 것을 꺼리게 된다.

'어려운 역사'는 맥락 의존적이다. 정치적·사회적 상황에 영향을 크게 받는다. 예컨대 1980년대와 1990년대, 2000년대 5·18민주화운동에 대한 교과서 서술은 상당히 차이가 있으며, 수업내용이나 교사가 다루는 방식도 달라진다.

'어려운 역사'는 이미지가 아니라 성찰적으로 접근해야 한다. 그러기 위해서는 사건의 전개 과정과 내용을 비판적으로 분석해야 한다. 주류의 관점에서 벗어나 다양한 관점으로 기존 해석에서 간과했던 새로운 해석을 하고, 이를 토대로 새로운 내러티브를 생성해야 한다. 역사를 이해하는 데 필요하지만 누락되거나 은폐되었던 역사적 사실을 발굴하여 조명해야 한다.

## 4. 역사교육은 일상적 삶을 다루어야 하는가? – 일상생활사의 양면성

### 1) 생활사의 유행

생활사는 근래 역사학과 역사교육에서 가장 관심을 끄는 분야 중 하나이다. 생활사를 주제로 하는 대중서가 적잖은 인기를 끈 것은 물론, 학교 역사교육에서도 생활사의 비중이 커지고 있다. 학교 역사교육에서 생활사는 오랫동안 주로 초등학교에서 논의되었지만, 근래에는 중학교와 고등학교 역사교과서에도 으레 생활사 내용이 들어가고 있으며, 교실 수업에서도 생활사는 주된 학습요소이다.

한국사에서는 조선시대의 생활사에 대한 관심이 가장 높다. 《조선시대 사람들은 어떻게 살았을까?》라는 제목의 책에 이어, 《조선시대 이야기》, 《조선시대 생활사》라는 책이 나왔다. 교과서에도 조선시대 사람들의 신분별 생활과 같은 생활사 내용이 들어갔다. 조선시대 생활사에 대한 관심이 높은 것은 다른 시대보다 민중의 생활을 구체적으로 알 수 있기 때문이다. 《조선왕조실록》이나 《승정원일기》와 같은 관찬사료 외에 개인의 일기를 비롯한 다양한 자료들이 남아 있다. 《조선시대 생활사》는 소송 관련 기록, 교지, 호구단자, 재산 기록 등 고문서 내용을 토대로 사람들의 일상생활을 밝힌 책이다. 고려시대나 그 이전에는 일상생활을 보여주는 자료가 적으며, 조선시대보다 훨씬 다양하고 많은 자료가 있는 근현대사의 경우에는 역사 이외의 다른 과목이나 다양한 경로를 통해 생활사가 전해진다.

물론 역사학에서 생활사에 대한 관심이 조선시대에 한정된 것은 아니다. 《조선시대 사람들은 어떻게 살았을까?》에 이어 《삼국시대 사람들은 어떻게 살았을까》,《고려시대 사람들은 어떻게 살았을까》,《지난 100년간 우리는 어떻게 살았을까》라는 책이 시리즈로 이어졌다.

　교육과정과 교과서에도 생활사 내용이 들어갔다. 예를 들어 2022개정 교육과정에서는 "다양한 자료를 활용하여 고려의 문화가 가진 특징을 파악하고, 고려시대 사람들의 삶을 종합적으로 이해한다"(중학교 〈역사〉 성취 기준 해설 〔9역10-04〕)거나, "일제강점기 사회 및 문화 변화를 일상생활의 변동과 연관 지어 파악하고 대중운동의 양상을 운동 주체별로 파악하는 데 초점을 둔다"(고등학교 〈한국사 2〉 성취 기준 해설 〔10한사 2-01-04〕), "산업화 과정에서 일어난 문화와 생활의 변화를 미디어 등을 활용하여 파악하고 사람들의 삶을 다양한 방법으로 표현한다"(고등학교 〈한국사 2〉 성취 기준 적용 시 고려사항)라는 내용이 들어가 있다.

　생활사에 대한 관심은 한국사에 한정되지 않는다. 근래 세계사에서 질병이나 음식 등의 역사가 관심을 끌고 있다. 이런 분야의 역사도 생활사의 범주에 속한다. 물론 생활사의 주제가 반드시 일상생활에 한정되지는 않는다. 질병이나 음식 등의 역사는 교류나 상호의존을 토대로 하는 세계사적 이해를 위한 것으로, 어찌 보면 구조사적 성격을 띤다고도 할 수 있다. 남아메리카에서 출발하여 유럽을 거쳐 아시아까지 전해진 감자의 유통을 통해 세계사의 흐름을 서술하는 것은 세계사 교과서에서도 흔히 찾아볼 수 있다. 남아메리카를 정복한 유럽인이 옮긴 것으로 추정되는 홍역과 천연두의 확산으로 남아메리카 원주민의 대부분이 사망한 것은 유럽인에 의한 남아메리카 문화 파괴를 보여주는 대표적인 사건이다. 그렇지만 그 구조는 고정되지 않고 변화를 전제로 하는 것이며, 변화의 내용에서 정치제도나 사회경제적 구조뿐 아니라 대중의 일상적 삶에도 관심을 가진다.

## 2) 생활사의 교육적 의의

생활사는 인간의 구체적인 삶의 모습을 보여주어 사람들의 흥미를 이끌어낸다. 특히 일상적인 생활모습은 오늘날의 사람들도 경험할 수 있는 영역이기에 공감을 불러일으킬 수 있다. 생활사는 사람들의 삶의 경험과 하나가 된다. 그래서 이해하기 쉽고 역사가 우리의 삶과 밀착한 것이라고 생각하게 된다. 역사학에서 생활사가 인기를 끄는 데는 크게 두 가지 이유가 있다.

첫째, 미시사적 접근이다. 국가나 민족, 사회 구조와 같은 거시사에서 탈피하여 개개인의 삶과 생각을 구체적으로 살펴보려는 것이다. 미시사에서는 역사가 국가와 민족의 거창한 모습, 정치나 제도 같은 틀이나 사회경제적 구조 같은 거창한 이야기가 아니라 사람들이 살아가는 일상적인 모습을 담아야 한다고 생각한다. 그리고 과거 역사가 정치나 제도, 사회경제사에 치우치면서 인간의 삶과 괴리되었다고 인식한다. 정치사나 제도사는 지배집단의 이야기를 다루기 때문이다. 그래서 설사 정치나 제도를 다루더라도 그 변화가 사회 구성원의 삶에 어떻게 작용하는지를 구체적으로 밝히고자 한다. 인간의 구체적인 삶의 모습에 관심을 가질 때 그동안 역사에서 소외되었던 소수, 타자의 목소리를 들을 수 있다.

둘째, 민중사에 대한 관점의 전환이다. 1980년대 중반 한국 사회의 민주화와 함께 민중사가 본격적으로 논의되었다. 지배층 위주의 역사 연구와 서술에서 벗어나, 민중의 관점에서 사회 구조와 변화를 바라보고 민중의 삶을 밝혀야 한다는 민중사가 제기되었다. '생활사'라는 말 자체가 민중의 생활을 뜻하는 것은 아니지만, 생활사의 문제의식에는 역사학이나 역사교육이 민중의 삶을 반영해야 한다는 생각이 깔려 있다. 그렇지만 당시의 민중사는 민중의 일상적 삶보다는 사회 구조 속의 민중을 다루었다. 사회적 억압기제 속에 민중이 어떻게 수탈을 당하고, 이에 어떻게 저항했는지를 중점적으로 보어주고자 했다. 그러다가 구조적 민중사는 민중의 삶을 구체적으로 보여주지 못할 뿐 아니라 민중의 주체성을 무시한다는 비판이 나왔다. 이에 따라 새로운 민중사는 민중의 주체적 의지에 주목했다. 새로운 민중사에서는 사회 구조 속의 민중보다는 정치사회적 문제가 개별적 존재로서의 민중에게 구체적으로 어떤 의미가 있으며, 또 민중이 여기에 어떻게 대응했는지를 들여다보려 한다. 이를 통해 역사가 개인의 삶과 밀접한 관련이 있으며, 평범한 개인도 역사의 주체가 될 수 있다는 인식을 갖게 하려는 것이다.

역사학의 이런 경향은 교육적으로도 의미가 있었다. 생활사에 대한 역사학계의 관심은 역사교육에도 영향을 미쳐 교육과정이나 교과서, 교실 수업에서 생활사 내용이 늘어났다. 여기에는 학습 효과라는 요인도 큰 몫을 했다. 역사는 딱딱하고 재미없는 이야기, 학생의 삶과 관련 없는 과거의 일, 암기해야 할 수많은 사실이라는 역사교육의 문제점에 대한 대안으로 생활사가 제시되었다. 학생들이 역사 공부에 흥미를 느끼게 하려면 역사가 학생 개인에게 의미 있는 것으로 다가와야 하고, 그러기 위해서는 일반인의 삶과 연결되는 내용이어야 하기 때문이다. 인간의 생생한 삶을 다루는 역사수업은 다른 어떤 교육보다도 학습자의 동기를 자극할 수 있다고 보는 것이다.

## 3) 생활사의 유형

역사학과 역사교육에서 생활사에 대한 관심이 높아졌지만 그 개념은 명확하지 않다. 그리고 생활사의 개념을 명확히 규정하고 사용하는 사람도 많지 않다. 그저 막연히 일상적인 삶의 모습이라는 정도로 여긴다. 그렇지만 생활사의 개념은 광범하며, 그 범주나 성격도 사용하는 사람에 따라 차이가 있다. 어떤 개념이나 관점에 주목하는가는 생활사를 보는 관점의 차이에서 비롯된다. 관점의 차이는 보완적일 뿐 아니라 경우에 따라서는 서로 대립적이기도 하다.

같은 '생활사'라는 말을 사용하더라도 역사나 사회 현상을 다루는 교과에서 '생활'의 의미나 성격은 다양하다. 듀이의 경험중심 교육과정과 같이 학생들의 생활, 즉 경험을 가리킬 수도 있다. 미군정기에 제정된 〈교수요목〉에서 역사와 지리의 과목명이었던 '우리나라의 생활', '이웃 나라의 생활', '먼 나라의 생활'에서 '생활'은 인간의 경험 전체를 포괄하는 말이었다. 생활사는 사회사나 문화사와 같이 분야사로 인식되기도 한다. 생활사에 대한 관심의 영향으로 신분별 생활이나 문화 활동과 같은 내용이 늘어난 것은 이런 의미이다. 한편 생활사는 인간의 구체적인 삶의 방식, 사회 현상이나 변화에 대한 대응 및 이를 해석하는 방식을 뜻하기도 한다. 이 경우 생활사라는 말에는 역사 연구의 방법이나 역사적 시각이 들어가 있다. 근래 역사학의 한 분야로 생활사를 자리매김하려는 데도 이런 시각이 깔려 있다. 물론 역사교육에서 생활사를 어느 한 가지 의미로 한정할 필요는 없으며, 생활사를 보는 관점이 어느 한 측면에 배타적으로 고정되는 것도 아니다. 그렇지만 생활사 교육이라고 할 때, 어떤 생활사를 염두에 두는지에 따라 생활사를 보는 시각, 생활사 교육의 내용과 방법, 실제 교실 수업에서 생활사를 가르칠 때 일어나는 문제점이 달라질 수 있다. 생활사의 의미가 달라지면, 그에 맞춰 역사적 사실의 인식이나 역사학습의 목적을 바꿀 수도 있기 때문이다. '어떤' 생활사인가에 따라 생활사 교육의 접근방식에는 차이가 있으며, 이에 따라 내용 구성도 달라져야 한다. 역사학이나 역사교육에서 사용하는 생활사의 개념은 일상생활사, 생활문화사, 생애사로 유형화할 수 있다.

일상생활사는 사람들의 일상적인 생활의 변화이다. 일상생활사는 평범한 개인이나 집단의 일상 경험을 재구성한다. 생활사라고 하면 가장 먼저 떠올리는 것이 일상생활사이다. 일상생활사는 역사적 사실에 미시적으로 접근한다. 일상사가들은 향토사와 같이 마을이나 지역공동체 또는 공간적으로 제한된 지역, 개인이나 소규모의 집단, 가족의 생활과 행동을 연구 대상으로 한다. 역사가 지난날 사람들의 삶의 모습을 보여주는 것이라고 할 때 일상생활사는 사람들이 어떻게 살았는지를 가장 잘 보여준다. 일상생활사의 필요성을 역설하는 사람들은 그런 의미에서 역사교육의 본질에도 부합한다고 강조한다. 이들은 기존 역사학이나 역사교육이 역사를 너무 도식적으로 이해한다고 비판한다. 예컨대 일제하 역사를 수탈과 저항으로만 이해할 때 당시 사람들의 삶을 제대로 알 수 없다는 것이다.

한국의 생활사 연구를 자극한 것은 독일의 일상생활사이다. 2000년대 들어 역사학에서 생활사에 대한 관심이 높아지고 생활사 연구가 활발해진 데는 독일의 일상생활사가 큰 영향을 미쳤다. 독일의 일상사가들은 일상사가 '아래로부터'의 관점에 의해 계급, 성, 인종, 종교 등 각종 사회적 불평등 구조 속에 희생과 고통을 당해온 사람들의 삶의 모습을 드러낼 수 있다고 본다. 여기에서 일상사는 평범한 개인이나 집단의 일상적 경험을 재구성하는 것이다. 의식주, 노동과 여가생활, 질병과 죽음, 가족생활과 이웃 관계, 신앙과 공동체적 관습 등이 대표적인 사례이다. 독일의 일상생활사는 하나의 역사 연구방법이며 패러다임이다.

생활문화사는 국가의 정책, 정치, 법 등이 사회 구성원 개개인에게 미치는 영향에 주목한다. 개인의 삶을 통해 국가나 사회를 이해하고자 한다. 역사교육에서는 일상생활사 교육을 하면서도 이런 접근방식을 많이 생각한다. 생활문화사는 일상생활사와는 달리 애초부터 사회 구성원의 삶을 통해 국가의 정책이나 사회 구조 및 변화를 이해하는 데 주안점을 둔다. 사회구성원을 집단이나 계층으로 분류하고, 각 집단이나 계층에 속한 사람들의 사회적 지위나 삶을 탐색한다. 생활문화사는 사회나 문화에 나타난 대중의 생활을 통해 사회의 구조적 변화를 이해하기도 한다. 단순히 외적으로 나타나는 현상뿐 아니라 관습이나 정신도 역사인식이나 해석의 대상이 된다. 유행하는 대중문화 현상을 통해 국가의 정책을 분석하고 사회상을 바라보는 접근방식으로, 생활사는 인간의 삶을 통해 이를 바라본다는 점에서 대표적이다. 특히 '국민 만들기'를 위해 문화를 통한 사회통제가 강화되는 근현대사를 이해하는 데 두드러진 방식이다.

생애사는 개인의 삶을 추적한다. 생애사는 주로 전기의 형식으로 역사교육에서는 찾아볼 수 없었다. 다만 교과서에는 학습활동으로 들어가는 '나의 연표'나 자서전 같은 형식이 여기에 해당한다. 국어적 의미로 생애사는 생물 개체가 태어나서 죽을 때까지의 역사를 말한다. 그러나 역사학에서 생애사는 개인이 살아오면서 했던 행위의 전체이거나 개인이 겪은 시간을 절대적으로 합친 것이 아니라, 거기에 주체적으로 의미를 부여해서 구성한 경험 조직과 지향된 행위이다.

생활사가 인간의 삶을 대상으로 한다고 할 때, 개인의 삶 자체가 역사가 된다는 점에서 생애사는 가장 전형적인 생활사이다. 생애사는 사회 변화나 흐름이 아니라 개인의 삶 자체를 역사 연구의 대상으로 삼는다. 사회가 아닌 개인생활사가 생애사이다. 생애사의 주제와 형식은 다양하다. 개인의 삶 자체를 연구 대상으로 삼을 수도 있지만, 특정 사실이나 문제를 중심으로 생애를 재구성할 수도 있다. 개인의 생애를 통해 국가나 사회적 관심사를 추적하기도 한다. 생애사는 보통 구술을 통해 전달된다. 바꿔 말하면 구술사는 그 자체가 곧 생애사가 된다. 생애사는 줄거리가 있는 개인의 이야기이다. 그러기에 생애사는 내러티브 형식을 띤다. 한 개인이 태어나서 지금까지 살아온 경험을 현재로 불러내어 서술하는 구술생애사(oral life history)는 전형적인 생애사이다.

구술사는 민중을 역사의 주체뿐 아니라 역사서술의 주체로 불러낸다. 구술사는 구술자와 면담자의 공동작업이며 양자의 상호작용에 의해 만들어진다. 구술자와 면담자는 관점과 해석을 공유한다. 그렇지만 이 공유가 관점과 해석이 언제나 일치하거나 비슷하다는 뜻은 아니다. 양자는 일관성을 가지거나 보완적이지만, 때로는 갈등과 배제, 그리고 타협을 하기도 한다. 이를 역사교육에 대입하면, 생애사 학습에는 지난날의 행위자, 즉 생활의 행위주체와 학생의 관점과 해석이 들어간다. 구술사는 오랜 기간 동안 억눌려 있던 목소리를 사회에 드러낸다.

예를 들어 서양에서 구술사는 홀로코스트 피해자와 가해자, 스탈린의 박해와 학살의 희생자 및 가해자를 다루는 데 이용되었다.

구술생애사에 대한 관심의 증대는 역사교육에도 영향을 미치고 있다. 역사교과서는 구술사 자료를 활용하여 역사적 사실을 해석 및 평가하기도 하고, 수집된 구술 자료를 학습활동에 포함하기도 한다. 그러나 역사교육에서 생애사 학습이 널리 확산되는 것은 아니다. 생애사의 주된 학습활동은 기존 구술 자료의 해석뿐 아니라 새로운 구술 자료를 채집하는 데 있다. 기존에 존재하는 자료의 활용뿐 아니라 생산에 참여할 때 생애사 교육의 의미가 커진다. 그러나 실제 수업에서 이런 사례를 찾기는 어렵다. 이는 현실적으로 구술면담을 통해 생애사 자료를 채집하는 학습활동이 가능하지 않다는 판단 때문이다.

생애사 재구성 작업은 역사적 사실의 성격을 보여준다. 구술자를 선정하여 구술을 채록하고, 이를 재구성하여 보고서로 작성하는 활동은 역사 연구 활동을 포함한다는 점에서 '역사하기'라고 볼 수 있다. 학생들은 이를 통해 역사 연구를 경험하며, 역사적 사실의 성격을 인식한다. 그렇지만 생애사는 구술자의 삶 전반이 아니라 의도적으로 제한한 구술 주체의 경험이다. 구술사는 국가나 사회적 관심사를 개인의 경험을 통해 설명한다. 바꿔 말하면 개인의 삶을 통해 현대사를 보기보다는, 현대사의 주요 사건을 이해하는 데 구술면담의 기법을 활용하는 것이다. 실제로 교사가 수업에서 구상하는 생애사 수업은 이런 형식으로 진행될 가능성이 높다. 그렇지만 이런 현실이 생애사의 채록 및 해석을 통한 생활사 학습의 가능성을 차단하는 것은 아니다.

## 4) 생활사 교육의 문제점

역사가 지난날 인간의 삶이라고 할 때 생활사는 역사의 본질을 반영한다고 할 수 있다. 생활사에서 다루는 과거 사람들의 일상적인 삶에서 많은 부분은 현재에도 경험 가능한 것이라는 점에서, 생활사는 정치사나 사회경제사에 비해 독자나 학생들의 흥미를 끌 수 있다. 그러나 역사학이 인간 생활의 모든 것을 대상으로 삼는 학문일까?

인간의 일상적 생활에만 초점을 맞출 경우, 사회적 의미를 가진 역사적 사실을 간과하기 쉽다. 역사가 인간의 어떤 삶을 대상으로 하는 것인지를 놓칠 수 있다. 역사학은 사람들의 평범한 일상적인 삶을 연구하지는 않는다. 예를 들어 한국근대사는 지나치게 수탈과 저항이라는 이분법적 도식으로 인식된다는 비판을 받는다. 이러한 구조화는 근대 사람들의 생활을 제대로 반영하지 못한다는 것이다. 물론 근대 사람들에게도 의식주와 자녀교육, 레저 등의 일상생활은 중요하며 매일매일의 삶이다. 사람들은 일상에서 이런 문제들을 접하고 어떻게 처리할지 고민하면서 살아간다. 그렇지만 이처럼 매일이나 매주, 매달 반복되는 문제를 연구와 교육의 대상으로 삼는 것이 역사학인지는 관점에 따라 다를 수 있다. 대중의 아주 일상적인 생활을 주된 내용으로 삼아야 한다는 주장은 역사학이나 역사교육에서 다루는 의미 있는 역사가 무엇인지에 대한 고민이 결여된 것일 수 있다.

과거를 대상으로 하는 학문은 역사학만이 아니다. 다른 인문사회과학은 물론, 자연과학에서도 과거를 연구 대상으로 삼는다. 다른 학문이나 교과도 과거를 공부한다. 각각의 학문은 지난날 인간 생활의 어떤 측면에 초점을 맞춘다. 사람들이 먹는 음식과 입는 옷, 그리고 사는 집인 의식주의 모습과 그 변화는 가장 기본적인 생활사이다. 그렇지만 음식을 다루는 학문과 의복을 다루는 학문, 그리고 주거의 형태를 연구하는 학문이 따로 있다. 이들 학문은 해당 분야의 일상적인 생활을 다룬다. 그렇다면 이를 구태여 역사에서 반복할 필요는 없을 것이다. 역사에서 다루어야 할 일상생활은 다른 성격일 필요가 있다.

일상생활의 어떤 측면에만 초점을 맞출 경우 생활사라는 이름으로 서로 모순되는 해석을 할 위험성도 존재한다. 그래서 학생들은 역사를 체계적으로 이해하고 해석하기보다는 여러 역사적 사실을 분리하여 이해하고, 전달되는 역사해석을 그저 기억하기만 한다. 역사교육이나 교실 역사수업에서 어떤 생활사 요소를 다루어야 하며 여기에 어떻게 접근할지는 제대로 논의되지 못한 채 불분명하다. 예를 들어 역사교과서의 한국근대사 서술을 생각해보자. 《고등학교 한국사》 교과서들은 개화기 부분에 '근대 문물의 수용과 생활의 변화', 일제강점기에 '근대의식의 확산과 도시·농촌의 변화'(이상. 송호정 외(2020), 《고등학교 한국사》, 지학사)와 같은 내용을 다루는 소단원을 두고 있다. 서구 문물의 도입에 따라 사람들의 생활과 문화가 어떻게 달라지고 의식이 바뀌었는지를 다루는 생활사 단원이다. 한국근대사에서 서구의 경제 및 문화 침투는 제국주의의 침탈의 일부로 서술된다. 그렇지만 이 과정에서 일어난 사회생활이나 문화의 변화는 근대적 생활과 문화의 도입, 근대의식의 성장으로 긍정적으로 인식된다. 예를 들어 철도 건설은 제국주의의 경제 침략이라고 강조하지만, 그 결과인 분 단위의 시간을 따지는 근대적 시간의식은 근대적 관념으로 긍정적으로 받아들인다. 아프리카와 남아메리카 대륙의 커피 생산은 제국주의의 산물이지만, 고종이 커피를 즐겨 마셨다는 사실은 학생들에게 근대 문물의 유입에 따른 생활 변화로 신선하게 다가온다.

이러한 역사서술은 정치경제사와 사회문화사의 분리로 다가온다. 사회사나 문화사는 많은 경우 국가 정책이 반영된 정치적 산물이지만, 이를 별개의 문제로 생각하게 된다. 설사 어떤 시기나 문제에서는 이를 연결하여 인식하더라도, 다른 사실에서는 그렇지 못하다. 예를 들어 1970~1980년대 박정희, 전두환 정부 시절 스포츠의 육성은 대중의 관심을 탈정치화하려는 의도가 깔려 있다고 인식하더라도, 근대 서구 스포츠의 도입은 생활과 문화의 근대적 변화로 받아들인다.


## 5. 공공역사는 학교 역사를 대체할 것인가? – 역사대중화와 공공역사

### 1) 역사대중화의 개념

근대 사회에서 사람들이 역사를 아는 주요 통로는 학교교육이었다. 오랜 기간 학교는 역사교육을 독점했다. 그렇지만 출판 시장이 성장하고 대중매체가 발달함에 따라 점차 학교 외부의 역사교육이 늘어나고 사람들이 역사를 접하는 경로도 다양해졌다. 이를 역사대중화라고 말한다. '역사대중화'는 정립된 학술적 개념이라기보다는 역사를 접할 수 있는 통로가 다양화되는 사회 현상을 가리킨다. 대중 역사서, 영화나 TV, 매스컴이나 인터넷, 정보통신기술의 발달로 학교 밖에서 역사 정보를 얻는 경향이 확대되는 현상이 역사대중화이다.

역사대중화는 다양한 형식의 역사물을 통해 전개된다. 역사대중화라고 할 때 가장 먼저 떠오르는 것은 역사소설과 같은 문학작품, 역사 드라마나 영화·연극 등의 공연물에서 비롯된 역사에 대한 관심의 증가 및 역사 지식의 확대이다. 역사 다큐멘터리나 텔레비전의 역사 교양물도 역사대중화에 많은 역할을 하고 있다. 근래에는 공중파 방송에서 벗어나 케이블 TV와 IP TV, 위성방송 등 다양한 방식의 TV 방송이 늘어나고 블로그나 유튜브 등 SNS가 널리 보급됨에 따라 역사대중화가 가속화되고 있다. 방송이 많아지면서, 다른 방송과의 차별을 위해 다양한 형식의 역사 프로그램이 개발되었다. 역사 전공자나 역사학자들이 역사적 사실 자체를 직접 설명하는 방송 프로그램도 늘어났다. 이와 같은 방송 프로그램은 역사적 사실을 말로 설명하면서도, 방송이라는 형식을 빌려 시청자의 흥미를 자아낸다. 그 결과 역사적 사실의 왜곡을 둘러싼 논란 없이 대중의 역사적 관심을 높인다. 또 하나의 역사 대중화 매체 역할을 하는 것이다.

## 2) 역사대중화의 전개

역사대중화가 최근에 나타난 현상은 아니다. 역사대중화는 근대 역사학과 더불어 시작되었다. 근대 국민국가는 지배층의 전유물이었던 역사 지식을 대중에게 전파했다. 계몽사상가들도 역사대중화에 관심을 쏟았다. 근대 국민국가에서는 역사교육을 정신교육으로 바라보았다. 그래서 국민에게 애국사상을 고취할 목적으로 역사교육을 이용했다. 이를 위해 세계 각국은 교과서 외에 위인들의 일대기를 다루는 전(傳), 국가 흥망사 등 다수의 역사책을 간행했다. 지배층에 한정되던 역사교육이 국민 일반으로 확대되었다.

한국근대사에서 국민을 국가의 도구로 보는 역사교육은 일제의 군국주의 교육에서 절정에 달했다. 물자뿐 아니라 국민정신까지 전쟁에 총동원했던 일본 제국주의는 역사교육의 목적을 여기에 맞췄다. 딜타이(Wilhelm Dilthey)의 체험교육론을 받아들여 투철한 국민정신을 가진 황국신민을 육성하고자 했다. 국가에 의한 역사대중화 사업이었다. 역사교육을 계몽이라고 생각하는 사람들도 역사대중화에 나섰다. 역사를 안다는 것을 사회를 살아가는 데 필요한 교양이라고 생각해 대중에게 역사를 알리고자 했다. 조선총독부뿐 아니라 최남선, 권덕규, 황의돈 등 일제하 한국인 교육자들도 대중에게 교양으로서 한국사를 알게 한다는 취지로 다수의 한국사 책을 간행했다.

역사의 대중화는 해방 이후 가속화되었다. 역사학자들은 해방 직후 대중을 대상으로 하는 역사 지식의 보급에 관심을 가졌다. 일제하에서 나온 한국사 책을 재간행했으며, 대중 강좌도 활성화되었다. 그렇지만 분단과 전쟁을 거치면서 역사교육은 학교 안으로 한정되었고, 역사 지식은 학교교육을 통해 보급되었다. 이런 상황이 수십 년 동안 이어지면서, 역사 지식의 보급 통로를 학교 역사교육으로 여기게 되었다.

그러다가 역사대중화 현상이 다시 확산된 것은 1980년대 중반 이후였다. 이는 사회가 민주화됨에 따라 새로운 역사인식을 대중에게 보급하려는 움직임에서 비롯되었다. 지배층 중심의 학교 역사교육을 비판하는 사람들은 민중을 역사의 주체로 보면서 대중역사교육에도 새롭게 관심을 두었다. 그리고 대중과 역사 지식을 매개로 소통할 수 있는 통로를 다양화하고 매개체를 확대하려 힘썼다. 1990년대 대중문화가 더욱 성장하면서 역사정보 전달의 매체로 방송과 영화, 소설 등의 기능이 확대되었다. 역사학의 연구 범위 확대와 연구방법 다양화도 역사 대중화에 영향을 미쳤다. 사회사나 생활사와 같이 대중의 관심을 끄는 역사적 사실의 연구가 활성화되고 문집이나 일기류 등의 민간 자료가 발굴되면서 역사 자료가 다양해졌다. 그 결과 역사에 대한 대중의 관심이 높아지고 매스컴을 비롯한 대중매체의 역사물이 늘어나고 대중용 역사도서의 간행이 활발해졌다. 역사에 대한 대중의 관심과 대중매체가 상호작용을 하면서 역사대중화는 더욱 확대되었다.

### 3) 대중역사물의 역사적 상상과 작가적 상상

지식과 정보가 다양해지면서 대중매체의 역사물은 양적뿐만 아니라 질적으로도 크게 성장했다. 1990년대 이후 대중매체의 역사물은 단순히 흥미를 추구하던 이전의 텔레비전 사극이나 영화와는 달리 콘텐츠에 의미를 부여하기 시작했다. 역사교육 매체의 이런 콘텐츠 방향은 이전과는 달리 몇 가지 특성을 가진다.

첫째, 콘텐츠의 사실성을 내세우는 작품이 많아졌다. 정통 역사드라마를 표방하는 텔레비전 프로그램과 허구적 내용이 들어가기는 하지만 사건의 성격과 전개는 역사적 사실에서 벗어나지 않는다는 것을 강조하는 역사영화가 늘어났다. '사극' 대신 '역사드라마', '역사영화'라는 말을 사용하는 것도 이런 이미지를 전달하기 위함이다.

둘째, 역사인식이나 역사를 보는 작가의 시선이 들어갔음을 표방한다. 대중역사서의 저자들은 딱딱하고 재미없는 역사, 인간의 삶이 누락된 박제화된 역사, 민중을 무시한 지배층 위주의 역사를 비판한다. 그리고 인간 생활의 여러 측면을 이야기 형식으로 서술한다. 대중역사의 이런 성격은 역사에 대한 관심을 촉발한다. 그렇지만 그것이 대중의 올바른 역사인식에 기여하는지를 평가하기는 어렵다. 독자에게 전달하려는 메시지와 재미 요소를 연결하는 것은 쉽지 않다. 설사 내용에 그런 메시지를 넣었다고 하더라도 독자가 주목하지 않을 수도 있다. 예를 들어 생활사가 확산되는 데 큰 역할을 했던 '~시대 사람들은 어떻게 살았을까' 시리즈를 생각해보자. 이 시리즈는 단순히 독사에게 흥미만을 주려는 것은 아니었다. 민중의 생활상을 보여주고, 사람들의 생활 모습을 통해 당시 시대의 성격을 보여주려고 했다. 그렇지만 당시 광고가 보여주듯이, 독자들은 조선시대에는 왕과 신하들이 같이 담배를 피웠다거나, 이동식 변기를 사용했다는 데 흥미를 느끼고 책을 본다.

셋째, 대중의 관심과 사회적 분위기에 민감하게 반응한다. 일반적으로 TV 교양물이나 다큐멘터리는 과거 역사를 긍정적·적극적으로 해석한다. 이는 지나친 자민족 중심의 역사해석으로 비판적 사고를 무디게 할 가능성이 높다. 한때 참신한 소재와 다양한 자료를 동원한 역사적 사실의 규명으로 인기를 끌었던 TV 역사 교양물인 〈역사스페셜〉은 시간이 지날수록 흥미에 초점을 맞추거나 민족주의적 경향을 드러냈다. 시청자의 반응에 신경을 쓰다 보니 자극적인 소재를 발굴하는 데 집중하기도 했다. 중국의 동북공정으로 역사왜곡 문제가 사회적 관심사가 되자 TV는 주몽, 광개토왕, 대조영을 주인공으로 하는 고구려 역사드라마를 방영했다. 그리고 고구려가 동북아시아에서 강대한 국가였음을 강조했다. 일부 작품들은 중간 중간에 '낯설게 하기' 기법으로 자료를 적극 해석했음을 내세우지만, 그 해석이 적절한지에 관심을 가지는 시청자는 많지 않다. 애초 역사지식의 습득보다는 대리만족과 민족적 정서로 이런 드라마를 보기 때문이다.

　넷째, 역사적 상상력과 작가적 상상력의 관계가 작품의 성격을 결정한다. 대중역사물에는 으레 작가적 상상력이 들어간다. 그렇지만 작가적 상상력이 역사적 사실을 저자의 관점으로 해석한 것인지, 작품의 줄거리를 구성하기 위한 것인지에 따라 그 성격은 달라진다. 역사소설이나 드라마의 내용은 사실성보다 허구성이 강한 경우가 많다. 역사적 상상력보다 작가적 상상력으로 스토리를 구성하기 때문이다. 역사정보의 전달보다는 스토리 구성의 체계성과 그에 따른 독자나 시청자의 흥미에 초점을 맞춘다. 그래서 스토리 전개에 극적 요소를 포함시킨다. 예컨대 1990년대 역사소설과 드라마의 유행을 불러일으킨 이은성의 소설 《동의보감》은 허준의 출신 신분과 의원이 된 동기, 스승인 의관 유의태와 궁중 어의 양예수의 관계를 작가적 상상력으로 설정하고 이를 중심으로 스토리를 구성했다. 소설은 스토리의 극적 요소와 짜임새 있는 구성으로 많은 독자를 확보했으며 드라마로 방영되어 큰 인기를 끌었다. 이를 계기로 궁중 역사 외에 다양한 직업과 사회계층의 인물이 주인공인 역사 드라마가 쏟아져 나왔다. 그렇지만 이런 역사물은 대중의 역사인식에 영향을 미치기도 한다. 역사학계는 드라마 때문에 대중이 역사적 사실을 잘못 알게 될 것을 우려했다. 그래서 그 내용이 역사적 사실에 부합하는지 따지기도 했다. 이은성의 《동의보감》의 내용 중에서 역사적 사실과 다른 내용을 분석하여 비판하는 글들이 나왔다.

　반면에 역사 기록에 없는 이야기나 다른 내용을 작가적 상상력으로 서술했음에도, 일부 문학작품들은 역사왜곡이나 잘못된 역사인식의 우려를 낳지 않았다. 신동엽의 장시 〈금강〉은 동학농민혁명의 전개

과정을 시작부터 끝까지 그리고 있다. 이 작품에 주인공으로 등장하는 하늬는 실존 인물이 아니다. 하늬는 동학농민혁명 당시 농민을 상징한다. 그런데도 이 작품은 동학농민혁명을 가장 잘 해석해서 생생하게 묘사한 작품으로 평가받는다. 신라의 삼국통일 과정에서 일어난 황산벌 전투를 소재로 한 영화 〈황산벌〉은 궁지에 몰린 신라군이 화랑인 반굴과 관창을 희생시켜 전세를 뒤엎는 과정을 담았다. 기록에 따르면 반굴과 관창은 스스로 홀로 적진에 뛰어들었다. 그렇지만 영화에서는 이를 국가의 명예나 가문의 영광을 위해 개인에게 희생을 강요한 것으로 묘사한다. 〈황산벌〉의 이런 해석에 대해 역사적 사실과 다르다는 논란은 일지 않았다. 오히려 장시 〈금강〉이나 영화 〈황산벌〉은 역사를 예리하게 해석한 뛰어난 작품으로 평받는다. 이 경우 작가적 상상력은 역사적 상상과 충돌하지 않는다. 역사적 상상의 타당성은 사실을 재현했는지 또는 증거를 통해 확인할 수 있는지에 달려 있지 않다. 작품의 내용으로 표현된 해석이 얼마나 설득력이 있는지에 따라 평가된다.

## 4) 공공역사의 등장과 확대

공공역사(public history)는 근래 역사학과 역사교육에서 관심을 끌고 있는 개념이다. 대중역사를 대체하고 있는 느낌이다. 대중역사와 공공역사는 모두 학교 밖의 역사교육을 포함한다. 그렇지만 역사대중화가 드라마나 영화, 역사소설 등에 주안점을 두는 데 반해, 공공역사는 박물관이나 기념관, 기념물, 기념 공간 등에 주안점을 둔다.

공공역사는 public history를 번역한 말이다. public은 private의 반대말이다. 그러니까 공공역사는 사적 역사가 아니라 공적 역사이다.

여기에서 공적 역사는 사생활의 역사와 대비되는 의미로서의 공적 삶의 역사라는 뜻이 아니다. 역사가 다루는 인간 삶의 공간이 공적이라는 뜻이 아니라, 역사서술과 재현이 이루어지는 공간이 공적인 사회라는 뜻이다. 그러니까 공공역사는 전문적 학술연구가 아니라 사회적 실천 공간에서 이루어지는 역사라는 의미이다. 따라서 공공역사는 역사학자 개인의 연구와 역사해석이 아니라 대중이 공유하는 역사이다. public people을 한국어로 옮기면 공중(公衆)이다. 공공역사는 특정 집단이나 계층이 아니라 대중 또는 공중의 역사이다. 그러므로 학교 역사와 같이 제도나 틀에 얽매이지 않는 개방적인 성격을 가진다. 그렇다고 해서 공공역사가 역사학의 연구 성과를 소비만 하는 것은 아니다. 공공역사와 역사학의 연구는 상호작용을 한다.

여기에서 문제가 되는 것은 공적 역사의 범위이다. 한국에 독일의 공공역사를 적극적으로 소개한 이동기는 공공역사의 영역을 광범하게 제시한다. 언론이나 대중매체의 역사 관련 기사부터 역사 관련 다큐멘터리, 박물관이나 기념관의 역사 전시, 정치나 행정 목적의 과거사 정리 등이 모두 공공역사에 포함된다. 기업의 역사 마케팅도 공공역사에 들어간다. 문화재 보호와 전승, 역사 강좌와 세미나, 답사와 역사기행, 기록보관소의 자료 수집, 지방사와 가족사, 생애사 저술 등도 공공역사이다. 이렇게 볼 때 학교 밖에서 이루어지는 역사 자료의 수집, 역사교육, 보존 및 역사 기억이 모두 공공역사의 범주에 들어간다. 공공역사문화연구소가 기획한 《공공역사를 실천 중입니다》에서는 공공역사의 범주를 다음과 같이 제시한다.

① 박물관과 기념관 등 역사를 테마로 한 전시 공간

② 가장 문제적이면서도 가장 활발하게 역사 재현이 이루어지고 있는 장소로서 대중문화가 포진한 각종 미디어

③ 역사교육이 행해지는 공교육 및 시민교육의 장소로서 학교

④ 대중이 함께 만들어가는 구술사

⑤ 학계 바깥에서 이루어지는 모든 역사서술, 역사 재현, 역사 활동 및 그 결과물, 역사 활용의 다양한 실천 양식, 그리고 이에 대한 비평 및 담론


여기에서 공공역사는 학교와 학교 밖 사회의 역사교육을 포함한다. 학교는 가장 전형적인 공공기관이다. 따라서 학교 역사교육도 공공역사의 범주에 들어간다. 교사는 대표적인 공공역사가이다. 역사학자들의 연구 결과를 소비만 하는 사람이 아니라 생산자가 된다. 교사는 국가교육과정에다가 자신의 역사교육관과 역사해석을 가미해서 역사를 재현하고 서술한다. 그렇지만 공공역사라고 할 때 학교 역사교육은 잘 떠오르지 않는다. 그동안 학교 역사는 역사학의 연구 성과를 전달한다는 인식이 있었기 때문이다. 학교 밖 대중역사의 중요성에 대한 인식이 강화되면서 이를 학교 역사와 대비시켜왔으며, 공공역사가 학교 밖 역사의 중요성을 반영하여 생긴 개념으로 생각되기 때문이기도 하다.

### 5) 대중역사와 공공역사의 교육적 기능

교실 역사수업에서 대중역사나 공공역사의 활용은 늘어나고 있다. 공공역사를 주창하는 사람들은 대중역사와 공공역사의 차이점을 강조하면서 대중역사와 시민을 주체로 하는 역사를 낡은 역사관으로 여긴다.

그렇지만 그 개념이나 관점의 차이와는 별개로 실제 교실 역사수업에서 대중역사와 공공역사의 활용 방식이 명확히 구분되지는 않는다. 교과서에서는 역사 이해나 탐구활동 자료로 대중역사물의 내용이나 공공역사를 활용한다. 학습자료로서 대중역사나 공공역사의 구분이 애매한 경우도 많다. 아동이나 청소년용 역사서에 나오는 역사적 사실은 교과서보다 광범하고 깊이가 있다. 교사는 이런 역사서의 내용을 수업에 도입하기도 한다. 그 내용을 직접 학습내용으로 삼을 수도 있고, 수업 설계나 학습자료 제작에 반영할 수도 있다. 역사서의 역사인식을 하나의 역사 관점으로 도입할 수도 있다.

대중역사나 공공역사물을 수업자료로 활용하는 것도 가능하다. 역사 교양물이나 다큐멘터리 영상은 학생들의 흥미를 끌거나 역사 이해를 돕기 위한 자료로 이미 수업에 널리 활용되고 있다. 예를 들어 EBS에서 몇 분짜리 짧은 영상으로 만든 〈역사채널e〉는 수업 도입부에 과제를 제시하거나 학생들의 역사적 사고를 자극하는 자료로 인기를 끌었다. KBS의 〈역사스페셜〉은 한때 역사적 사실의 이해를 돕는 영상자료로 많이 활용되었다. 유튜브의 짧은 영상자료들도 대중역사물의 학습자료로서 많이 쓰이고 있다.

대중역사나 공공역사물도 학습활동 자료가 된다. 학생들이 직접 이런 자료를 찾아보는 탐구활동을 할 수도 있다. 그렇게 찾은 대중역사물을 자료로 해서 탐구를 하고 학습과제를 해결한다. 그전에는 사료가 했던 기능을 대중역사물도 하는 것이다. 엄밀한 의미에서 사료도 그렇지만, 대중역사물은 작가의 역사해석이 더 많이 들어가 있다. 대중역사를 대상으로 하는 탐구활동의 과정에서 학생들은 여러 가지 역사해석을 접한다. 이런 학습활동은 교과서나 교사의 해석을 일방적으로 전달하는 것을 완화할 수 있다. 대중역사물에서 학생들은 새로운 역사지식을 접하거나, 기존의 역사 지식을 심화한다. 이렇게 습득한 역사지식은 이후의 역사 이해와 역사학습에 반영된다.

학교 역사교육에서 공공역사는 학생들에게 역사가 자신의 삶과 연결되어 있다고 느끼게 해준다. 학교 역사교육은 공공역사의 플랫폼으로, 학생들은 학교에서 배운 역사 지식과 학교 밖의 삶을 연결함으로써 스스로 역사학습의 의미를 찾게 된다. 이때 공공역사는 교사가 교육과정을 적극적으로 해석해서 역사수업의 내용을 만들어내는 자료이다. 공공역사의 교육은 이미 역사뿐 아니라 학교교육의 한 부분이 되었다. 역사현장이나 박물관, 기념관을 방문하는 체험학습이 보편화되어 있다. 조사 활동이 포함된 학습도 늘어나고 있으며, 일부 교육청이나 교사의 수업에서는 구술사 자료를 채집하는 활동도 포함된다. 이런 활동을 통해 생산한 텍스트 자체가 공공역사이다. 일본군 '위안부'나 민주화운동 등의 근현대사 수업을 하거나 관련된 기념관을 방문하여 사건을 체험하고, 이에 대한 자신의 인식을 실천에 옮길 때 학생들은 공공역사의 생산자가 된다.

그렇지만 이 같은 학교 역사교육은 그 자체로서 공공역사인지 불명확하고, 학교 밖 역사교육과 공공역사교육이 어떻게 구분되는지도 애매하다. 구태여 공공역사라는 개념을 동원하지 않더라도 이는 이미 학교 역사교육에 도입되고 있는 학습활동이기 때문이다.

6장

역사교육의 변화와 학교 역사교육

### 1. 역사교육은 유교 교육인가? – 경사일체와 교훈의 전근대 역사교육

#### 1) 관리 양성과 유교 이념을 위한 역사교육

전근대 사회의 교육은 특정 계층을 대상으로 삼았다. 법적으로는 천민이 아니면 교육을 받을 수 있었지만, 실제 교육은 지배층에 한정되었다. 여러 가지 제도적 제약과 경제적 요인 등으로 일반 민중이 공부를 하기는 힘들었다. 여성의 교육도 제도화되지 않았다. 다만 지배층의 여성들은 집안에서 개인적으로 교육을 받았다.

전근대 교육의 가장 큰 목적은 관리 양성이었다. 지배층은 자신들이 받은 교육을 토대로 사회적 지위를 유지했다. 교육은 신분제에 기반을 둔 사회계층의 재생산 수단이었다. 고려 때부터 본격적으로 시행된 과거제도는 교육의 이런 기능을 뒷받침했다. 혈통 외에 학문적 능력이 출세의 기준이 되었지만, 과거제도는 지배층이 지위를 유지하는 데 이용되었다. 음서라는 유력한 수단도 있었지만, 과거시험에 합격하는 것이 출세를 보장받는 길이었다. 이 때문에 지배층은 과거시험에 대비한 교육에 힘썼다. 고려시대 사학(私學)의 번성에서 볼 수 있듯이, 과거시험에 합격하는 것이 교육의 가장 중요한 목표가 되기도 했다.

교육은 국가 통치와 사회질서 유지에 필요한 이데올로기를 확산하는 통로이기도 했다. 삼국시대 이래 학교교육의 주된 이념은 유교였다. 유교 경전이나 그 이념을 담은 책이 학교교육의 교재로 활용되었다. 고려 때까지 지배층의 통치이념이었던 유교는 조선 사회에 들어와서는 사회생활 전반을 규제하는 이데올로기가 되었다. 조선의 지배층은 성리학 이념을 기반으로 사회를 유지하고자 했다. 학문 연구는 이러한 사회 운영 원리를 합리화하는 이론적 근거를 제공했으며, 교육은 이를 사회에 확산시키는 데 이용되었다. 역사교육도 마찬가지였다. 역사를 공부하는 가장 중요한 목적은 유교 성현들의 정신을 익히는 것이었으며, 유교 경전을 통해 역사를 학습하는 경사일체(經史一體)의 교육이 시행되었다. 선악의 구분과 포폄(褒貶)은 역사서술의 기본이었다.

경사일체의 교육이었으므로 기본적으로 역사교과서가 별도로 존재하지 않았다. 그렇지만 역사를 가르치기 위한 교재가 전혀 발행되지 않은 것은 아니다. 가장 처음 간행된 역사교육용 도서는 조선 중기에 나온 《동몽선습》이었다. 《동몽선습》은 처음에는 중종 때 박세무가 가숙용으로 편찬했다. 선조 때는 왕세자를 교육하는 서연에서 교재로 사용되었고, 숙종 때부터는 궁중이나 양반층 교육에 널리 활용되었다. 조선 후기의 유학자 송시열은 《동몽선습》에 발문을 썼으며, 영조는 이 책에 직접 서문을 쓰고 조정 차원에서 간행하기도 했다. 조선 후기 실학자들이 역사교육용 교재로 추천할 만큼 이 책은 널리 알려졌다. 조선 말과 일제 식민통치 시기까지도 사회에서 사용될 정도였다. 《동몽선습》은 순수한 역사교육 교재는 아니다. 앞부분은 경학 내용인 오륜(五倫)을, 뒷부분은 역사내용을 담고 있다. 역사 부분에는 중국과 한국의 역사가 나뉘어 들어가 있다. 그러니까 얼마 안 되는 책의 내용 중 한국사는 4분의 1 정도에 지나지 않는다. 다만 특징적인 것은 성리학자들의 역사인식과는 달리 단군의 고조선 건국을 한국사의 시작으로 본다는 점이다. 조선 초에는 단군 인식이 퍼져 있었으며 책에도 단군신화가 실렸지만, 성리학적 역사인식이 자리잡은 후 유학자들은 기자를 한국사의 시조로 보았다. 그런데《동몽선습》은 한국사의 시작을 단군에서 찾는 역사인식으로 환원했다.

## 2) 실학자들의 역사학과 역사교육론

조선 후기 실학자들은 실생활에 도움이 되는 학문을 추구하고 국학에 대한 관심을 넓혀나갔다. 이런 학문 경향에는 역사학과 역사교육도 해당했다. 실학자들은 중국 중심의 역사관을 확장하여, 화이론(華夷論)을 받아들이되 '화'를 중국에 한정하지 않고 조선에도 적용했다. 이때 화이론은 중국을 중화, 조선을 소중화로 보는 전통적인 성리학적 관념에서 한 걸음 더 나아가 조선을 세상의 중심으로 보고자 했다. 황제국의 논리이던 정통론을 조선에 적용하여 삼한정통론을 주장한 것은 여기에서 나왔다. 삼한정통론은 조선 역사의 정통이 기자조선-마한-삼국-고려-조선으로 이어진다는 논리였다. 실학자들은 역사 연구의 대상을 한반도에서 만주로 확대했으며, 역사의 지리적 요인을 중시하여 역사지리에 대한 관심을 높였다. 유득공의《발해고》뿐 아니라 신경준의《강계고》, 정약용의《아방강역고》같은 저술은 이런 경향의 산물이다.

실학자들의 역사 연구는 유교사관에서 벗어난 것은 아니지만 실증적 성격을 띠고 있다. 안정복의 《동사강목》은 유교적 대의명분을 강조했으며 주희의 《자치통감강목》의 형식을 따라 사실의 중요한 것과 그렇지 않은 것을 나누는 강목체 형식을 띠고 있지만, 이제까지 나온 한국사 책들을 검토·종합하는 실증적 태도를 보여주었다. 이긍익의 《연려실기술》은 사건 위주로 역사를 서술하는 기사본말체의 형식을 취하여 기존의 편사 형식인 기전체나 편년체에서 벗어났다.

실학자들은 교육에도 많은 관심을 보여 이에 큰 영향을 미치는 과거시험과 교육방법을 개혁할 것을 주장했다. 실학자들은 지나치게 현학적이고 관념적인 기존의 교육에서 탈피하여 경험세계에 토대를 둔 교육을 주장했다. 그래서 조선의 아동교육에 《천자문》, 《통감》, 《사략》이 필수적으로 들어가는 것을 비판하고 과거시험에 한국사 과목을 넣을 것을 주장했다. 정약용은 《아학편》에서 천자문 대신 문자 교육에 사용할 새로운 2천 자를 선정했다.

아동교육에 대한 관심이 커지면서 이만운의 《기년아람(紀年兒覽)》, 장혼의 《아희원람(兒戱原覽)》 같은 책들이 나왔다. 《기년아람》은 영조 때 이만운이 쓰고, 정조 때 이덕무가 수정·보완한 아동 역사교육용 도서이다. 고종 때는 어린이뿐만 아니라 어른들의 경국지학(經國之學)에 필요하다고 판단해서 《기년편람》이라는 이름으로 재간행되었다. 그렇지만 '기년'이라는 이름에서 보듯이 종합적인 역사책이라기보다는 일종의 연표 같은 것이었다. 《기년아람》은 중국과 한국 역사의 기본적 사실을 분야별로 기록했으며, 보편(補編)에 가야·발해·일본·류큐 등도 간략하게 소개했다. 중인인 장혼이 쓴 《아희원람》은 아동이 알아야 할 사실을 담은 교양서이다. 일종의 백과사전이지만 일상생활에 필요한 고금의 여러 가지 일을 담고 있다는 점에서 문화사적 역사책의 성격을 띠며, 조선에서 일어난 사실을 비중 있게 다루었다.

## 2. 역사는 '국민'이라는 정체성을 갖게 하는가?
### – 근대 국민국가 건설 도구로서의 역사교육

### 1) 근대 교육의 도입과 국민국가의 이념

조선 후기 서양과의 접촉이 늘어나면서 조선 사회에 서양 문물이 전해지기 시작했다. 임진왜란 이후 중국의 명나라와 청나라를 통해 서양 문물이 간헐적으로 들어오고 천주교가 소개되면서 서양문화에 대한 관심이 점차 높아졌다. 19세기에는 중국에서 간행된 한역서학서(漢譯西學書)가 조선 사회에 영향을 미쳤다. 한역서학서는 서양의 문화·지리·풍속 등을 한문으로 소개한 책이다. 원래는 중국인들에게 크리스트교나 서양의 문물에 대한 지식을 갖게 하기 위해 쓴 책이지만, 조선이나 일본에도 전해져 서양에 대한 인식을 긍정적으로 바꾸는 데 영향을 주었다. 19세기 들어 중국에 사신으로 갔던 사람들이 들여온 한역서학서는 개화지식인들이 서양을 이해하고 서양 문물을 받아들여야 한다는 인식을 가지는 데 한몫을 했다.

그렇지만 서양 문물을 도입하고 문화를 배우기 위한 교육이 본격화된 것은 문호개방 이후였다. 중국이 유럽 국가들과의 충돌에서 연달아 패한 데다 조선도 서양과 일본으로부터 통상 압력을 받게 되자 서양 문물을 받아들이고 새로운 지식을 배워야 한다고 생각하는 사람들이 늘어났다. 이에 따라 서양의 지식을 가르쳐, 새로운 문물을 받아들일 수 있는 능력을 갖춘 인재를 기르기 위한 학교들이 세워졌다.

1883년 원산 지역의 수령으로 파견된 개화파 관리와 지역 유지들은 원산학사를 만들어 근대 교육을 시작했다. 원산학사는 기존의 유교 교육 외에 일본어와 법률, 만국공법, 지리 등 근대 학문을 가르쳤다. 서양 문물을 받아들이고 지식을 습득하는 데 필요한 것은 영어를 해독하는 능력이었다. 그래서 조선 정부는 1883년 영어 통역관을 양성할 목적으로 관립 외국어 교육기관인 동문학을 만들었다. 이어서 1886년에는 최초의 근대 공립학교인 육영공원을 세웠다. 육영공원은 서양인 선교사들을 교사로 초빙하고 양반고관의 자제 중 자질이 있는 사람을 뽑아서 영어를 집중적으로 가르쳤다. 영어 외에 세계 각국의 역사, 지리, 정치, 수학, 물리 등의 과목도 교육에 포함되었다. 통상조약 체결 이후 조선에 들어온 서양의 기독교 선교사들도 학교를 세웠다. 1885년에 설립된 배재학당, 이듬해 세워진 이화학당은 선교사들이 설립한 최초의 남녀 근대 학교였다. 선교사들이 학교를 세운 목적은 기독교를 전파하는 것이었지만, 이렇게 세워진 학교들은 서양의 근대 문물을 한국 사회에 보급하는 역할을 했다.

조선 정부가 근대 교육제도를 마련한 것은 갑오개혁 때였다. 1894년 조선 정부는 조직을 개편하여 외교와 교육 업무를 담당하던 예조를 없애고, 외교를 담당하는 외무아문과 교육을 담당하는 학무아문(1895년 외부와 학부로 각각 이름이 바뀜)으로 개편했다. 교육이 독자적인 행정 업무가 된 것이다. 이와 함께 과거제도가 폐지되어 교육은 과거시험을 대비하던 성격에서 벗어나게 되었다. 1895년 1월 7일에 선포된 홍범 14조는 "나라 안의 총명한 자제를 널리 파견하여 외국의 학술과 기예를 보고 익히게 한다"라는 내용을 담아, 외국 문물과 새로운 지식을 받아들이겠다는 의지를 표명했다. 이어 2월 2일에 고종은 교육입국의 의지를 담은 다음과 같은 내용의 조서를 반포했다.

천하의 형세를 살펴보건대, 부강하고 독립을 유지하면서 뜻을 펼치는 나라들은 모두 인민들의 지식이 개명(開明)하였다. 이 지식의 개명은 곧 좋은 교육으로 이룩된 것이니, 교육은 실로 국가를 보존하는 근본이다. 그러므로 짐은 임금의 자리에서 있으므로 교육의 책임을 지겠다. 또 교육은 그 길이 있는 것이니 헛된 이름과 실제 소용을 먼저 가려야 한다. (…) 이제 짐이 교육의 강령을 보이노니 헛이름을 물리치고 실용을 취할지어다. 곧 덕을 기를지니, 오륜의 행실을 닦아 사회 기강을 문란하게 하지 말고, 백성을 올바로 가르쳐 세상의 질서를 유지하며, 사회가 복을 더 많이 누릴 수 있게 해야 한다. 다음은 몸을 기를지니, 부지런히 일하고 힘써 행하며, 게으름과 평안함을 탐하지 말고, 괴롭고 어려운 일을 피하지 말며, 몸을 튼튼히 단련하여 건강하고 혈기왕성하며 병에 시달리지 않는 즐거움을 누려야 한다. 다음은 지(知)를 기를지니 사물의 이치를 끝까지 살펴서 밝힘으로써 지를 닦고 성(性)을 이룩하고, 아름답고 미운 것과 옳고 그른 것과, 길고 짧은 것으로 나와 남을 구분하지 말고, 정밀히 연구하고 널리 통하기를 힘써야 한다. 그리고 한 몸의 사(私)를 꾀하지 말고, 공중의 이익을 도모할지어다. 이 세 가지는 교육의 강기(綱紀)이니라.

—《구한국관보》개국 50년(1895) 2월 2일

교육이야말로 나라를 지키고 부강하게 만드는 길이므로, 모든 사람이 교육을 받아야 한다는 것이다. 교육조서에는 일본의 메이지 정부가 1880년에 공포한 교육칙어와 마찬가지로 국민을 신민(臣民)으로 파악하고 충군애국을 강조하는 등 전제군주 중심의 이념이 깔려 있다. 교육을 국가가 국민에게 책임져야 할 의무로 보지 않고 국왕이 백성에게 베푸는 은혜로 생각하는 가부장석 국가관도 여전하다. 그렇지만 교육개혁의 의지를 확실히 드러내고, 전통적인 지식 중심의 교육 대신 덕·체·지를 겸비한 교육을 목표로 했으며, 실용적 교육을 강조한다는 점에서 근대 교육의 사고방식을 찾아볼 수 있다. 그런 의미에서 교육조서의 반포를 근대 교육의 출발점으로 보기도 한다.

갑오개혁 이후 조선 정부는 사범학교와 외국어학교 관제, 소학교령 등을 차례로 반포하여 근대학교 체제를 갖춰나갔다. 특히 국민 대중을 대상으로 하는 초등교육에 힘썼다. 1895년 서울에 처음으로 소학교를 설립한 것을 시작으로, 조선시대 감영을 두었던 전국 주요 지역 10여 곳에 공립 심상소학교를 세웠다. 이듬해인 1896년에는 전국 20여 곳에 소학교를 증설했다. 1895년에 초등교원을 양성하는 한성사범학교를 서둘러 설립한 것도 초등교육에 대한 관심을 보여준다.

1897년 대한제국의 선포와 함께 시행된 광무개혁에서도 학교의 설립은 이어졌다. 의학교, 중학교, 상공학교 관제들이 마련되고, 20세기 초까지 각급 학교와 각종 학교가 세워져 근대학교 체제가 자리를 잡아갔다. 광업교육과 잠업교육 등 당시 시급했던 경제 문제와 관련된 교육도 시행되었다. 대한제국 정부는 조선시대 최고 교육기관이었던 성균관 교육을 개편했다. 서구 문물의 도입에 대한 우려를 의식하여 성균관 경학과는 유교 교육을 강화했지만, 유교 경전 외에 역사, 지리, 산술 등 근대 학문에 토대를 둔 과목들을 가르쳤다. 사회 변화에 대처할 수 있는 실무관료를 양성하는 참례(參禮)의 교육이었다.

대한제국의 교육정책은 국가주의 자강교육이었다. 군주를 정점으로 하는 국가를 우선시했으며, 외세의 경제 침탈 등에 부딪혀 사회경제적 실무 능력을 갖춘 인재를 양성하는 데 주안점을 두었다. 애국심과 정체성을 가지고 국가 발전을 뒷받침할 수 있는 '국민'을 기르는 것이 교육의 목적이었다. 국가(國歌)와 국기(國旗)가 나라의 상징이 되었으며, 조선의 건국을 기념하는 건국기원절, 황제의 탄신일인 만수성절(고종), 건원절(순종)은 국가 경축일로 지정되어 기념행사를 열었다. 일반 체육뿐 아니라 병식체조(兵式體操)가 교과목으로 도입되어 일종의 군사훈련 역할을 했다. 소풍이나 운동회도 체력을 기르고 애국심을 높이는 수단으로 중시되었다. 소풍 때는 '원족(遠足)'이라는 이름으로 먼 길을 줄을 맞춰서 행진해 목적지에 도착한 다음 애국심을 북돋우는 토론회를 열었다. 교내 운동회뿐 아니라 학교 대항 운동회도 열었는데, 황제가 직접 참석하여 격려하고 외교관을 초청하기도 했다. 그러나 국민 대중의 사회생활에 필요한 교육에는 관심이 적었고 학교를 세우는 데는 비용이 많이 들었기 때문에, 대한제국의 학교교육 강화정책은 애초에 기대한 성과를 거두지 못했다.

근대학교에서 가르치는 새로운 과목의 학습을 위한 교과서도 간행되었다. 학부는 1895년에 교과서 발행 업무에 들어가, 그해 국어독본, 역사, 지리 교과서 17종을 발행했다. 학부라는 중앙 행정기관에서 발행한 것이므로, 요즘의 개념으로 보면 국정도서라고 할 수 있다. 그렇지만 교과서 발행이나 채택에 별다른 규정을 두지 않았다. 또한 학부에서 발행한 교과서의 수량은 그리 많지 않았으며, 주로 공립학교에서 사용했다. 따라서 사립학교는 자체적으로 교과서를 제작하거나 기존의 책들 중에서 선별하여 교과서로 사용했다.

### 2) 역사교육의 이념과 교과서 간행

개화기와 대한제국기 계몽사상가들은 교육운동을 곧 민족운동으로 인식했다. 이에 따라 민족정신을 함양하기 위한 수단으로 역사교육을 중시했다. 그렇지만 역사교육의 목적은 '국민'으로서 정체성을 형성하고, 국가 및 군주에 대한 충성심을 함양하는 것이었다. 이 시기에 편찬된 대부분의 역사책은 교과용 도서였는데, 특히 국사교과서의 출판이 두드러졌다.

개화기 역사교육은 먼저 선교사계 학교에서 시작되었다. 선교사들이 가장 먼저 세운 학교인 배재학당에서는 《셰필드의 세계사(Sheffield's Universal History)》를 한문으로 번역하여 가르쳤으며, 최초의 여학교인 이화학당의 교과목에도 역사가 포함되어 있었는데, 세계사의 위인과 그들의 활동으로 구성한 《100명의 위인전》을 교재로 사용했다. 정신여학교에서도 역사 이야기를 구술로 가르쳤다. 하지만 이러한 역사교육은 세계의 상황을 학생들에게 알림으로써 개화의식을 심어주기 위한 것으로, 아직 일정한 교육과정이나 교수계획에 따라 시행된 것은 아니었다.

공립학교에서도 역사를 가르치기 시작했다. 1886년에 세워진 최초의 근대학교인 육영공원의 경우 역사 과목은 없었으나, 교육 내용에 외국사와 한국사가 포함되었다. 갑오개혁 이후 근대 교육제도가 만들어지고 학교가 설립됨에 따라 역사도 교육과정의 정규 과목이 되었다. 공립학교에서는 점차 세계사보다 한국사가 중시되었다. 1895년 성균관의 교육 기능을 담당하기 위해 세워진 경학과의 교과목에는 본국사가 필수과목으로, 만국사가 시의에 따라 수시로 가르치는 과목으로 포함되었다. 이후 성균관 경학과의 역사교육이 강화되면서 '역사'라는 이름으로 만국사 역시 정규 과목이 되었으며, 매달 치르는 월과(月課)에 역사 과목이 포함되었다. 1895년 소학교령에 따라 설립된 소학교에서는 3년 또는 2년간의 심상과에 본국역사가, 3년간의 고등과에 본국역사와 외국역사가 교과목 중 하나였는데, 이 중 고등과의 본국역사는 필수과목이었다. 또한 1895년에 세워진 한성사범학교 본과에서 본국사와 만국역사를, 속성과에서 본국사와 만국역사의 대요(大要)를 가르쳤다. 이처럼 학교교육에서 역사교육, 특히 국사교육이 중시된 것은 애국심을 가지고 국가 발전에 이바지할 수 있는 국민을 길러내는 데 적합한 과목으로 여겨졌기 때문이다. 소학교 본국역사의 교수요지는 국체(國體)의 대요를 알아서 국민 된 지조를 기르는 것, 즉 국민 된 긍지를 지니고 국가 발전에 대한 자신감을 갖도록 하는 데 있었다. 한성사범학교 교육의 교수요지 역시 존왕애국의 지기(志氣)를 높이고 충효의 대의에 밝은 국민의 지조를 제기하는 것이었는데, 이에 가장 적합하다고 여겨진 과목이 역사였다.

　초·중등학교 교육과정에 역사가 포함되면서 역사교과서의 편찬 작업도 활기를 띠었다. 처음에는 주로 학부에서 교과서를 발행하다가 차츰 민간 발행의 교과서가 많아졌다. 학부에서는 《조선역사》를 간행한 이래 《중등교과 동국사략》, 《조선역대사략》 등의 국사교과서와 《만국

역사》,《아국약사(俄國略史)》,《중일약사합편》등의 세계사 교과서를 연이어 간행했다. 민간에서도 역사교과서 출간이 활발했다. 국사교과서로는 현채의 《보통교과 동국역사》,《대한역대사략》, 김택영의 《역사집략》, 최경환과 정교의 《대동역사》 등이, 세계사 교과서로는 현채의 《미국독립사》,《만국사기》, 노용선의 《파란말년전사(波蘭末年戰史)》, 장지연의 《애급근세사》 등이 출간되었나. 이러한 역사교과서 간행은 1905년 을사조약 체결 이후 더욱 활발해졌다.

개화기와 대한제국기 역사교과서의 서술은 대체로 실학자들의 역사인식을 답습하고 있다. 편년체 서술이 대부분이며, 단군조선-기자조선-마한 또는 삼한-신라로 이어지는 삼한정통론을 따르는 경우가 많았으며, 단군을 민족의 시조로 인식했다. 하지만 인과관계에 입각한 근대적 역사서술 방식인 신사체(新史體) 서술로 쓴 책이 등장하기도 했다. 신사체 형식의 서술 방식을 선택한 교과서들은 조선보다 먼저 이를 도입한 일본의 역사책에서 영향을 받았다. 현채의 《중등교과 동국사략》은 최초의 신사체 역사책이었다. 이 책은 일본인 학자인 하야시 다이스케(林泰輔)의 《조선사》를 저본으로 삼았다. 하야시의 《조선사》는 식민사학의 논리에 기반한 대표적인 책으로 손꼽힌다.《중등교과 동국사략》은 대부분 《조선사》를 편역했지만, 단군신화를 집어넣는 등 일부 내용을 수정했다. 이 때문에 책의 내용이 일본 관학자들의 역사인식을 따르고 있는가, 민족적 관점을 반영했는가를 놓고 의견이 엇갈린다.

당시 역사교과서에는 인물 서술이 특히 많았다. 이는 초등용 교과서에서 더욱 두드러지는데, 국가의 위기를 맞이해 역사적 위인의 애국심을 본받자는 전통적인 교훈적 역사관에서 비롯된 것이다. 이러한 경향은 교과서 외에 위인의 전기가 다수 간행된 것에서도 찾아볼 수 있다. 을지문덕, 이순신과 같이 나라를 위기에서 구한 민족 영웅은 물론, 《이태리 건국 삼걸전》과 같이 다른 나라의 위인을 다루는 책들도 나왔다. 연개소문처럼 평가가 엇갈리는 인물의 경우도, 외국의 침공을 물리친 영웅이라는 성격이 부각되었다. 미국, 이탈리아, 베트남, 폴란드, 이집트 등 다른 나라의 독립이나 식민지화를 다룬 역사책이 다수 간행된 것도 이런 이유였다. 하지만 이들 책의 역사서술은 위인 중심의 관념론적 민족사관으로, 충의와 충효를 강조하는 전근대적인 역사의식이 그대로 남아 있다. 민중은 여전히 계몽의 대상이며, 민중의 생활보다는 지배층의 시혜적인 정책 운용에 더욱 관심을 보이고 있다. 또한 사회 상황이나 시대의 문제점을 꿰뚫어보는 통찰력이 부족하여 민족적 모순을 일으키는 대내외적 요인을 제대로 인식하지 못하고 있으며, 역사적 개념을 부정확하게 사용하거나 사실을 제대로 전달하지 못하는 경우도 많았다. 이 때문에 때로는 일제의 식민사학을 그대로 답습하는 문제점도 드러내고 있다. 하지만 이들 역사교과서는 민족의 현실을 깨닫고 민족정신을 일깨움으로써 자주의식을 높이는 데 상당한 기여를 했다.

## 3) 교과내용의 제도화와 교육 통제

일본과 서양 열강의 침탈이 심해지고 압력이 거세지자, 교육을 통한 실력양성운동이 더욱 활발해졌다. 계몽운동가들은 스스로 영어나 일본어를 익히고 유학을 가는 등 새로운 학문을 배우고, 신문을 간행하거나 학교를 설립해 서양 문물의 보급에 힘썼다. 이들은 러일전쟁 무렵부터 교육을 통한 실력양성이 구국의 길이라고 생각해 전국 곳곳에 학교를 다수 세웠다. 계몽운동가들이 세운 사립학교는 1909년에 수천 개에 달했다고 전해지는데, 이 중 일부는 일제강점기와 해방 이후에도 명맥이 이어져 오늘날 전통 있는 사립학교로 존재하고 있다.

그러나 다른 분야와 마찬가지로 교육에도 일본의 간섭이 본격화했다. 1904년 제1차 한일협약 이후 교육 부문에서도 일본인 고문이 파견되어 대한제국의 교육에 직접 관여했다. 1905년 을사조약 이후에는 각급 학교에 파견된 일본인 시학관(視學官)이 학교 행정에 간섭했다. 조선통감부는 1906년과 1909년 두 차례에 걸쳐 학교령을 개정하여 학교교육을 통제했다. 소학교는 보통학교로, 중학교는 고등학교로 이름이 바뀌었다. 보통학교는 초등교육이 기초 수준이 아니라 보통 정도의 교육을 한다는 의미였으며, 중학교에서 고등학교로 이름이 바뀐 것은 이 단계의 교육이 한국인에게는 중간 정도가 아니라 높은 수준의 교육이라는 인상을 주었다. 보통학교의 수업연한은 이전 소학교의 5~6년에서 4년으로 줄어들었다. 일본어가 필수과목으로 들어간 반면, 역사와 지리 과목에는 수업시수가 배정되지 않았다. 또한 창가, 수공(手工), 농업, 상업 등의 실용과목 시간을 늘렸다. 고등학교의 수업연한도 4년제로, 종래 중학교의 6~7년보다 크게 줄어들었다. 고등 학문이나 지식보다는 사회생활에 필요한 기본 지식을 습득하고 생산 활동에 종사할 수 있는 실용적 능력을 갖추는 데 초점을 맞췄다. 이 같은 학교 편제와 교과목 편성은 일제강점기에도 그대로 이어졌다.

사립학교에 대한 통제도 강화되었다. 1908년에는 사립학교령을 제정하여 신설 학교는 물론 기존의 학교들도 인가를 받아야 학생들을 가르칠 수 있게 했다. 사립학교 설립을 억제하고 학교교육을 통해 민족의식을 기르는 것을 막기 위해서였다. 이 같은 통제로 사립학교의 수는 줄어든 반면 관공립 소학교의 수는 늘어났다. 아직까지 취학률은 그리 높지 않았지만, 공립학교에 들어간 학생 수도 꾸준히 늘어났다.

역사교육은 주된 감시 대상이었다. 역사교육이 민족의식을 기르는데 이용되는 것을 우려한 일제는 통감정치가 시작되자 역사교육에 대한 통제를 강화했다. 각급 학교의 학교령과 그 시행규칙에서는 역사교육의 비중을 줄였다. 1906년 보통학교령에 따라 보통학교에서는 교과목을 역사라고 표시함으로써 본국 역사와 외국 역사의 구분을 없앴다. 1909년 개정된 보통학교령과 시행규칙에서는 교과목을 '지리역사'라고 하여 독립 교과목으로서 역사를 없앴다. 더구나 수업시간을 따로 두지 않고 국어와 일어시간 중에 역사 관련 내용이 있을 때 이를 통해 역사를 가르친다고 하여 사실상 보통학교에서 역사시간을 없애버렸다. 사범학교의 경우 1909년에 개정된 시행규칙에서 역사의 수업시수가 사실상 4분의 1 정도 축소되었는데, 본국 역사는 절반으로 줄었다. 이 같은 사범학교 역사교육의 축소는 사범학교가 보통학교 교사를 양성하는 기관이라는 점을 고려하면 보통학교에서 별도의 역사수업이 없어진 것과 관련되어 있었다. 고등학교에서도 1909년에 개정된 시행규칙으로 1906년에 비해 역사교육이 축소되었다. 4학년에서 역사를 제외했으며, 예과에서는 역사와 지리를 통합해 가르쳤다. 1908년에 설립된 고등여학교의 경우, 설립 당시 지리와 합쳐 수업시간이 배정되어 1, 2, 3학년에 각각 본국역사를 학습했으나, 1909년에 개정된 시행규칙에서는 1, 2학년에서만 본국역사를 가르치고, 3학년에서는 제외되었다. 더구나 개정된 시행규칙에 따라 새로이 발표된 고등여학교 예과와 기예전수과에서는 역사 과목의 수업시수가 아예 배정되지 않음으로써 사실상 역사교육은 폐지되고 말았다.

교육 통제의 핵심 대상은 학생들이 직접 배우는 내용을 담고 있는 교과서였다. 통감부는 이전까지 배우던 영어 대신 일본어를 선택과목으로 편성하고, 국어를 제외한 모든 과목의 교과서를 일본어로 발행하려고 했으나, 한국인들의 강한 반발에 부딪혀 취소했다. 그러나 교과서 발행제도의 통제는 강화되었다. 통감부는 1906년 초에 학정참여관(學政參與官)으로 부임한 미쓰치 주조(三土忠造)의 관리 아래 교과서편찬위원회를 설치하고 직접 교과서를 발행하기 시작했다. 교과서편찬위원회는 일어독본을 비롯하여 국어독본, 한문독본, 수신, 산술, 이과 등의 보통학교 교과서를 간행했다. 이어 통감부는 1908년 8월 학부령으로 '교과용 도서에 관한 규정'을 공포하여 교과서 행정에 관한 모든 사무를 장악하고 민간 발행의 교과서를 통제했다. 이 규정에 따라 교과서 검정제를 시행하여, 검정 심사에 통과한 책만을 교과서로 사용할 수 있게 했다. 애국심이나 반일감정을 고취하거나 한일관계나 친교에 방해가 되는 책은 검정 심사에서 탈락했다. 1909년 5월까지 검정 심사에 제출된 교과서 117종 가운데 55종만 인가되었다. 기존에 교과서로 사용되었지만 학부에 의해 인가되지 않은 교과서도 70종에 달했는데 그 중에는 소학교 독본과 역사교과서가 가장 많았다. 이들 비인가 역사교과서는 정인호의《초등대한역사》, 원영의·유근의《신정동국역사》, 현채의《보통교과 동국역사》와《중등교과 동국사략》등 한국사 교과서 9종, 현채의《만국사기》와《동서양역사》등 외국사 교과서 8종이었다.

교과서 통제는 1909년 2월 내부대신의 이름으로 공포한 출판법으로 더욱 강화되었다. 출판법에 따르면 모든 출판물의 발행은 지방관을 거쳐서 내부대신의 허가를 받아야 했다. 허가를 받지 않거나 국교(國交)를 저해하는 경우, 정체(正體)를 파괴하거나 국헌을 문란하게 하는 경우, 외교와 군사기밀에 관한 경우, 안녕질서를 방해하거나 풍속을 어지럽히는 경우는 내부대신이 발매와 반포를 금지할 수 있게 했다. 애국심이나 자주독립, 반일사상을 고취하는 책의 발매를 사실상 금지한 것이다. 이에 의거해 1909년 5월 내부대신 박제순에 의해 8종의 국어독본과 역사, 한국 현실을 다룬 책들이 처음 발매·반포 금지된 이후 12월까지 발매 금지 처분을 받은 교과서는 39종에 이르렀다. 검정 심사와 마찬가지로 발매 금지된 교과서는 주로 수신, 국어, 역사, 지리 등 민족교육과 관련된 것들이었다. 1910년 8월 대한제국이 일본에 강제병합될 때까지 이러한 조치를 당한 책은 약 100종에 달했다. 이 중에는 현채의 《중등교과 동국사략》, 김택영의 《역사집략》, 정인호의 《초등대한역사》 등의 한국사 교과서, 현채의 《만국사기》와 《미국독립사》, 장지연의 《애급근세사》, 이상익의 《월남망국사》 등의 세계사 교과서, 신채호의 《을지문덕전》 같은 위인전 등 20종이 넘는 역사책이 포함되었다.

### 3. 동화인가, 차별인가? - 일제의 조선교육령과 역사교육

#### 1) 교육칙어의 보급으로 시작된 식민 교육

대한제국을 강제병합한 이후 조선총독부가 가장 먼저 시행한 교육정책은 교육칙어를 한문과 한국어로 번역하여 보급하는 일이었다. 교육

칙어는 1880년 천황의 이름으로 공포한 일본의 교육이념이었다. "대일
본제국은 만세일계(萬世一界) 천황이 통치한다"(일본 메이지헌법 제1조)가
규정하는 천황제 국가의 이념을 그대로 보여주는 것이 교육칙어였다.

짐이 생각건대 우리 황실 선조들께서 매우 오래전에 나라를 세우시고 덕을
깊고 두텁게 베푸셨다. 짐의 신민들은 마땅히 모두 한마음으로 충과 효를 대
대로 다하여 아름다움을 이루어야 한다. 이것이 우리 국체(國體)를 명예롭게
하는 것이며, 교육의 연원은 바로 여기에 있다.
너희 신민들은 부모에게 효도하고 형제간에 우애하며, 부부가 화목하고 친
구는 서로 믿으며, 공검하게 자신을 지키고 이웃을 박애하며, 학문을 닦고
기예를 배우며, 지능을 계발하고 덕을 이루어 공익을 넓히며, 국헌을 존중하
고 국법을 준수하며, (국가가) 위급할 때에는 스스로 몸을 바쳐 하늘과 땅처
럼 영원하고 끝이 없는 황운(皇運)을 받들어야 한다. 이렇게 할 때 짐의 충량
한 신민이 될 수 있으며 선조가 남기신 아름다운 전통을 밝히게 될 것이다.

천황은 신의 명령으로 국가를 통치하는 신성한 존재였다. 또한 천
황은 국가라는 가정의 가장과 같은 존재였다. 국가는 하나의 가정이며
천황은 가장으로, 천황과 국민을 부모와 자식의 관계로 여기고 있다.
교육칙어는 충, 효라는 유교이념을 빌려서 천황을 숭배하고 천황제 국
가의 이념을 받아들이게 하는 데 목적이 있었다. 일본과 합쳐졌으므
로, 조선인도 천황과 그가 통치하는 국가에 충성하는 국민정신을 가져
야 한다는 것이 교육칙어를 가장 먼저 번역하여 식민지 조선에 보급한
의도였다.

이런 교육의 이념을 식민지 조선의 학교교육에 적용한 것이 1911년에 공포한 제1차 조선교육령이었다. 제1차 조선교육령은 "교육은 교육에 관한 칙어에 입각하여 충량한 국민을 육성하는 것을 본의로 한다"(제2조)는 데 원칙을 두었다. 제1차 조선교육령의 교과목 편성과 그 내용에서도 교육칙어의 취지를 구체적으로 밝혔다.

### 2) 일본인과 식민지 조선인의 구별

대한제국을 강제병합한 일본은 효율적인 식민통치를 위해 사회 각 분야의 제도 정비에 나섰다. 토지조사사업, 조선민사령, 행정제도 개편, 부동산등기제 등이 이런 목적으로 시행되었다. 교육에서는 우선 식민지배를 합리화하고 식민지 조선인에게 일본 메이지 정부의 교육이념을 주입하는 데 치중했다. 이를 위해 일본어를 가르치는 데 힘을 기울이고, 교육칙어를 조선어와 한문으로 번역하여 보급했다. 교육과정을 개편해 학교교육도 정비했다.

1910년대 일제는 일본인은 내지인(內地人), 조선인은 식민지인(植民地人)으로 구분했다. 식민지인은 내지인에 비해 열등한 존재로 여겼고, 이는 조선으로 이주한 일본인과 비교해도 마찬가지였다. 일본인과 조선인을 구분하는 정책은 교육에서 두드러지게 나타났다.

조선총독부는 강제합병 이듬해에 제1차 조선교육령을 공포했다(1911. 8. 23). 제1차 조선교육령에서는 "교육에 관한 칙어의 취지에 따라 충량(忠良)한 국민을 육성"하는 것과 "시세(時勢)와 민도(民度)에 맞도록 교수"하는 것을 교육의 지침으로 삼았다. 이에 따라 보통학교 교육기간을 일본의 4~6년보다 짧은 4년으로 정하고, 고등교육기관인 대학의 설치 규정은 아예 두지 않았다. 일제의 식민통치에 복종하면서 살아가는 최소한의 사회적 능력을 갖춘 조선인을 짧은 시간에 많이 배출하기 위한 정책이었다. 역사교육도 이러한 정책에 맞춰 조정되고 통제되었다. 역사교육의 내용에서는 일본의 전통을 강조했으며, 일본사나 세계사의 주요 사실을 가르치게 했다. 한국사 교육은 독립적으로 시행하지 않았으며, 한국인의 민족정신을 북돋을 우려가 있는 내용은 철저히 배제했다.

조선 아동에게 조금이라도 빨리 사회생활에 필요한 기초교육을 실시해 졸업시키는 것이 초등교육의 목적이었다. 교육 기간이 짧기 때문에 역사와 지리는 보통학교에서 독립적으로 가르치지 않았다. 보통학교에서는 역사과를 따로 설치하지 않은 채 국어독본을 학습할 때 역사를 함께 가르치게 했다. 4년제 고등보통학교에서는 2학년에 일본사를 두 시간, 3~4학년에 외국역사와 외국지리를 합쳐서 두 시간씩 가르치도록 규정했다. 독본 시간에 가르친다고 하지만, 실질적인 교육은 이루어지지 않았다. 열등한 조선인의 역사나 지리를 아는 것은 사회생활에 구태여 필요한 교양이 아니라는 의미도 내재되었다. 역사나 지리는 중등교육 단계에서 배우면 충분하다는 논리였다.

고등보통학교의 역사교육은 일본사와 세계사의 주요 사실을 가르치되, 일본의 국체를 명확히 알게 하고, 외국 역사가 일본의 국체민정(國體民情)과 다른 이유를 설명하도록 했다. 여자고등보통학교에서는 1학년에 일본사와 일본지리를 합쳐서 두 시간, 2학년에 일본사를 두 시간씩 가르치게 했다. 일본사 교육은 고등보통학교와 마찬가지로 일본사의 주요 사실을 이해하게 하되, 특히 일본의 국체민정을 명확히 알게 했다.

역사상 중요한 사적(事蹟)을 알게 하여 세운((世運)의 변천 및 문화의 유래하는 소이를 이해케 함을 요지로 한다.

역사는 본방(本邦)역사 및 외국역사로 하고 본방역사에서는 아국체(我國體)를 명료케 하고 외국역사에서는 특히 아국체민정(我國體民情)과 상이한 소이에 설급(說及)하도록 한다.

— 고등보통학교 규칙 제15조


역사는 역사상 중요한 사적을 알게 함을 요지로 한다.

역사는 본방역사로 하여 아국체민정을 밝게 하도록 한다.

— 여자고등보통학교 규칙 제14조


일제의 식민통치 시기 보통학교 교과서는 조선총독부가 직접 발행하는 국정도서였으며, 고등보통학교와 여자고등보통학교에서 사용하는 교과서는 조선총독부가 검정 또는 인가한 것을 사용했다. 1910년대에는 일본사 교과서로《신찬대일본제국사략》, 세계사 교과서로《외국역사교과서》가 검정을 거쳐 사용되었다.

조선인 중에서도 우수한 일본과 열등한 조선이라는 관념을 받아들인 사람이 많았다. 지식인이나 청년들은 일본으로 건너가 한층 발달한 일본의 문화와 학문을 배우고자 했다. 이들 유학생은 사회의 엘리트층이었다. 그렇다고 해서 이들이 모두 일본에 동화된 것은 아니었다. 1919년 일본 유학생들이 도쿄에서 일으킨 2·8독립선언은 조선인 유학생 중 상당수가 여전히 민족의식을 가지고 있었음을 보여준다.

### 3) 식민통치의 효율성을 위한 조선인 교육

3·1운동 이후 한국인들 사이에서는 교육열이 크게 일어났다. 학교교육을 받으려는 아동이 늘어났으나 학교 수는 여기에 미치지 못했다. 조선여자교육회나 조선교육회 같은 교육단체들도 생겨났다. 이들 단체는 조선총독부에 조선교육령에 대한 의견을 내거나 보통학교 증설과 한국인 본위의 교육을 요구했다.

조선총독부는 1922년 2월 4일에 제2차 조선교육령을 공포했다. 일본인과 한국인의 차별을 없애고 동등하게 대우한다는 '일시동인(一視同仁)'이 교육이념으로 한층 더 강조되었다. 하지만 이는 식민통치의 기반이 이미 확립되었다고 보고 동일한 제도 아래 교육을 실시한다는 명분으로 추진한 동화정책의 일환이기도 했다. 제2차 조선교육령에서는 초·중등학교의 수업연한을 연장하여 보통학교는 6년, 고등보통학교는 5년, 여자고등보통학교는 4~5년을 기본으로 정했다. 또한 대학에 관한 규정을 새로 만들어 한국 내에 고등교육 기관을 설립할 수 있게 했다. 고등교육은 일본인과 같은 사회적 자격을 인정하면서 식민통치에 협력할 수 있는 소수의 엘리트를 육성하는 역할을 했다. 1924년 예과, 1926년 본과의 문을 연 경성제국대학은 이런 조선인을 고르기 위한 장치였다.

3·1운동 이후 일본 정부와 조선총독부는 외형적으로 일본인과 조선인을 똑같은 일본인으로 대한다는 방침을 표방했으며, 이후 일부 조선인에게 일본인으로서의 사회적 자격을 인정했다. 그렇지만 대부분의 조선인은 실질적으로 여전히 일본인과 구분되는 존재였다. 1922년에 공포된 제2차 조선교육령에서는 학생들이 다니는 학교를 일본어 상용

여부로 구분한다는 원칙을 내세웠지만, 이는 실제로는 한반도 안에서 일본인 학교와 조선인 학교를 분리하는 방법이었다. 일본어를 상용하는 학생은 소학교-중학교 및 고등여학교, 그렇지 않은 학생은 보통학교-고등보통학교 및 여자고등보통학교를 다니도록 한 것이었다.

조선총독부는 3·1운동 이후 조선인과 일본인을 차별하지 않겠다는 것과 조선인 본위의 교육을 표방하면서 보통학교에서도 역사와 지리를 가르쳤다. 이에 따라 1910년대에 제1차 조선교육령으로 보통학교에서 배제했던 한국사와 한국지리를 역사와 지리 내용에 추가했다. 1920년부터 《심상소학국사보충교재》와 《심상소학지리보충교재》를 간행하여 임시로 보통학교에서 한국사와 한국지리를 가르치는 데 활용하다가, 제2차 조선교육령 이후 그 내용을 역사와 지리 교과서에 반영했다. 그렇지만 한국사와 한국지리는 어디까지나 일본사와 일본지리에 부속되었다. 이 때문에 한국사를 배운다고 해서 한국인으로서의 민족성과 주체성을 가질 수 있는 것은 아니었다. 한국사와 한국지리 교육은 실제로는 일본인과 식민지 조선인을 구분하는 기제로 작용했다. 조선에 거주하더라도 소학교에 다니는 일본인 학생들은 여전히 일본 본토 학생들과 마찬가지로 한국사와 한국지리가 제외된 교육을 받았다.

보통학교의 역사교육으로는 1920년 임시 개정 때부터 시행되어오던 대로 5, 6학년에서 일본사 중심의 국사를 주당 두 시간씩 가르치게 했다. 일본 국체의 대요(大要)를 알게 하고 국민 된 지조(志操)를 양성하는 것을 교수요지로 하되, 일본사의 중요 사실들을 가르치고 한국사의 큰 줄거리도 가르치도록 규정하고 있다. 다만 이전과는 달리 한국사를 별도의 보충교재가 아니라 역사교과서 일본사 내용의 중간 중간에 끼

위넣었다. 때문에 한국사 교육은 체계적으로 이루어지지 못한 채, 정치사 중심의 여덟 가지 항목을 간헐적으로 다루는 데 그쳤다. 예를 들면 첫 번째 항목은 '박혁거세'라는 제목으로 제4과 '진구황후(神功皇后)' 앞에, 두 번째 항목은 '신라통일'이라는 제목으로 제8과 '덴지천황(天智天皇)과 후지와라 가마타리(藤原鎌足)'의 앞에서 다루는 식이었다. 그마저도 내용 분량이 매우 적었다. 이렇게 들어간 한국사 내용을 보면 다음과 같다.

① 박혁거세(제4. '진구황후' 앞), ② 신라통일(제8. '덴지천황과 후지와라 가마타리' 앞), ③ 왕건(제13. '스가와라 미치자네(菅原道眞)' 다음), ④ 대각국사 의천(제16. '미나모토노 요시이에(源義家)' 다음), ⑤ 조선의 태조(제27. '아시카가 씨(足利氏)의 참람(僭上)' 다음), ⑥ 이퇴계와 이율곡(제33. '오다 노부나가(織田信長)' 다음), ⑦ 영조와 정조(제44. '마쓰다이라 사다노부(松平定信)' 다음), ⑧ 영조의 국정(제51의 4. '메이지 27·28년의 전역(戰役)' 앞)

고등보통학교에서는 1~5학년에 역사와 지리 시간을 합쳐 주당 세 시간씩 가르쳤다. 역사 과목은 국사인 본방역사(本邦歷史)와 세계사인 외국역사로 나누었다. 국사는 일본사의 주요 사실을 취급하되, 조선사도 가르치며, 세계사는 세계사의 주요 변화를 중심으로 하되 인문의 발달과 일본 문화와 관계있는 사적(事蹟)의 대요를 가르치도록 규정했다. 여자고등보통학교는 1~2학년에 역사와 지리 시간을 합쳐 세 시간씩, 3~5학년에 두 시간씩 가르쳤다. 여자고등보통학교에서는 고등보통학교와는 달리 국사, 즉 한국사를 일부 포함한 일본사만을 다루고 있으나 교수요지의 기본적인 방향은 고등보통학교와 같다.

제2차 조선교육령 시기의 역사교육도 일본사를 중심으로 이루어졌다. 제1차 조선교육령과는 달리 한국사의 내용도 포함되었지만, 일본사의 변화에 따라 달라지는 종속적 성격의 역사였다. 1910년대까지 식민사학의 체계가 완성됨에 따라 역사교육은 이를 보급하는 데도 이용되었다. 역사교육 내용 곳곳에는 타율성과 정체성, 일선동조론에 따른 역사인식이 반영되었으며, 일본 제국주의의 대외침략을 미화했다. 한편 역사교육은 일본인의 국가관과 생활습관 등을 강조한 내용으로 구성된 일종의 도덕 교과인 〈수신(修身)〉과 수시로 연관이 되어 다루어졌다. 제2차 조선교육령은 1929년, 1933년, 1935년 세 차례에 걸쳐 부분적으로 개정되었지만 역사교육의 목표, 내용, 수업시수 등은 달라지지 않았다. 일례로 보통학교 역사 과목 내용 지침은 다음과 같다.

국사(國史, 일본사)는 국체(國體)의 대요(大要)를 알게 하고 아울러 국민 된 지조를 양성하는 것을 요지로 한다.

국사는 아국(我國)의 국초부터 현시에 이르기까지의 중요한 사력(事歷)을 교수하고 조선에 관한 사적의 대요를 알게 한다.

역사를 교수할 때에는 될 수 있는 대로 도서, 지도, 표본 등을 보이고 아동으로 하여금 당시의 실상을 상상하기 쉽게 하고 특히 수신의 교수 사항과 관련을 취하게 한다.

— 보통학교 규칙 제13조

## 4) 내선융화에서 내선일체로

일본은 1931년 만주사변을 일으켜 반일 성향의 군벌을 만주에서 몰아내고 사실상 괴뢰국인 만주국을 세웠다. 그렇지만 이후에도 일본의 대륙 진출은 뜻대로 되지 않았다. 중국 대륙을 통치하던 국민당은 일본에 우의적이 아니었고, 만주에서는 중국공산당의 항일 유격대가 결성되어 저항했다. 여기에는 조선인도 다수 참가했다.

일본은 대륙으로 세력을 확장하기 위해서는 국민당이 통치하는 중국 관내 지역을 공격하는 것이 불가피하다고 여겼다. 이에 따라 1937년 중일전쟁이 시작되었다. 일본 관동군은 중국의 '점과 선', 즉 주요 도시와 도로를 점령했다. 그러나 국민당은 항복하지 않고 내륙 깊숙한 곳으로 수도를 옮겨가면서 저항을 계속했으며, 만주와 화북 일대의 항일 유격대 활동도 더 활발해졌다. 국민당군과 공산당군은 자신들끼리의 싸움을 중단한 채 손을 잡고 일본군에 대항하는 국공합작을 했다. 전쟁이 길어지자 일본은 본격적인 전시체제에 돌입했다. 한반도는 일본의 대륙 진출을 위한 후방 기지였다.

조선의 교육도 전시체제에 맞춰 개편되었다. 조선총독부는 1938년 교육령을 개정하여 제3차 조선교육령(1938. 3. 3. 공포)을 제정했다. 제3차 조선교육령은 내선일체(內鮮一體), 국체명징(國體明澄), 인고단련(忍苦鍛鍊)을 교육 강령으로 내세웠다. 1930년대 전반까지 일본은 내선일체보다는 내선융화를 내세웠다. 조선인을 사실상 일본인화하면서도 일본인과 동등한 권리는 인정하지 않으려 했다. 특히 완전한 내선일체가되었을 때 조선인에게 참정권을 주는 것을 꺼렸다. 그러나 전쟁이 장기화됨에 따라 인적 자원과 물적 자원을 총동원해야 했다. 조선인을 전쟁에 직접 동원하기 위해서는 내선일체가 불가피했다. 그러면서도 완전한 내선일체를 위한 제도의 정비는 서두르지 않았다. 형식적으로는 일본인과 식민지 조선인을 구분하되, 실질적으로 같은 효과를 거두는 것이 최선이라고 여겼기 때문이다. 조선인 징병제의 실시를 늦추는 대신 지원병 제도를 강화했다. 지원병을 모으는 데는 일본인뿐 아니라 친일 조선인들이 동원되었다. 이들은 일본과 천황을 위해 전쟁에 나가 죽는 것이 조선인으로서의 영광이라고 연설했다.

이를 위해서도 내선일체의 정신을 심어주어야 했다. 교육은 그 수단이었다. 보통학교-고등보통학교 및 여자고등보통학교, 소학교-중학교 및 고등여학교로 나뉘었던 초·중등학교는 일본식으로 소학교-중학교 및 고등여학교로 통합되었다. 역사교육도 하나가 되었다. 식민지 조선인이 일본인으로 통합된다는 것은 더이상 한국사와 한국지리를 가르칠 필요가 없다는 뜻이었다. 그나마 단편적으로 가르치던 한국사와 한국지리를 제외하고, 일본과 직접 관련되거나 일본사와 일본지리를 아는 데 필요한 내용만 남겼다.

국체는 천황이 통치하는 일본의 체제로, 그 정신은 만세일계의 천황이 일본을 통치한다는 사상이다. 천황은 만세일계이므로, 국체의 정신은 진무천황(神武天皇)이 일본을 처음 세운 조국(肇國)의 정신이다. 국체의 정신을 기르는 데는 구태여 조선사가 필요하지 않다. 조선사는 일본 및 동아시아 역사의 한 부분일 뿐이다. 실업계용 교과서인《국사지리》는 이런 성격을 잘 보여준다. 일본사를 중심으로 일본지리를 가르치면서, 한국사와 한국지리는 매우 단편적으로 그 일부로 포함되었을 뿐이다.

교육정책 또한 이러한 식민통치의 방향에 맞춰 수정되었다. 제3차 조선교육령에서는 한국인의 전시동원을 위한 동화정책을 강화했다. 조선어를 수의과목(隨意科目)으로 바꾸고, 황국신민화 교육을 더욱 본격화했다. 역사는 황국신민의 정신을 함양하는 대표적인 정신교육 과목이었다. 국체(國體)의 본의(本義)를 깨닫는 것을 교육의 본질로 여기고, 천황을 현인신(現人神)으로 여김에 따라 조국(肇國)의 정신을 국체로 선전했다.

소학교에서는 5~6학년에 국사(일본사)를 주당 두 시간씩 편성했는데, 그 요지는 일본의 유래와 국운 진전의 큰 줄기를 가르쳐서 일본 국체의 존엄성을 알게 하고 황국신민의 정신을 함양한다는 것이었다. 이를 위해 일본의 기원, 천황의 계통, 역대 천황의 성덕(聖德), 국민의 충성, 현철(賢哲)의 사적(事蹟), 문화의 진전, 외국과의 관계 등을 교육 내용으로 제시했다.

정신교육이 강조되면서, 4년제 심상소학교에서는 국사와 지리를 하나로 묶은 '국사지리' 과목을 신설하여 주당 두 시간씩 가르쳤다. 종전 4년제 소학교에서 역사나 지리 시간을 별도로 편성하지 않은 것과 비교하면, 초등교육에서 역사와 지리 과목의 중요성이 높아졌다고 할 수 있다. 국사지리의 내용은 '일본사와 일본지리의 대요, 만주와 중국, 그 밖의 나라의 지리의 대요'를 다루었다. 전체적인 구성은 일본사를 줄거리로 하고, 이를 이해하는 데 필요한 지리적 사실을 포함했다. 그러나 국사지리의 내용은 국체의 관념을 알고 황국신민이라는 국민정신을 함양하여 일본의 발전에 몸을 바치는 인간을 기르는 데 있었다.《국사지리》교과서는 편찬 취지를 다음과 같이 서술하고 있다.

국사는 국체관념의 완성, 국민정신의 함양, 국가 발전의 유래를 체득하기 위해 필요불가결하며, 지리는 국가의 현재 정세를 알고, 세계 속에서 일본의 지위를 인식하기 위해 가장 중요한 과목이다. 무엇보다도 이 국사와 지리의 학습에 의해 국민다운 자각과 자부심을 체득할 수가 있기 때문이다.

—《국사지리(교사용)》(상)(1939), 1쪽

중학교에서는 1학년에서 5학년까지 매 학년 역사와 지리 시간을 합쳐 주당 세 시간씩 가르쳤다. 역사교육의 요지는 일본 국체의 특질과 존엄성을 이해하여 황국신민의 정신을 함양함으로써 일본 국민으로서의 사명을 자각하게 하는 것이다. 역사는 일본사와 외국사로 구분되는데, 외국사도 항상 일본사와 연결을 지으면서 일본사에 대한 이해를 명확하게 하는 역사적 사실을 중시했다.

고등여학교의 경우 5년제 학교에서는 1~2학년에 역사와 지리 시간을 합쳐 주당 세 시간, 3~5학년에 두 시간씩 편성했으며, 4년제 학교에서는 1~2학년에 역사와 지리를 합쳐 세 시간, 3~4학년에 두 시간씩, 3년제의 경우는 1~3학년에 역사와 지리 시간을 합쳐 두 시간씩 편성했다. 고등여학교 역사의 교수요지는 중학교와 거의 다르지 않았다.

역사교육의 목적으로는 '일시동인'의 성지를 받들어 충량한 황국신민으로서의 자각을 철저히 할 것을 강조했다. 다음과 같은 역사교육 내용 지침은 이를 그대로 표현한 것이었다.

국사(일본사)는 조국(肇國)의 유래와 국운 진전의 대요를 교수하여 국체의 존엄한 소이를 알게 하여 황국신민 된 정신을 함양하는 것을 요지로 한다.

심상소학교에서는 국체의 체제, 황통의 무궁, 역대 천황의 성덕(聖德), 국민의 충성, 현철(賢哲)의 사적(事蹟), 문화의 진전, 외국과의 관계 등을 교수하여 국초부터 현시에 이르기까지 국민정신의 국사를 일관하는 사실을 이해하게 한다.

고등소학교에서는 전항의 요지를 넓히고 특히 근세사에 중점을 두어 교수하여 세계에 있어서의 일본국의 시위를 알게 한나.

― 소학교 규정 제20조

역사는 고금의 중요한 역사적 사상(事象)을 알게 하여 아국성쇠(我國盛衰)의 인유(因留), 문화 진전의 추이를 회득(會得)시키고 특히 아국 조국(肇國)의 유래와 국운 진전의 성적(成跡)을 상세히 하고 다시 제외국의 사실(史實)과의 비교에 의하여 국체의 특질과 그 존엄한 소이를 이해시켜 황국신민 된 정신을 함양하여 아국의 사명을 자각케 하는 것을 요지로 한다.

― 중학교 규정 제15조

실제 역사교육의 내용도 여기에 초점을 맞추고 있다. 일본사 내용에서는 진무천황이 일본을 세운 정신과 일본국의 체제, 천황의 가계 및 업적, 천황에 대한 국민의 충성심을 강조했다. 외국사도 일본사를 이해하는 데 필요한 사실을 중시했으며, 일본의 국민정신과 인물이 외국보다 뛰어나다는 것을 부각시켰다. 외국 문화 그 자체보다도 이를 일본에 맞게 받아들여 새로운 문화를 만들어냈다는 데 주안점을 두었다. 일본의 사명을 자각시켜 일본인으로서의 자부심을 기르고 자질을 육성하는 것이 역사교육의 목적이었다.

## 5) 황국신민을 기르는 국민과

전쟁이 길어지고 확산될 조짐을 보이자, 일본은 황국신민을 더 적극적으로 육성해서 직접 전쟁 자원으로 삼거나 전쟁을 뒷받침하게 하려고 군국주의 교육을 본격화했다. 국민학교의 창설과 국민과 도입은 이를 대변한다. 1941년에 공포된 국민학교령에서는 소학교를 국민학교로 개칭하고, 국민과를 도입했다. 여기에서 '국민'은 일반적 의미의 국가 구성원이 아니라 황국신민이었다. 일제는 1941년에 제3차 조선교육령을 개정하여 '국민의 기초적 연성(鍊成)'이라는 명목 아래 '소학교'의 이름을 '국민학교'로 바꾸는 국민학교령을 공포했다. 국민학교령에서는 국민학교의 교과목을 통합하여 국민과(國民科), 이수과(理數科), 체련과(體練科), 예능과, 직업과로 편성했는데, 역사는 국민과에 속했다. 국민과는 도덕 과목인 수신을 중심으로 국어(일본어), 역사, 지리를 통합한 과목이었다. 국가 이념이나 국민정신과 관련된 모든 과목을 황국신민 이념을 주입시키는 방향으로 통합한 것이다. 국민과는 1943년 제4차 조선교육령(1943. 3. 8. 공포)에서 중학교에도 도입되었다.

제4차 조선교육령은 학교교육을 전시체제에 적합하게 개편하고 황국신민화 교육을 강화하기 위한 것이었다. 국민학교령의 군국주의 교육을 중학교까지 그대로 확대한 것이 제4차 조선교육령이었다. 국민학교의 수업연한은 6년 그대로였지만 중학교와 고등여학교의 수업연한은 4년으로 축소되었다. 제3차 조선교육령에서 수의과목으로나마 남아 있던 조선어가 교육과정에서 아예 빠졌으며, 일본어 교육이 강화되었다. 중학교와 고등여학교의 경우도 국민학교와 마찬가지로 교과목을 국민과, 이수과, 체련과, 예능과, 외국어과로 통합했다. 초·중등학교에서 공히 체련과가 중시되었으며, 국민학교의 직업과도 강화되었다.

역사 과목은 국민학교는 5~6학년에 국사(일본사)를 두 시간씩, 중학교는 1~4학년에 지리와 역사 시간을 합쳐 세 시간씩 편성했다. 고등여학교에서는 4년제의 경우 1~2학년에 지리와 역사 시간을 합쳐 두 시간, 3~4학년에 두 시간씩 편성했으며, 2년제의 경우 1~2학년에 지리와 역사를 합쳐 두 시간씩 가르쳤다. 교수요지는 국민학교, 중학교, 고등여학교 공히 일본 국체의 본의를 깨닫고 국민정신을 함양하여, 황국신민의 사명을 자각하고 실천에 옮기게 하는 데 있었다. 다만 중학교와 고등여학교의 경우는 국민학교와 달리 일본사 외에 다른 나라의 역사도 일부 일본사와 관련하여 학습하는 차이가 있을 뿐이었다. 이 같은 일제 말의 정책은 해방 직후 한국인이 민족적 입장에서 역사교육을 하는 데 많은 어려움을 주었다.


국민과는 아국(我國)의 문화 및 중외(中外)의 역사와 지리에 관하여 습득시키고 국체의 본의를 천명하여 국민정신을 함양하며 황국(皇國)의 사명을 자각시켜 실천에 이바지하는 것을 요지로 한다. 국민과는 이것을 나누어 수신, 국어, 역사 및 지리의 과목으로 한다.

국민과 역사는 중외의 역사에 대하여 습득시키고 국체의 정화(精華)와 동아 및 세계의 추이를 밝히고 국민정신을 함양하여 황국의 역사적 사명을 자각시키고 실천에 기여케 한다.

국민과 역사는 동아 및 세계의 변천과 황국 진전의 대세에 대하여 교수한다.

— 중학교 규정 제3조

이 시기 역사교과서는 천황이 다스리는 신국(神國) 일본의 신민으로서 자각과 자부심을 불어넣는 것뿐 아니라 일본의 대외팽창과 침략전쟁을 합리화하는 데 힘썼다. 일본이 만주사변과 중일전쟁, 태평양전쟁을 일으킨 것이 불가피함을 강조하는 한편, 대동아공영권의 논리를 펼쳤다. 전쟁의 구체적 상황을 서술함으로써, 전시하 국민의 단결과 애국심 고양에 힘을 기울이기도 했다. 전쟁에서 싸우다가 죽은 병사를 '군신(軍神)'으로 추앙하고 전쟁의 전개과정을 구체적으로 서술함으로써 침략전쟁을 합리화하고 전쟁터에 나가 국가와 천황을 위해 죽는 것을 미화했다. 이런 서술은 역사교과서뿐 아니라 국민과 전반에 걸쳐 찾아볼 수 있다.

"한 번 국기를 세운 이 고지, 한 걸음도 물러서지 마라. 전멸해도 적군 손에 넘기지 마라."
중좌는 큰 소리로 외쳤습니다. 왼손도 이미 제2탄을 맞고 제3탄은 복부에 맞았습니다. 굴하지 않고 분전하는 사이 다치바나 대대장은 드디어 그 자리에 쓰러졌습니다. (…)
"오늘은 황태자 전하님께서 태어나신 날이다. 이 경사스러운 날에 한 몸을 천황 폐하의 나라에 바치는 것은 진정한 군인의 바람이다"라고 하면서 조용히 눈을 감았습니다. 손과 발은 조금씩 차가워졌습니다. 해가 질 무렵이었습니다.
　　　　　　　　　　　　　　　— 조선총독부(1943),《초등수신(제5학년용)》, 제9과

8일 아직 날이 밝기 전 일찍, 우리 해군 항공부대와 특별공격대는 하늘과 바다에서 하와이로 다가가서 진주만을 공격했습니다. 진주만에는 오랫동안에

걸쳐 적국인 미국이 우리 나라를 공격하려는 기지로 굳게 다졌던 해군 항이 있었습니다. 우리 군의 기습은 훌륭하게 성공을 해서 적의 태평양 함대는 그 주력이 거의 전멸을 당했습니다.

이 해전에서 적의 군항 깊이 잠입했던 특별공격대는 전원 20대의 청년용사 들이었습니다. 모두 칠생보국(七生報國)의 맹세를 굳게 하고 전쟁을 끝낼 날 을 목표로, 생사를 잊고 훈련을 해온 것입니다.

"천황폐하를 위해 아무런 아낄 것이 없는 젊은 사쿠라, 산화하여 보람 있는 목숨이라면 몸은 설령 이역의 바다에 흩어진다 해도, 지키고야 말리라, 야마 토황국(大和皇國)을."

용사들은 모두 이와 같은 용감한 각오로 임무에 종사하여, 훌륭한 공훈을 세 우고 이역의 바다에 산화하였습니다.

— 조선총독부(1944), 《초등수신(제6학년용)》, 272~273쪽


## 4. 역사교육은 정치적 이념의 산물인가? – 해방 이후 역사교육의 변화

### 1) 민족주의적 국가주의

일본이 항복하자 학교교육은 일시적으로 중단되었다. 일제 말 일본의 군국주의 교육에 협력하던 학교 관리자나 교장, 일부 교사들이 학교를 비워놓고 피신했기 때문이다. 통치업무를 시작한 미군정은 서둘러 각 급 학교를 다시 열게 했다. 그렇지만 뚜렷한 교육정책이 있는 것은 아 니었다. 일본의 군국주의 교육을 일소하고, 미국식 민주주의 교육을 시행한다는 정도가 미군정이 내세운 교육방침의 전부였다. 이런 사정

을 이용해 오천석, 백낙준, 김활란, 김성수 등 미국이나 일본에 유학한 경험이 있으며 주로 우익 정당인 한국민주당(한민당)을 기반으로 활동하던 교육계 인사들은 미군정의 교육정책을 자문하거나 협력 등을 통해 교육 문제에 대해 주도권을 행사하려고 했다. 이들은 일본의 군국주의 교육을 미국식 민주주의 교육으로 대체하고자 했다. '새 교육'이라는 이름으로 미국식 교육을 소개했으며, 듀이의 아동중심 교육론을 보급했다.

해방 당시 한국 역사교육의 과제는 두 가지였다. 하나는 일제의 식민지배하에서 시행되었던 군국주의 교육을 철폐하고 민주주의 교육을 시행하는 것이고, 다른 하나는 일제 말 중단되었던 한국사 교육을 재건하는 것이었다. 앞의 과제를 해결하는 방향으로 미군정과 교육 주도세력은 미국식 민주주의 이념을 한국 사회에 이식하고자 했다. 이에 따라 미국 진보주의 교육을 대변했던 사회과(social studies)를 도입하여 군국주의 역사교육을 대체하고자 했다. 이에 맞서 민족주의자들은 한국의 전통에 기반한 민족교육을 주장했다. '민주주의 민족교육'이 이들이 내건 교육의 방향이었다. 한국의 전통에 이미 민주주의 정신이 내포되어 있다는 논리였다. 이들이 특히 중시했던 것은 국사교육의 회복이었다. 국사교육에서 외형적으로 강조된 것은 민족의식이었다. 특히 단군을 앞세우는 단군민족주의는 해방 전후 유력한 사회적 통합 논리였다. 단군신화에 나오는 홍익인간은 대한민국 임시정부가 통합 정신으로 내세운 이념이었으며, 해방 이후에는 교육이념으로 자리잡았다.

교육을 재개하는 데는 현실적인 어려움도 있었다. 그중에서도 가장 큰 문제는 교과서였다. 일제 식민통치기 말에는 모든 교과서가 일본어로 되어 있었으며, 그 내용도 황국신민을 길러내고 일제의 침략전쟁을 합리화하는 것이었다. 그래서 이과나 지리, 산수 등은 일본어를 한국어로 번역하거나 일제 말 교과서를 참고하여 만든 인쇄물을 교재로 활용했다. 그러나 천황을 신격화하거나 침략전쟁을 미화하는 내용이 많은 국어교과서나 역사교과서는 그렇게 할 수도 없었다. 이 때문에 교과서나 교새 없이 수업이 진행되기도 했다.

미군정은 서둘러 국어와 국사 임시교재를 발간했다. 1945년 12월에는 《초등국사(교본)》가 간행되어, 이듬해 1월에 남한 각 도의 학무과에 배부되었다. 1946년 5월에는 군정청 문교부의 위탁을 받아 진단학회가 중등 국사교과서인 《국사교본》을 발행했다. 군정청 문교부 편수관이던 황의돈이 쓴 것으로 알려진 《초등국사(교본)》는 민족주의적 성향이 강했지만, 김상기와 이병도가 집필한 중등용 《국사교본》은 곳곳에 식민사학의 논리가 그대로 반영되어 있었다.

미군정은 1946년 12월에 〈국민학교 교수요목〉을, 이듬해에 〈중학교 교수요목〉을 각각 공포했다. 역사는 지리, 공민과 함께 사회생활과 (social studies) 속에 편제되었다. 사회과가 도입됨에 따라 사회과 역사교육이라는 형태로 교육과정에 들어갔다.

사회생활과는 일제 말의 국민과를 대체하는 교과로, 미국식 민주주의를 보급하는 통로 역할을 했다. 그렇지만 〈교수요목〉에 따른 교과서 발행은 곧바로 이루어지지 못했다. 미군정청이 간행한 《초등국사(교본)》나 중등용 《국사교본》 같은 임시교재의 보급도 충분하지 못했다. 따라서 해방 이후 일반 출판사에서 간행한 한국사 개설서들이 교과서로 사용되는 경우도 많았다. 해방 직후 많은 한국사 책들이 간행되었다. 황의돈의 《중등국사》(계몽사, 1945. 9)를 시작으로 신태화의 《조선역사》(삼교사, 1945. 9), 함돈익의 《조선역사》(한글문화보급회, 1945. 10), 이주홍의 《초등국사》(명문당, 1945. 12), 신정언의 《상식국사》(계몽구락부, 1945. 12), 이창환의 《조선역사》(세창서관, 1945. 12), 권덕규의 《조선사》(정음사, 1945. 12)와 《조선유기략》(상문관, 1946. 2), 장도빈의 《국사》(국사원, 1946. 2), 김성칠의 《조선역사》(조선금융조합연합회, 1946. 2), 현채의 《오천년 조선역사》(성문당, 1946. 3), 황의돈의 《증정 중등조선역사》(삼중당, 1946. 4), 최남선의 《신판조선역사》(동명사, 1946. 2)와 《국민조선역사》(동명사, 1946. 12) 등이 앞다투어 간행되었다. 이 중 다수는 일제 식민통치 시절에 간행되었던 것을 재간행하거나 부분적으로 개정한 책이었다. 그중에는 제목에 '초등', '중등'이라는 말을 붙이거나 신동엽의 《사회생활과 참고조선역사》(서울대아출판주식회사, 1947. 9)와 같이 '사회생활과'를 명시함으로써, 학교 교재용으로 펴냈음을 나타낸 책들도 있었다. 이런 한국사 개설서들은 표면적으로는 민족주의적 성향을 띠면서 반일 민족의식을 담고 있으나 구체적인 서술에서는 일제 식민사학자들에 의해 왜곡된 역사의식을 그대로 반영한 경우도 많았다. 식민사학자들이 내세웠던 당파성론, 타율성론, 반도사관 등이 교과서 내용에 그대로 들어갔다.

정부 수립 후 문교당국은 학교교육의 제도적 기초를 다지는 작업에 들어갔다. 교육이념이나 학제 같은 기초 작업이 미군정기에 이미 이루어졌지만, 한국인이 직접 통치하는 정부가 들어선 다음에는 다시 한번 논의하는 것이 불가피했다. 미군정기의 교육방향이 대체로 그대로 이어져, 미국식 민주주의는 여전히 교육의 주요 이념이 되었으며 미국의 교육제도가 대폭 수용되었다. 교육법이 제정되어 홍익인간의 교육이념이나 6-3-3-4학제의 시행이 재확인되었다. 초등교육의 의무교육화도 논의되었다. 1949년에 제정된 교육법 제1조는 한국 교육의 최고이념을 홍익인간으로 규정했다. 민족과 민족정신을 강조하던 사람들 중에는 신민족주의자도 있었고, 극우민족주의자도 포함되어 있었다. 1997년 교육법을 개정한 교육기본법에서도 홍익인간은 여전히 그 시위를 유지했다.

그러나 남과 북에 별도의 정부가 들어서고 대립이 심화된 상태에서, 반공 이데올로기를 앞세워 학교 통제가 강화되었다. 초대 문교부 장관인 안호상은 일민주의(一民主義)와 민주적 민족교육론을 내세워 한국 역사와 전통을 국가주의 교육에 이용했다. 일민주의는 교육론을 넘어서 이승만 정부의 국시(國是)로 선전되었으며, 원래 신민족주의자들의 교육론이었던 민주적 민족교육론은 반공과 국가주의 교육을 위한 논리가 되었다. 문교부는 학원 내의 좌익계 교사들을 숙청하고 학도호국단을 조직하는 등 반공주의 교육을 강화했다. 일민은 한 백성, 한 겨레라는 뜻으로, 우리는 일민으로서 단일민족이라는 것이 일민주의의 핵심 논지였다. '한 백성', 즉 국민은 모두 '단군의 자손'으로 운명공동체였다. 어느 정도 생각의 차이가 있고 이해관계가 다르더라도, 민족과 국가의 틀 안에서 '하나'인 존재였다. 역사는 학생들에게 이런 관점을 심어주는 데 가장 효율적인 과목으로 인식되었다. 단군신화에 나오는 홍익인간의 이념은 화백회의에서 찾을 수 있는 신라식 민주주의나 화랑도의 정신으로 이어졌다. 신라식 민주주의는 세계에서 가장 이상적인 민주주의 이념으로 선전되었다. 이것이 한 백성으로서 우리 민족이

지닌 고유의 이념과 정신이며, 새로 생겨난 대한민국의 발전에 필요한 전통이라는 것이었다.

　모든 구성원의 동질성과 운명공동체를 강조한다는 점에서 일민주의의 논리는 역사학자, 특히 민족주의 역사학자의 논리와 마찬가지였다. 그러나 양자 사이에는 내적 성격에 차이가 있었다. 그 차이는 사회 구성원이 정체성을 가지게 되는 조건이었다. '민족'이라는 말을 더 즐겨 썼지만, 이승만 정부가 생각하는 정체성은 국가였으며, 여기에서 '국가'는 실제로는 이승만 정부였다. 홍익인간과 화랑도가 한국의 교육이념과 정신이라는 것은 국가가 해석한 역사적 사실이었다. 이러한 국가적 관점의 민족주의는 민중을 중심으로 민족의 정체성을 찾던 민족주의 역사학자들과는 다른 것이었다. 물론 두 입장의 민족주의가 처음부터 분리된 것은 아니었다. 민족이라는 공통성을 매개로 두 계통은 통합적 논리를 추구했다. 민족의 관점에서 역사를 가르치되 민중의 존재를 인정하고 민중 본위의 사회를 구현한다는 의미에서 민주주의 민족교육이라는 말이 사용되었다. '민주'와 '민족'이라는 말을 동시에 사용한 것이다. 민주주의 민족교육은 민주적 교육을 하되 외국을 맹목적으로 따르지 말고 민족정신과 주체적 관점을 지키자는 의미였다. 민주주의 민족교육은 이승만 정부의 교육이념이었지만, 안재홍이나 손진태 같은 신민족주의자들도 이 개념을 공유했다. 그러나 이승만 정부의 민주주의 민족교육론은 이윽고 국가주의 교육논리로 변질되었다. 민주주의 민족교육론은 이승만 정부의 이데올로기인 일민주의와 동일시되었다. 학교 학생들은 물론 대중을 대상으로 우리는 한 백성이므로, 한 마음으로 국가를 위해 하나로 뭉쳐서 일해야 한다고 가르쳤다. 민족은 국가와 동일시되었으며, 민족의 이념은 이승만 정부의 정치 이데올로기로 차용되었다. 민주주의 민족교육론의 정치적 변용이었다.

역사교육은 국가를 위한 사회 규율과 개인의 희생 논리로 이용되었다. 화랑도를 청소년이 본받아야 할 민족전통으로 강조한 것은 이러한 맥락이었다. 1954년 문교부 장관이 된 이선근은 화랑도를 강조했다. 청소년이 본받아야 할 한국사의 전통으로 화랑정신이 본격화되었다. 역사교과서에도 이런 정신은 그대로 반영되었다. 특히 "무사도의 정신을 길러, 나라를 위하여서는 목숨도 티끌과 같이 가벼이 여기고, 의(義)를 태산과 같이 무겁게 여겼다"(이병도(1949), 《중등사회생활과 우리나라의 생활(역사)》, 46쪽)라며 이런 정신이야말로 나라를 지키는 근본이라고 주장했다. "오늘날, 우리가 반공방일(反共防日)의 태세로 나선 것은, 화랑정신의 단연한 귀결"(문교부(1959), 《고등도덕 1》, 172쪽)이며, 3·1운동과 6·10만세운동, 해방 직후의 반탁운동, 한국전쟁 당시 학도의용대가 스스로 나라에 목숨을 바친 것도 모두 화랑정신의 발로라고 했다. 이러한 화랑정신은 박정희 정부에서 다시 강조되었으며, 현재까지도 계승되고 있어 지켜야 할 덕목으로 손꼽힌다.

이후 오랫동안 학교교육에 영향을 미친 중요한 결정은 교과서 제도였다. 교과서 발행제도는 국정제와 검정제를 병행했다. 국민학교 교과서는 국정을 유지한 반면, 중·고등학교 교과서는 검정도서가 일반적이었다. 1949년도 신학기부터 〈교수요목〉에 입각한 검정교과서들이 검정 심사를 거쳐 사용되었다. 초등은 국정제, 중등은 검정제를 기본으로 하는 교과서 제도는 이후 오랫동안 계속되었다. 사회나 교육계에서는 꾸준히 국정제를 폐지하고 검정제로 전환할 것을 요구했지만, 권위주의 정부에서는 오히려 국정제를 강화하기도 했다. 역사교육, 특히 한국사는 이런 갈등의 주된 대상이 되었다. 이는 역사해석의 독점 및 권력의 정당성과 관련되어 있기 때문이었다.

## 2) 국민 동원과 통제를 위한 역사교육

분단과 뒤이어 일어난 전쟁은 남과 북을 적으로 나누었다. 3년에 걸친 전쟁은 남과 북의 정치, 경제체제나 각종 제도는 물론 사회 구성원의 마음까지 갈라놓았다. 전쟁의 전개 상황은 사회의 가장 큰 관심사였으며, 전쟁의 목적은 상대방에 대한 승리였다. 남북 정권은 전쟁을 진행 중에는 물론 끝난 뒤에도 국민을 통제하는 무기로 활용했다. 전쟁의 주체를 국가로 한정하고, 국가의 이름을 내세워 전쟁 해석을 독점했다. 교과서의 전쟁사 서술에는 국가만 존재하고, 전쟁의 영향을 받는 그밖의 다양한 사회 구성원의 전쟁 경험은 배제되었다. 전쟁을 보는 이들의 생각과 입장은 고려 대상이 아니었다. 민족과 민중, 인권, 여성의 관점은 교육에서 완전히 자취를 감추고 승리와 패배, 국가와 반공의 관점만 남았다. 정권의 관점에서 보면 전쟁은 국민을 하나로 묶을 수 있는 가장 훌륭한 도구였다. 한국전쟁을 달리 해석하는 것은 불법이 되었으며, 국가의 한국전쟁 해석은 남과 북 두 체제를 유지시키는 기둥이었다. 국가가 해석한 전쟁 속에는 이를 지지하는 집단의 관점이 내포되어 있다. 이들은 국가의 이름 뒤에 자신들의 존재를 숨겼다. 권위주의 정권에서는 구태어 자신들의 해석을 강하게 내세우지 않더라도 국가가 이를 대변했다. 국가의 역사해석은 자신들의 현실적 이해를 뒷받침했다. 전쟁이나 전시와 같은 사회를 유지하는 것이 그들에게는 유리했다.

역사교육은 전쟁을 합리화하는 데 초점을 맞췄다. 직접적이건 간접적이건 간에 전쟁을 겪으면 사람들의 애국심이 높아진다고 해석했다. 심지어 조선을 결정적인 위기로 몰아넣었으며 국가에 대한 대중의 기대감을 송두리째 무너뜨린 임진왜란도 이런 해석에서는 예외가 아니었다. "전쟁 뒤에 나라를 사랑하는 마음과 민속에 대한 의식이 높아져, 역사를 연구하고, 자기 나라 사정을 알려는 사상이 움트기 시작하였다"(《우리나라의 발달(사회생활) 6-2》(1955), 32쪽)라는 서술도 그중 하나이다.

국민통합의 논리는 전쟁의 승리였다. 전쟁에 이기기 위해 하나로 단결해야 한다는 것이었다. 승리를 거두어야 할 대상은 북한이지만, 전쟁의 승리가 '정의'라는 점에서는 과거의 전쟁도 마찬가지였다. 국사교육에서 전쟁의 비중이 늘어났으며, 한국사에서 일어난 많은 전쟁이 승리와 패배라는 관점에서 평가되었다. 한국전쟁은 끝났지만 분단은 평시의 전쟁이었다. '평시의 전쟁'에서 승리하기 위해서도 국민은 하나로 단결해야 하며, 이는 반공의 이름으로 추진되었다. 반공은 또다른 전쟁에서 이기기 위한 국가의 논리였다.

전쟁의 피아는 '민족'과 '반민족'으로 구분되었다. 국가는 여전히 민족을 내세웠지만, 전쟁의 상대방은 이제 '민족'이 아니라 '반민족'이었다. 민족의 전통은 반공이었다. 공산주의는 민주주의보다 민족의 이름으로 먼저 비판되었다. 일민주의는 통일과 협동이 본질인데 공산주의자들은 민족을 분열시켰다는 논리로 단죄되었다. 이는 일민주의를 배반한 것이므로, 이들을 멸망시키는 것이 일민주의를 따르는 사람들의 절대적 사명이요 신성한 의무가 되었다. '반민족'인 전쟁 상대방 북한은 이제 '민족'이 아니므로 민족의 역사도 공유하지 않는 것으로 간주되었다. 역사해석을 독점하던 것에서 이제는 역사 자체를 독점하는 것으로 나아갔다.

물론 공산주의 이념을 가진 존재를 민족에서 배제하는 논리는 이미 전쟁 전에도 존재했다. 전쟁 전의 민족주의론에서 소련의 민주주의는 반민족적 민주주의였다. 민족주의와 반공주의를 결합시키는 논리였다. 그렇지만 그때까지는 적어도 겉으로는 민족과 외세를 구분하는 모양새를 갖췄다. 그러기에 소련의 민주주의뿐 아니라 미국식 민주주의도 비판의 대상이었다. 개인주의적, 자본주의적, 공산주의적, 세계주의적 민주주의가 아니라 민족적 민주주의가 되어야 하며, 이것이야말로 진정한 민주주의라는 것이었다. 그러나 전쟁을 계기로 이러한 관점은 사라졌다. 미국식 민주주의와 생활방식, 문화는 공산주의를 막는 데 큰 효과가 있는 것으로 선전되어 우리가 나아갈 길이라고 여겼다.

일본을 믿을 수 없는 이유도 여기에서 찾았다. 비록 우리를 식민지로 지배했더라도 일본은 이웃 국가로 국교를 맺어야 할 대상이었다. 그러나 일본은 자국의 이익을 위해서는 공산 중국과도 교류할 수 있다고 보았다. 한국전쟁으로 막대한 이익을 취한 일본이 이런 용공정책을 취하는 것은 그들이 신뢰할 수 없는 존재임을 보여준다는 것이다.

분단이 일상화되면서 전쟁의 위협은 강력한 국가를 유지해야 하는 지속적인 논리였다. 무력의 유지는 국가 존립의 필수적 근거였으며, 전쟁은 국가를 지키는 유용한 무기였다. 역사 속의 전쟁은 이를 뒷받침하는 근거로 이용되었다. 충분히 무장하지 못한 국가는 전쟁에서 패한 실패한 국가였으며, 전쟁 준비가 잘된 국가는 성공한 국가였다. 이런 준비는 모든 국민이 해야 하는 것이지만, 직접적인 존재는 무인이었다. 한국사에서 무인에 대한 평가가 높아졌다. 몽골과 끝까지 싸운 삼별초의 저항은 '고려 무인의 왕성한 자주 정신'(《실업계용 고등학교 국사》(1968), 78쪽)으로 부각되었다.

### 3) 역사 전통의 선택적 정당화

5·16군사정변으로 집권한 박정희 정부는 반공과 근대화를 내세웠다. 이승만 정부와 마찬가지로 반공은 국가주의 이념을 국민에게 지속시키는 무기였다. 그러나 반공이 새로운 논리는 아니었다. 전쟁과 반공의 논리가 일상화하면서 국가주의 교육의 근거로 대중을 설득하는 힘은 조금씩 약해졌다. 더구나 반공은 역사교육만의 문제가 아니었다. 역사보다는 오히려 도의교육이나 도덕 같은 과목에서 직접 다루었다. 반공의 틈을 메운 것은 근대화라는 국가정책이었다. 근대화는 국가적 정체성을 가져야 하는 이유가 되었다. 근대화도 역사보다는 사회 현상을 다루는 일반사회 과목과 관련이 깊었다. 자연히 박정희 정부 집권 초기에 역사는 국가주의 교육의 도구 과목이라는 성격이 약했다. 이 때문에 1963년에 공포된 제2차 교육과정이나 이에 따른 역사교과서들은 해방 이후의 한국사 연구 성과를 반영하는 데 관심을 두었으며, 역사학자들은 이것이 식민사학에서 벗어나 한국사의 자주성을 확보하는 길이라고 여겼다.

그러나 1960년대 후반에 접어들면서 상황이 바뀌었다. 박정희 정부는 근대화의 조건으로 물적 토대의 확대 외에 국민정신의 쇄신을 내세웠다. 1967년 제6대 대통령 선거에서 다시 당선된 박정희는 '제2경제'라는 이름으로 근대화를 위해서는 국민정신이 중요하다고 제창했다. 박정희에 따르면 '제1경제'가 물적 토대의 문제라면 '제2경제'는 국민정신을 기반으로 하는 것이었다. 박정희 정부는 국민정신이 뒷받침되어야 경제를 비롯한 사회 각 분야의 지속적 발전이 가능하다고 강조했다. 이런 논리는 1968년 국민교육헌장 반포로 이어졌다. 국민교육헌장이 반포됨에 따라 '국민교육헌장 이념의 구현'이 학교교육의 기본 방향이 되었다. 자연히 정신교육 과목으로 인식되던 역사, 그중에서도 국사교육의 중요성이 다시 부각되었다. 국사는 초등학교부터 대학교까지 각급 학교에서 필수과목이 되었다. 국사교과서의 국정화도 점차 추진되었다. 1960년대 후반 남북 관계의 악화로 한반도의 긴장이 높아지면서 반공교육의 범주가 확대되었으며, 역사교육에서도 반공의 논리가 다시 힘을 얻었다. 1973년과 1974년에 공포된 제3차 교육과정에서는 역사교육의 이런 변화를 제도화했다. 국사는 독립과목으로 초등학교부터 대학교까지 필수과목이 되었다. 초·중·고등학교 《국사》 교과서를 국정화하여, 국가의 독점적 해석을 학교교육을 통해 전파했다.

근대화를 내세운 국가주의 논리에서 한국의 역사적 전통은 양면성을 가졌다. 경제 논리의 측면에서 보면 한국의 전통 중 많은 부분이 부정적이었다. 박정희가 보기에 한국의 역사는 '고식, 나태, 안일, 무사주의로 표현되는 소아병적인 봉건사회의 한 축소판'(박정희(2006),《한국 국민에게 고함》, 626쪽)이었다. 그러나 정치의 눈으로 볼 때 한국의 전통은 매력적이었다. 개인보다 국가를 앞세우는 '충', 가부장적 권위를 인정하는 '효'는 국가주의 논리로 이용되었다. "공익과 질서를 앞세우며 능률과 실질을 숭상하고, 경애와 신의에 뿌리박은 상부상조의 전통을 이어받아"라는 국민교육헌장의 구절은 교육의 방향이 서구의 정신과 한국의 전통적인 정신을 선택적으로 취하고 있음을 보여준다. 서구 문명의 특징으로 언급되던 능률과 실질, 한국의 전통인 상부상조의 정신을 조합해야 가장 이상적인 국민정신을 기를 수 있다고 보았다. 한국의 전통에서는 강한 집단성과 정체성을 찾을 수 있었다. 서구 개인주의의 문제점을 보완할 수 있는 대안 논리가 한국의 전통이었다. 협동과 상부상조, 자기희생 정신은 우리가 지키고 유지해야 할 고유한 전통이었다. 한국사에서 상부상조의 전통을 보여주는 사례로 향약과 계, 두레 같은 향촌 조직이 재조명되었으며, 서구 정신에서 찾아볼 수 없는 미풍양속으로 충과 효의 정신이 부각되었다. 서구의 자유민주주의는 국가주의로 대체되었으며, 그 근거는 계승해야 할 바람직한 한국적 전통이었다. 물론 한국의 전통을 국가주의 논리로 이용하려는 시도는 이승만 정부 때도 있었다. 그러나 박정희 정부에서 달라진 점은 한국의 전통을 선택적으로 이용했다는 것이다. 이승만 정부가 한국의 전통을 단일한 성격으로 규정했다면, 박정희 정부는 서구의 정신을 합리적 일변도로 보고, 합리주의는 좋은 측면도 있지만 그렇지 않은 측면도 있다고 해석했다. 그리고 서구식 합리주의의 약점을 한국의 전통으로 보완할 수 있다는 논리를 내세웠다. 서구 개인주의의 대안 논리로 국가주의의 전통을 한국의 전통에서 찾은 것이었다.

### 4) 자유주의 정치 논리와 국가주의 역사해석의 병존

1980년대 중반 이후 한국 사회가 민주화되면서 국가주의 교육을 지속하는 것은 어려워졌다. 국사교과서는 지배층 중심으로 역사를 서술하고, 정권의 정당성을 뒷받침하는 도구라는 비판이 쏟아졌다. 민중의 역사가 재조명되고 근현대사 연구가 활성화되면서 1990년대 들어 역사교과서에도 그 연구 성과가 반영되기 시작했다. 전근대사에 민중의 역사가 들어가고 근현대사에 사회주의계 독립운동이 일부 들어갔으며, 이승만과 박정희, 전두환 등 권위주의 정부의 성립과 통치에 대한 비판이 늘어났다.

국가주의 교육을 지지하던 사람들은 이제 자신들의 논리를 관철시키는 일을 국가에 의존할 수 없게 되었다. 이들은 서구 국가를 중심으로 확대된 세계화, 신자유주의를 신봉했다. 그렇지만 신자유주의를 당연한 것으로 받아들이고 사회에 확산시키는 데는 국가가 필요했다. 기본적으로 자유주의와 국가주의는 대립적인 개념이다. "자유민주주의 체제는 개인의 자유와 인권을 확보하고 시장 경제를 통하여 경제를 발전시킨다는 원칙을 가지고 있었다"(권희영 외(2014), 《고등학교 한국사》, 320쪽)라는 진술에서 보듯이 국가가 아닌 개인에 초점을 맞추고 있는 것이다. 그러나 이들에게 자유주의와 국가주의는 병존하는 개념이었다. 세계화를 대세로 받아들이는 분위기에서 경제적으로는 신자유주의를 내세웠지만, 정치적으로는 국가주의였다. '자유민주주의'는 '공산주의'와 대립하는 의미로 사용되었을 뿐이다.

자유민주주의를 내세우는 이들에게 세계를 좌우하는 존재는 초국적 자본이다. 초국적 자본은 개별 국가를 넘어서는 존재로, 사실상 경제적으로는 개별 국가를 넘어서 세계 국가의 기능을 했다. 기존의 국가와 국경은 이런 초국가 자본의 활동을 가로막는 장애물이었다. 물론 자유민주주의의 주창자들에게 정치 논리의 기반은 자유주의였지만, 그 안에는 국가주의 논리가 잠재되어 있다. 국가가 역사해석을 통제하고 나아가 독점해야 한다는 주장이 대표적이었다.

이러한 주장은 역사해석을 독점하고 싶어하는 '국가'의 이해관계와 맞아떨어졌다. 민주사회에서 하나의 절대적 해석은 존재할 수 없었다. 국가가 역사를 해석하는 일을 피해야 하셨지만, 설사 그렇게 하더라도 국가의 해석이 절대적인 것이 될 수는 없었다. 이 때문에 '국가'는 이들의 해석을 근거로 내세웠다. 역사해석의 다양성을 말하면서도, 실제로는 이들을 앞세워 역사해석을 독점하려는 것이었다. 대중의 역사해석인 것처럼 가장하면서, 국가나 지배집단의 이해관계를 역사해석에 반영했다. 역사해석에서 국가와 이들은 하나였다. 한 걸음 더 나아가 역사해석의 차이를 둘러싼 사회적 갈등을 구실로 아예 국가가 역사해석을 독점하고 이를 역사적 사실로 학생들에게 가르치는 것을 제도화하려고 했다. 2015개정 교육과정에서 박근혜 정부가 한국사 교과서의 국정화를 추진한 것은 그 정점이었다.

이들은 개혁과 개방의 역사를 중시하며, 경제성장을 이데올로기로 내세운다. 신자유주의는 이들의 이데올로기를 관철시키는 체제 이념이었다. 그러면서도 여전히 냉전 논리를 이용한다. 세계적인 냉전 체제가 아니라 한반도의 남북 분단이 이들이 국가주의를 관철시킬 수 있는 이데올로기였다. 역사해석도 이에 맞춘 것이었다.

국가 발전의 근거로 한국의 전통을 선택적으로 내세우는 것도 바뀌지 않았다. "근대화 혁명이라고 부를 만한 커다란 변화와 발전의 배경은 한국 전통 문명의 수준이 높았기 때문"(교과서포럼(2007),《대안교과서 한국근현대사》, 275쪽)이지만, "선진사회를 이루기에는 한국인의 교양수준은 충분하지 않다"(277쪽)는 것이다. 그렇지만 이념의 핵심은 자유민주주의이다. 건국 과정에서 자유민주주의에 대한 확고한 신념을 가진 정치 지도자의 역할을 중시한다. 여기에서 '자유'는 '독재'에 대비되는 용어가 아니라 '공산'에 맞서는 것을 의미한다. 자유민주주의는 인민민주주의와 대비되는 개념이었다. 이런 관점에서 자유민주주의 이념에 바탕을 둔 대한민국을 세우는 데 결정적인 역할을 한 인물로 이승만을 높이 평가한다. 그렇지만 자유민주주의는 사회 구성원으로서 국민이 취할 수 있는 이념 중 하나가 아니라, 나라의 발전을 위해서 사회가 취해야 할 국가 이데올로기이다.

### 5) 역사교과서의 재생산

역사교육에 대한 사회적 관심이 높아지면서 교과서를 둘러싼 논란이 계속되었다. 역사교육이 수많은 사실을 망라하고 있으며, 이를 암기하는 주입식 교육이라고 비판할 때 그 주범으로 지목된 것은 교과서였다. 1980년대 중반 역사교과서가 지배층 중심의 반민중, 반민족적 성격을 내포하고 있다고 비판받았을 때 그 대상도 교과서였다. 그러다가 1990년대 들어 교육과정의 중요성에 대한 관심이 높아졌다. 국가교육과정 체제를 취하고 있는 한국에서 교과서는 교육과정이 제시하는 역사적 관점과 내용 구성에서 벗어날 수 없다는 생각이 확산되었다. 특히 교육과정을 통해 각 교과별로 다루어야 할 내용을 세세히 규정하는 상황에서 교과서는 교육과정에 종속될 수밖에 없다는 현실 인식이었다. 이에 따라 교육과정의 체제나 형식을 개편해야 한다는 목소리가 커졌다.

2009개정 교육과정에서는 국가교육과정의 교과내용·제시가 간략해졌다. 종전에 대단원은 물론 중단원의 내용요소와 성취 기준을 제시하던 형식에서, 대단원의 내용요소와 성취 기준만을 제시하는 것으로 바뀐 것이다. 국가교육과정에 제시된 교과별 내용이 이전에 비해 크게 줄어들고 포괄적이 되었다. 교과별로 공부해야 할 구체적인 학습내용을 교과서 집필자들에게 맡김으로써, 교과서 내용과 자료, 학습활동을 다양화한다는 취지였다. 그렇지만 교과서 내용이나 체제, 형식은 기대만큼 다양해지지 않았으며, 그 이전과 비교해서 별로 달라지지 않았다는 평가를 받는다. 그 이유로는 다음과 같은 몇 가지를 생각해볼 수 있다.

첫째, 검정 심사의 부담감이다. 제7차 교육과정의《한국근·현대사》교과서에 이어 2007개정 교육과정에서는 국정 역사교과서가 전면적으로 검정으로 바뀌었다. 그렇지만 검정 심사는 역사교과서에 대한 국가의 영향력을 여전히 유지할 수 있게 했다. 집필자들과 출판사는 독창적이고 창의적인 내용보다는 검정 통과에 더 초점을 맞췄다. 더구나 대단원이 교육과정에 제시된 상황에서 내용 조직의 전체적인 틀은 모든 교과서가 똑같을 수밖에 없다. 특히 많은 교사들이 기존의 통사나 시대사 접근법의 대안으로 생각하는 전면적인 주제 중심의 접근방식은 가능하지 않다. 교육과정에 따르는 주제 중심을 표방하기도 했지만, 실제로는 시대 순에 따르는 내용 조직의 틀 속에서 부분적으로 주제를 도입하는 데 지나지 않았다.

둘째, 2000년대 초부터 계속되어온 역사교과서 이념 논쟁이 집필자들에게 부담을 주었다. 이 때문에 집필자들은 자기검열을 하게 되고, 자신의 역사해석을 가급적 넣지 않으려고 하며, 논쟁이 될 만한 내용을 서술하기를 회피하게 된다. 이런 집필 방향은 이념적 성향이나 해석이 들어가는 문제뿐 아니라, 교과서 내용 선정 전반에 작용한다. 예컨대 서양사에서 종교개혁은 이전에는 서양의 근대를 연 주요 사건 중의 하나로 중시되었지만, 2007개정 교육과정 이후 역사적 의미가 약해져, 2007개정 교육과정과 2009개정 교육과정의 내용요소에서 제외되었다. 그렇지만 이전에 줄곧 종교개혁을 시대 전환을 가져온 주요 사건으로 다루어왔던 경험에서 벗어나지 못하고 교과서 집필자들은 종교개혁을 내용에 포함시켰다.

셋째, 역사 흐름의 서술에 변화가 없다. 예컨대 문호개방 이후 조선 정치의 변화는 정부의 개화시책(수신사, 영선사, 조사시찰단), 개화시책에 대한 반발(조선책략, 임오군란), 급진개화파의 개혁 추진(갑신정변), 청·일의 각축, 동학농민운동과 청일전쟁, 일본의 국권 침탈, 한일강제병합으로 이어진다. 이런 내러티브의 흐름과 그 안에 포함되는 주요 사건은 1970년대부터 현재까지 교과서 서술에서 거의 동일하다. 이 때문에 교과서 내용 전체를 통사로 구성하건 분야사로 구성하건 주제사를 표방하건 간에, 학생들은 역사의 흐름을 획일적으로 이해하고 교과서 서술이 똑같다고 느끼게 된다. 한국사뿐 아니라 세계사도 마찬가지이다. 이는 학교 역사교육과 교과서보다는 역사학계의 문제일 수 있다. 역사 흐름에 대한 새로운 해석이 나오고, 다양한 내러티브를 담은 역사책이 간행되고 있지만, 개설서의 역사서술에는 별 차이가 없다. 이는 구체적인 사실이나 주제에 대한 연구에 집중하고 시대구조나 사회 변화를 큰 틀에서 이해하려고 하지 않는 역사학계의 경향을 반영한다.

## 5. 민족인가, 계급인가? – 북한 역사교육의 양면성

### 1) 북한 역사교육의 성격과 주체사상

북한에서는 학교교육을 그 내용에 따라 정치사상교육, 과학기술교육, 체육교육으로 나눈다. 이 중 정치사상교육을 위주로 하여 과학기술교육과 체육교육을 통일적으로 포괄하는 것을 원칙으로 하고 있다. 과학기술교육은 일반지식을 다루는 다방면적 지식을 체득하기 위한 학습과 전문과학기술을 다루는 학습으로 구분된다. 일반 역사는 다방면적 지식을 체득하기 위한 과목, 혁명역사는 정치사상교육의 과목이다.

주지하듯이 북한 사회에서 생활이나 학문의 성격을 규정하는 것은 주체사상이다. 다른 분야와 마찬가지로 교육도 주체사상에 의해 설명된다. 김일성이 역사상 처음으로 사회주의 교육의 계급적 성격과 사명, 근본 원리를 해명하고 혁명인재와 새로운 유형의 공산주의 인간을 육성하기 위한 사회주의 교육학을 창시했으며, 교육의 모든 문제에 대한 전면적 해답을 주었다고 주장한다. 따라서 역사교육의 목적을 규정하는 것은 주체사관*이다.

국가권력의 역사관이 그렇듯이 주체사상도 정치사회적 상황에 따라 성격이 달라져왔다. '역사로서 주체사상'은 1960년대 후반을 기점으로 크게 달라져 이원적 구조를 가지게 된다. 역사교육의 기본적인 목적이 바뀐 것은 아니지만, 역사를 보는 관점이나 역사교육 내용이 북한의

---

* 주체사관의 원래 용어는 '주체사상의 사회역사원리'이다. 이는 주체사상총서 2권의 제목이기도 하다. 여기에서는 주체사상의 역사관이라는 의미를 명확히 하기 위해 '주체사관'이라는 용어를 사용하기로 한다.

사회적 이념과 주체사상의 성격 변화에 따라 달라지곤 했다. 특히 사회주의 사상의 사회적 실천에서 계속 문제가 되었던 민족과 계급의 관계를 보는 관점이 변했다. 역사교육의 이념으로서 민족을 보는 관점과 민족적인 것에 대한 평가가 근본적으로 달라진 것이다. 이는 북한에서 역사교육을 넘어서 교육 전반을 좌우했다.

교육의 이념과 목적은 교육과정을 통해 학교교육으로 구현된다. 특히 국가교육과정은 이런 성격이 더 명확하다. 북한에서 교육과정에 해당하는 것은 '과정안'이다. 과정안은 역사교육의 목적과 방법, 자료 등을 제시한다. 특히 2013년에 제정된 현행 북한 중학교* 역사교육과정은 학년별 교수 목적과 목표, 교수내용과 함께, 학교급별로 교과서 집필 원칙, 교수 원칙, 평가 원칙을 규정하고 있다.

### 2) 사회주의 교육과 주체사상의 혼합

해방 이후 북한에서는 사회의 다른 분야와 마찬가지로 교육이나 역사학에서도 사회주의적 학문이 도입되었다. 사회주의 교육의 도입은 소련에서 배우자는 것이었다. "쏘련을 향해 배우라"는 구호에 따라 많은 유학생이 소련에 파견되었으며, 역사학자들은 마르크스–레닌주의의 고전을 학습하고 소련 학계가 이룬 역사학의 성과를 받아들였다. 《소련공산당 역사》와 《레닌주의 문제》 등이 커다란 영향을 끼쳤으며 소련 공산당 기관지인 《볼셰비키》, 소련 역사학계의 월간지 《역사제문제》가

---

* 2024년 현재 북한의 중학교는 초급중학교와 고급중학교로 나뉜다. 따라서 북한의 중학교라고 하면, 남한의 중학교와 고등학교를 포괄하는 학교이다.

북한 역사학에서 중요한 역할을 했다. 교육의 경우도 마찬가지였다. 소련의 교육 이념과 내용을 북한 교육에도 적용하고자 했다.

그러나 사회주의 교육의 도입은 당시 북한이 처한 현실에 바탕을 둔 것이었다. 무엇보다도 북한이 내세운 것은 일제 식민지 교육의 잔재를 청산하는 것이었다. 일제가 주입시킨 식민지 피지배자의 열등의식과 좌절을 극복하고, 새로운 자주국가 건설에 능동적으로 참여하는 인민의 양성이 교육의 목표였다. 이를 위해서는 교과목의 조정이 필수요건이었다. 특히 일제 말 황국신민화 교육에 주도적인 역할을 했던 '수신' 과목은 1차적 폐지 대상이었다. 1947년에 공포된 북한 교육과정에서는 일제의 황국신민화 정책을 뒷받침하던 과목들이 폐지되는 대신 '인민'이나 '사회과학' 같은 과목들이 생겨났다. 그리고 초등학교와 중등학교 공히 일반교과목의 수업시수가 크게 증가했다. 특히 한국사와 한국지리 과목의 비중이 커졌다. 특히 5년제 인민학교는 4학년부터 한국사를 가르치기 시작했다. '조선력사' 과목에서는 우리 문화에 대한 긍지와 일본제국주의에 대한 저항을 강조했다. 해방 직후 역사교육에서 사대주의와 민족허무주의라는 일제의 식민사학을 불식시키는 것이 중요한 목적이었다. 이 같은 관점은 한국사 교육을 중시했다거나 소련식 사회주의를 도입하면서도 일정한 민족주의적 경향을 보이는 것이라고 할 수 있다. 역사과 교수요강에서는 사회 현상을 과거에 일어난 사실이나 사건들의 상호관련 속에서 당시의 상황에 비춰 이해해야 한다고 말하고 있다. 또한 역사를 현상이나 사물의 부단한 발전이라는 관점에서 볼 것을 강조하고, 사회의 물질적 조건이 인간의 정신 발전에 어떠한 영향을 주며, 동시에 인간의 정신이 사회의 물질적 발전에 어떻게 작용하는가를 보여줄 것을 요구하고 있다.

북한은 1948년 9월의 정부 수립을 전후하여 한국사 연구 및 교육에 힘을 기울였다. 역사 연구와 서술에 힘써 한국사를 재정리하고 그 결과를 간행하고자 했다. 그러나 소련에 대한 선호 분위기로 이 일은 적극적으로 추진되지 않았다. 학교 역사교육에서는 한국사보다 세계사 교육의 비중이 높았다.

해방 직후 북한이 당면한 교육 과제는 남한과 마찬가지로 교과서의 제작 및 보급이었다. 한글로 된 교과서는 일절 없었으며, 조선총독부가 발행한 역사교과서에는 일본의 군국주의 이념이 강하게 들어가 있었다. 더구나 일제 말에는 한국어와 한국사를 가르치지 않았으므로, 이 과목의 교과서는 아예 존재하지도 않았다. 세계사 교과서는 소련 교과서를 북한의 실정에 맞게 번안해서 사용했지만, 국어나 국사는 과목의 내용상 소련 교과서를 참고할 수도 없었다. 서둘러 이 과목들의 교과서를 개발할 수밖에 없었다. 그러나 이념성이 강한 국어나 역사 같은 과목은 내용 준거가 될 만한 것이 없어서 교과서 편찬 작업이 쉬운 것은 아니었다. 그럼에도 북한은 이들 과목의 교과서 개발을 서둘렀다. 1945년 11월 교육국 산하에 편찬부가 설치되고 국어, 역사, 지리 과목의 교과서 편찬이 시작되었다. 집필된 원고는 내용 및 정치성을 심의하는 원고 심사 과정을 거쳤다. 역사교과서도 간행되었다. 그렇지만 아직까지는 임시교재의 성격이 강했다.

한국전쟁 중에 북한은 정치사상 교육과 기초과학 교육을 더욱 강화했다. 항일혁명 전통과 한국전쟁에 관한 사실, 한국의 오랜 역사와 지리, 인민군의 활동 등이 교육 내용으로 강조되었다. 이는 이후 역사교육의 방향이 되었다. 한국전쟁이 끝나갈 무렵 북한에서는 한국사와 현대사 교육을 강조하기 시작했다. 이는 김일성과 그밖의 세력 간의 권력투쟁과 맞물린 것이었다. 한국전쟁 중이던 1952년 12월에 김일성은 조선노동당 중앙위원회 제5차 전원회의 연설에서 반종파투쟁의 중요성을 강조하면서 교조주의와 형식주의, 민족허무주의를 퇴치하고 마르크스-레닌주의의 주체적 수용을 주장했다. 마르크스-레닌주의의 사상 관점과 방법을 체득하되 우리나라의 상황에 맞게 적용해야 한다는 것이다. 이와 함께 우리 민족이 이루어놓은 문화유산을 계승·발전시키는 기초 위에서 다른 나라의 선진문화를 옳게 섭취해야 한다고 강조했다.

이러한 입장은 1955년 12월 조선노동당 선전선동 일꾼들 앞에서 행한 '사상사업에서 교조주의와 형식주의를 퇴치하고 주체를 확립할 데 대하여'라는 연설에서 더 전면화, 구체화된다. 김일성은 이 연설에서 마르크스-레닌주의의 일반적 진리에 대한 연구는 조선혁명을 옳게 수용하기 위해서 하는 것으로, 조선혁명을 위해서는 우리나라의 역사, 특히 조선 인민의 투쟁사를 아는 것이 무엇보다도 중요하다고 강조했다. 요컨대 마르크스-레닌주의는 교조가 아니라 하나의 지침이며 창조적 학설이므로 이를 우리나라 실정에 맞게 적용해야 하며 소련식이나 중국식이 아닌 우리식의 진리가 중요하다는 것이다. 북한에서는 이 연설을 주체사상의 창시로 본다.

그러나 이 시기 주체사상은 마르크스-레닌주의와 대비되는 사상은 아니었으며, 명확히 구분되는 것도 아니었다. 북한은 적어도 표면적으로는 여전히 마르크스-레닌주의를 강조했다. 역사를 가르치는 데도 형식주의의 퇴치와 애국주의의 강화가 중요한 방향으로 제기되었다.

또한 조국의 역사적 현실에 대한 계통적인 연구와 교육의 필요성이 강조되었다. 역사교육에서 나타난 구체적인 양상은 크게 두 가지였다. 하나는 혁명역사를 현대사 교육으로 다루기 시작했다는 것이고, 다른 하나는 국사교육을 강화했다는 점이다. 이에 따라 당의 혁명 전통이 본격적으로 강조되었다. 중등학교의 국사교육도 강화되었다. 고급중학교에서 국사와 세계사를 통합하여 단일 과목으로 만들었다. 한국사 중심으로 역사교육을 편성한 것이다.

1960년대에 접어들면서 주체사상이 확립되고 혁명전통 교육이 강조된다. 역사교육과정에서도 변화가 있었는데, 국사교육이 강화되고 세계사 교육이 약화되었다. 초급중학교에서 국사교육의 비중은 높아진 반면 세계사 교육의 비중은 크게 줄어들었다. 혁명전통 교육이 역사교육의 핵심이 되었다. 혁명전통은 학습의 대상일 뿐 아니라, 그 자체가 학습의 목적이자 방법이 되었다. 혁명전통에 대한 이러한 관심은 혁명전통을 다루는 독립과목의 탄생을 예고하는 것이었으며, 이는 현대사 교육과 일반적인 역사교육의 분리를 의미했다. 그리고 주체사상의 확립에 따라 이 같은 혁명전통은 곧 김일성의 활동으로 정리된다.

### 3) 주체사상의 유일사상화와 계급적 역사인식의 강화

1960년대 후반 북한에서는 정치사회적 변화가 일어났다. 1967년부터 당의 집중지도라는 이름으로 숙청작업이 진행되었다. 사상·문화 부문의 간부들 중 김일성의 유일체제를 반대한 인사들이 숙청되었으며, 1968년 말부터 1969년 초까지는 군사모험주의에 앞장선 군 고위 간부들이 제거되었다. 이 기간 동안《력사과학》등 북한의 학술지들도 일시적으로 발행이 중지되었다. 그 결과 김일성의 유일지배 체제가 더욱 확고해지고, 김일성 개인숭배가 표면화되었다. 주체사상이 유일사상으로 자리잡음으로써, 주체사관이 역사관으로 정립되었다. 혁명의 체계화도 본격화되기에 이르렀다.

그렇지만 마르크스-레닌주의와 주체사상은 여전히 혁명 이념 아래 하나였다. 김일성은 1968년 조선노동당 교육 부문 일꾼들에게 행한 연설에서 역사 연구는 마르크스-레닌주의를 창조적으로 적용하되 당의 사상과 정책에 의거하여 혁명 이념에 기반을 두어야 한다고 다시 한번 강조했다. 역사적 사실이나 인물이 그 시대에 끼친 역할에 대해서는 올바른 평가를 통해 민족적 자부심을 높이되 혁명사상을 기르고 혁명가를 키우는 데 비춰 그런 사실과 인물이 가진 한계를 정확히 인식해야 한다는 것이었다.

특히 주목할 것은 이전에 높이 평가되던 실학자와 같은 봉건사회의 진보적 지식인이나, 이순신과 같은 전쟁 영웅들이 이 시기에 접어들어 비판의 대상이 되고 있다는 점이다. 김일성은 1968년 3월 조선노동당 교육 부문 일꾼들에게 행한 연설에서 역사적 문헌, 유물, 인물, 전통사회의 종교, 전쟁 등 역사의 각 분야를 어떻게 연구하고 이것을 역사책이나 교과서에 서술할 것인가에 대한 입장을 제시했다. 역사서술의 원칙으로 당성과 노동계급성이 강조되면서 현재 조선혁명의 입장에서 역사적 인물을 평가하는 경향이 강해진 것이다. 실학자에 대한 평가도 비슷했다. 실학자들은 근대계몽사상의 다리를 놓았다는 긍정적인 역할과 그들의 사상이 봉건유교사상이며, 동시에 순환적·형이상학적 역사관을 가졌다는 한계가 있다고 지적하면서도, "주체의 력사관은 력사상의 진보적인 것과 인민적인 것도 주어진 력사적 시대를 뛰어넘을 수 없으며 따라서 그 의의는 당대에 국한시켜야 한다고 인정한다"라고 함으로써 계급적 한계를 알리는 데 중점을 두었다. 주체사상을 강화, 보급하면서 계급적 역사인식을 강화하는 것은 모순처럼 들린다. 그렇지만 역사적 인물에 대한 평가가 이처럼 바뀐 것은 종전의 역사교육이 주체사상을 통해 대중의 애국적 민족주의를 고양시키고자 한 데 비해, 이제는 김일성 유일사상을 확고히 하는 데 관심을 두고 있기 때문으로 보인다. 전근대 사회의 실학자나 전쟁 영웅을 받드는 것이 대중의 민족의식을 고양시키는 데는 도움이 되지만 유일사상 체계를 확립하는 데는 방해가 된다고 판단했던 것이다.

이 같은 역사인식은 역사교육의 내용에도 그대로 반영된다. 역사교과서는 이런 관점에서 역사적 사실을 서술하고 평가했다. 가장 큰 변화는 혁명역사가 일반 역사에서 독립한 것이었다. 1968년 '위대한 수령 김일성 원수님 혁명력사', '위대한 수령 김일성 원수님 혁명활동' 등이 정식과목으로 채택되었다. 대신 인민학교의 역사 과목이 없어졌다. 김일성 혁명역사는 인민학교에서 역사교육의 기능을 대체하는 것은 물론 중등학교에서도 한국현대사에 해당한다.

1970년 11월에 끝난 제5차 당대회에서는 주체사상을 마르크스-레닌주의와 함께 당의 교조로 확정했다. 마르크스-레닌주의의 주체적 수용에서 한 걸음 더 나아가 이제는 주체사상이 유물사관과 함께 북한의 공식적인 사상 체계로 자리잡게 된 것이다. 그러나 이는 사실상 주체사상을 북한의 유일사상으로, 주체사관을 유일한 역사관으로 삼고 있음을 뜻한다. 이어 1974년 2월에 전국 당 선전일군 강습회에서는

'온 사회의 주체사상화 강령'을 선포했다. 북한에서는 이를 주체사상을 유일한 세계관으로 하여 당성, 노동계급성, 인민성을 가장 높은 수준에서 재현한 참다운 주체형의 공산주의 혁명가로 키우기 위한 공산주의적 인간개조 사업이 전면적으로 심화된 역사적 사건으로, 그리고 혁명의 종국적 승리를 위한 길을 밝힌 사건으로 평가하고 있다.

주체사상에 입각한 북한의 교육이념과 체계는 1977년 〈사회주의 교육에 관한 테제〉로 정리된다. 북한의 교육이념, 교육과정, 방법의 기초를 제공하고 있는 〈사회주의 교육에 관한 테제〉에서는 교육의 목적을 공산주의적 원칙을 실현하기 위해 투쟁하는 혁명가, 즉 공산주의자를 키우는 데 두고 있다.

사회주의 교육의 목적은 사람들을 자주성과 창조성을 가진 공산주의적 혁명인재로 키우는 것이다. 사회주의 교육은 사람들을 사회와 인민을 위하여 사회주의, 공산주의를 위하여 몸 바쳐 투쟁하는 공산주의적 혁명인재로 키움으로써 사회주의 제도를 위하여 복무하는 로동계급의 혁명위업에 이바지하여야 한다. (…)

사람들을 혁명화, 로동계급화하는 것은 공산주의적 혁명인재를 키우는 데서 나서는 근본 문제이다. (…)

그러므로 사회주의 교육은 마땅히 사람들을 혁명화, 로동계급화하는 사상혁명 과정으로 되어야 한다. 사회주의 교육에서는 사상교양에 기본을 두어야 하며 사람들을 공산주의 사상으로 무장시키는 데 주되는 힘을 넣어야 한다.

교육의 목적과 이념에 관한 이 같은 규정은 이제 교육활동 자체를 하나의 혁명사업으로 취급하고 있음을 뜻한다. 이를 달성하는 방법에서도 주체사상을 고양하는 것이 가장 중시되고 있다.

역사학습도 주체사상 교양의 원리가 바탕이 된다. 주체사상 교양의 원리는 실제 역사교육에서는 인민대중의 투쟁 역사에 대한 학습으로 나타난다. 주체사상의 사회역사 원리에서는 역사의 주체를 인민대중, 역사의 본질을 자주성을 위한 인민대중의 투쟁, 역사의 성격을 인민대중의 창조적 운동, 역사의 추동력을 인민대중의 자주적인 사상의식으로 보고 있다. 따라서 역사학습은 바로 이러한 역사적 사실을 배우는 일이 된다.

> 역사학습에서 기본은 자주성을 위한 우리 인민의 투쟁의 역사, 창조의 역사를 학습하는 것이다. 그것은 자주성을 위한 인민대중의 투쟁과 창조적 활동 과정이 인류 역사의 본질적 내용을 이루며 자주성을 위한 인민대중의 투쟁이 사회역사 발전의 기본 추동력이 되기 때문이다.
>
> — 금성청년출판사 엮음(1982), 《주체의 학습론》, 71쪽

이와 같은 역사교육을 위해서 정치사상 교육으로 한국현대사에 해당하는 혁명역사가 특히 강조된다. 근대사까지를 다루는 〈조선력사〉나 〈세계력사〉 또한 다방면적 지식을 체득하기 위한 학습으로 중시된다. 그러나 그 목적은 정치사상 교육과 별 차이가 없다. 주체의 교육에서는 역사학습의 기본을 자주성을 위한 우리 인민의 투쟁의 역사, 창조의 역사를 학습하는 데 둔다. 이에 따라 역사교육의 내용을 다음과 같

이 세 가지로 정리한다.

첫째, 외래 침략자를 물리치고 나라의 독립과 민족적 자주권을 영예롭게 지켜온 우리 인민의 자랑스러운 반침략투쟁, 조국방위의 투쟁역사.

둘째, 지배계급의 착취와 억압을 반대하여 싸운 우리 인민의 계급투쟁의 역사.

셋째, 자연의 구속에서 벗어나 물질적 부를 생산하고 문화를 발전시켜온 창조의 역사.

북한은 1972년의 학제개편과 함께 10년제 의무교육을 실시했으며, 1975년 9월부터는 6년제 고등중학교와 인민학교 4년, 취학 전 교육 1년을 합쳐 전국적으로 이른바 '전반적 11년제 의무교육'의 시행을 표방했다. 고등중학교에서 '력사'는 '조선력사'와 '세계력사'로 구분되었다. 이런 학제나 역사교육 편제는 기본적으로 2013년 교육과정 개편 때까지 지속되었다.

김정일 후계 작업이 본격화하면서 1986년에는 김정일 관련 과목이 신설되어, 혁명역사의 일환으로 가르쳤다. 따라서 이후 고등중학교에서 가르치는 역사 관련 과목은 정치사상 교양과목에 속하는 〈위대한 수령 김일성 원수님 혁명활동〉과 〈위대한 수령 김일성 원수님 혁명력사〉, 〈친애하는 지도자 김정일 동지 혁명력사〉, 〈친애하는 지도자 김정일 동지 혁명활동〉과, 일반과목에 속하는 〈력사〉였다. 이로써 고등중학교에서 혁명역사의 수업시수는 일반 역사의 시수보다 두 배에 달했다. 역사교육에서 한국현대사의 비중을 크게 늘리고 이를 김일성 일가의 혁명역사로 구성한 것이다.

## 4) '조선민족제일주의'의 표방과 역사교육

1990년대 들어 북한의 역사교육관은 일대 전환이 이루어진다. 계급적 관점에서 역사를 해석하던 것에서 강한 민족주의적 경향으로 바뀐 것이다. 이런 변화는 동유럽 사회주의의 몰락과 소련의 해체, 아시아 사회주의 국가들의 개방 등에 대처하는 북한의 방식에서 비롯된 것이었다. 북한은 중국이나 베트남, 몽골 같은 아시아 사회주의 국가들이 취한 개방정책 대신에 내부 결속을 다지는 '우리식 사회주의'를 내세웠다. 그리고 그 근거를 '조선민족제일주의'에서 찾았다. 조선 민족은 세계 다른 어떤 민족보다도 뛰어난 역사와 전통을 가지고 있으므로, 다른 나라나 민족에 의존하지 않고 우리의 힘으로 어려움을 이기고 변화에 대처할 수 있다는 것이었다. 북한이 1990년대 들어 강한 민족주의적 경향을 보이는 것은 이러한 '조선민족제일주의'를 논리적으로 뒷받침하기 위해서였다. 세간에서 단군의 무덤이라고 일컬어지던 고분을 발굴하여 실제 단군과 그 부인의 무덤이라고 발표하고, 장군총을 본떠 대규모로 개건(改建)하여 대중에게 과시했다.

이에 따라 북한은 역사교육을 통해서도 우리 민족의 우수성을 강조했다. 물론 이전에도 민족주의적 경향이 나타났지만, 그것은 피지배층의 역사에 관한 부분이었다. 그러나 1990년대에 들어서면 지배층의 활동에 관한 역사까지도 긍정적으로 평가하는 방향으로 바뀌었다.

이러한 경향은 민족문화에 대한 서술에서 두드러진다. 이전에는 교과서 서술에서 전근대 사회의 문화를 지배층을 위한 것이라고 규정하고, 그러한 문화가 지배계급의 이해관계를 대변하거나 이익을 위한 것이었다는 내용이 반드시 들어갔으나, 1990년대에는 빠지거나 형식적이 되었다. 대신 문화의 우수성에 대한 서술이 대폭 늘어났다. '천보노와 목판인쇄', '상경의 건축과 돌등', '다보탑과 석가탑', '봉덕사종과 솔거의 그림' 등 여러 이야기를 상세히 다루었다. 이 중 신라의 석굴 설화를 담은 천보노 이야기는 남한의 학교 역사교육에서는 다루지 않으며 대부분의 사람들이 모르는 내용이다. 고려자기 서술에서도 봉건 지배층의 사치 생활에 사용되었다는 한계를 지적하면서도 빛깔, 종류, 무늬 등 인민의 예술적 재능과 고려 문화의 우수성을 잘 보여준다는 점을 강조했다. 이전에는 민족적 자부심과 국제주의 교양으로 양면을 다루었지만, 민족전통의 우수성을 강조하는 일면으로 정리했다.

이러한 경향은 역사적 인물과 그들의 사상에 대한 평가에서도 마찬가지이다. 1960년대 후반 이후 역사적 인물을 현재적 관점에서 평가하고 계급적 한계를 명확히 인식해야 한다는 입장은 그들의 활동이 민족에 미친 긍정적 영향을 강조하는 방향으로 바뀌었다. 예컨대 이순신에 대해서는 옥포와 한산도해전, 부산해전, 명량해전, 노량해전 등을 개별 항목으로 삼아서 해전도까지 곁들여 자세히 서술하고, 이순신이 뛰어난 능력을 갖춘 애국 명장임을 강조했다. 실학자에 대한 평가에서도 여전히 이들이 양반지주계급의 봉건국가를 옹호하고 강화하려 했다는 계급적 한계를 지적하지만, 실학자들의 진보성과 역사 발전에 끼친 긍정적 역할에 중점을 두는 것으로 서술 방향이 달라졌다.

### 5) 민족 우월 역사교육의 강화

민족의 우수성을 강조하는 민족 정향의 역사 연구와 역사교육은 김일성이 사망한 이후 더욱 강화되었다. 김정일 집권 이후 김정일 혁명역사를 다루는 과목이 생겨나고, 김정은의 집권 이후 김정은 혁명역사를 주제로 하는 과목이 생겨난 것은 북한 교육에서는 어찌 보면 자연스러운 현상이겠지만, 민족주의적 관점은 더욱 강화되었다.

특히 북한이 단군릉에서 단군과 부인의 유골을 발굴하고 무덤을 개건했다고 발표한 뒤, 고조선 인식에서 민족주의 서술이 더 강화되었다. 고조선의 역사는 '조선민족제일주의'를 대표하는 역사가 되었다. 교과서는 단군이 지금으로부터 5천여 년 전에 평양에서 태어나 나라를 세워 주변을 통합하면서 영토를 넓혀나갔는데, 이 시기 세계 여러 지역의 사람들은 아직까지 원시공동체 사회에서 벗어나지 못했다고 서술하고 있다. 또한 고조선은 3천여 년 동안 존재했는데, 전조선(단군조선)이 1500여 년 동안, 후조선은 1200여 년 동안, 만조선은 100년 동안 존속했다고 한다. 특히 고조선에서 16자의 신지글자를 만들어 사용했다고 주장한다. 북한 교과서의 이런 서술은 한국이 상고시기에 찬란한 대제국을 건설했다는 남한 유사역사학자들의 주장과 비슷하다는 느낌마저 준다. 이런 강력한 민족주의적 정향은 편향된 역사인식과 국수주의적 역사교육으로 이어질 수 있다는 우려를 낳는다.

북한은 2002년 인민학교를 소학교로, 고등중학교를 중학교로 개칭했다. 2012년 최고인민회의에서 의무교육 기간을 11년에서 12년으로 확대하는 '전반적 12년제 의무교육 법령'을 발표했으며, 중학교를 초급중학교와 고급중학교로 분리했다. 소학교를 4년제에서 5년제로 1년 늘림으로써 유치원 높은 반 1년, 소학교 5년, 초급중학교 3년, 고급중학교 3년간 의무교육을 실시한다는 것이다. 이에 맞춰 2013년에는 교육과정을 개정했다. 개정 교육과정은 초급중학교에서는 〈조선력사〉,

고급중학교에서는 한국사와 세계사를 통합적으로 구성한 〈력사〉를 가르치도록 하고 있다. 교육과정의 개정에 따라 2013년부터 교과서를 순차적으로 개정했다. 개정된 교육과정과 교과서는 고조선 서술을 비롯한 민족주의적 경향을 더욱 강화했다. 또한 '정통국가'라는 개념을 도입하고, 중학교 〈조선력사〉에서는 삼국 중 백제와 신라를 사실상 내용에서 배제함으로써 북한사의 정통성을 내세우는 데 힘쓰고 있다.

2013년의 교육과정 개정에서 특히 주목할 점은 초급중학교에서 〈세계력사〉를 없애고 〈조선력사〉만을 편성했으며, 고급중학교에서 한국사와 세계사를 통합한 〈력사〉를 신설했다는 것이다. 〈력사〉는 한국사의 전개를 토대로 세계사의 변화를 통합하고 있다. 그러면서도 다른 한편으로 세계사인 〈력사〉에서는 계급적 역사인식을 서술에 반영하고 있는 것도 주목할 만하다. 이는 한국사와는 다른 세계사라는 과목의 성격을 반영한 것이기는 하지만, 주체에 입각한 민족 중심 서술의 강화가 계급적 역사인식을 포기한 것은 아님을 보여주려는 것이다. 주체사상의 전면화 이후 계속되고 있는 민족과 계급 간의 갈등과 조화라는 딜레마를 보여주는 것이라고 할 수 있다.

# 7장

# 역사교육의 과제와 전망

## 1. 역사교육은 시민교육인가? – 시민교육으로서 역사교육의 딜레마

### 1) 시민교육으로서 역사교육의 성격

역사학은 사회 현상을 다루지만 인간의 행위를 연구하며, 역사교육은 인간을 대상으로 하는 인문교육의 성격을 띤다. 인간의 변화를 지향한다는 점에서 시민교육은 역사교육의 중요한 측면이다. 역사를 비롯한 인문사회 과목의 교육은 주체적인 사회 구성원으로서 다른 사람들과 함께 살아가면서 바람직한 사회 변화를 만드는 데 능동적으로 참여하는 인간의 육성에 관심을 둔다. 이러한 교육적 기능에 주목해서 근래 역사교육에서 민주주의, 인간의 기본적 가치 등을 강조하는 목소리가 높아지고 있다. 신자유주의와 무한경쟁의 시대에 다른 사람들과 더불어 살아가는 인간을 기르는 데 역사교육도 책임이 있다는 관점이다. 역사교육이 평화, 인권, 공존을 지향해야 한다는 주장은 민주주의를 지향하는 역사교육의 성격을 보여준다. 이러한 입장에서 근래에는 서구의 근대 민주주의뿐 아니라 한국사에서도 민주적 전통을 찾으려는 연구들도 나오고 있다. 그러면서도 근대나 그 이전 사회의 전통을 현재의 관점에서 비판적인 눈으로 평가한다.

시민교육(citizenship education)의 개념은 근대에 나왔다. 근대 역사학과 역사교육은 '시민'의 육성에 목적을 두었다. 문제는 어떤 '시민'인가 하는 점이었다. '시민성(citizenship)'은 시민이 사회 구성원으로서 가져야 할 정신적 사세나 태도를 가리키는 시민의식이나 시민정신을 강조하기도 하고, 시민적 자질이나 능력에 초점을 맞추기도 했다. 사회에 잘 적응하는 것이 시민이 갖춰야 할 자질로 평가되기도 하고, 사회의 문제점을 파악하고 바로잡으려는 인간의 육성을 강조하기도 했다. 어떤 역사적 사실이 시민교육에 적합하다는 절대적 기준이나 선택은 존재하지 않는다. 어떤 내용을 다룰 것인지가 아니라 어떤 관점에서 어떻게 접근할 것인지가 중요하다.

시민교육의 기본은 민주주의이다. 민주주의는 시민교육이 줄곧 지향하는 이념이었으며, 시민교육의 목적은 민주시민의 육성이었다. 민주사회를 살아가는 시민의 육성은 모든 학교교육의 공통 과제가 되었다. 그렇지만 어떤 시민을 기르는가에 따라 시민교육의 방향이 달라지는 것처럼, 민주주의의 기본 속성이 무엇이며 민주사회의 건설이 어떤 절차와 방법으로 이루어지는지에 대한 관점에 따라서 민주시민 교육도 달라진다. 이러한 문제에서 역사교육도 예외가 아니다. 학교에서 가르치는 다른 과목과 마찬가지로 역사교육에서도 민주주의는 중요한 가치이다. 민주주의의 확대와 발전을 바람직한 역사적 변화로 여기며, 억압과 통제를 역사 발전을 가로막는 장애물로 평가한다. 서양사에서는 근대 민주주의의 성립과 발전 과정을 중요하게 다루며, 민주화는 한국현대사의 핵심 주제 중 하나이다. 역사 발전의 과정은 이러한 변화를 억압하는 인적·제도적 장치와의 투쟁이었다.

그런데 역사교육에서 '인간의 육성'을 강조한 것은 정치권력이었다. 자신들이 원하는 '국민'의 육성을 역사교육의 목적으로 내세웠다. 더구나 사회과 통합에 대한 비판이나 인근 사회 과목과의 갈등은 역사교육 연구에서 시민교육의 문제를 상대적으로 소홀하게 만들었다. 그런데 근현대사 인식과 교육을 둘러싼 사회적 논란이나 역사교과서 국정화 파동은 역사교육에서 민주주의와 시민의 문제에 눈을 돌리게 했다. 이에 따라 시민교육에 대한 관심이 역사교육계에서 다시 높아졌다.

### 2) 시민교육으로서 역사교육의 문제점

국가교육과정에서 역사는 사회과에 속한다. 사회과(social studies)는 그 출발부터 성격을 시민교육에 두었다. 민주시민 교육의 육성은 사회과의 목표였다. 시민정신이나 시민의식, 시민적 자질을 다루는 윤리나 공민(civics) 같은 과목이 사회과의 시민교육을 주도했다. 사회과에서도 역사적 사실을 시민교육의 내용으로 삼았다. 그렇지만 역사적 사실 자체를 밝히는 것이 아니라, 이를 시민성을 기르기 위한 자료로 활용했을 뿐이다. 민주시민을 기르기 위한 역사교육의 소재나 자료로 역사적 사실을 활용하는 것은 역사적 사실의 본질을 밝히기 어렵다. 그래서 시민교육의 자료로 역사적 사실을 활용하는 것은 비역사적이라는 평가가 나왔다. 이런 식의 시민교육으로 역사교육에 접근할 경우 다음과 같은 문제에 유념할 필요가 있다.

첫째, 역사적 사실을 수단화한다. 시민교육에서는 역사교육의 가치를 역사적 사실의 이해나 해석 자체보다는 시민을 기르는 데 얼마나 효율적인가에 둔다. 여기에서 역사학은 시민교육을 위한 도구 학문, 학교 역사는 도구 과목이 된다. 역사교육을 시민교육의 수단으로 보는 관점은 역사교육에서 민주주의를 강조하는 사람들에게서도 나타났다. 평화나 인권, 다문화, 공존 같은 민주적 덕목은 역사교육에서 더 중요하고, 역사의 고유한 방식으로 내용을 구성하거나 가르칠 수 있다는 생각이 그것이다. 이들은 역사교육의 독자적 성격을 역사적 사실의 이해와 해석, 역사인식에 두기보다는 민주시민을 기르는 '방법'에서 찾는다. 그렇지만 민주시민을 기르는 역사학습 방법이 자리를 잡았는지는 의문이다. 역사적 주제를 학생의 삶이나 현재 문제와 연결하려는 노력, 노동자나 여성, 소수민족과의 연대를 제시하는 정도이다. 물론 시민교육, 평화교육, 다문화교육, 세계교육과 같은 연구 영역은 기존의 교과 구분과는 다른 범교과의 성격을 띤다. 따라서 기존 교과 개념을 기준으로 역사교육과 시민교육을 구분하는 것이 설득력이 있는지 의문이며, 구태여 구분할 필요가 있는지도 논란의 여지가 있다. 그렇지만 '민주시민을 기르는 역사교육'은 사회 구성원으로 살아가는 데 필요한 일반적인 민주적 시민성을 제시한 것으로, 역사학습의 고유한 방법론으로 볼 수 있는지의 문제는 여전히 남는다.

둘째, 시민교육의 목적에 맞춰 역사적 사실을 기계적으로 해석하려는 경향이 있다. 그 결과 목적론적 역사해석이 될 가능성이 커진다. 예를 들어 유교적 민본주의를 근대 민주주의의 가교로 이해하는 것이다. 그리고 향약이나 동약, 계, 서원과 향교 등에서 볼 수 있는 것과 같이, 신분질서에 기반을 두고 전통사회 질서를 유지하기 위한 지배층 내부의 의사결정 구조를 민주적 의사결정으로 받아들인다. 이런 향촌 공동체의 규약이 근대 서구 민주주의의 합리성을 내포하고 있는 것으로 해석하기도 한다. 역사적 사실의 본질적 성격이나 역사 행위의 규명은 사라진 채, 시민교육의 목적에 맞춘 해석만이 남는다.

더구나 이런 역사해석의 문제점은 시민교육으로서의 역사교육이 극복하고자 했던 국가주의적·민족주의적 역사해석으로 되돌아갈 수 있다는 점이다. 1970년대 유신체제에서 박정희 정부는 전통사회의 공동체 조직을 독재정치의 합리화에 이용했다. 서구식 의회민주주의를 한국의 상황에 적합하도록 수정해야 한다고 하면서, 전통사회의 공동체 조직에서 그 근거를 찾았다. 조선의 유교 정치이념과 유교 공동체의 의사결정 과정을 민주주의적 전통으로 해석했다. 조선 왕조의 지배사상을 민주적 통치이념으로, 유학자들의 공론을 민주적 정책 결정으로 해석하는 것이다. 대중의 참여를 배제하는 사회적 의사결정은 근대의 민주적 절차가 아니다. 그런데도 대중의 참여가 '중우(衆愚)'가 될 수 있다는 말로 이를 합리화한다. 이는 역사적 사실을 정치권력의 정당성을 뒷받침하는 데 이용하는 국가주의 역사교육이다. 1970년대 이런 역사해석에는 국민을 배제한 독재정권의 의사결정을 합리화하고 정당화하려는 의도가 깔려 있었다. 물론 '민주시민을 기르는 역사교육'의 학습 내용을 전근대 한국의 역사적 사실에서 찾으려는 시도가 이런 의도를 가진 것은 아니다. 그러나 교육 목적에 맞춰 한국의 전통을 무리하게 민주적이라고 해석한다면, 결과적으로 비판의 대상이었던 독재정권과 비슷한 관점으로 역사적 사실을 보게 될 수도 있다.

셋째, 현재의 관점으로 역사적 사실을 보게 된다. 역사적 사실을 현재의 관점으로 보는 것 자체가 문제가 되는 것은 아니다. 역사적 사실에는 행위자는 물론 역사를 기록하는 사람, 역사가, 그리고 역사를 공부하는 사람의 관점이 들어가게 된다. 역사학이나 역사교육 연구에서도 자주 언급되는 비판적 읽기와 쓰기, 포스트모던 역사학을 둘러싼 논쟁, 그리고 역사적 사실의 본질은 생성하고 전달하고 해석하는 각 단계에서 목적과 의도가 늘어가는 것이라고 보는 '역사화'의 관점도 이런 경향을 반영한다. 이론과 지식이 생성되는 사회적·언어적 관례와 메커니즘, 여기에 작용하는 권력관계에 질문을 던지는 것, 어떤 역사적 범주나 개념이 형성되고 이를 둘러싼 갈등과 모순의 과정을 밝히는 것이 역사화이다. 그렇지만 역사적 사실이나 역사서술의 본질이 무엇인지에 대한 논의와는 별개로, 역사교육에서 다루는 역사적 사실에는 행위자의 의도와 그 사실이 일어난 당시 상황이 반영되어 있다. 역사 이해를 위해서는 당시 상황을 파악해야 한다. 그렇지만 '민주시민을 기르는 역사교육'의 접근방식에서는 이를 염두에 두지 않을 가능성이 높다.

넷째, 역사적 사실의 다원적 성격을 무시하고, 하나의 관점에서 역사를 이해하는 경향이 있다. 같은 역사적 사실이라도, 관련된 사람들의 경험은 다양하다. 이 중 어떤 경험을 끌어내는가에 따라 역사학습의 내용은 달라지며, 이를 통해 얻고자 하는 교육적 목적도 달라진다. 그렇지만 민주시민을 기르는 역사교육에서는 하나의 역사적 사실에서 단일한 목적만을 생각하게 된다. 국가주의적 역사교육은 말할 것도 없지만, 이를 비판하는 역사교육도 이런 성격에서는 마찬가지이다. 이 경우 하나의 역사적 사실을 제시하고 학생들에게 자신의 관점에서 평가를 하게 하더라도, 긍정 또는 부정의 양자택일을 하게 된다. 예를 들어 통일교육을 위한 학습내용으로 '신라의 삼국통일'이라는 역사적 사실을 선택할 때, '신라의 삼국통일은 긍정적인가, 부정적인가'를 생각하게 하는 것이다. 이런 접근방식은 시민교육으로서 역사교육이 지향해야 할 다원성을 가로막고 학생들의 사고 폭을 제한할 가능성이 높다.

### 3) '시민을 위한 역사교육'과 '시민적 관점의 역사교육'

역사교육에서 시민교육은 역사를 소재로 시민교육을 하는 것인가, 아니면 시민의 관점에서 역사를 가르치는 것인가? 물론 이 두 가지를 구분할 수 있는지, 그리고 구분하는 것이 의미가 있는지도 논란의 대상이 될 수 있다. 그렇지만 '시민교육'과 '역사교육'이라는 서로 다른 말에서 보듯이, 이 두 가지 접근법에는 차이가 있다. 예를 들어 다원적 관점, 평화, 인권, 통일 등의 개념은 민주사회에서 살아가는 시민이 가져야 할 속성이라는 데 대부분 동의할 것이다. 우리는 교육을 통해 이런 시민적 속성을 기를 수 있다. 다문화교육, 평화교육, 인권교육, 통일교육은 점차 교육의 한 영역으로 자리잡아가고 있다. 그렇지만 이들 영역은 기존의 교과 영역과는 다르다. 그래서 이런 교육을 '범교과교육'으로 구분하기도 한다. 범교과교육에서 역사적 사실을 다룰 수도 있다. 예컨대 다원적 관점을 기르기 위해 고려시대 사회사나 여성사, 무신집권기의 농민 봉기를 학습하는 것이다.

그렇지만 이와는 달리 기존의 역사교육 내용을 시민의 관점에서 접근할 수도 있다. 예를 들면 조선 후기의 사회경제적 변화를 다원적 관점, 평화, 인권, 통일의 관점에서 해석할 수 있다. 모내기법의 확산에서 잉여농산물의 판매를 위한 장시의 확산까지 조선 후기 농업에서 일어난 일련의 변화를 다원적 관점에서 해석한다면 어떤 역사가 서술될까? 조선 후기 신분제 변화를 인권의 관점에서 해석하면, 양반, 상민, 농민에게 이런 변화는 어떠한 의미였을까? 피역이나 항조·항세, 농민 봉기 등 봉건적 수탈에 맞선 농민의 저항을 평화의 관점으로 해석할 수 있을까? 이런 문제들은 시민을 위한 '역사교육'의 주된 논점이다.

이 두 가지 접근법 중 역사교육의 기본적인 성격은 후자이다. '역사적 사실을 활용한 시민교육'이 아니라, '시민교육으로서의 역사교육'이기 때문이다. 시민적 관점의 역사교육은 기본적으로 '역사교육'이다. 학교 역사교육에서 일반적으로 다루는 내용들로 내용요소나 성취 기준을 구성한다. 내용의 범주는 역사교육에서 다루는 범주를 취하면 된다. 화백회의, 향약과 계, 항조·항세운동이나 농민 봉기는 시민교육에 적합해서가 아니라 한국사의 주요 사실이기 때문에 학습내용으로 선정된다. 그리고 각각의 역사적 사실을 이해하고, 다원적 관점, 평화, 인권, 통일, 민주주의라는 관점에서 해석하고 평가하면 된다. 다만 이러한 역사적 사실을 어떤 목적과 관점을 가지고 가르칠 것인지가 문제가 된다. 이는 역사교육을 다른 교과와 구분할 수 있게 하고, 역사교육이 존재해야 하는 근거를 마련한다.

역사교육에서는 그 자체로 다루어야 할 중요하거나 의미 있는 내용들이 있다. 그 내용들은 역사적 사실 중에서 추출한 것이다. 전통적으로 역사교육은 역사적 사실을 지배층 또는 집권세력의 관점에서 다루었다는 비판을 받았다. 그 대안으로 나온 것이 민중이나 여성, 어린이 등 소수의 관점이다. 민중은 원래 다수의 사회 구성원을 포괄적으로 가리키는 개념으로 사용되었지만, 민중사나 민중의 관점은 계급적 성격을 띤다. 어린이나 여성의 관점은 소수의 특정 집단이나 계층의 관점이다. 이런 점을 감안하여 일반적인 사회 구성원 다수의 관점을 가리켜 시민의 눈, 즉 시민적 관점이라고 할 수 있다. 그런데 이런 시민적 관점은 고정된 것이 아니라 시대나 사회적 맥락에 따라 달라진다. 이런 점을 감안할 때 역사해석이나 평가에서 시민적 관점은 다음과 같은 성격을 가진다.

첫째, '시민적'의 주체는 시대에 따라 다르다. 생산 주체와 민중이 달라지기 때문이다. 근대 사회에서는 시민이다. 그러나 고대국가 이전 한국 사회에서는 기록에 '민'이나 '하호'라고 나오는 존재가 '시민적'의 주체가 될 수 있다. 고려나 조선의 신분제 사회에서는 평민이나 농민이 '시민적'의 주체에 해당하며, 조선 후기에는 서민이 이런 존재이다. 근대 사회에 들어서는 '인민'이라는 말이 사용되었다. 이처럼 전근대 사회에서 '시민적'의 주체는 다양하게 불리며 시기에 따라 성격이 달라진다. 이들은 크게 보면 근대 사회의 시민과 같은 성격의 존재이다. 이들의 관점을 포괄해서 시민적 관점이라고 할 수 있다.

둘째, 시민적 가치는 맥락적이다. 고대의 인권과 고려 및 조선의 인권, 근대의 인권은 속성이 다르다. 서양사에서 아테네의 시민과, 근대 프랑스 혁명의 시민, 오늘날의 시민 개념에는 큰 차이가 있다. 근대 사회에서도 인간의 기본적 권리에 대한 생각은 변화했다.

셋째, 시민적 관점은 복합적이다. 다원적 관점, 평화, 인권, 통일, 민주주의 같은 시민적 가치는 개념적으로 구분되지만, 실제로 역사적 사실에 적용할 때는 분리되거나 배타적이지 않다. 각각의 가치는 상호작용을 하면서 조정된다.

넷째, 행위주체와 맥락이 결합된다. 시민적 주체의 행위는 맥락적이다. 참여를 통해 사회적 실천을 한다. 시민적 관점의 역사교육에서 시민적 관점은 곧 학습자의 관점이 된다.

시민적 관점으로 역사를 해석하고 평가할 때는 사회적 지위를 능력으로 보지 않는다. 사회적 지위가 아니라 사회에서 하는 역할로 사회의 소수자를 평가한다. 시민적 관점은 역사적 사실을 다양한 사람의 관점으로 본다. 각 역사적 사회 구성원의 서로 다른 경험을 밝힌다. 누구의 경험인가에 따라 역사는 달라진다. 역사적 사실을 바라보는 시각이 다양할 수 있음을 인정하는 것이다. 시민적 관점의 역사교육은 역사를 인간의 생각과 행동의 산물로 본다. 모든 사회 구성원을 '시민'과 같은 존재로 인식한다.

## 4) 시민교육으로서 역사교육의 방향

시민교육으로서의 역사교육이 지향해야 할 방향은 무엇일까? 그것은 학생들에게 과거 사람의 행위를 평가하고 사고의 기회를 제공하는 것이다. 여기에서 말하는 사고는 비판적 사고이다. 이를 위해서는 몇 가지 관점에서 역사적 사실을 바라볼 필요가 있다.

첫째, 시민의 관점이다. 우리는 흔히 국가의 눈으로 역사를 바라본다. 그렇지만 시민의 눈으로 바라볼 때는 '역사적 사실'이 달라진다. 국가가 어떤 일을 하거나 정책을 펼쳤을 때, 왜 이런 행위를 했는지, 그리고 그것이 사람들에게 어떤 의미를 가지는지 학습한다. 예를 들어 조선 초에 시행된 호패법을 생각해보자. 우리는 호패법의 시행 목적이 왕권의 강화와 군포 수입의 증대였다고 생각한다. 이는 정책을 시행한 사람이나 국가의 관점에서 역사적 사실을 바라보는 것이다. 농민의 입장에서 호패법은 군역 부담의 가중이 될 수 있으며, 지역민들에게는 지역에 대한 중앙권력의 통제가 될 수 있다. 정책 대상자의 관점에서 역사적 사실을 바라보는 것이다. 이는 또한 이들의 입장에서 역사적 사실을 생각하는 학습자의 관점이기도 하다. '시민의 눈'이란 주어진 관점이 아니라 자신의 눈으로 역사적 사실을 바라보는 것을 의미한다.

둘째, 다원적 관점을 가져야 한다. 역사적 사실은 하나이지만 그 경험은 하나가 아니다. 개인이나 집단에 따라서 역사적 경험은 달라진다. 관련된 여러 사람이나 집단의 관점에서 역사적 사실을 바라볼 필요가 있다. '고구려와 당 사이의 전쟁'은 고구려군이 안시성에서 당의 군대를 물리친 전쟁이다. 우리는 여기에 초점을 맞춰 이 사실을 학습한다. 그렇지만 이 전쟁의 경험은 사람마다 다르다. 고구려의 중앙귀족, 지방 성주, 농민 등이 겪은 전쟁의 경험은 똑같지 않다. '고구려'라는 국가나 중앙귀족에게 당과의 전쟁은 침공을 물리치고 국가를 지킨 전쟁이다. 그렇지만 안시성 성주와 같은 지방 성주에게 이 전쟁은, 원래는 대립관계였던 중앙귀족과의 관계를 되살려주었다. 고구려군의 지시에 따라 집과 기르던 농작물을 완전히 없애고 성안으로 들어가 전투에 힘을 보태야 했던 고구려 농민과, 당군이 철수할 때 끌려가 당나라로 삶의 근거지를 옮겨야 했던 농민들의 경험도 생각해볼 수 있다. 고구려의 원병으로 참가했다가 생매장된 말갈족 병사의 경험도 다르다.

셋째, 합리적이어야 한다. 합리적이라는 것은 일반적인 사람의 눈으로 볼 때 어떤 생각이나 행동이 설득력이 있음을 의미한다. 비판적 사고는 합리적이다. 타당한 근거를 가져야 하며, 과학적인 필연성이 아니더라도 개연성이 있어야 한다.

비판적 사고를 위해서는 현재와 과거의 눈을 종합해서 사고의 절차를 밟아야 한다. 역사를 돌아본다는 것은 현재의 눈으로 과거를 바라보는 것이다. 역사적 사실의 이해는 당시의 눈으로 과거를 바라볼 때 가능하다. 감정이입적 이해나 내러티브적 인식이 역사 이해의 특징적 방식이 될 수 있다. 그렇지만 그 이해에 현재가 배제된 것은 아니다. 과거 행위의 감정이입적 이해와 그에 대한 평가에는 차이가 있다. 김춘추가 대동강 이남의 땅을 통치하는 조건으로 당과 동맹을 맺은 이유를 이해한다고 해서, 삼국통일에 대한 평가가 같은 것은 아니다. 이 평가에는 역사적 사실을 서술하는 역사가나 이를 가르치고 배우는 교사와 학생의 관점이 들어가며, 이는 현재적이다.

넷째, 참여의 관점이다. 역사적 사실이 사회적 실천의 속성을 얼마나 가졌으며 사회 변화에 어떤 영향을 미쳤는지를 이해하는 것은 역사학습의 중요한 측면이다. 역사적 사실이 사회 참여의 산물이라는 점에서 보면, 참여의 관점은 역사적 사실을 해석하고 평가하는 하나의 틀이 된다. 역사적 사실을 알고 생각함으로써 학생들은 존재의식과 자아의식을 길러 사회 민주주의에 참여할 수 있다.

시민교육으로서 역사교육은 무엇을 가르쳐야 할까? 시민적 관점에서 시민교육으로서의 역사교육 내용을 선정하는 데 별도의 기준이 필요한 것은 아니다. 역사교육 내용 선정의 일반적 기준을 적용해서 '중요한' 역사, '의미 있는' 역사를 내용으로 채택하면 된다. 예를 들어 시민 교육으로서 역사교육을 추구하는 교사는 ① 국가나 정부의 정책 ② 사회 구성원의 존재 형태 ③ 대중의 정치사회적 권리 획득 과정 ④ 근대사의 민주주의 성립과 발전 과정, 민주화 ⑤ 사회 구성원들 사이에 논란이 많았던 역사적 쟁점 등을 학습내용으로 떠올릴 수 있다. 이런 역사적 사실에는 사회적 의사결정이나 정책 집행이 포함되기 때문이다. 그렇지만 이런 사실들은 구태여 시민교육을 내세우지 않더라도 역사교육의 내용 자체로 중요하다. 역사적 사실과 역사 변화를 이해하는 데 필요하기 때문이다. 다만 이런 사실들을 '시민적' 주체의 시각, 인권, 다원적 관점이나 다중시각, 평화, 공공선의 관점, 합리적 사고로 보면 된다.

비판적 사고의 절차는 역사가가 텍스트를 비판적으로 읽거나 역사적으로 사고하는 과정이다. 역사가의 역사 자료 읽기를 연습하는 것이 비판적 사고에 도움이 된다. 역사학습의 비판적 사고 절차가 별도로 정해져 있는 것은 아니다. 텍스트 읽기를 토대로 한다는 점에서 일반적인 역사 탐구 절차와 비슷할 수 있다. 다만 문제의식과 탐구 관점, 텍스트를 대하는 태도 등에 따라 차이가 있다. 이런 점을 감안할 때 시민교육으로서의 역사교육을 위한 텍스트의 비판적 읽기는 대체로 ① 학습과제 인식 → ② 자료의 신뢰성 확인 → ③ 텍스트에 담긴 행위의 인과관계와 과정 분석 → ④ 행위의 의도와 결과 평가 → ⑤ 역사적 사실의 해석 → ⑥ 학습정리의 순서를 거친다. 그런 점에서 역사가의 연구 절차는 비판적 사고를 내포한 것이라고 할 수 있다.

## 2. 역사 갈등을 어떻게 해소할 것인가? – 역사인식의 다양성을 위한 역사교육

### 1) 역사인식을 둘러싼 갈등

21세기 들어 한국과 일본 및 중국 사이에 역사인식을 둘러싼 갈등이 심해졌다. 1980년대 초 일본 문부성의 역사왜곡 수정 지시에서 시작된 한국과 일본 간의 역사 갈등은 21세기 초 일본 우익 교과서의 역사왜곡을 계기로 절정에 달했다. 이런 갈등은 2020년대 현재까지도 일본군 '위안부'나 독도 문제 등을 둘러싸고 지속되고 있다. 중국과는 21세기 초 '중국의 고구려사 빼앗기'로 알려진 동북공정의 시행을 놓고 갈등을 빚었다. 이런 갈등은 동아시아뿐 아니라 세계 여러 지역에서도 벌어졌다. 독일과 폴란드, 독일과 프랑스, 미국과 캐나다 간의 갈등이 그러한 사례였다.

역사 갈등은 국가 사이에서, 그리고 국내에서도 일어났다. 한국에서는 1990년대 이후 근현대사 인식을 둘러싸고 논란이 계속되었다. 1994년에 발표된 제6차 교육과정 국사교과서의 준거안 시안으로 촉발되어 21세기 초 제7차 교육과정의 《한국근·현대사》 교과서를 둘러싸고 본격화한 갈등은, 2015개정 교육과정 중학교 《역사》와 고등학교 《한국사》 교과서의 국정화를 둘러싸고 절정에 이르렀다.

이런 갈등은 1990년대 세계 각국에서 벌어졌다. 일본에서는 우익 단체인 자유주의사관연구회가 일본 역사교과서의 역사관이 일본의 과거를 어둡게만 그리는 '암흑사관', '자학사관'이라고 비판했으며, 그뒤를 이은 '새로운 역사교과서를 만드는 모임'은 기존 역사교과서의 대안으로 중학교 역사교과서인 《새로운 역사교과서》를 간행했다. 이를 둘러싸고 큰 논란이 벌어졌으며, 이후 우익 교과서들은 2020년대 현재까지 계속 간행되고 있다. 미국에서는 1994년에 발표된 역사과 국가표준서(National Standard for History)가 미국 역사의 어두운 측면을 부각시키고, 자유와 진보라는 자랑스러운 역사를 깎아내린다는 비판이 나오면서 논란이 벌어졌다. 그 결과 1996년에 수정된 국가표준서가 발표되었지만, 사회와 학교 현장에 적용되지 못하고 사실상 폐기되었다. 영국에서는 1991년 국가교육과정(National Curriculum) 제정의 타당성을 둘러싸고 벌어졌던 사회적 논란이 2014년의 국가교육과정을 놓고 절정에 달했다. 이런 갈등은 독일과 프랑스, 스페인, 네덜란드 등 유럽 국가와 아시아 여러 나라에서도 일어났다.

이런 역사 갈등을 해소하기 위한 여러 방안이 모색되었다. 국가 간의 역사 갈등 해소 방안으로 등장한 것이 공동 역사 연구와 역사교과서 간행이었다. 일찍이 서독과 폴란드는 민간 차원이기는 하지만 해석을 놓고 갈등을 빚는 역사적 사실에 대한 교과서 서술 권고안을 공동 채택했으며, 유럽의회 차원에서는 유럽공동 역사교과서가 간행되었다. 이어 프랑스와 독일, 통일 독일과 폴란드 사이에서 공동 역사교과서가 간행되었다. 한국과 일본, 중국과 일본 사이에서도 공동역사연구위원회가 발족하여 역사 연구와 토론을 진행했다. 한국과 일본은 다양한 민간 차원의 공동 역사교재를 간행했으며, 한국·일본·중국 동아시아 3국 공동의 역사교재도 간행된 바 있다.

국가 간의 역사 갈등에 비해 국내의 갈등을 해소하기 위한 구체적인 방안이 제시되거나 움직임이 진행되지는 않았다. 그렇지만 국가 간의 갈등이건 국내 갈등이건 간에 역사 갈등을 해소하기 위한 기본적인 방향은 제안되었다. 그것은 역사를 보는 관점은 서로 다를 수 있다는 것, 즉 역사인식과 해석의 다양성을 인정하자는 것이었다.

## 2) 다양한 역사적 관점의 요구

역사를 보는 관점의 다양성을 인정하자는 주장으로 가장 널리 소개된 사례로는 유엔의 역사교과서 권고안과 독일의 보이텔스바흐 합의(Beutelsbacher Konsens)가 있다.

역사인식을 둘러싸고 세계 곳곳에서 갈등이 빚어지자 유엔은 역사교과서 문제 상황을 진단하고 그 해결책을 탐색하는 조사를 진행했다. 유엔 인권이사회 문화적 권리 분야 특별조사관은 2013년 8월 총회에 역사교과서 권고안을 담은 보고서를 제출했다. 이 보고서는 국가가 단일한 역사교과서를 간행하는 것을 비판하면서, 가장 큰 문제점은 역사해석을 정부가 독점하고 이용하는 것이라고 지적했다. 그러면서 역사교과서를 둘러싼 사회적 논란을 해결하기 위한 방안을 다음과 같이 제시했다.

① 학문의 자유를 보장하고 역사 연구와 교육의 전문성을 인정해야 한다. 대학이나 전문 연구기관, 시민단체의 역할을 복원함으로써 이를 이룰 수 있다.
② 역사해석의 다양성을 받아들여야 한다. 역사적 사실은 절대적인 보편적 진리가 아니라 역사 기록과 증거를 바탕으로 하는 해석이다.
③ 비판적 사고를 할 수 있는 역사교육을 해야 한다. 다른 관점을 가진 자료를 비판하고 분석하는 경험을 해야 한다.

④ 다양한 교재를 사용할 수 있도록 해야 한다. 교과서뿐 아니라 보충교재
　　를 이용할 수 있어야 한다.


유엔이 역사교과서 권고안을 내놓은 것은 국가권력이 역사를 독점
하고 역사교과서를 이를 정당화하는 데 이용하는 경향이 커졌기 때문
이다. 그렇지만 우리나라에서 유엔의 역사교과서 권고안은 일본의 역
사왜곡을 비판하는 논거로 활용되었다. 그러다가 2015개정 교육과정
에서 박근혜 정부가 역사교과서 국정화를 추진하자 이를 비판하는 근
거로 다시 부각됐다.

보이텔스바흐 합의는 1976년 11월 독일의 바덴뷔르템베르크주 보
이텔스바흐 토론회에서 채택한 합의를 말한다. 당시 서독은 진보와 보
수, 좌파와 우파의 정치적 대립이 극심했다. 이에 대한 해결을 모색하
기 위해 열린 것이 보이텔스바흐 토론회였다. 이 토론회에서는 정치적
갈등을 해소하기 위한 세 가지 원칙에 합의했다.

첫째, 강압 금지 원칙이다. 여기에서 강압이란 학생에 대한 강압을
의미한다. '올바른 견해'라는 명목으로 학생과 학습자에게 특정 견해를
강요해서 그들의 주체적 판단을 방해하지 말아야 한다는 것이다.

둘째, 논쟁성의 원칙이다. 학문이나 정치적 쟁점은 수업에서도 논쟁
적으로 접근해야 한다는 것이다.

셋째, 학습자 이익 상관성 원칙이다. 학습자의 정치적 상황과 이해
관계를 고려한 실천 능력을 길러야 한다는 것이다.

보이텔스바흐 합의는 이념이나 권력에서 벗어나기 위한 정치교육의
지침이었다. 그런데도 이 합의가 역사 갈등의 해소 방안으로 소개된

것은 갈등의 소재가 과거사, 특히 나치 정권에 대한 평가였기 때문이다. 합의라고 하지만 이때 합의는 어떤 사건에 대한 해석이나 평가를 단일화하는 것이 아니었다. 단지 어떤 문제를 보는 관점은 다양할 수 있으며, 이에 따라 해석이나 평가가 다를 수 있음을 인정하자는 것이었다. 여기에는 권력과 같은 힘에 의해 특정 견해를 받아들일 것을 강요하지 말아야 한다는 의미가 내포되어 있다.

보이텔스바흐 합의는 현실 사회의 문제를 둘러싼 갈등을 해소하기 위한 것이었다. 역사 갈등도 과거에 일어난 일을 대상으로 하지만 갈등은 현재의 문제이므로 이 합의는 역사 갈등에도 적용할 수 있다. 그리고 그 합의는 기본적으로 다양한 관점을 인정하자는 것이다. 1976년 독일에서 이루어진 합의가 한국에서 2010년대에 들어서야 관심을 끈 것도 이 합의를 역사 갈등의 해소 방향으로 삼을 수 있다고 여겼기 때문이다.

역사적 관점은 다양할 수 있고 이에 따른 역사해석이나 평가를 인정한다고 할 때 가장 큰 문제는 윤리적이나 교육적으로 바람직하지 않은 견해까지도 하나의 관점으로 인정해야 하는가 하는 점이다. 전쟁을 옹호한다든지, 인권 억압을 정당화하는 역사적 사건을 긍정적으로 평가하는 견해도 토론의 대상이 되어야 할까? 예컨대 홀로코스트와 같은 민간인 학살을 전쟁 중에 으레 일어나는 일로 보아야 한다는 주장이나, 5·18민주화운동 때 시민들이 총을 든 행위를 총을 들었다는 이유만으로 비판하는 것도 하나의 관점으로 인정해야 하는가의 문제이다. 실제로 그런 역사적 견해를 볼 수 있다. 독일에서는 나치의 전쟁 행위를 지지하는 견해를 가진 사람들이 있으며, 2000년대 들어 일본 우익은 일본 제국주의 침략과 전쟁을 더욱 옹호하고 있다. 중일전쟁에서 일본군이 저지른 난징대학살을 전쟁에서 으레 일어나는 일로 간주하고, 태평양전쟁의 시작이었던 일본군의 진주만 공격을 연합국이 일본을 옥죄었기 때문에 취한 어쩔 수 없는 선택이었다고 합리화한다.

역사교육에서 이런 주장도 하나의 관점으로 보아야 하는가는 계속해서 논란이 되어왔다. 한편에서는 사회의 기본적 가치에서 벗어나거나 비인간적·비교육적인 관점을 배척해야 한다고 주장한다. 다른 한편에서는 이것까지도 하나의 견해로 받아들여 토론의 대상으로 삼아야 한다고 주장한다. '가짜뉴스'가 아닌 이상, 하나의 견해로 보되 자료에 입각하여 적절히 평가하고 해석하는 경험을 제공해주면 된다는 것이다. 주장의 문제점은 토론의 과정에서 걸러낼 수 있으며, 학생들이 비판적 사고력을 가지고 있으면 그 문제점을 스스로 파악할 수 있다는 생각이다. 이는 일련의 교육과정을 성공적으로 수행했을 때 가능한 결과이다. 그렇지만 모든 학생이 이 과정을 이수하는 것은 아니며, 성공적으로 이 단계에 도달할 수 있는 것도 아니다. 특히 이런 관점에 정치사회적 의도가 개입될 경우, 교육을 통해 이를 극복하기는 쉽지 않다.

### 3) '다양한 관점'의 개념

역사를 다양한 관점으로 보아야 한다는 목소리는 높아졌지만, 역사교육에서 다양한 관점의 의미가 무엇인지는 명확하지 않다. 다양한 관점은 '다원적 관점', '다중시각' 등으로 일컬어졌다. 다양한 관점을 가리키는 영어의 pluralistic과 multi, view와 perspective의 의미 차이 등도 논의되었다. 이들 용어를 구분해야 한다는 주장도 있고, 별다른 구분 없이 사용하기도 한다. '다원적 관점'이라고 할 때는 복수의 인식 주체, '다중시각'이라고 할 때는 동일 주체의 여러 시각을 뜻하기도 한다. 그러나 현실적으로 역사수업에서 이 개념들은 별 구분 없이 사용되는 경우가 많다. 역사수업에서 다양한 시각이라고 할 때, 개념의 철학적 구분과는 상관없이 그 성격에서는 별 차이가 없다. 다양한 관점의 역사 이해에는 세 가지 범주가 있다.

첫째, 역사적 행위의 다원성을 이해하는 것이다. 행위나 사고 주체가 달라지면 역사적 관점도 달라진다. 행위자의 시각은 시대와 사회에 영향을 받는다. 행위자 자신의 사회적 지위에 따라 달라지며, 상황에 종속된다. 십자군 전쟁에 대한 이해는 서유럽인, 무슬림, 비잔틴인 중 누구의 관점으로 보는가에 따라 달라진다. 다양한 행위자의 관점에서 역사적 사실에 접근하는 방법으로는 보통 감정이입적 이해가 사용된다.

둘째, 역사적 사실의 다양한 측면을 보는 것이다. 역사적 사실에는 여러 측면이 있다. 넓게는 정치, 경제, 사회, 문화 분야일 수도 있고 좁게는 사실 자체에 내포된 토픽이나 사건일 수도 있다. 이 중 어떤 측면에 초점을 맞추는가에 따라 해석이나 평가는 달라진다. 어떤 측면에 초점을 맞추는가에 따라 내러티브가 달라진다. 십자군 전쟁의 정치적 성격에 초점을 맞출 수도 있고, 경제적 측면의 영향을 이해할 수도 있고, 종교적 요인을 강조할 수도 있다. 어떤 측면에 주목하는가에 따라 십자군 전쟁에 대한 인식은 달라진다.

셋째, 역사 이해의 중층성(重層性)이다. 역사적 사실을 보는 관점은 행위자부터 학습자에 이르기까지 시간적으로 여러 층위가 존재한다. 베르크만은 이런 층위를 행위자, 역사가, 교사나 학생의 관점이라는 세 단계로 나눈다. 행위자는 과거 속에 위치한 시각 주체, 역사가는 과거와 현재 사이에 위치한 시각 주체, 교사나 학생은 현재에 위치한 시각 주체이다. 그 중간에 기록자, 교육과정 설계자, 교과서 저자의 관점이 추가로 끼어들 수도 있다. 행위자의 층위는 역사적 사건이 일어났던 당시 주체의 시각으로 과거 내부의 문제이다. 역사가의 층위는 역사적 사건이 일어날 당시에는 존재하지 않았지만 시간상 이를 이어받았으며 이에 관심을 가진 사람들의 시각이다. 교사나 학생의 층위는 역사적 사건을 보는 현재에 살고 있는 우리의 시각이다. 각 층위의 역사 이해는 중층적이다. 기록자의 이해는 행위자의 이해를 토대로 하고, 역사가의 이해에는 기록자의 이해가 들어가 있다. 교육과정을 설계하는 사람은 이들의 관점을 고려하며, 교사는 여기에 자신의 역사해석을 더한다. 역사 이해의 단계에 따라 앞 단계의 역사 이해나 해석이 중층적으로 더해진다. 물론 역사수업에서 이 모든 층위를 구분하거나 반영할 필요는 없으며, 개념상으로 층위가 구분되지만, 실제로는 겹칠 수도 있다. 예컨대 묘청의 난을 '조선 1천년래 제1대 사건'으로 보는 신채호의 관점과 수업에서 신채호의 글을 자료로 수록한 교과서 저자의 관점, 그리고 묘청의 행위를 긍정적으로 평가하는 학생의 관점은 사실상 중첩된다.

## 4) 역사교육 내용 범주의 확대

다양한 관점은 곧 복수의 인식 주체, 관점이나 시각의 다양성이지만, 이는 학습내용의 다양성으로 연결된다. 학습내용의 다양성은 주제의 성격이나 접근방식에 따라 몇 가지 유형으로 나뉜다.

첫째, 다양한 분야의 역사이다. 기록 중심의 역사는 대체로 지배집 단이나 지배층의 역사이다. 학교 역사교육의 내용은 정치사와 제도사 가 중심이었다. 여기에다가 자랑할 만한 문화유산이 학습내용에 포함 되었다. 근래에는 생활사가 학습내용에 들어가고 있다. 신분별 사람들 의 생활과 같은 내용이 그런 사례이다. 그렇지만 이는 일종의 제도사 에 들어간다. 이에 반해 근래의 생활사에는 일상생활의 역사가 학습내 용에 포함되는 경향이 있다. 일상생활은 사람들의 사회생활 전반을 뜻 하는 것이었다. 그렇지만 음식, 의복, 교통, 의학과 같이 사람들이 일상 에서 접하는 생활의 특정 분야가 연구되고 학습내용에도 들어간다.

둘째, 다양한 행위자의 역사이다. 학교 역사교육에서 접하는 역사는 실제로는 성인 남성의 역사이다. 근래에는 다양한 집단의 역사에도 관 심을 쏟고 있다. 예를 들어 한국사에서는 조선 후기 중인의 생활에 관 심을 가진다든지, 공식적으로 신분제도가 폐지된 이후 백정의 사회적 지위와 삶을 학습한다. 어린이와 여성은 새로운 행위주체로 역사 연구 와 학습내용이 되고 있는 집단이다. 민족운동이나 민주화운동에 참여 한 어린이의 행위, 전쟁이 어린이의 삶에 주는 영향, 전근대 여성의 사 회적 지위와 삶, 근대의 여성 관념, 전쟁과 그 이후 여성의 주체적 삶과 같이 다양한 집단의 역사가 학습내용으로 부각되고 있다.

셋째, 역사적 사실의 여러 측면을 보는 것이다. 이미 교육 내용에 포 함된 역사라 하더라도, 다른 측면에 초점을 맞출 경우 역사는 달라진 다. 한국근대사에서 철도는 한편으로는 근대 문물의 총아, 다른 한편 으로는 제국주의 침략으로 인식되었다. 근래에는 철도가 사람들의 시 간관념에 미친 영향에도 주목한다. 기차 운행시간은 두 시간 단위의 전통적인 시간관념을 시분 단위의 관념으로 바꿨다. 철도의 역사를 새로운 관점에서 접근하는 것이다. 프랑스 혁명은 근대 민주주의와 인권의 토대를 확립한 역사로 평가된다. 그렇지만 여성의 권리라는 측면에서 보면 프랑스 혁명의 성격은 이와 다르다. 프랑스 혁명은 여성의 정치적 차별을 근대적으로 제도화했다. 혁명 당시의 여성 인권운동가 올랭프 드 구주(Olympe de Gouges)와 그녀가 1791년에 발표한 '여성과 여성 시민의 권리 선언'의 내용을 학습하는 것은 다양한 역사적 관점을 가지게 한다.

이처럼 다양한 관점의 역사인식은 역사교육에 새로운 학습내용이 들어가게 한다. 그리고 확대된 범주의 역사교육 내용을 통해 학생들은 새로운 역사적 관점을 가지게 된다. 역사교육의 내용 범주와 다양한 역사적 관점이 상호작용을 하는 것이다.


## 3. 역사교육은 실천적 인간을 육성하는가?
### – 비판적 사고와 역사교육의 사회적 실천성

### 1) 비판적 사고의 개념

학교 역사교육의 방향에 대한 대표적인 주장은 사실 지식 위주의 역사교육에서 사고경험을 제공하는 역사교육으로 전환해야 한다는 것이다. 학계나 교육계의 명확한 합의가 있는 것은 아니지만, 비판적 사고는 적어도 역사교육을 통해 길러야 할 목표 중의 하나이다. 역사적 사실이 인간의 사고 결과가 행위로 나타난 것이라는 점에서, 비판적 사고는 역사교육의 특징을 잘 보여준다. 비판적 사고는 역사교육이 가지는 교육적 가치의 핵심적인 측면이다.

학교 역사교육이 비판적 사고를 기르는 데 중점을 두어야 한다는 주장이 새로운 것은 아니다. 사실 나열과 암기 중심의 역사교육은 근대교육이 시작된 이후 줄곧 비판의 대상이었다. 역사학을 근대 학문으로 자리매김한 서구 국가이건, 한국의 근대 교육에 결정적 영향을 준 일본이건, 그리고 한국이건 마찬가지였다. 그런데도 사실 기억 중심의 역사교육이 계속되어온 이유는 많은 학습내용을 다수의 학생들에게 짧은 시간에 가르쳐야 한다는 현실적인 여건과 더불어, 중요한 역사적 사실을 알고 있어야 역사적 사고를 할 수 있다는 논리 때문이었다. 그렇지만 사실 지식의 정보에 접근하기가 쉬워진 요즘에도 이런 논리가 얼마나 타당한지는 의문이다. 교훈이나 애국심, 국가나 민족정체성 같은 목적도 마찬가지이다. 다양한 매개체를 통해 개인이나 집단, 사회간에 의사소통이 활발해짐에 따라 역사교육에 거는 이런 기대감은 크게 줄어들었다.

이제까지 비판적 사고는 주로 학습방법으로 많이 논의되었다. 그렇지만 비판적 사고의 내용과 방법을 분리하여 논의하기는 어렵다. 교사는 자신의 역사인식과 역사교육관을 토대로 교육 내용을 선정하고, 이를 수업에서 실천할 수 있는 방안을 모색한다. 이 방안은 교과나 수업내용에 따라 달라진다.

'비판적 사고'라고 할 때, '비판'이라는 말에 초점을 맞추기도 하고 '사고'라는 말에 비중을 두기도 한다. '비판'에 초점을 맞출 경우 주로 다른 사람의 잘못을 밝히거나 반대 의견을 제시한다는 의미로 사용된다. 비판적 사고를 하는 사람은 타인의 말이나 생각, 행동을 그대로 받아들이지 않는다. 주어진 규범이나 행동 양식, 진술 등에 의문을 가지거나 회의적으로 본다. 역사서술을 접할 때는 기존의 해석에 문제를 제기하고 다른 관점에서 생각한다. 반면에 '사고'를 강조할 경우 결론에 이르는 논리나 생각이 타당한지를 따진다. 여기에서 비판적 사고는 합리성과 비슷한 의미를 가진다. 학교교육 전반에서 비판적 사고를 강조하는 견해는 대체로 '비판'보다는 '사고'를 강조하는 입장이라고 할 수 있다.

역사학자나 역사교육 연구자들이 비판적 사고의 개념을 명확히 정의하는 경우는 별로 없지만, 대체로 선입견이나 기존 해석에 갇히지 않고 텍스트를 분석하고 해석하여 역사적 사실을 밝히는 것을 뜻한다. 이 과정에서 자료를 비교·분석하여 인과관계를 파악하고, 이를 토대로 역사적 사실을 밝혀서 결론을 내린다.

역사교육에서 비판적 사고는 성찰적 비판이다. 성찰적 비판은 '구성'을 전제로 '해체'가 아닌 '비판'을 하는 것이다. 이는 역사학계와 역사교육계가 자기 변화와 혁신을 해온 방식이다. 비판적 사고를 위해서는 학생들로 하여금 자신이 학습한 역사와 자신의 역사의식을 성찰적으로 비판하면서 성장할 수 있도록 역사교육을 체계화할 필요가 있다. 학생들에게 '보편'을 해체하고 모든 것을 상대화하는 '해체'로서의 비판보다는 문제를 역사적 맥락에서 분석하고 반성적으로 비판하면서 자기 변모를 꾀할 수 있는 성찰적 비판과 구성을 하게 해야 한다.

역사교육에서 비판적 사고의 대상에는 두 유형이 있다. 하나는 텍스트나 자료가 다루는 역사적 사실에 대한 비판이다. 역사적 사실이나 사회 현상을 비판적 관점에서 바라보는 것이다. 다른 하나는 텍스트 자체에 대한 비판이다. 텍스트 저자의 관점과 해석을 독자가 자신의 관점으로 재해석하는 것이다.

## 2) 비판적 사고로서의 역사적 사고의 범주

역사교육에서 비판적 사고라는 밀을 임밀한 의미로 사용하는 경우는 그리 많지 않다. 비판적 사고의 개념이 명확하지 않은데도 교육의 방향으로 제시된다는 사실은, 개념의 엄밀한 정의가 교육적으로 그리 중요하지 않을 수도 있음을 말해준다. 이보다는 비판적 사고의 범주에 포함되는 사고 행위가 무엇인지를 구분하는 편이 나을 수 있다. 역사적 사실의 성격에 비춰 역사교육에서 비판적 사고는 다음과 같은 속성을 가진다.

첫째, 주체성이다. 비판적 사고를 하는 사람은 자신의 관점에서 주체적으로 사고한다. 다른 사람의 관점을 무조건 수용하거나 해석을 그대로 받아들이지 않는다. 텍스트 비판도 여기에 해당한다. 텍스트에 저자의 관점과 해석이 들어가 있음을 인지하고 비판적 읽기와 쓰기를 한다.

둘째, 다양한 관점으로 역사를 본다. 하나의 사실을 여러 시각으로 다양하게 해석하고자 한다. 역사적 행위를 여러 사람의 관점으로 보는 역사적 행위의 다원성, 여러 측면에서 역사적 사실을 해석하는 역사해석의 다면성, 역사적 사실을 구성하는 여러 단계에서 해석하는 역사평가의 중층성이 여기에 포함된다.

셋째, 실천성이다. 역사적 사실을 적용하여 현재 문제의 해결 방안을 찾으려고 하며, 현재의 관점에서 역사적 사실을 평가한다. 역사를 현재 문제에 적용하거나 현재의 관점에서 평가하는 것이 역사학의 본질에 비춰 적절하지 않다는 비판이 있지만, 학습자는 물론 역사학자도 실제로는 역사적 사실과 현재를 연결한다.

비판적 사고라는 말을 함께 사용하지만, 역사적 행위자는 물론 학습자도 역사적 사실을 다른 눈으로 볼 수도 있다. 역사적 사실을 당시 상황이나 행위자의 관점에서 보는 맥락적 이해와 현재의 연구자나 학습자의 눈으로 살피는 현재적 사고에 따라 동일한 사실이 달리 해석되기도 한다. 어떤 역사적 사실을 다루는가, 어떤 교육적 의도가 있는가에 따라 적용해야 할 비판적 사고의 방식은 달라진다. 특정 역사적 사실을 중점적으로 다룰 수도 있고, 동일한 역사적 사실을 다른 접근방식으로 학습할 수도 있다.

### 3) 역사교육의 실천적 성격

역사에서 다루는 사실은 지난날 인간의 행위이다. 그중에서도 사회적 의미가 있는 행위이다. 그러기에 역사적 사실은 인간의 사회적 선택이며 실천이다. 역사적 사실은 몇 가지 측면에서 사회적 실천성을 가진다.

첫째, 역사적 사실 자체가 사회 참여의 산물이다. 역사학이 관심을 가지는 것은 인간의 사회적 행위이다. 역사학은 과거 인간의 행위 중 사회적으로 의미 있는 영향을 미친 것을 대상으로 한다. 사회적 영향력을 가진 행위는 과거 사람들이 어떤 문제에 대처하거나 문제를 해결하기 위해 생각하고 이를 행동에 옮긴 것이다.

둘째, 역사 연구는 사회적 실천성을 가진다. 많은 역사 연구는 사회 상황을 이해하는 데서 출발하며, 사회적 목적을 지닌다. 변화와 발전은 역사적 사실의 기본 속성이며, 역사 연구는 사회 변화를 추구한다. 역사를 공부하면 과거를 통해 미래를 전망하며, 미래의 전망은 과거를 해석하는 데 영향을 미친다. 미래의 전망과 과거의 회고가 상호작용을 하는 것이다. 그러기에 역사 연구는 사회적 실천 행위이나. 권력을 지키려고 하는 사람이나, 부당한 권력에 저항하는 사람들이 모두 역사 공부를 중요시하는 이유도 여기에 있다.

셋째, 역사학자들의 사회적 실천성이다. 역사를 공부하면 사회참여 의식이 높아진다. 역사 공부는 인간의 의식을 바꾸며, 역사를 공부한 사람은 사회적 실천을 하는 인간으로 바뀐다. 제2차 세계대전 당시 프랑스의 레지스탕스로 활동하다가 독일군에게 처형된 블로크(Marc Bloch)나, 역사 연구에 조선의 혼을 강조하고 그 결과 스스로 혁명가가 되어 일본 제국주의에 맞섰던 신채호의 사례는 이를 잘 보여준다. 이들이 실천적 행위에 나선 데는 역사 공부도 한몫을 했다. 여성사 연구는 페미니즘 운동의 일환으로 나타났다.

### 4) 비판적 실천의식으로서의 역사의식과 역사 문해력

역사의 실천성이라고 할 때 떠오르는 개념이 역사의식이다. 역사의식의 개념은 명확하지 않지만, 보통은 역사적 사실을 바라보는 관점, 역사적 사실에 대한 평가, 사회를 바라보는 눈을 가리킨다. 역사교육의 목적은 역사의식을 기르는 것이라고 할 때의 역사의식은 자아의식이며 비판의식이다. 역사의식은 시간과 변화의 개념이 필요하지만, 그것은 시간의 흐름 속에서 현재 문제의 연원과 상황을 파악하고, 스스로 그 해결에 실천적으로 뛰어들고자 하는 비판의식이다. 따라서 역사의식은 무엇이 문제이고, 어떻게 해결할 것인가를 생각하는 문제의식으로서의 실천의식이다.

역사의식은 현재에 대한 관심, 문제의식이다. 역사의식을 가져야 한다고 할 때, 사회모순을 통찰하고 그 모순을 해소해야 한다는 생각을 뜻한다. 이때 역사의식은 과거에 대한 인식을 바탕으로 현실 사회의 모순을 타파하려는 것이다. 과거와 자신을 연결하여 현재 문제를 해결하고자 하는 실천의식, 역사와 자신의 삶 사이의 연관을 인식하는 역사적 소명감, 시대의식이 역사의식이다.

리는 역사의식을 가지고 과거를 인식한다는 것은 세상을 보는 방법을 제공하는 것이라고 보았다. 과거에 대한 인식을 바탕으로 바람직한 미래 사회의 방향성을 제시하는 것이다. 이는 과거와 현재, 미래를 연결하여 생각하는 것으로 시간의 흐름 속에서 자신의 존재를 인식하고 자신과 사회가 나아갈 방향을 모색하는 것이다. 진(Howard Zinn)은 중요한 사회적 변화는 정치에 의존해서는 안 되고 시민운동을 통해서만 가능한데, 이것이 역사를 기억하는 이유라고 말했다. 역사를 기억하는 것은 곧 사회적 실천 행위로 이어질 수 있다고 본다. 역사의식을 역사적 존재의식, 비판적 문제의식으로 보는 것은 역사의식 연구의 한 경향이다. 역사의식을 보는 실천적 관점은 2000년대 들어 근 10년간 학생들의 역사의식을 조사한 역사교육연구소의 다음과 같은 개념 규정에서 명확히 드러난다.

사회 속에서, 그리고 달라지는 시대 속에서 자신이 처한 위치를 성찰적으로 파악함으로써 형성되는 실천적 의식-사회적·역사적 존재로서 인간이 시대의 변화와 공동체 속에서 자신의 위치를 파악하여 주체적 삶을 살려는 실천적 자기 인식

— 역사교육연구소(2020), 《역사의식 조사, 역사교육의 미래를 묻다》, 17쪽

의식과 실천은 상호작용한다. 역사의식은 지난날의 문제를 파악하고 이에 대한 과거 사람들의 자각이나 대응 방식을 분석하고 평가하는 비판의식을 가지게 한다. 그리고 이를 현재 문제에 적용한다. 그리고 그 결과를 역사적 사실의 분석과 해석, 평가에 적용한다. 강한 의식을 지닐수록 마음먹은 것을 실천할 가능성이 높아지고, 실천 행위가 성공적이거나 효과적일 가능성이 높다. 그렇지만 실천 행위는 사람들의 비판의식을 더 날카롭게 한다. 사람들은 실천을 통해 자신의 문제의식을 더 공고히 한다.

텍스트를 읽는 문해 자체를 실천 행위로 보기도 한다. 프레이리(Paulo Freiri)는 텍스트를 읽고 문제를 제기하고 세계 모순을 비판적으로 성찰하고 해석하는 것이 문해력이라고 보았다. 프레이리에게는 글 읽기에 선행하는 것이 세계를 읽는 것이며, 글을 읽는 것은 이전에 읽었던 세계에 눈을 돌리는 것이다. 텍스트 내용이 말해주는 것에 문제를 제기하고, 그 문제의 해결을 위한 실천을 비판적으로 논의하는 것이 문해력이다. 이런 관점에서 역사 텍스트를 읽고 쓰는 것은 자신의 사고를 통찰하고 삶에서 무엇을 어떻게 실천할지 방향을 설정하는 것을 의미한다.

비판적 실천의식을 가지고 역사 텍스트를 읽는다는 것은 거기에 내재된 실천성의 세 가지 측면을 비판적으로 읽는 행위를 포함한다. 첫째는 역사 행위자의 실천성을 비판적으로 읽는 것이다. 행위자가 추구했던 목적과 이를 달성하기 위한 선택과 의사결정이 적절했는지 평가한다. 둘째는 텍스트 저자의 실천성을 읽는 것이다. 저자가 텍스트를 쓴 목적, 그 목적을 달성하기 위한 내용에 들어가 있는 저자의 관점과 해석을 읽는다. 셋째는 학습자 자신의 실천성에 따라 텍스트를 읽는 것이다. 자신이 텍스트 읽기를 통해 해결하고자 하는 문제에 맞게 텍스트를 해석하고, 읽기 방법을 결정한다. 물론 역사 행위자의 실천성 읽기와 텍스트 저자의 실천성 읽기, 학습자의 실천성 읽기는 상호작용을 한다.

## 4. 지역의 관점과 국가의 관점은 달라야 하는가? – 지역의 눈으로 보는 역사

### 1) 지역사의 교육적 의의

지역사는 오래전부터 역사 연구와 교육의 한 영역이었으나 2000년대 들어 더 관심을 모으고 있다. 지역사 연구를 활성화하기 위한 학회가 만들어지고 지역사를 주제로 하는 학회지도 발간되었다. 국가교육과정에서도 지역사 교육의 방향을 제시하고 있다. 이처럼 지역사 연구와 교육이 활발해진 데는 몇 가지 이유가 있다.

첫째, 지방자치제의 활성화이다. 1995년 지방자치제가 전면 시행되면서, 자치단체들은 지역 정체성 확립을 추구했다. 지역사는 정체성을 세우기 위한 좋은 자료였다. 지방자치단체들은 지역에서 일어난 역사적 사건, 지역의 인물을 발굴하는 데 힘을 썼다. 지역의 유적지를 발굴하고 박물관이나 기념관을 세웠다. 이러한 움직임은 역사 연구에도 영향을 미쳤다. 지역 대학 역사학자들의 지역사 연구가 활발해졌다.

둘째, 소수의 관점과 미시사적 접근이라는 역사학의 움직임이다. 국가나 민족 중심의 역사, 강대국 중심의 국제관계, 지배집단이나 주류의 역사에서 벗어나 여성과 노동자, 빈민, 어린이 등 소수 또는 타자의 역사에 대한 관심이 높아졌다. 국가나 사회 구성원의 한 사람이 아니라 개개인으로서 이들의 삶을 구체적으로 살펴보려는 연구가 많아졌다. 지역은 국가, 지방은 중앙에 대비해서 타자이다. 타자의 관점에서 볼 때 지역의 역사는 소수의 역사이며, 국가사에 종속되는 것이 아니라 독립적이다. 지역의 역사를 들여다보는 것은 지역민의 구체적인 삶을 탐색한다는 점에서 미시사적 접근이 필요하다.

셋째, 다양한 관점의 역사인식과 역사교육이 강조되고 있다. 국가적 관점과 지역의 관점은 다르다. 국가 정책에 대해서도 지역에 따라서 관점이 다를 수 있다. 예컨대 조선 광해군 때 경기도에서 시작된 대동법이 전국으로 확대되는 데 100년이 걸린 이유는 양반 지주층의 반발 때문이라고 설명하는 것이 일반적이다. 그렇지만 이 밖에도 농지와 논밭의 상황, 부재지주와 재지사족의 존재 형태, 공납미의 운송비 등 지역별 여건도 크게 작용했다. 이런 조건에 따라 대동법을 바라보는 관점은 지역별로 차이가 있다.

넷째, 세계화 및 지구촌화의 확대이다. 세계사는 단순한 공간적 범주에서는 지역사와 정반대이지만, 다원적 관점이라는 측면에서 보면 같은 성격을 가진다. 세계사에는 다양한 국가와 민족의 관점이 개입된다. 세계사는 이들의 교류와 상호의존에 의해 형성되고 변화한다. 어느 지역이 중심이고 어느 지역이 변방이 아니다. 다양성의 측면에서 보면 지역을 인식하는 것은 곧 세계를 인식하는 것이다. 국가 단위의 사고방식을 탈피하고 다양한 관점으로 역사를 인식하는 것이다. 이런 입장에서 보면 세계사와 지역사는 같은 성격을 가진다. 이 때문에 세계를 뜻하는 글로벌(global)과 지역을 뜻하는 로컬(local)을 합쳐 글로컬(glocal)이라는 개념을 사용하기도 한다.

　지역사 연구 못지않게 효율적인 역사교육의 대상과 방법으로서 지역사 교육도 강조된다. 역사교육에서는 삶의 체험으로서의 역사를 중시한다. 지역사는 삶의 단위이다. 우리는 국가보다는 지역을 삶의 단위로 삼는다. 지역사는 구체적으로 경험할 수 있는 공간적 범주이다. 지역사를 공부하게 되면, 삶의 현장인 지역 자체를 아는 것뿐 아니라 지역의 구체적 사실을 통해 중앙의 역사를 이해할 수 있다.

　지역사 교육은 역사적 사실을 인식하고, 역사 연구와 탐구 능력을 높여준다. 역사교육의 목적이 단순히 중요한 역사적 사실을 아는 것보다는 역사탐구의 방법을 익히고 역사적 사고력을 기르는 것이라면, 구태여 국가나 민족사의 내용을 통해 그 목적에 접근할 필요는 없다. 지역사 학습을 통해서도 역사발전의 원리를 인식하고 탐구 능력을 기를 수 있다. 이는 국가사나 세계사뿐 아니라 향토사를 통해 배울 수 있다. 특히 다양한 자료를 통한 탐구 능력의 향상에는 지역사 학습이 더 효과적일 수 있다.

　학생들은 지역사 학습을 통해 주체성과 지역 정체성을 가질 수 있다. 자신이 사는 지역에서 일어난 중요한 역사적 사실이나 인물의 자취를 접한다. 이런 내용은 대부분 자랑스러운 역사이다. 이 때문에 지역에서 일어난 사실을 전달하는 방식은 애향심이다. 지역사의 이런 내용은 학생들에게 지역에 대한 자부심을 심어주고, 흥미와 친근감을 주어 능동적으로 학습에 참여하게 하는 데 중점을 둔다. 현재 초등학교 사회과의 지역 학습도 이런 성격을 가진다.

지역사 교육에서 문제가 되는 것은 지역의 기준이다. 한국의 학교교육에서 지역은 행정구역을 단위로 한다. 시·군 또는 시·도가 지역의 단위이다. 초등학교의 지역 학습에서는 시·군을 고장, 시·도를 지역으로 표기한다. 그렇지만 역사에서 지역은 문화적·역사적 전통성, 즉 문화권이 중심이 된다. 백제 문화권이나 마한 문화권, 경주 문화권, 중원 문화권 같은 개념이 그것이다. 근현대사로 접어들수록 생활권이 지역의 단위로 중요하다. 생활권은 주로 경제적으로 상호의존하는 공간적 범주이다. 이는 교통권과 공간적 범주를 거의 같이한다.


## 2) 학문적 지방사와 포스트모던 지방사

근대 역사학이 성립한 이후 지역사는 전문 역사학자가 아니라 아마추어 역사가의 영역이었다. 학식을 갖춘 역사 애호가들이 지역의 귀족 가문이나 엘리트를 연구하는 향토사의 성격이 강했다. 향토사가들은 골동품이나 사료의 수집에 힘썼으며, 지역사 연구 자료로는 문서에 의존했다.

이런 향토사에서 탈피하여 지역사를 하나의 학문으로 정착시키고자 한 것이 영국의 레스터(Leister) 학파였다. 영국의 레스터대학에서는

1947년 지방사학과(Department of English Local History)를 설립해 현재까지 영국 지역사 연구의 중심이 되고 있다. 레스터 학파는 기존의 향토사를 비판하면서, 지방의 일반 대중과 현장의 경험적 연구를 중시했으며, 지역 공동체의 개념을 도입했다. 레스터 학파는 지역을 상대적으로 자족적인 사회지리적 단위로 보고, 지방사의 독립성을 주장했다. 국가사의 한 부분으로서의 지방사, 국가사를 구체적으로 구현하는 공간으로서의 지방사가 아니라 그 자체를 독립적이고 완결된 역사로 보아야 한다고 하면서, 이를 '본래의 지방사(local history per se)'라고 일컬었다. per se는 '원래 그대로'라는 뜻이므로 중앙사와의 관계 속에서 성립하는 지방사가 아니라, 그 자체로 독립되고 완결된 지방사라는 의미이다. 이런 관점에서 레스터 학파는 지방사를 독립적인 역사학 영역으로 자리매김하고자 했다. 그렇다고 국가사와 지방사의 관계를 끊은 것은 아니었다. 이들은 지역공동체와 지방화된 국가사 모두를 연구하고자 했다. 그렇지만 국가사와 지방사의 관계를 명확히 하지 못했다.

지방사의 지역 영역은 고정된 것이 아니라 역사가의 관점에 따라 상대적으로 결정된다. 이는 포스트모던 역사학으로 연결된다. 포스트모던 역사학에서는 레스터 학파의 지방사 연구가 보수적 공동체주의를 지원한다고 비판했다. 지역의 현장에 근거한 지방사는 역사가의 입장에 따라 달라질 수 있다고 보았다. 지역을 공간으로 연구하는 것이 아니라, 지역의 연구가 공간을 만든다고 본 것이다. 그렇지만 이런 포스트모던적 지방사 연구는 지역이 실재하는 것인데 이를 보지 않는다는 비판을 받았다.

### 3) 지방사, 향토사, 지역사의 개념

지역의 역사를 가리키는 말로는 지방사, 향토사, 지역사가 있다. 이 중 어떤 용어를 사용하는지는 지역의 역사를 보는 관점과 관련이 있다.

지방사는 중앙사와 대비되는 개념으로, 국가사의 일부로 지방의 역사를 본다. 지방사는 지역을 탈주관적·객관적으로 기술한다. 다른 지역과의 교류, 교섭, 상호연관성에 주목한다. 국가의 선체성과 조화를 강조하여 국가나 중앙의 변화가 지역에 어떻게 투영하는지에 관심을 가진다. 지방의 독자성을 무시하는 것은 아니지만, 이는 국가사를 받아들이는 양상을 통해 발견된다.

향토사에서 '향토'는 태어나고 자란 고장이라는 의미를 내포한다. 공동생활의 감정을 느끼고 공통된 전통이 있는 상호의존적 지역사회가 향토이다. 향토사의 개념을 사용하는 사람들은 지역의 역사를 주체적으로 연구해야 한다고 강조한다. 향토사는 외화성(外化性)보다는 전통성이 강하다. 지역성, 문화, 생활권 등 지역 간의 차이에 주목한다. 향토사 연구는 전문 역사학자보다는 지역의 역사 애호가들에 의해 이루어지는 경우가 많다.

지역사는 지역 인식과 지역 의식을 바탕으로 하는 생활공동체로서의 지역을 단위로 한다. 지역 정체성을 기반으로 주체적 관점에서 지역의 변화를 탐구한다. 지역사의 개념을 사용하는 학자들은 지역사회의 과학적·종합적 연구를 통해 사회 발전의 법칙성을 규명하고자 한다. 실제 사회경제 변화의 단위, 인구 추이, 사회 구조 변동, 경제생활 변화 등 사회 전반의 변화상을 연구한다. 지역사 연구자들은 외화성과 전통성에 모두 관심을 가지며, 다른 지역과의 관련성과 그 지역의 독자성이라는 양면에서 역사를 연구한다. 이렇게 볼 때, 지역사는 지방사와 향토사의 장점을 아우르는 개념으로 여겨진다. 그렇지만 지역의 주체적 관점에서 국가 또는 중앙과 지역의 상호관련성을 어떻게 해석할 수 있는지는 불분명하다. 이를 국가나 중앙의 정책이나 이념의 주체적 수용 정도로 해석할 때는 지방사의 개념과 별 차이가 없다. 그런데도 구태여 지역사라는 용어를 사용하여 혼란을 불러일으킬 필요가 있느냐는 지적이다. 지역사가 제국주의 시대 지역 연구(regional study)의 한 영역이었던 지역사(regional history)와 혼란을 불러일으킨다는 지적도 있다. 지역 연구는 제국주의적 침탈을 위한 기초조사 사업이었다.

### 4) 지역의 관점으로 보는 지역사

전통적으로 지역사 연구를 둘러싼 논의는 지역의 역사와 국가의 역사를 어떻게 연결할 것인지에 초점을 맞췄다. 그러나 근래에는 지역을 중앙과의 관계에서 볼 것이 아니라 독립된 주체로 인식해야 한다는 주장이 나왔다. 이런 주장을 하는 사람들은 지방사가 아니라 '지역사'의 개념을 사용한다. 여기에서 말하는 지역은 일반적인 의미의 지역이 아니라 개념화된 지역이다. 이들은 국가와 달리 지역은 정치적 의미가 배제된 객관화된 독립된 공간을 의미한다고 본다. 그렇지만 지리적 공간만이 아니라 인간생활의 여러 측면, 개인과 집단의 행위를 통해 새로운 인식과 지평을 제공할 수 있는 해석의 관점을 중시한다. 그리고 인간과 장소, 문화의 중첩과 교차, 일상생활의 복합성을 미시적으로 연구해야 한다고 주장한다. 이를 위해 문헌뿐 아니라 구술을 포함한 다양한 자료를 활용한다. 지역사 연구는 기억을 재구성하고 기넘하는 교육적 행위로 연결된다고 본다.

지역의 관점으로 지역사를 보아야 한다는 주장도 이런 입장이다. 사실 모든 지역사 연구는 지역의 관점을 표방한다. 다만 지역의 관점으로 지역사를 보아야 한다는 주장이 기존 역사가 국가에 의해 지역에서 일어난 일을 은폐하거나 사실을 왜곡했다는 의미는 아니다. 국가의 관점으로 지역을 보는 것과 지역의 관점으로 지역사를 보는 것은 다르다는 뜻이다. 지역의 관점으로 지역사를 보아야 한다고 주장하는 사람들은 지역의 관점과 국가의 관점으로 보는 역사에는 차이가 있다고 강조한다. 그리고 중앙과 지방의 관계를 '헤게모니'와 '타자'로 규정한다. 지역의 관점으로 지역사를 본다는 것은 국가의 시각에서는 이해하기 어려운 지역의 특수성을 지역민의 관점으로 밝히는 것이다.

예를 들어 일제하 울산 지역 일본 어민의 고래잡이는 제국주의적 수탈행위였다. 그렇지만 구술사 연구는 장생포 지역에 사는 조선인 어민의 생계에도 도움이 되어 일본 어민의 행위에 별 거부감이 없었음을 보여준다. 고려 말 공민왕 때 제주도에서 일어났던 목호(牧胡)의 난을 생각해보자. 근래 제주도에서는 목호의 난을 제주의 관점으로 보아야 한다고 주장한다. 학교 역사교육에서는 목호의 난을 다루지 않는다. 한국사 개설서에도 나오지 않는다. 그러나 제주도에서는 중요한 역사적 사실이다. 목호의 난을 연구나 교육, 기억의 대상으로 삼는 것 자체가 이미 지역의 관점이다. 목호의 난을 보는 시각도 국가와 제주 사이에 차이가 있다. 국가나 중앙의 관점으로 보면 목호의 난은 원 잔존세력의 반란이다. 그러나 제주의 관점에서 보면, 육지의 세력이 국가 이익을 내세워 제주를 희생시키려는 데 맞선 제주민의 투쟁이다. 이런 관점의 차이는 은폐되었던 역사적 사실을 밝히고 왜곡된 사실을 바로잡는다는 측면이 있다. 그렇지만 어느 편이 옳고 어느 편이 잘못이라기보다는 중앙이나 국가인 육지와, 제주 지역의 관점이 다르다는 것이다.

## 5. 역사교육의 주체는 누구인가? – 국가, 교사, 학생의 행위주체성

### 1) 행위주체성의 개념

행위주체성(agency)은 근래 교육의 방향으로 자주 제시되는 개념이다. 행위주체성을 주제로 하는 적잖은 논문들이 나왔으며, 2022개정 교육과정에서는 학교교육을 통해 길러야 할 학생 능력으로 제시되었다. 행위주체성은 주로 사회학에서 논의되어왔다. 사회 구조와 인간 행위의 관계는 사회학의 주된 논의 대상이었기 때문이다. 반두라(A. Bandura)는 행위주체성을 행위자가 스스로 목표를 설정하고, 행위의 결과를 예상하여 바람직한 결과를 도출하고, 해로운 결과를 피하고자 하는 행동 과정에 내재된 것으로 보았다. 여기에서 행위주체성은 행위자가 설정한 목표, 바람직한 결과, 실천 행위 등의 속성을 가진 개념이었다. 버틀러(J. Butler)는 행위주체성에 수행성의 개념을 가미한 수행적 행위주체성(performative agency)을 주장했다. 선험적으로 존재하는 행위주체가 행위를 수행하는 것이 아니라, 행위의 수행을 통해 정체성을 가진 주체가 형성된다는 것이다. 사회학의 이 같은 행위주체성 개념은 교육에도 도입되었다.

21세기 들어 한국뿐 아니라 세계 여러 나라에서 행위주체성에 대한 관심이 높아진 것은 세계의 학교교육에 대한 OECD의 영향력에서 비롯되었다. OECD는 〈2030년 학습나침반(learning compass)〉에서 행위주체성을 학교교육을 통해 길러야 할 능력으로 제시했다. 한국에서도 2015개정 교육과정의 핵심역량(key competency)에 이어, 2022개정 교육과정에서 행위주체성을 도입했다.

OECD의 핵심역량이나 행위주체성은 학생의 능력에 초점을 맞추고 있다. OECD가 말하는 행위주체성은 학생들이 사람, 사건, 상황을 더 나은 방향으로 바꾸는 데 영향을 줄 수 있도록 세계에 참여해야 한다는 책임감을 의미한다. 변화에 긍정적 영향을 미치기 위해 목표를 설정하고 성찰하며, 책임감 있게 행동하는 능력이 행위주체성이다. OECD가 말하는 행위주체성은 다음과 같은 성격을 가진다.

첫째, 능동적이고 적극적인 행동과 구성을 의미한다. 다른 사람이 구성하고 결정한 것을 그대로 받아들이는 것이 아니라 스스로 구성하고 결정하는 것이다.

둘째, 교육의 결과로 길러주어야 하는 종합적인 능력이다. OECD는 행위주체성을 역량으로 규정한다.

셋째, 고정된 것이 아니라 사회와 맥락에 따라 달라지며, 전 생애 동안 발달한다. 행위주체성은 맥락적이고 관계적이며, 자율성을 넘어서 전인적인 개념으로 사용된다.

넷째, 개인에만 국한되는 것이 아니라 학생과 교사의 공동 창조, 또는 부모, 교사, 사회와의 상호지원적인 관계인 공동행위주체성(co-agency), 집단의 공동 책임감, 소속감, 정체성, 공동의 목적의식과 성취를 기반으로 집단적으로 생각하고 공동의 목적을 위해 함께 행동하는 집단행위주체성도 존재한다. 특히 수업환경에서 교사와 학생을 공동 창조자로 본다.

이렇게 볼 때 학생의 행위주체성은 학습자의 주도적 학습이나 능동성, 학습의 구성적 성격을 강조하는 구성주의적 교육관을 연상시킨다. 그렇지만 학생의 행위주체성을 강조하는 사람들은 정해진 교육과정이나 교과내용을 재구성한다고 보는 기존의 구성주의 학습관과 달리, 학습자의 행위주체성은 어떤 목적을 가지고, 무엇을 어떻게 학습할 것인지를 학생이 결정한다는 점에서 차이가 있다고 말한다.

OECD는 학생의 행위주체성에 초점을 맞췄지만, 공동행위주체성이나 집단행위주체성과 같은 개념을 사용해서 그런지 행위주체성 논의는 교육과정의 적용과 학교교육에서 다양한 주체로 확산되었다. 대표적인 것은 교사의 행위주체성이다. 교육과정(course of study)을 구성하거나 수업을 계획하는 데 교사의 행위주체성이 어떻게 발현되는지를 조사하는 연구들이 대표적이다. 공동행위주체성의 관점에서는 교사와 학생이 학습공동체를 이룬다. 교사 또한 수업을 설계하고 구성하는 데 학습자와 같은 역할을 한다.

## 2) 역사적 행위주체성

역사적 사실은 지난날 인간의 행위이다. 과거 인간이 어떤 의도와 목적을 가지고 사회에서 수행한 행위이다. 그래서 역사교육에서는 학습의 대상으로 역사적 인물의 행위주체성에 대해 논의한다. 학습 주체의 행위주체성 외에 객체의 행위주체성에 관심을 두는 것이다. 이를 역사적 행위주체성이라고 한다.

역사적 행위주체성은 행위자가 어떤 목적을 가지고 주체적으로 실천 행위를 했음을 전제로 한다. 그런 행위에 내재되어 있는 행위의 속성이 역사적 행위주체성이다. 역사적 행위주체성을 탐구하면서 학생들은 과거에 의미를 부여하고, 역사적 중요성을 이해하며, 과거를 미리 결정된 일련의 사건이 아니라 인간의 의지와 관련된 것으로 보게 된다.

골리(L. M. Colley)는 역사적 행위수체성에는 범주, 맥락, 선택, 결과, 개념의 측면이 있다고 보았다. 범주는 개인이나 집단, 국가와 같은 행위자의 형태나 범주를 말한다. 범주에 따라 행위의 성격, 행위에 참여하는 방식과 해석이 달라진다. 맥락은 행위에 영향을 미치는 시대적·사회적 구조와 환경, 한계와 제약을 뜻한다. 행위주체성을 알려면 행동유도성뿐 아니라 제약성(constrict)도 염두에 두어야 한다. 선택은 역사적 행위의 의도성과 이런 선택 상황에서 겪은 갈등을 말한다. 결과는 선택이 의도한 것일 수도 있고, 그렇지 않은 것일 수도 있다. 또한 역사적 맥락의 산물일 수도 있다. 개념은 행위의 선택을 위해 과거를 바라보는 도구로, 보통 인과관계, 변화와 연속성, 감정이입, 역사적 행위주체성과 같은 2차적 개념이다.

### 3) 역사해석과 행위주체성

역사적 행위주체성을 겉으로 드러내는 것이 역사해석이다. 역사를 해석하는 것은 일차적으로 역사학자이다. 그렇지만 이를 교육의 목적에 맞게 변형하고 적용하는 것은 국가와 교사, 그리고 학생이다.

국가는 역사학자의 해석을 그대로 교육에 이용하지는 않는다. 국가가 설정한 교육의 목적에 맞게 선택하고 변형한다. 이렇게 해서 만들어지는 것이 국가교육과정이다. 물론 국가의 역사해석이 교육과정에 그대로 직접적이고 노골적으로 반영되지는 않는다. 국가 차원의 역사해석이 공식적으로 존재하지도 않는다. 그렇지만 국가는 학교교육의 이념이나 교육을 통해 길러야 할 인간상, 그리고 교과의 목적을 통해 교과내용을 통제한다. 그러기에 국가교육과정의 역사교육 내용은 국가의 행위주체성에 따른 역사해석이다.

국가교육과정의 내용은 교과서를 매개로 학교 역사교육에 적용된다. 교사는 교육과정 및 교과서 내용을 해석하여 수업내용을 구성하는 연구자이자 실천가이다. 때로는 직접 교과서 집필에 참여하기도 한다. 수업내용 선정과 구성에 교사의 행위주체성이 개재된다. 교사는 자신이 생각하는 역사교육의 목적에 맞게 학습내용을 구성하고, 이를 학습하는 데 적합하다고 판단하는 학습활동을 포함시킨다. 행위주체성이 강할수록 국가교육과정이 주변화되고 교육과정의 중심에 교사가 위치하게 된다.

교실이라는 동일한 공간과 수업시간이라는 동일한 시간, 수업내용이라는 동일한 텍스트를 접하더라도 모든 학생이 받아들이는 학습내용이 동일하지는 않다. 학생은 자신의 역사관과 사회적 환경, 학습 목적에 따라 수업내용을 달리 받아들인다. 학습 목적에 맞게 수업내용을 재해석한다. 이는 OECD가 말하는 사회에 적용하는 종합적 능력으로서의 행위주체성은 아니다. 그렇지만 교실 역사수업의 관점으로 보면 학습자의 행위주체성이 작용한 것이다. 역사와 같이 내용에 의미를 부여하기 위한 해석이 필요한 과목의 경우 학생의 행위주체성은 더 큰 영향을 미친다.

# 참고문헌

- 참고한 책과 논문을 모두 제시하지는 않았다. 장을 쓰는 데 직접 내용을 이용한 경우에 한정했다. 저서를 중심으로 하되, 별도로 참고할 필요가 있는 논문은 포함했다.
- 공통 참고문헌으로 제시한 책은 각 장의 참고문헌에 넣지 않았다.
- 역사교육 개설서라는 책의 성격상 독자의 편의를 위해서 국내에서 간행된 책과 글을 중심으로 했다. 다만 번역서와 참고한 원서의 판본이 다르거나, 번역서와 원서의 내용에 차이가 있을 경우 두 가지를 모두 제시했다.
- 교과서는 직접 인용한 경우에만 제시했다.

교과서

조선총독부(1939), 《국사지리(교사용)(상)》, 조선서적인쇄주식회사.

조선총독부(1943), 《초등수신(제5학년용)》, 조선서적인쇄주식회사.

조선총독부(1944), 《초등국사(제6학년용)》, 조선서적인쇄주식회사.

진단학회 엮음(1946), 《국사교본》, 군정청문교부.

군정청학무국 엮음(1946), 《초등국사(교본)》, 군정청.

이병도(1949), 《중등사회생활과 우리나라의 생활(역사)》, 동지사.

문교부(1955), 《우리나라의 발달(사회생활) 6-2》, 대한문교서적주식회사.

문교부(1959), 《고등도덕 1》, 대한문교서적주식회사.

문교부(1968), 《실업계용 고등학교 국사》, 대한교과서주식회사.

국사편찬위원회 1종도서연구개발위원회(1996), 《고등학교 국사(상)》.

국사편찬위원회 국정도서편찬위원회(2002), 《중학교 국사》, 교육인적자원부.

국사편찬위원회 국정도서편찬위원회(2002), 《고등학교 국사》, 교육인적지원부.

국사편찬위원회 국정도서편찬위원회(2006), 《고등학교 국사》, 교육인적지원부.

도면회 외(2011), 《고등학교 한국사》, 비상교육.

조한욱 외(2012), 《중학교 역사(하)》, 비상교육.

권희영 외(2014), 《고등학교 한국사》, 교학사.

김덕수 외(2018), 《고등학교 세계사》, 천재교육.

김덕수 외(2020), 《중학교 역사 2》, 천재교육.

박중현 외(2020), 《고등학교 한국사》, 해냄에듀.

송호정 외(2020), 《고등학교 한국사》, 지학사.

최준채 외(2020), 《고등학교 한국사》, 금성출판사.

박근칠 외(2020), 《중학교 역사 2》, 지학사.


공통

강선주(2015), 《역사교육 새로보기: 복합의 시각》, 한울아카데미.

김민정·이미미·백은진·김성자(2022), 《역사교육 첫걸음: 배움에서 가르침으로》, 책과함께.

김한종(2001), 《역사왜곡과 우리의 역사교육》, 책세상.

김한종(2007), 《역사교육과정과 교과서연구》, 선인.

김한종(2008), 《역사수업의 원리》, 책과함께.

김한종 외(2005), 《역사교육과 역사인식》, 책과함께.

양호환(2012), 《역사교육의 입론과 구상》, 책과함께.

양호환(2021), 《역사교육 논의의 진전과 명암》, 책과함께.

양호환 엮음(2011), 《한국 역사교육의 연구동향》, 책과함께.

양호환 외(2009), 《역사교육의 이론》, 책과함께.

전국역사교사모임(2008), 《역사, 무엇을 어떻게 가르칠까》, 휴머니스트.

정선영·김한종·양호환·이영효(2001), 《역사교육의 이해》, 삼지원.

최상훈·이영효·김한종·강선주(2007), 《역사교육의 내용과 방법》, 책과함께.


**1장 역사교육의 성격**

단행본

강우철(1992), 《역사는 왜 배우는가》, 교학사.

김한종(2017), 《10대에게 권하는 역사》, 글담출판사.

김한종·김승미·박선경(2022), 《초등학생을 위한 역사란 무엇인가》, 책과함께.

이원순·윤세철·허승일(1980), 《역사교육론》, 삼영사.

전국역사교사모임(2002), 《우리 아이들에게 역사를 어떻게 가르칠 것인가》, 휴머니스트.

한국민중사연구회 엮음(1986), 《한국민중사 I》, 풀빛.

Carr, E. H. / 길현모 옮김(2014), 《역사란 무엇인가What is History》(개정판), 탐구당.

Jenkins, Keith / 최용환 옮김(1999), 《누구를 위한 역사인가Re-thinking History》, 혜안.

논문

김성근(1956), 〈창간사〉, 《역사교육》 창간호.

김한종(2015), 〈역사교육 연구와 실천의 관계 – 역사학자, 교사, 학생〉, 《역사교육연구》 22.

손진태(1947), 〈국사교육의 기본적 제문제〉, 《조선교육》 1(2).

양호환(1995), 〈'역사교과학'의 성과와 숙제〉, 《역사교육》 57.

이경식(2001), 〈한국에서 역사학과 역사교육의 원격(隔遠)문제〉, 윤세철교수 정년기념 역사학
    논총 간행위원회 엮음, 《역사교육의 방향과 국사교육》, 솔.

이기백·이우성·한우근·김용섭(1969), 〈중·고등학교 국사교육 개선을 위한 기본 방향〉, 문교
    부 보고서.


**2장 역사인식과 역사적 사고**

단행본

강인애(1998), 《왜 구성주의인가: 정보화시대와 학습자 중심의 교육환경》, 문음사.

조영태(1998), 《교육내용의 두 측면: 이해와 활동》, 교육과학사.

차미란(2003), 《오우크쇼트의 교육이론》, 성경재.

차하순(1998), 《새로 고쳐 쓴 역사의 본질과 인식》, 학연사.

Barton, Keith and Levstik, Linda / 김진아 옮김(2017), 《역사는 왜 가르쳐야 하는가Teaching
    History for the Common Good》, 역사비평사.

Collingwood, R. G. / 김봉호 옮김(2017), 《서양사학사The Idea of History》(개정판), 탐구당.

Jenkins, Keith / 최용찬 옮김(1999), 《누구를 위한 역사인가Re-thinking History》, 혜안.

Portal, Christopher ed.(1987). *History Curriculum for Teachers*, London: Palmer Press.

Ryle, Gilbert / 이한우 옮김(1994), 《마음의 개념Concept of Knowledge》, 문예출판.

Sheffler, Israel / 김정래 옮김(2017), 《지식의 조건Conditions of Knowledge: An Introduction to
    Epistemology and Education》, 학지사.

Walsh, W. H. / 김정선 옮김(1979), 《역사철학An Introduction to Philosophy of History》, 서광사.

Wertsch, James V. / 박동섭 옮김(2014), 《보이스 오브 마인드: 매개된 행위에 대한 사회문화
    적 접근Voices of the Mind: Sociocultural Approach to Mediated Action》, 학이시습.

White, Hayden / 천형균 옮김(1991), 《메타역사: 19세기 유럽의 역사적 상상력Meta History:
    The Historical Imagination in 19th Century Europe》, 문학과지성사.


논문

김한종(1994), 〈역사학습에서의 상상적 이해〉, 서울대학교 대학원 박사학위논문.

김환길(1998), 〈역사철학의 "행위설명이론"과 역사교육에의 적용〉, 양호환 외, 《역사교육의
    이론과 방법》, 삼지원.

방지원(2014), 〈역사수업 원리로서 '감정이입적 역사이해'의 재개념화 필요성과 방향의 모색〉, 《역사교육연구》 20.

송상헌(2010), 〈역사인식에서 미래전망의 역사교육적 의미〉, 《역사교육》 115.

안정애(2006), 〈내러티브 교재개발과 역사 수업에의 적용〉, 《역사교육연구》 4.

윤종필(2018), 〈역사적 사고에 대한 인식론적 고찰의 역사교육적 함의〉, 고려대학교 대학원 박사학위논문.

전병철(2013), 〈역사교육에서 전성(轉成) 논리의 가능성 – 고등학교에서 논쟁지식의 도입 문제를 중심으로〉, 《역사교육연구》 18.

최상훈(1998), 〈역사학습에서 "총괄"의 이용〉, 양호환 외, 《역사교육의 이론과 방법》, 삼지원.

Egan, Kieran(1983), "Accumulating History", *History and Theory*, 22(4).

Lee, P. J.(1983), "History Teaching and Philosophy of History", *History and Theory*, 22(4).

Stone, Lawrence / 오주환 옮김(1987), 〈서술식 역사의 부활The Revival of Narrativity〉, 이광주·오주환 엮음, 《역사이론》, 문학과지성사.

**3장 역사교육 내용의 선정과 조직**

단행본

윤종배(2000), 《5교시 국사시간》, 역사넷.

조영태(1998), 《교육내용의 두 측면: 이해와 활동》, 교육과학사.

Banks, James A. / 최병모 외 옮김(1987), 《사회과 교수법과 교재연구Teaching Strategies for the Social Studies》, 2nd, edn., 교육과학사.

Banks, James A. and Banks, Cherry, A. M.(1999), *Teaching Strategies for the Social Studies*, 5th, edn., New York: Longman.

Burston, W. H.(1972), *Principle of History Teaching*, 2nd. edn., London: Methuen Educational Ltd.

Seixas, P. and T. Morton(2012), *The Big Six: Historical Thinking Concepts*, Toronto: Nelson Education.

Taba, Hilda(1962), *Curriculum Development*, New York: Harcourt, Brace & World.

Taba, Hilda, et. al.(1971), *A Teacher's Handbook to Elementary Social Studies – An Inductive Approach, Reading–*, Massachusetts: Addison-Wesly Publishing Company.

논문

김한종(2021), 〈역사교육 내용선정 기준 – '의미 있는 역사'의 개념 탐색〉, 《역사교육논집》 77.

나미란(2022), 〈개념 기반 초등 역사교육과정 내용 선정과 조직〉, 한국교원대학교 대학원 박사학위논문.

이미미(2015), 〈중요한 역사내용이란: 내용선정 기준 연구 분석 및 시사점〉, 《역사교육》 135.

이미미(2016), 〈교사가 파악하는 역사적 중요성과 교수·학습적 중요성 – 무엇이 중요하며, 무엇을 가르쳐야 하는가?〉, 《역사교육》 139.

정선영(1986), 〈역사교과 내용선정의 원리 – 중요성의 문제를 중심으로〉, 《이원순교수 화갑기념 사학논총》, 교학사.

## 4장 역사수업과 교사 지식

### 단행본

강선주(2017), 《소통으로 만드는 역사교육 – 역사 문서 읽기와 성찰적 역사의식》, 서울대학교 출판문화원.

박성익(1997), 《교수·학습방법의 이론과 실제(I)》, 교육과학사.

이인석·정행렬(2011), 《내일을 읽는 토론학교》, 우리학교.

한국교육개발원 사회과교육연구실(1982), 《사회과탐구수업》, 교육과학사.

Banks, James A. / 최병모 외 옮김(1987), 《사회과 교수법과 교재연구 Teaching Strategies for the Social Studies》 2nd, edn., 교육과학사.

Banks, James A. and Banks, Cherry, A. M.(1999), *Teaching Strategies for the Social Studies*, 5th. ed., New York: Longman.

Beyer, Barry K. / 한면희·전숙자·안천·김재형 옮김(1988), 《사회과 탐구논리 Teaching Thinking in Social Studies》, 교육과학사.

Burston, W. H.(1972), *Principle of History Teaching* (2nd. edn.), London: Methuen Educational Ltd.

Collingwood, R. G. / 김봉호 옮김(2017), 《서양사학사 – 역사에 대한 위대한 생각들 The Idea of History》, 탐구당.

Gagne, R. M / 유안진 옮김(1976), 《교수-학습의 본질》, 배영사.

Levstik, Linda S. and Barton Keith C. / 배한극·송인주·주웅영 옮김(2007), 《초·중학교에서 학생들과 조사 연구하는 역사하기 Doing History – Investigating with Children in Elementary and Middle Schools》 3rd edn., 아카데미프레스.

McCullagh, C. Behan(1998), *The Truth of History*, London: Routledge.

Secretary-Genera(2013), *Report of the Special Rapporteur in the field of cultural rights*, United Nations General Assembly.

Seixas, P. and Morton, T.(2012), *The Big Six: Historical Thinking Concepts*, Toronto: Nelson Education

Taba, Hilda(1962), *Curriculum Development*, New York: Harcourt, Brace & World.

Taba, Hilda, et. al.(1971), *A Teacher's Handbook to Elementary Social Studies – An Inductive Approach, Reading*, Massachusetts: Addison-Wesly Publishing Company.

Wineburg, Sam / 한철호 옮김(2006), 《역사적 사고와 역사교육Historical Thinking and Other Unnatural Acts》, 책과함께.

Wineburg, Sam / 정종복·박선경 옮김(2019), 《내 손에 스마트폰이 있는데 왜 역사를 배워야 할까Why Learn History When Its Already on Your Phone》, 휴머니스트.

## 논문

김수미(2023), 〈학습자 질문 중심의 역사수업 방안 모색 – 탐구 주제를 선정하는 역사수업의 과정을 중심으로〉, 《역사와담론》 107.

김한종(2021), 〈역사교육 내용선정 기준 – '의미 있는 역사'의 개념 탐색〉, 《역사교육논집》 77.

나미란(2022), 〈개념 기반 초등 역사교육과정 내용 선정과 조직〉, 한국교원대학교 대학원 박사 학위논문.

이미미(2015), 〈중요한 역사내용이란: 내용선정 기준 연구 분석 및 시사점〉, 《역사교육》 135.

이미미(2016), 〈교사가 파악하는 역사적 중요성과 교수·학습적 중요성 – 무엇이 중요하며, 무엇을 가르쳐야 하는가?〉, 《역사교육》 139.

정선영(1986), 〈역사교과 내용선정의 원리 – 중요성의 문제를 중심으로〉, 《이원순교수 화갑 기념 사학논총》, 교학사.

Davies, Matthew(2017), "Teaching Sensitive and Controversial Issues", Ian Davies ed., *Debates in History Teaching* (2nd. edn.), London: Routledge.

Schwab, Joseph J.(1962), "The Concept of the Structure of a Discipline", *The Educational Review*, No. 43.

## 5장 역사의 사회적 기억과 역사 읽기

### 단행본

공공역사문화연구소 기획 / 이하나 외 지음(2023), 《공공역사를 실천 중입니다》, 푸른역사.

김원(2011), 《박정희 시대의 유령들》, 현실문화연구.

안병직 외(1998), 《오늘의 역사학》, 한겨레신문사.

역사문제연구소 민중사반(2013), 《민중사를 다시 말한다》, 역사비평사.

윤택림·함한희(2006), 《새로운 역사쓰기를 위한 구술사 연구방법론》, 아르케.

이광주·이민호 엮음(1985), 《역사와 사회과학》, 한길사.

Assmann, Aleida / 변학수·채연수 옮김(2011), 《기억의 공간 – 문화적 기억의 형식과 변천》, 그린비.

George Iggers / 임상우·김기봉 옮김(1999),《20세기 사학사Geschichtswissenschaft im 20 Jahrhundert》, 푸른역사.

Clifford Geertz / 문옥표 옮김(2009),《문화의 해석The Interpretation of Cultures》, 까치글방.

Seixas, Peter, ed.(2004), *Theorizing Historial Consciousness*, Toronto: University of Toronto Press.


논문

강선주(2023),〈박물관에서 어려운 역사의 재현과 어려움 – 지식의 타자성과 지식의 관계성〉,《역사교육》166.

김부경(2024),〈통합적 관점의 역사의식에 기반한 초등 역사수업 연구〉, 한국교원대학교 대학원 박사학위논문.

김상섭(2014),〈교육사상 연구방법으로서 텍스트 다시 쓰기: 데리다의 '해체적 글쓰기'를 중심으로〉,《교육사상연구》28(1).

김한종(2021),〈역사교육 내용구성을 위한 생활사의 재개념화〉,《사회과교육연구》28(1).

김한종(2023),〈내러티브적 역사이해를 위한 역사적 상상〉,《역사교육논집》82.

박미향(2022),〈독일 역사교육에서의 역사의식과 역량 논의: 뤼젠(Jörn Rüsen) 역사이론과 FUER모델을 중심으로〉, 부산대학교 대학원 박사학위논문.

방지원(2022),〈공공역사가로서의 역사교사를 말하다〉,《역사비평》139.

이동기(2016),〈공공역사: 개념, 역사, 전망〉,《독일연구》31.

이해영(2022),〈'어려운 역사(difficult history)'를 반영한 뉴질랜드/아오테아로아 역사교육과정 탐색〉,《역사교육연구》44.

이희영(2005),〈사회학 방법론으로서의 생애사 재구성 – 행위이론의 관점에서 본 이론적 의의와 방법론적 원칙〉,《한국사회학》39(3).

최호근(2003),〈집단기억과 역사〉,《역사교육》85.


**6장 역사교육의 변화와 학교 역사교육**

단행본

교과서포럼(2007),《대안교과서 한국근현대사》, 기파랑.

금성청년출판사 엮음(1982),《주체의 학습론》, 미래사, 1989(재인쇄),

김보림(2023),《국민과의 창설과 '국사' 교육》, 서울대학교출판문화원.

김상훈(2018),《해방 직후 국사교육 연구》, 경인문화사.

김한종(2013),《역사교육으로 읽는 한국현대사》, 책과함께.

김흥수(1990),《한국근대 역사교육 연구》, 삼영사.

박정희(2006),《한국 국민에게 고함》, 동서문화사.

안호상 편술(1950),《일민주의의 본 바탕》, 일민주의연구소.

역사교육연구소(2015),《우리 역사교육의 역사》, 휴머니스트.

유봉호(1992),《한국교육과정사연구》, 교학연구사.

이종석(2000),《고쳐 쓴 현대북한의 이해》, 역사비평사.

차미희(2011),《한국 중·고등학교의 국사교육》, 교육과학사.

한국교육문화협회 엮음(1955),《애국독본》, 우종사.

교육도서출판사 엮음(1955),《해방후 10년간의 공화국 인민교육의 발전》, 평양: 교육도서출판사.

논문

김일성(1952. 12. 15),〈당의 조직사상적 강화는 우리 승리의 기초〉,《김일성저작집》7.

김일성(1968. 3. 14),〈학생들을 사회주의·공산주의 건설의 참된 후비대로 교육교양하자〉, 《김일성저작집》22.

김일성(1977. 9. 5),〈사회주의교육에 관한 테제〉,《김일성저작집》32.

김한종(2009),〈조선총독부의 교육정책과 교과서 발행〉,《역사교육연구》9.

김한종(2012),〈학교교육 - 국민 만들기〉, 한중일공동역사편찬위원회,《한중일이 함께 쓴 동아시아 근현대사 2 - 테마로 읽는 사람과 교류의 역사》, 휴머니스트.

김한종(2022),〈근대 학교교육의 성격과 역사교육〉, 한국교원대학교 제2대학 기획,《인문사회교육의 어제와 오늘》, 한국교원대학교출판문화원.

송동원(1984),〈온사회의 주체사상화 강령의 선포는 우리 혁명의 발전에서 획기적 전환의 계기를 열어놓은 력사적 사변〉,《력사과학》, 1984년 1월호.

안호상(1949),〈민주적 민족교육의 이념〉,《민주적 민족교육 연구》1, 문교부.

허종호(1981),〈주체의 력사관 연구의 몇가지 문제〉,《력사과학》, 1981년 제4호.

형진의(2018),〈《국체의 본의》에 관한 일고찰〉,《일본문화학보》76.

7장 역사교육의 과제와 전망

단행본

김한종(2015),《역사교과서 국정화, 왜 문제인가》, 책과함께.

김한종(2017),《민주사회와 시민을 위한 역사교육》, 서울대학교출판문화원.

김한종 외(2019),《시민교육을 위한 역사교육의 이론과 실천》, 책과함께.

양호환(2012),《역사교육의 입론과 구상》, 책과함께.

역사교육연구소 엮음(2020),《역사의식 조사, 역사교육의 미래를 묻다》, 휴머니스트.

Ira Shor ed. / 사람대사람 옮김(2015),《교실을 위한 프레이리Freire for Classroom》, 살림터.

OECD(2018), *The Future of Education and Skills Education 2030*.

OECD(2019), *OECD Future of Education and Skills 2030: OECD Learning Compass*

*2030 – A Series of Concept Notes*.

Oakeshott, M.(1962), *Rationalism in Politics. Rationalism in Politics and Other Essays*, London: Methuen.

Ryle, Gilbert / 이한우 옮김(1994), 《마음의 개념Concept of Knowledge》, 문예출판.

Wineburg, Sam / 정종복·박선경 옮김(2019), 《왜 역사를 배워야 할까?Why Learn History》, 휴머니스트.

Zinn, Howard / 윤태준 옮김(2013), 《역사를 기억하라Howard Zinn Speaks Collected Speeches 1963-2009》, 오월의봄.


논문

강선주(2016), 〈성찰적 비판과 복합 정체성으로서 역사교육〉, 《역사교육》 138.

김한종(2013), 〈비판적 사고를 위한 역사교과서 내용 구성과 서술〉, 《역사문제연구》 30.

김한종(2016), 〈비판적 사고를 위한 역사인식과 학습방법〉, 《역사와담론》 80.

김한종(2021), 〈다양한 관점으로 역사 보기 – 역사학습을 위한 범주화〉, 《역사교육》 160.

박선경(2023), 〈실천적 역사인식으로서의 역사 문해력과 역사학습〉, 한국교원대학교 대학원 박사학위논문.

박찬교(2021), 〈행위주체로서 역사교사들의 교육과정 인식〉, 《역사교육연구》 40.

방지원(2012), 〈역사교육에서 '역사의식' 연구의 추이와 전망〉, 《역사교육연구》 16.

오소영(2024), 〈5·18민주화운동의 시민 행위주체성 인식을 위한 초등 사회과 교육〉, 한국교원대학교 대학원 박사학위논문.

이동기(2018), 〈보이텔스바흐로 가는 길: '최소 합의'로 갈등극복하기〉, 심성보·이동기·장은주·게르스틴 폴, 《보이텔스바흐합의와 민주시민교육》, 북멘토.

이병련(2015), 〈역사교육에서 다원적 관점 이론〉, 《사총》 84.

이해영(2021), 〈역사적 행위주체성을 활용한 초중등 학생들의 내러티브 분석 – 대몽항쟁 서술을 중심으로〉, 《역사교육논집》 77.

허영란(2014), 〈집합기억의 재구성과 지역사의 모색: 울산 장생포 고래잡이 구술을 중심으로〉, 《역사문제연구》 32.

허영란(2017), 〈지방사를 넘어, 지역사로의 전환〉, 《지방사와 지방문화》 20(2).

황현정(2014), 〈민주주의 요소로 본 역사교육 내용 선정 원리〉, 《역사교육연구》 20.

Colley, Lauren M.(2015), ""Taking the Stairs" to Break the Ceiling: Understanding Students' Conceptions of the Intersections of Historical Agency, Gender Equity, and Action", Doctoral Dissertation, Lexington: University of Kentucky.

# 역사교육 강의

1판 1쇄 2024년 12월 14일

지은이 | 김한종

펴낸이 | 류종필
편집 | 권준, 이정우, 이은진
경영지원 | 홍정민
교정교열 | 오효순
표지 디자인 | 석운디자인
본문 디자인 | 박애영

펴낸곳 | (주)도서출판 책과함께
　　　　주소 (04022) 서울시 마포구 동교로 70 소와소빌딩 2층
　　　　전화 (02) 335-1982
　　　　팩스 (02) 335-1316
　　　　전자우편 prpub@daum.net
　　　　블로그 blog.naver.com/prpub
　　　　등록 2003년 4월 3일 제2003-000392호

ISBN 979-11-94263-17-3  93900